KB070239

서울의 공간경제학

나남
nanam

나남신서 1965

서울의 공간경제학
산업과 공간으로 본 서울의 경제

2018년 6월 15일 발행
2018년 6월 15일 1쇄

엮은이   김범식 · 남기범
발행인   趙相浩
발행처   (주) 나남
주소   경기도 파주시 회동길 193
전화   (031) 955- 4601 (代)
FAX   (031) 955-4555
등록   제 1-71호 (1979. 5. 12)
홈페이지 http://www.nanam.net
전자우편 post@nanam.net

ISBN 978-89-300-8965-4
ISBN 978-89-300-8001-9 (세트)

서울의 공간경제학

산업과 공간으로 본 서울의 경제

김범식 · 남기범 엮음

나남
nanam

Spacial Economics of Seoul

Analyses on Seoul Economy by Industry and Space

Edited by

Kim, Bum Sik
Nahm, Kee Bom

nanam

《서울의 공간경제학》을 펴내며

서울은 학문적·정책적으로, 그리고 산업적·공간적으로 대단히 흥미로운 도시이다. 서울은 옛것이 남아 있고, 현재 진행되는 것도 있고, 미래에 뜰 것을 준비하기도 한다. 이 모든 것을 품을 정도로 거대한 도시가 바로 서울이다. 이 모든 것의 시너지와 상생을 모색하는 도시이기도 하다. 또 서울은 인구 천만 명이 넘을 뿐 아니라 외국인도 많이 거주하는 거대도시이다. 경제학적 시각에서 인구는 소비 활동 또는 경제 활력의 대리변수로 볼 수 있다. 즉, 한 도시에 인구가 많다는 것은 그 도시가 다양한 산업과 시장이 발달할 수 있는 잠재력을 보유하고 있다는 것을 의미한다. 어떤 사람들은 서울의 전통적인 인쇄, 봉제, 제화 등 도시제조업으로 물건을 만들고, 또 어떤 사람들은 전통시장에서 물건을 팔고, 다른 한편에서는 IT 등 첨단산업과 같은 혁신공간이나 문화 및 예술과 같은 창조공간에서 재화와 서비스를 만들어 낸다. 이처럼 다양한 재능과 기술을 가진 여러 사람들이 모여서 여러 가지 재화와 서비스를 생산하고 거래하는 곳이 서울이다. 한편 공간적 관점에서도 서울은 매력적인 도시이다. 아름다운 산이 곳곳에 있고, 큰 강이 중심을 관통하는 거대도시는 세계에서 사례를 찾아보기 힘들다. 특히 서울의 오랜 역사와 전통은 도시의 골목골목마다 스며들어 있다. 도시의 골목을 비롯한 특정 공간은 고유의 정체성과 역사를 가지며 시민들의 호흡과 삶이 스며들면서 나름대로의 문화를 형성하고 발전해 왔다. 어떤 공간은 재화와 서비스의 집적지로 자연스럽게 발전하기도 하고, 어떤 공간은 볼거리, 먹거리, 교류의 장소로 자리매김하면서 국내외 관광객들이 즐겨 찾는 명소로 자리 잡았다.

이 책은 기존에 출간된 《서울의 인문학》과 《서울사회학》에 이은 '서울학(學)'의 세 번째 시리즈이다. 이 책은 산업과 공간 측면에서 바라본 서울 경제의 다양한 모습과 특징을 학자나 연구자들뿐만 아니라 일반 대중에게도 소개하려는 의도로 기획되었다. 서울이라는 도시적 관점에서 볼 때, 서울의 경제학은 기존 경제학과 달리 도시에서 거주하고 활동하는 사람들의 주된 영역인 산업과 공간이라는 요소가 매우 중요하다. 그러나 산업과 공간이라는 핵심 렌즈를 가지고 서울 경제를 바라보고 분석하면서 그 의미를 논의한 서적은 찾아보기 힘든 것이 현실이다.

이에 따라 서울연구원은 학계 및 연구자는 물론 서울 경제에 관심을 가진 일반 대중이 쉽게 읽을 수 있는 '산업과 공간으로 본 서울의 경제'를 기획하였다. 특히 이 기획은 서울연구원의 공동 연구 제안을 한국경제지리학회가 적극적으로 수용하면서 이루어졌다. 서울연구원과 한국경제지리학회는 '산업과 공간으로 본 서울의 경제'에 대한 학술적 담론을 생산하면서도 대중적으로 쉽게 읽힐 수 있는 도서를 발간하기로 하였

고, 제목을 《서울의 공간경제학》이라고 붙이게 되었다. 《서울의 공간
경제학》은 경제학이나 경제지리학 도서와는 차별화될 뿐만 아니라 학문
적, 실용적 관점에서 의미 있는 결과물이다. 이 작업이 가능했던 것은
오랜 기간 서울의 경제 및 산업을 연구해 온 서울연구원의 전문가와 한국
경제지리학회의 경제지리 전문가의 유기적인 협업 덕분이다.

이 책은 산업과 공간 측면에서 서울 경제의 다양한 현상을 파악하고
진단하기 위해서 총 4부로 구성되었다. 먼저 1부는 이 책의 총론으로
'서울의 경제, 산업 그리고 공간'을 개관하였다. 2부에서는 '메이드 인
서울'이라는 주제로 서울의 도시제조업을 다루었다. 3부에서는 '세상
의 모든 거래'라는 주제로 서울의 시장과 상권을 분석하였다. 4부에서
는 '이미 온 미래'라는 주제로 서울의 혁신공간을 다루었다.

저자들은 거대도시 서울의 다양한 공간경제학적 현상들을 담기 위
해 노력하였다. 이 책이 서울의 공간경제학에 대한 모든 답을 주지는
않지만, 나름대로 서울의 공간경제에 대한 현상을 심도 있게 다루고
이론과 현실을 접목하고자 노력하였다. 이 책을 계기로 서울의 공간경
제에 대한 대중적 관심과 이해가 높아지기를 기대하고, 학술적 담론과
논의가 더 활발해졌으면 하는 바람이다. 《서울의 공간경제학》을 만드
는 과정에서 도움을 주셨던 서울연구원과 한국경제지리학회의 모든
분들과 원고를 집필하여 준 저자들에게 감사드린다. 그리고 마지막까
지 완성도를 높여 책을 만들어 주신 나남출판사 여러분들의 노고에 깊
이 감사드린다.

2018년 6월, 저자들을 대신하여
편집자 김범식·남기범

서울의 공간경제학
산업과 공간으로 본 서울의 경제

차 례

제1부

총론

서울의 경제, 산업, 그리고 공간

—

제 1 장

7가지 시선으로 본 서울의 경제

김범식

1. 경제규모는 16개 시 · 도 중 2위이나 2000년 이후 저성장 국면에 진입

일반적으로 한 지역의 경제규모는 지역내총생산(GRDP, *gross regional domestic product*)을 통해 파악할 수 있다. 지역내총생산은 미국 상무부가 〈경기현황조사〉(*Survey of Current Business*) 2000년 1월호에서 20세기 위대한 발명 중 하나로 평가한, 국내총생산(GDP)과 같은 개념이다. 국내총생산이 국가 전체를 대상으로 작성된다면 지역내총생산은 국가 안의 시 · 도 등 특정 지역을 대상으로 작성된다는 데 차이가 있다. 지역내총생산은 특정 지역에서 일정 기간 중 새롭게 생산된 상품과 서비스의 가치를 시장가격으로 평가한 것으로, 특정 지역의 경제규모와 성과를 파악하는 데 유용하다.

지역내총생산으로 본 서울의 경제규모는 2015년 345.1조 원으로

그림 1-1 서울의 지역내총생산 및 전국 내 비중 추이

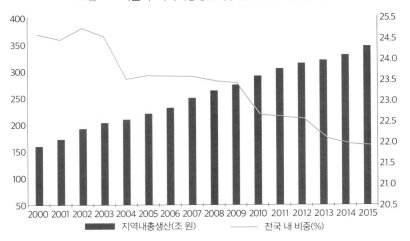

주: 지역내총생산은 당해 연도 가격 기준이며, 2015년 수치는 잠정치이다.
자료: 통계청, 지역소득, 국가통계포털.

16개 시·도 중 경기도(350.9조 원)에 이어 2위이다. 그 해 서울의 지역
내총생산이 전국에서 차지하는 비중도 22.1%에 달한다. 서울의 지역
내총생산은 1985년 22.9조 원에서 1990년 52.3조 원, 2000년 159.7
조 원, 그리고 2015년에는 345.1조 원으로 확대되었다. 2015년 서울
의 지역내총생산은 1985년 대비 약 15.1배, 1990년 대비 약 6.6배,
2000년 대비 약 2.2배 확대되었다. 서울의 지역내총생산은 1985년부
터 2015년까지 30년간 연평균 9.5% 성장하였다. 서울의 지역내총생
산이 감소한 것은 외환위기가 발생했던 1998년 단 한 차례에 불과할 정
도로 지난 30년간 서울의 경제규모는 지속적으로 확대되었다.

특정 지역의 경제규모를 비롯해 소득과 소비 수준은 그 지역에 거주
하는 인구에 의해서도 영향을 받는다. 인구효과를 제거하고 해당 지역
의 경제규모, 소득이나 소비 수준 등을 파악하려면 1인당 지표를 살펴

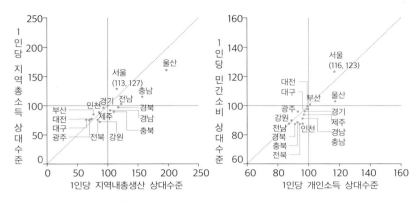

그림 1-2 시·도별 1인당 주요 지표(2015년)

주: 1인당 지표 상대수준(= 시도별 1인당 지표 ÷ 전국 1인당 지표 × 100)을 좌표평면에 표시한 것으
로 해당 지역 경제의 상대적 위치를 나타내며, 실선은 전국 평균(100)을 의미한다.
자료: 통계청(2016. 12. 28.), 2015년 지역소득(잠정).

보아야 한다. 16개 시·도별로 1인당 지표를 비교하려면 상대수준을 파
악하는 것이 유용하다. 상대수준은 각 지역의 1인당 지표를 전국의 1인
당 지표로 나누어 구한다. 이때 전국의 1인당 지표는 100으로 일종의 평
균치 역할을 한다. 해당 지역의 상대수준이 100보다 크면 전국 평균보
다 크다는 것이다. 해당 지역의 상대수준이 100이면 전국 평균과 같은
수준이고, 100보다 작으면 전국 평균보다 낮은 것을 의미한다. 2015년
서울의 1인당 지역내총생산 상대수준은 113.3으로 전국 평균을 상회한
다. 서울의 1인당 지역내총생산은 16개 시·도 중 5위로 서울의 지역내
총생산 순위(2위)에 비해 낮다. 이는 서울의 인구가 다른 지역에 비해
많기 때문이다. 그러나 서울의 1인당 지역총소득과 1인당 개인소득의
상대수준은 각각 127.5, 116.3으로 16개 시·도 중 모두 2위로 높은 수
준이다. 특히 1인당 민간소비의 상대수준은 123.0으로 16개 시·도 중

가장 높다. 이는 1인 기준으로 볼 때 서울이 다른 시·도에 비해 경제규
모보다 소득과 소비 수준이 더 크다는 것이다. 다시 말해, 서울은 생산
도시이기보다는 구매력이 뒷받침된 소비도시로서의 특징이 강하고 이
로 인해 제조업보다는 서비스업이 발달하였다는 것을 알 수 있다.

　지역의 경제규모가 크다고 경제활력이 높은 것은 아니다. 서울의 전
반적인 경제활력을 보려면 경제성장률을 볼 필요가 있다. 경제성장률
이란 생산력 증대와 시장 확대 등을 통해 재화 및 서비스의 생산이 증가
하는 수준이다. 일반적으로 지역의 경제성장률은 물가요인을 제거한
실질GRDP의 증가율을 의미한다. 2000년대 들어서 서울 경제는 저성
장 기조가 지속되고 있다. 이는 서울뿐만 아니라 한국 경제의 공통 현상
이다. 서울의 연평균 경제성장률은 1985~1989년 10.9%에서 1990~
1999년 6.0%로, 2000~2015년에는 1990년대의 절반 수준인 3.2%로
낮아졌다. 전국의 연평균 경제성장률도 1985~1989년 10.4%, 1990
~1999년 7.0%, 2000~2015년 4.1%로 서울과 유사하다. 서울 경제
의 저성장 기조가 일시적 현상인지 아니면 성장잠재력의 약화라는 구조
적 문제인지를 파악하려면 서울 경제의 잠재 경제성장률을 볼 필요가
있다. 잠재 경제성장률은 해당 지역의 노동과 자본 등 동원 가능한 생산
요소를 모두 활용해 인플레이션 등의 부작용을 초래하지 않고 달성할
수 있는 성장률이다. 이 글에서는 잠재 경제성장률을 보기 위해 추세추
출법인 HP필터[1]를 이용하였다. 자료는 통계청에서 추계하여 발표하는

---

1 HP필터는 호드릭(Robert J. Hodrick)과 프레스콧(Edward C. Prescott)이 경제의
　장기추세와 순환요인을 추정하기 위해 제안한 방법으로 경기변동 분야에서 주로 활용
　되고 있다. HP필터는 시계열자료를 추세변동과 순환변동으로 구분하였을 때 추세의
　2차 차분(second difference)의 제곱합이 일정 값보다 작게 하는 제약을 준 후 추세로부

그림 1-3 서울의 경제성장률 추이

단위: %

실제 경제성장률 ── 잠재 경제성장률

지역내총생산을 사용하였다. 잠재 경제성장률 추이로 본 서울 경제는 현재 축소균형의 늪에 빠진 상태이다. 서울 경제의 잠재 경제성장률은 1985~1989년 연평균 9.5%에서 1990~1999년 6.4%로, 2000~2015년에는 2.9%로 하락하였다. 잠재 경제성장률이 하락한 것은 요소 투입이 부진한 가운데 총요소생산성도 저하되었기 때문이다. 요소 투입 측면에서 볼 때 서울은 인구증가세가 정체되는 가운데 노동집약적 산업의 쇠퇴 등으로 노동 투입이 둔화되고, 각종 규제 등으로 자본 투입도 부진하기 때문이다. 총요소생산성(TFP, *total factor productivity*)은 노동과 자본 등 생산요소 투입 외에 생산량을 증가시키는 모든 요인을 총칭하는 것으로 경제 전반의 생산성을 의미한다. 생산성을 경제의 현재 기술 수

터의 편차 제곱합을 최소화하는 방식으로 추세치를 추출하는 스무딩 방법이다. HP필터에 대한 자세한 설명은 다음을 참조. Robert J. Hodrick, R. J. & Prescott, E. C. (1997). "Postwar U. S. Business Cycles: An Empirical Investigation". *Journal of Money, Credit, and Banking*, 29(1), 1~16.

준을 나타내는 것으로 보면, 생산성의 변화는 곧 기술 진보의 변화를 의미한다(김범식·정병순·김묵한, 2009). 박희석(2009)의 연구결과에 의하면, 서울의 총요소생산성은 2004년 이후 점진적으로 높아지고 있으나 여전히 1990년대 수준을 하회하고 있다. 총요소생산성의 저하는 서울 경제의 전반적인 생산성이 떨어지고 있다는 것을 의미하며 이는 그간 경제 내 혁신 활동, 특히 R&D 역량의 확대가 미흡했다는 것을 시사한다.

2. 저물가 기조가 지속되고 있지만, 물가 수준은 만만치 않아

일반적으로 물가란 시장에서 거래되는 개별 상품들의 가격이나 서비스 요금을 실생활에서 차지하는 중요도를 고려하여 평균해 구한 종합적인 가격 수준이다. 물가지수는 이러한 물가의 변화를 쉽게 파악할 수 있도록 기준 연도의 물가 수준을 100으로 지수화한 것이다. 물가지수는 작성 목적에 따라 소비자물가지수, 생산자물가지수, 수출입물가지수 등이 있으나 언론보도 등에서 자주 접하는 인플레이션이나 물가는 일반적으로 소비자물가지수의 증가율이다.

　서울의 물가상승률 추이는 전반적으로 전국과 유사하다. 1990년대 서울과 전국은 모두 높은 물가상승률을 보였으나 2000년 이후 저물가 기조가 지속되고 있다. 1990년대 서울과 전국의 평균 물가상승률은 각각 5.6%, 5.7%이었다. 특히 1991년에 서울의 물가상승률은 9.7%의 높은 수준을 기록하기도 하였다. 그러나 2000년 이후 서울과 전국의 평균 물가상승률은 각각 2.8%, 2.6%로 낮아졌다. 특히 2010~2016년 중 서울과 전국의 물가상승률은 각각 2.1%, 1.9%로 저물가

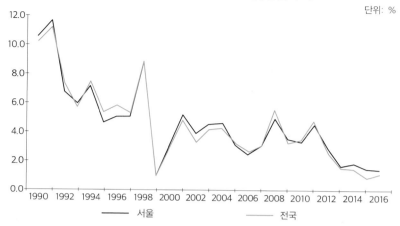

그림 1-4 서울과 전국의 소비자물가상승률 추이

단위: %

서울 ——— 전국 ———

자료: 통계청, 소비자물가조사, 국가통계포털.

기조가 뚜렷해졌다. 서울이나 전국의 물가상승률이 과거에 비해 낮은 것은 주로 내수 부진 속에 경쟁의 격화와 기술과 유통의 혁신에 따른 가격 하락 등이 작용하였기 때문이다. 저물가 기조가 지속되는 가운데 물가의 변동성도 과거보다 축소되었다. 물가상승률의 표준편차로 본 서울의 물가상승률의 변동성은 1990년대 2.61에서 2000년대에는 1.03으로 낮아졌다. 물가 변동성이 낮아졌다는 것은 과거보다 물가에 대한 정보 공유 및 소비자 감시가 더 활발해지고 물가 충격에 대한 흡수력이 높아졌다는 것을 의미한다.

구입하는 품목이나 구입 빈도에 따라 물가 체감도가 다르기 때문에 소비자물가와 체감물가에는 차이가 있다. 생활물가는 소비자들의 체감물가를 반영하기 위해 소비자들이 자주 구입하는 품목과 기본 생필품 141개 품목을 대상으로 작성한 일종의 '장바구니 물가'이다. 서울시 생활물가의 평균 상승률은 2000~2009년 3.9%에서 2010~2016년

그림 1-5 **서울의 생활물가상승률 추이**

단위: %

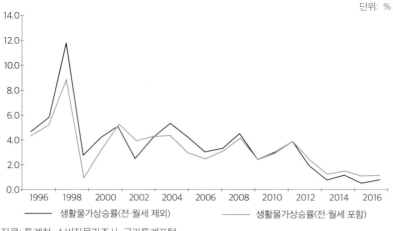

──── 생활물가상승률(전·월세 제외)   ──── 생활물가상승률(전·월세 포함)

자료: 통계청, 소비자물가조사, 국가통계포털.

1.7%로 낮아졌다. 2010년 이후 서울의 생활물가가 소비자물가보다
더 하향 안정화된 것은 무상보육·무상급식의 확대 실시 등에 따른 보
육시설 이용료 및 급식비 하락, 일부 농·축·수산품의 가격 안정 등이
주요인으로 작용하였다. 서민 생활과 밀접한 전·월세를 포함한 서울
의 생활물가 평균 상승률도 2000~2009년 3.6%에서 2010~2016년
2.1%로 낮아졌다. 2010년 이후 전·월세를 포함한 생활물가상승률
이 전·월세를 제외한 생활물가상승률을 상회하는 것은 집세 상승과
비중 확대 등에 기인한다.

  소비자들은 소득 수준이 다르고 소득 수준별로 소비지출 행태도 상
이하다. 이 때문에 소득계층별로 물가 상승 수준이나 물가 상승에 대한
체감도가 다르다. 김범식·최봉(2013)의 연구에 의하면, 물가상승률
은 전반적으로 저소득층에서 더 커서 저소득층의 물가 부담이 상대적
으로 높다. 2010년 기준 소비자물가지수와 가계소득 동향 등을 이용

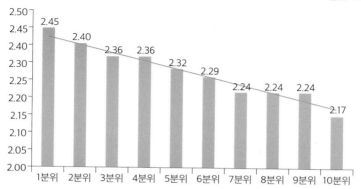

그림 1-6 서울시 소득분위별 평균 물가상승률(2010~2013년)

단위: %

주 1) 소비자물가지수는 2010년 기준이며 2013년은 1~7월의 수치.
　 2) 선분: y = -0.0283x + 2.4628
자료: 김범식·최봉(2013)에서 재구성.

해 분석한 결과, 2010~2013년 서울의 소득계층별 평균 물가상승률은 저소득층은 2.40%, 중산층과 고소득층은 각각 2.28%, 2.20%로 나타났다. 특히 소득분위별로 보면 소득 최하위계층인 소득 1분위의 물가상승률이 가장 높고 최상위계층인 소득 10분위의 물가상승률이 가장 낮은 가운데, 소득이 높을수록 그 소득계층이 직면한 물가상승률도 점진적으로 낮아졌다.

　저물가 기조에도 불구하고 서울의 물가 수준은 다른 도시에 비해 높은 편이다. 이코노미스트 인텔리전스 유닛(EIU, The Economist Intelligence Unit)은 세계 주요 도시들의 물가 수준을 비교한 〈세계 생활비〉(*Worldwide Cost of Living*)를 매년 발표한다. 미국 뉴욕의 물가를 기준으로 하여 식품, 음료, 의류, 주거, 교통, 학비 등 160개 상품 및 서비스 가격을 반영한 '세계 생활비지수'에 따라 순위를 매긴다. 이 보고서에 따르면, 서울은 조사 대상 133개 도시 가운데 6위로 물가 수준이 상대적으로 높다. 서울의 물가 순위는 2000년 36위에서 2014년 9위, 2015년 8위, 2016년 6위로 꾸준히 상승했다. 이는 서울의 물가상승률이 낮지만, 물가 수준 자체는 매우 높아 가계의 생활부담이 크다는 것을 보여 준다.

3. 괜찮은 일자리는 많지만, 청년실업 등이 경제의 걸림돌

21세기 들어 국제노동기구(ILO)와 경제협력개발기구(OECD) 등을 중심으로 고용의 질에 관한 논의가 본격화되면서, 고용문제에 대한 관심이 단순한 '고용 여부'가 아니라 '어떻게 고용되어 있는가'로 이동하고 있다. '괜찮은 일자리'(decent job)란 자유, 공평, 인간의 존엄성이라는 가치 아래 남성과 여성 모두 사회적 기준에 맞는 생산적 노동과 이에 따른 적절한 보상을 획득할 수 있고, 일정 수준 이상의 사회적 인식과 주관적 만족을 주는 일자리를 말한다. 괜찮은 일자리의 조건은 보수(임금), 고용안정성, 적정 근로시간, 직업의 사회적 평판 등 여러 기준을 동시에 만족하는 일자리이다. 이러한 조건은 경제학적, 사회학적, 심리학적 개념을 포괄적으로 적용한 것이다. 구체적으로 종사상 지위가 상용직이며, 전국 임금근로자 중위임금(2013년 기준 180만 원) 이상, 주당 근로시간 15시간 이상 49시간 이하, 직업의 사회·경제적 평판 점수의 표준화값이 0 이상인 일자리이다(김범식·김묵한, 2014).

서울에서 괜찮은 일자리를 가진 근로자는 2008년 124만 5,098명에서 2013년 161만 3,698명으로 연평균 5.3% 증가하였다. 2013년 기준

그림 1-7 괜찮은 일자리 시 · 도별 분포(2013년)

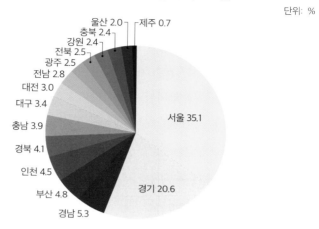

단위: %
울산 2.0
제주 0.7
충북 2.4
강원 2.4
전북 2.5
광주 2.5
전남 2.8
대전 3.0
대구 3.4
충남 3.9
경북 4.1
인천 4.5
부산 4.8
경남 5.3
서울 35.1
경기 20.6

자료: 김범식 · 김묵한(2014)에서 재구성.

그림 1-8 서울 및 전국에서 괜찮은 일자리 비중의 변화

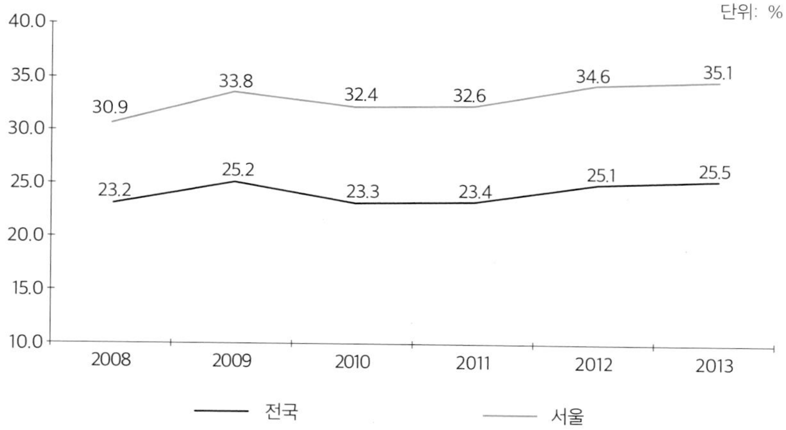

단위: %
40.0
35.0
30.0
25.0
20.0
15.0
10.0
30.9
33.8
32.4
32.6
34.6
35.1
23.2
25.2
23.3
23.4
25.1
25.5
2008
2009
2010
2011
2012
2013
전국
서울

자료: 김범식 · 김묵한(2014)에서 재구성.

으로(〈그림 1-7〉), 전국의 괜찮은 일자리 중 35.1%가 서울에 밀집되어 있다. 그 다음은 경기(20.6%), 경남(5.3%), 부산(4.8%), 인천(4.5%) 등의 순으로 분포되어 있다. 2013년 각 시·도 내 전체 일자리 중 괜찮은 일자리가 차지하는 비중도 서울이 35.1%로 가장 높다. 이는 2008년 대비 4.2%p 확대된 수준이다. 그 다음은 대전(26.7%), 광주(24.7%), 경기(24.0%), 강원(23.8%) 등의 순이다(김범식·김묵한, 2014).

괜찮은 일자리의 구성요소를 개별적으로 분석한 결과는 다음과 같다. 서울은 모든 구성요소에서 전국 평균 수준을 웃돌고, 사회·경제적 위세, 임금, 고용안정성, 근로시간 등의 순으로 다른 시·도에 비해 우세하다. 2013년 서울의 일자리 중 전국 중위임금 이상의 임금 기준을 충족하는 일자리는 60.1%로 전국 평균(53.4%)을 6.7%p 상회, 고용안정성(상용직)을 충족하는 일자리는 65.2%로 전국 평균(63.8%)을 1.4%p 상회한다. 근로시간 15시간 이상 49시간 이하의 조건을 충족하는 일자리 비중은 71.3%로 전국 평균(71.2%)을 0.1%p 상회한다. 서울의 일자리 중 사회·경제적 위세(직업 분류 중 분류별 표준화지수 0 이상)를 충족하는 일자리는 62.5%로 전국 평균(49.2%)을 13.3%p 상회한다(김범식·김묵한, 2014).

2013년 서울의 괜찮은 일자리를 가진 근로자를 인구통계학적으로 보면 주로 30~40대, 남성, 대졸 이상 근로자이다. 30대 40.1%, 40대 27.3%, 20대 이하 17.5%, 50대 13.2%, 60대 이상 1.9% 등의 순으로 구성된다. 성별로는 남성이 63.9%이고, 학력별로는 대졸 이상 학력의 보유자가 90% 이상이다. 서울의 괜찮은 일자리를 중분류 산업별로 보면 10.7%가 전문서비스업에 몰려 있다. 그다음은 도매 및

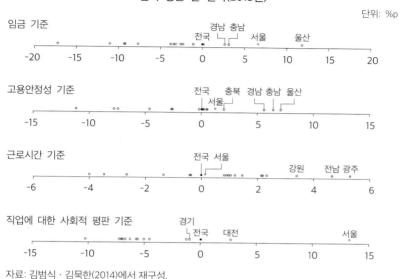

그림 1-9 괜찮은 일자리의 구성요소별 시·도 내 비중과
전국 평균 간 편차(2013년)

단위: %p

임금 기준

경남 충남
전국   서울   울산

-20   -15   -10   -5   0   5   10   15   20

고용안정성 기준

전국   충북 경남 충남 울산
서울

-15   -10   -5   0   5   10   15

근로시간 기준

전국 서울   강원   전남 광주

-6   -4   -2   0   2   4   6

직업에 대한 사회적 평판 기준

경기
전국   대전   서울

-15   -10   -5   0   5   10   15

자료: 김범식·김묵한(2014)에서 재구성.

상품중개업(9.0%), 교육 서비스업(8.7%), 출판업(7.7%), 공공행정
·국방 및 사회보장행정(6.8%) 등의 순이다. 직업별로 보면 주로 사
무직, 전문직 및 관련직이다. 중분류 직업별로 본 서울의 괜찮은 일자
리는 경영 및 회계 관련 사무직이 35.1%로 가장 많다. 그 다음은 정보
통신 전문직 및 기술직(8.5%), 경영·금융 전문직 및 관련직(8.0%),
공학 전문직 및 기술직(6.9%), 교육 전문직 및 관련직(6.8%) 등의 순
으로 구성되어 있다(김범식·김묵한, 2014).

한편 서울에 괜찮은 일자리가 많아도 일자리를 찾지 못해 고통받는
사람들이 많다면 이는 서울 경제의 걸림돌이 된다. 서울 경제에서 중요
한 과제 중 하나는 일할 능력이 있으면서 일하기를 원하는 모든 사람에
게 일자리를 제공하는 것이다. 정책입안자나 경제학자들이 일자리에

관심을 가지는 것은 일자리가 개인의 생활뿐 아니라 가족과 사회의 후생에도 큰 영향을 미치기 때문이다. 우리들 주변에서, 일하고 싶은데 일자리를 구하지 못한 실업자들과 직장을 다니다가 일자리를 잃은 가장들이 겪는 금전적, 심리적 고통에서 일자리의 중요성을 알 수 있다. 우리나라에서는 노동이 가능한 인구를 만 15세 이상으로 본다. 그 가운데 수입이 있는 일에 종사하고 있거나 취업을 위해 구직 활동을 하는 사람을 경제활동인구로 본다. 반면 비경제활동인구는 15세 이상 인구 중 집안에서 가사 또는 육아를 전담하는 주부, 학교에 다니는 학생, 일을 할 수 없는 연로자 및 심신장애인, 자발적으로 자선사업이나 종교단체에 관여하는 사람, 그리고 구직 활동을 포기한 사람 등을 말한다(한국은행, 2014).

2016년 서울의 15세 이상 인구는 총 852만 6천 명이다. 이는 경제활동인구(535만 3천 명) 62.8%와 비경제활동인구(317만 3천 명) 37.2%로 구성되어 있다. 15세 이상 인구 중에서 경제활동인구가 차지하는 비율인 경제활동 참가율은 62.8%로 전국과 같은 수준이다. 즉, 서울의 15세 이상 인구 100명 중 약 63명이 취직했거나 구직 활동을 하고 있다. 2000~2016년 중 평균 경제활동 참가율은 62.3%로 전국(61.7%)보다 0.6%p 높다. 이는 다른 지역에 비해 서울의 고용수요가 다소 많다는 것을 시사한다. 2016년 서울의 경제활동인구 중 취업자는 512만 4천 명으로 95.7%이고, 실업자는 22만 8천 명으로 4.3%를 차지한다. 취업자는 절반 이상이 남성(55.5%)이지만, 여성 비중도 점차 늘고 있다. 여성 취업자 비중은 1990년 40.6%에서 2000년 41.2%, 2016년 44.5%로 증가하였다. 서울의 취업자는 대부분 중장년층으로 구성된 가운데 청년 비중은 감소하고 노년 비중이 늘어나는 추세이다.

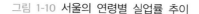

그림 1-10 서울의 연령별 실업률 추이

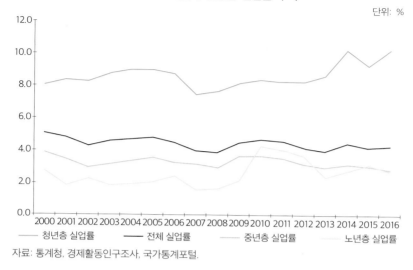

단위: %

— 청년층 실업률   — 전체 실업률   — 중년층 실업률   — 노년층 실업률

자료: 통계청, 경제활동인구조사, 국가통계포털.

30~59세의 중장년층 취업자 비중은 2000년 66.4%에서 2010년 71.9%로 높아진 후 2016년에는 70.3%를 유지했다. 60세 이상인 노년층 취업자 비중은 2000년에 5.8%로 적었지만, 고령화 속도가 빨라지면서 2010년에는 9.0%로, 2016년에는 12.6%로 확대되었다. 반면 15~29세 청년층의 취업자 비중은 2000년 27.7%에서 2010년 19.1%, 2016년 17.1%로 하락해 청년 취업난을 보여 준다.

실업률이란 경제활동인구 중에서 실업자가 차지하는 비율이다. 서울의 실업률은 2000년 5.1%에서 2010년 4.7%, 2016년 4.3%로 하락하였다. 2000년 이후 서울의 평균 실업률은 4.5%로 전국 평균(3.6%)에 비해 높은데, 이는 전국에 비해 서울의 실업문제가 심각하다는 것이다. 특히 서울의 실업률은 청년층에서 매우 높다. 2016년 서울의 청년층 실업률은 10.3%로 중장년층 실업률(2.9%)이나 노년층 실업률(2.8%)의 3배 이상이다. 서울의 청년층 실업률은 2013년까지는 8% 내외였으나, 2014년부터 10% 내외로 높아졌다.

4. 가계부채 확대 속에 저소득층의 가계부채 부실화 심각

가계부채는 가계가 금융기관이나 신용판매회사 등에서 신용이나 담보를 통해 빌려 쓴 자금이다. 가계부채는 크게 가계대출과 판매신용으로 구분된다. 가계대출은 금융기관에서 빌린 주택구입용 대출, 일반 대출, 카드론 등을 말한다. 이때 사업자등록증을 가진 자영업자가 영리 목적으로 대출받은 것은 기업자금 대출로 간주되어 제외된다. 금융기관은 예금은행, 비은행 예금취급기관(상호저축은행, 신용협동조합, 새마을금고 등), 기타 금융기관(보험기관, 여신전문기관 등)을 말한다. 판매신용은 여신전문기관(신용카드사, 할부금융회사)이나 판매회사(백화점, 자동차사 등)를 통해 신용카드나 할부로 구매한 물품 금액이다. 가계부채 수준은 가계 경제뿐만 아니라 국가 경제의 건전성을 보여 준다. 과도한 가계부채는 원리금 상환 부담이 높아져 가계의 소비 활동을 위축시킨다. 이는 기업의 생산을 감소시키고 기업의 생산 활동 위축은 가계소득 감소로 연결되어, 이는 다시 가계의 채무 부담을 증가시키는 악순환 고리를 형성한다. 또한 우리나라의 가계부채는 대부분 주택 대출이기 때문에 부동산 경기에 민감하게 반응한다. 부동산 경기 침체도 가계의 부채 상환 능력 약화로 직결된다.

가계신용으로 본 가계부채의 규모는 전국 단위로만 제공된다. 서울은 예금은행이나 비은행 예금취급기관과 같은 예금취급기관의 가계대출만 파악된다. 그렇지만 전국의 가계부채를 통해 서울의 가계부채 현황도 어느 정도 가늠할 수 있다. 가계신용으로 본 전국 가계부채의 규모는 2016년 1,344조 2,793억 원이다. 이는 2002년 464조 7,120억 원에서 14년 만에 2.9배 증가한 수치이다. 같은 기간 2.1배 늘어난 한국 경제규모보다 더 크게 늘어난 것이다. 한국의 가계부채 규모는 2002년 경상 GDP의 61.0%에서 2016년에는 82.1% 수준까지 확대되었다. 경제규모가 성장하는 것보다 가계부채가 더 빠른 속도로 늘어나는 것은 문제이다. 한편 2016년 전국 가계부채의 94.6%는 가계대출이고, 5.4%가 판매신용이다. 가계대출의 71.5%는 예금은행, 상호금융, 새마을금고 등과 같은 예금취급기관에서 이루어졌다. 예금취급기관의 가계대출 중 60.1%는 주택 담보대출(545.8조 원)이고, 39.9%가 기타 대출(362.8조 원)이다.

우리나라 가계대출의 특징은 서울에서도 유사하게 드러난다. 2016년 예금취급기관에서 이루어진 서울의 가계대출은 264조 7,178억 원이다. 지역내총생산(GRDP)이 발표된 2015년 기준으로 서울의 가계대출 규모는 경상 GRDP의 69.6% 수준이다. 이는 기타 금융기관에서 이루어진 가계대출을 제외한 것이다. 여기에 기타 금융기관의 가계대출과 여신전문기관 등의 판매신용까지 포함하면 서울의 가계부채 규모는 더 클 것이다. 또한 한국 경제와 마찬가지로 서울의 가계대출도 경제규모보다 더 빠른 속도로 늘어나고 있다. 2007~2015년 사이 서울의 연평균 가계대출 증가율은 4.8%로 서울의 연평균 경상 GRDP 증가율(4.1%)을 상회한다. 특히 서울의 소득 증가율보다 가계대출 증가율이 더 높다는 데 문제가 있다. 2007~2015년 중 서울의 연평균 지역총소득 증가율은 3.9%로 가계대출 증가율(4.8%)을 0.9%p 하회한다. 지

그림 1-11 **서울의 가계대출 규모 및 증가율 추이**

주: 예금취급기관의 가계대출 기준.
자료: 한국은행, 한국은행경제통계시스템(ECOS).

역총소득(*gross regional income*)은 지역내총생산(GRDP)에서 지역 바깥에서 수취한 본원소득을 더하고 지역 바깥에 지급한 본원소득을 차감한 것이다. 소득보다 가계대출 증가율이 높은 추세가 지속될 경우 가계부채는 서울 경제의 걸림돌로 작용할 것이다.

서울의 가계부채도 주택 담보대출이 주도하고 있다. 2016년 예금취급기관의 주택 담보대출은 167조 8,757억 원으로 가계대출의 63.4%를 차지한다. 2007~2016년 예금취급기관의 가계대출 중 주택 담보대출 비중은 평균 63.8%이다. 서울의 주택 담보대출은 2007년 108조 2,101억 원에서 2016년 167조 8,757억 원으로 연평균 5.0% 증가하였다. 주택 담보대출이 가계부채를 주도하는 것은 주거비 부담이 크기 때문이다. 이는 다음 기사에서 잘 나타난다. "메리츠 종금증권이 통계청과 KB부동산 자료를 기반으로 분석한 결과 지난해 말 기준 서울 'PIR

지수˙(주택가격을 연간 가처분 소득으로 나눈 것)는 11.0이다. 이는 11년 동안 월급을 한 푼도 쓰지 않아야 평균 수준의 주택을 살 수 있다는 얘기다. 전국 평균 PIR(6.2)보다 두 배 가까이 높은 수치다."(〈문화일보〉, 2017. 4. 20.) 소득은 별로 오르지 않는데 주거비 부담이 커지면서 서울의 대다수 서민들은 어쩔 수 없이 빚을 지게 되는 것이다.

　서울의 가계대출 중 대부분은 예금은행에서 이루어진다. 2016년 예금은행의 가계대출 비중은 83.8%이다. 예금은행의 가계대출 비중은 2007년 89.9%에서 2016년 83.8%로 축소된 반면, 비은행 예금취급기관의 가계대출 비중은 2007년 10.1%에서 2016년에는 16.2%로 6.1%p 확대되었다. 특히 비은행 예금취급기관 중에서도 상호저축은행과 상호금융의 가계대출 비중이 크게 늘어났다. 가계대출에서 상호저축은행이 차지하는 비중은 2007년 1.6%에 불과했으나 2016년에는 4.3%로 2.7%p 확대되었다. 상호저축은행의 가계대출 규모는 2007년 2조 5,892억 원에서 2016년 11조 3,390억 원으로 연평균 17.8% 증가했다. 가계대출에서 새마을금고가 차지하는 비중도 2007년 2.4%에서 2016년 4.5%로 2.1%p 확대되었다. 새마을금고의 가계대출 규모는 2007년 4조 258억 원에서 2016년 11조 8,357억 원으로 연평균 12.7% 증가했다. 이는 높은 주거비 부담이 생활자금 부족으로 이어지면서 가계들이 높은 금리 부담에도 불구하고 어쩔 수 없이 제2금융권으로 내몰렸기 때문이다.

　김범식(2017)에 따르면,[2] 서울의 10가구 중 6~7가구가 부채를 보유

---

[2] 이 연구는 서울의 표본 1,013가구를 대상으로 조사한 결과이며, 표본의 신뢰수준은 95%, 오차는 ±3.1%이고, 조사 시점은 2017년 2월 20일~3월 3일이다.

하고 있다. 2017년 1/4분기에 가계부채가 있다고 응답한 가구는 64.7%로 전 분기보다 11.5%p 증가하였다. 이는 생활 자금 형태의 소액 부채를 보유한 가구가 많이 늘어났기 때문이다. 가계부채를 주로 사용하는 용도는 1순위가 '주택 관련 자금'이지만 1~3순위를 합하면 '생활 자금'이 가장 높게 조사되었다. 1순위 기준으로 가계부채를 주로 사용하는 용도는 '주택 관련 자금'이 51.6%로 가장 많다. 그 다음은 '생활 자금' 19.3%, '사업 자금' 16.4%, '자녀 교육비/학자금' 6.6% 등의 순이다. 그러나 1~3순위 기준으로 보면 '생활 자금'이 73.5%로 가장 많을 뿐 아니라 '주택 관련 자금'(53.1%) 보다 20%p 이상 높다. 대출을 받는 곳은 '시중은행'이 78.5%로 가장 많고, 그 다음은 '카드사' 45.3%, '보험사' 6.8%, '저축은행' 4.8% 등의 순이다. 가구 소득별로는 소득이 높을수록 시중은행에서 대출을 받았다는 응답 비율이 높아지고, 카드사라는 응답 비율은 대체로 낮아진다. 이는 소득이 적을수록 신용능력 부족 등으로 인해 시중은행에서 대출이 어렵기 때문에, 신용카드를 이용한 현금서비스 혹은 할부 등을 이용하기 때문이다.

서울시 가구들의 주된 대출 형태는 부동산 담보대출과 신용대출이다. '부동산 담보대출'과 '신용대출'이 각각 58.8%, 58.0%로 가장 많고, 그 다음은 '예금/적금/보험 담보대출' 10.6%, '기타' 2.2%, '보증서 대출' 1.3% 등의 순이다. 기타는 '친인척' 1.4%, '지인' 0.3%, '자동차 할부대출' 0.2%, '마이너스통장' 0.2%, '버팀목 대출' 0.2% 등이다. 규모가 가장 큰 대출 형태는 '부동산 담보대출'로 56.5%를 차지하고, '신용대출' 35.1%, '예금/적금/보험 담보대출' 5.6% 등의 순이다. 이 밖에 '친인척' 1.4%, '보증서 대출' 0.9%, '지인' 0.3%, '자동차 할부대출' 0.2% 등의 순으로 조사되었다. 가계부채를 보유한

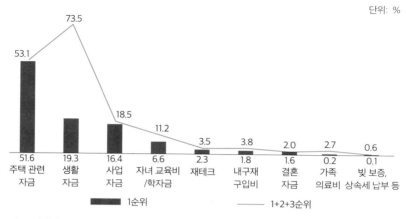

그림 1-12 **가계부채의 주 용도**

단위: %

자료: 김범식(2017)에서 재구성.

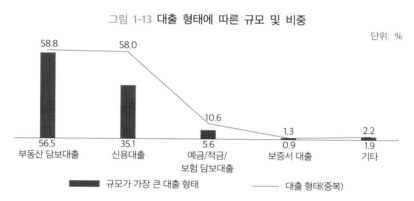

그림 1-13 **대출 형태에 따른 규모 및 비중**

단위: %

자료: 김범식(2017)에서 재구성.

가구의 부채 상환 형태는 원리금 상환이 64.7%로 가장 많다. 이자만 상환하는 경우가 32.9%이고, 상환을 하지 않는 경우는 2.4%에 불과하다(김범식, 2017).

한편 소득 수준이 낮을수록 가계부채 위험에 크게 노출되어 있다. 제윤경(2013)의 연구[3]에 따르면 소득이 낮을수록 대출 이용처가 상대적으로 시중은행보다 고금리인 카드사, 캐피털, 저축은행 등 제2 금융권 이상에 몰려 있다. 연구의 조사 결과에 의하면, 제2 금융권 이상에서 대출을 가장 많이 하는 소득계층은 월 소득 150만 원 미만의 저소득자로 77.8%의 응답률을 보인다. 월 소득 150만 원 이상 300만 원 미만 61.7%, 월 소득 300만 원 이상 450만 원 미만 51.2%, 월 소득 450만 원 이상 44.7%의 순으로, 소득이 올라갈수록 이용률이 하락한다. 소득 수준이 낮을수록 연체율 또한 높다. 현재 보유한 대출을 연체 중이라는 응답자도 월 소득 150만 원 미만 소득자가 58.0%로 가장 높다. 이는 월 소득 450만 원 이상에서 대출을 연체 중인 응답자 비율(8.7%)의 6.7배이다. 현재 보유한 대출을 연체 중인 응답자 비율은 월 소득 150만 원 이상 300만 원 미만은 19.2%, 300만 원 이상 450만 원 미만은 11.1%, 450만 원 이상은 8.7%로 소득 수준이 대출 연체 여부에 큰 영향을 미친다. 이처럼 저소득층은 신용이 높지 않기 때문에 제2 금융권 혹은 대부업 대출 등의 고금리 상품을 이용하고 있다. 또한 이들은 연체 비율도 높기 때문에 채무 상환의 악성화가 빠르게 진행될 것으로 우려된다.

---

3 제윤경은 2013년 8월부터 9월 15일까지 20~35세의 기혼자 혹은 35세 이상 서울시민 중 부채를 보유한 903명을 대상으로 가계부채 실태를 조사하였다.

5. 서울 경제에서 큰 비중을 차지하지만 벼랑 끝에 몰린
   자영업자와 소상공인

"위기의 자영업", "벼랑 끝에 몰린 소상공인" 등의 기사를 자주 접할 정
도로 자영업과 소상공인 문제는 한국 경제나 서울 경제에서 항상 핵심
의제 중 하나로 제기되어 왔다. 이는 자영업자나 소상공인이 일종의 사
회적 약자로 자본주의가 심화될수록 경제의 사각지대에 방치될 수밖에
없기 때문이다. 자영업이나 소상공인이 방치될 경우 서민경제의 어려
움이 가중되고, 서울 경제의 지속가능성도 담보하기가 어려운 것이 현
실이다. 특히 자영업이나 소상공인의 창업은 대부분 생계형으로 서민
들의 생활과 직결되어 있다. 2013년 기준으로, 다른 대안이 없어서 창
업하는 생계형 창업이 82.6%를 차지한다. 특히 2007년 이후 생계형
창업은 지속적으로 증가하는 반면, 사업형과 가업 승계의 비중은 감소
하는 추세이다. 또한 대형 마트와 SSM의 공격적인 골목상권 진출 등
외부 환경의 변화에 따라 자영업자의 어려움도 가중되고 있다.

서울의 자영업4 사업체 수는 2010년 54만 4,440개에서 2014년 56만
2,979개로 연평균 0.8% 증가하였다. 서울의 소상공인 사업체 수도

---

4 자영업의 정의는 통계청, 중소기업청 등 각 기관 및 정책에 따라 차이가 있을 수 있지
  만, 일반적으로 개인이 독자적으로 사업하는 개인사업자 또는 소규모 사업자를 지칭
  한다. 이 글에서 자영업은 박희석·김범식·김묵한(2010)의 연구를 따라 "상시근로
  자 5인 미만으로 법인 또는 단체가 아닌 개인이 독립적으로 운영하는 사업체"로 정의
  하였다. 그리고 소상공인은 소기업 중 상시근로자가 10인 미만의 사업자로서 업종별
  상시근로자 수 등이 대통령이 정하는 기준에 해당하는 자를 말하며, 업종에 따라 광
  업·제조업·건설업 및 운수업은 10인 미만이고, 이외 업종의 경우에는 5인 미만으
  로 규정한다.

2010년 61만 2,555개에서 2014년 66만 8,091개로 연평균 2.2% 증가하였다. 2014년 기준으로 서울의 자영업 사업체와 소상공인 사업체가 서울시 전체 사업체 수에서 차지하는 비중은 각각 69.3%, 82.2%로 매우 크다. 이에 비해 매출액 수준은 서울시 전체 산업 평균과 비교할 때 매우 낮다. 2014년 서울시 자영업의 사업체당 매출액은 1억 3,675만 원으로 전 산업 평균의 12.0%이다. 서울시 소상공인의 사업체당

표 1-1 소상공인의 창업동기 변화 추이

단위: %

구분	2007년	2010년	2013년
생계형	79.2	80.2	82.6
사업형	16.3	17.2	14.3
가업 승계	2.1	1.6	1.3
기타	2.4	1.1	1.8

자료: 중소기업청 · 소상공인진흥원, 〈2013년 전국 소상공인 실태조사〉(2013년 12월).

그림 1-14 서울의 전 산업, 소상공인, 자영업 사업체 수 추이

단위: 개

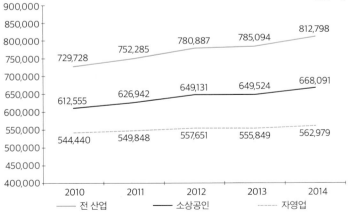

자료: 통계청, 〈전국사업체조사〉.

매출액도 2억 7,859만 원으로 전 산업 평균의 24.5%에 불과하다. 인당 매출액 수준도 낮다. 2014년 서울시 자영업의 인당 매출액 수준은 전 산업 평균의 40.5%에 불과하다. 서울시 소상공인의 인당 매출액 수준은 전 산업 평균의 74.2%로 자영업에 비해서는 다소 나은 편이다.

서울시 자영업자나 소상공인의 업종은 상당수가 도·소매업이다. 대분류 기준으로 2014년 자영업자 사업체의 업종별 분포는 도·소매업이 30.3%로 가장 많다. 그다음은 숙박 및 음식점업(17.8%), 운수업(15.7%), 협회 및 단체, 수리 및 기타 개인서비스업(8.8%), 제조업(7.6%), 부동산업 및 임대업(4.3%) 등의 순이다. 소상공인 사업체의 업종별 분포도 자영업자와 유사하다. 도·소매업이 30.0%로 가장많고, 그다음은 숙박 및 음식점업(15.4%), 운수업(13.9%), 협회 및 단체, 수리 및 기타 개인서비스업(9.5%), 제조업(8.5%), 부동산업 및 임대업(4.5%) 등의 순이다.

자영업체와 소상공인 사업체가 많이 포진한 도·소매업 중 소매업은 생산과 유통의 종점인 동시에 소비의 출발점이다. 소매업은 자영업자, 소상공인 등 서민의 경제활동과 직결되어 있어 사회적 관심의 대상이다. 김범식(2012)에 따르면, 소매업은 영세성 문제, 개인사업자 위주, 협소한 매장면적과 낮은 체인화율, 재무성과 열위, '다산다사'(多産多死)형 창·폐업 구조 등과 같은 산업적 특성을 가진다. 서울시 소매업은 대부분 상시 근로자 5인 미만의 영세사업체로 구성되어있다. 2010년 서울시 소매업의 영세사업체 비중은 92.2%로 도매업(81.2%)과 서비스업(83.5%)보다 각각 11.0%p, 8.7%p 높다. 특히 서울시 소매업은 약 42%가 1인 사업체이다. 2010년 서울시 소매업의 개인사업체 비중은 91.1%로 유사 업종인 도매업과 서비스업보다 각각 21.9%p,

11.2%p 높다. 또한 서울시 소매업은 사업체 구조와 매출액 구조 간 불일치가 발생한다. 2010년 전체 소매업 중 영세소매업의 개인사업체 비중은 87.3%이나 매출액 비중은 17.7%에 불과하다. 매장면적을 보면, 소매업의 평균 매장면적은 과거보다 커졌지만, 아직도 도매업은 물론 전국 소매업 평균보다 협소한 편이다. 2010년 서울시 소매업 평균 매장면적은 86.4제곱미터로 2001년 대비 1.6배 확대되었지만 소매업 평균 매장면적은 도매업의 63.8% 수준이다. 특히 영세소매업의 평균 매장은 58.8제곱미터로 소매업의 68% 수준이다. 종합소매업 평균 매장면적은 176.6제곱미터로 소매업의 2배이지만, 이는 주로 백화점과 대형 마트의 매장면적이 크기 때문이다. 소형 종합소매업의 평균 매장면적은 47.3제곱미터로 소매업의 절반 수준이다. 또한 2010년 서울시 소매업의 체인점 가입 비율도 6.8%로 낮고, 서울시 소매업 종사자 중 7.9%만 체인사업체에 종사한다. 2010년 서울시 소매업의 재무성과는 서비스업 및 도매업에 비해 낮고, 특히 영세소매업의 재무성과는 소매업 평균에 비해서도 낮다. 서울시 소매업의 사업체당 매출액은 약 6.3억 원으로 서비스업의 36.0%, 도매업의 22.3%에 불과하다. 영세소매업의 사업체당 매출액도 1.9억 원으로 소매업 평균의 30.6%이다.

한편 소매업의 창·폐업 수준은 여타 업종에 비해 높다. 2010년 서울시 소매업의 창업 및 폐업 사업체 수는 각각 1만 8,349개, 1만 8,586개로 도매업의 2.1배, 2.7배이다. 도매업과 달리 소매업은 지난 10년간 2002년, 2007년 두 해를 제외하고 모두 폐업 규모가 창업 규모를 상회하였다. 2010년 소매업의 창업률과 폐업률은 각각 15.3%, 15.5%이다. 또한 소매업 창·폐업 사업체의 대부분이 영세소매업체이다. 2010년 영세소매업 창업 사업체 수는 소매업의 93.0%, 영세소매업 폐업

그림 1-15 **서울 및 전국 소매업과 종합소매의 평균 매장면적**

단위: 제곱미터

서울	**86.4** 소매업	**135.4** 도매업	**176.6** 종합소매업	**86.4** 소매업	
전국	**93.3** 소매업	**192.6** 도매업	**432.6** 중형 슈퍼마켓	**122** 기타 종합소매업	**87.4** 체인화 편의점

소형 종합소매업 47.3

자료: 통계청, 〈경제총조사〉(2010); 〈서비스업총조사〉(2001; 2005).

사업체 수는 소매업의 89.6%에 달한다. 서울시 소매업의 창업은 송파구, 강남구, 중구 등에서 크게 발생했다. 2010년 서울시 소매업의 창업 사업체 수는 송파구(1,250개), 강남구(1,232개), 중구(1,210개), 강서구(1,058개), 종로구(905개) 등의 순으로 많다. 2010년 서울시 영세소매업의 창업 사업체 수도 송파구(1,164개), 중구(1,142개), 강남구(1,090개), 강서구(1,003개), 종로구(851개) 등의 순으로 전체 소매업과 유사하다. 서울시 소매업의 폐업은 중구, 강서구 등에서 크게 발생했다. 2010년 소매업 폐업 사업체 수는 중구(1,916개), 강서구(1,127개), 강남구(1,103개), 송파구(1,095개), 노원구(975개) 등의 순으로 높다. 영세소매업 폐업 사업체 수는 중구(1,750개), 강서구(1,032개), 송파구(977개), 노원구(907개) 등의 순으로 많다.

이처럼 자영업자나 소상공인이 서울 경제에서 차지하는 위상과 의미는 크지만 매출이 부진하고, 경쟁도 치열해지면서 경영환경 위험에 쉽게 노출되고 있다. 자영업자나 소상공인들은 특별한 기술이나 준비 없이 소규모 자본으로 쉽게 창업할 수 있기 때문에 창업과 폐업을 반복하는 '다산다사' 구조에 빠져 있다. 이러한 사실은 서울 경제가 지속가능성을 담보하고 민생경제를 안정시키려면, IT와 바이오 등 신성장산업뿐만 아니라 경제의 사각지대에 있는 자영업과 소상공인에도 관심을 기울여야 한다는 것을 말해 준다.

6. 서울 경제의 서비스화 확대와 제조기능 약화

서비스란 일반적으로 물질적 재화 이외의 생산이나 소비에 관련한 모든 경제활동을 지칭한다. 서비스는 범위가 넓기 때문에 학자에 따라 정의가 다양하다. 힐(T. P. Hill)은 서비스를 "경제주체의 경제활동에 의해 다른 경제주체 및 소유물의 상태를 변화시키는 행위"(Hill, 1977)로, 블로이스(K. J. Blois)는 "제품의 형태를 물리적으로 바꾸지 않고 판매에 제공되는 활동"(Blois, 1993)으로, OECD는 "제조업, 농업, 광업 등과 직접적인 관련이 없는 경제활동으로 노동, 컨설팅, 오락, 교육 등의 형태로 인적 부가가치를 제공하는 행위"(OECD, 2000)로 본다. 경제가 발전하고 성숙 단계에 접어들면 경제의 서비스화는 촉진된다. 콜린 클라크(C. G. Clark)는 1940년에 출간된 저서 《경제진보의 제 조건》(*The Conditions of Economic Progress*)에서 산업을 제1차 산업(농림어업), 제2차 산업(광공업, 건설업), 제3차 산업(서비스업)으로 구분하였다. 그는 경제발전 단계에 따라 산업구조가 제1차 산업에서 제2차 산업으로, 그리고 제2차 산업에서 제3차 산업으로 그 비중이 변화한다고 보았다.

　서울 경제의 서비스화 수준은 크게 두 가지 측면에서 파악할 수 있다. 첫째, '고용의 서비스화'로 이는 서울 경제의 서비스업에 종사하는 사람들의 비중으로 파악한다. 둘째, '생산의 서비스화'로 서울 경제의 서비스업이 생산한 부가가치 비중으로 파악한다. 이때 서비스업의 포괄 범위는 연구자에 따라 다양하다. 일반적으로 서비스업은 넓은 의미의 서비스업과 좁은 의미의 서비스업으로 구분한다. 넓은 의미의 서비스업은 UN의 상품·서비스분류(CPC, *central product classification*)에서 대분류 기준으로 5. (건설업) ~ 9. (공공, 사회 및 개인 서비스업)까지를 포괄한다(통계청, 2004). 좁은 의미의 서비스업은 넓은 의미의 서비스업에서 전기, 가스 및 수도사업과 건설업을 제외한 것이다. 건설업은 생산된 재화가 유형재의 성격을 갖고, 전기·가스 및 수도사업은 거대 생산설비라는 유형의 재화를 이용해야만 생산이 가능하기 때문에 그 성질상 서비스업에서 제외된다(한국직업능력개발원, 2004). 이러한 이유로 이 글에서 서비스업의 범위는 좁은 의미의 서비스업으로 한정한다.

먼저 고용 측면에서 서울 경제의 서비스화 수준은 다음과 같다. 2014년 기준 서울의 서비스업 종사자는 약 415만 8천 명으로 서울시 전체 근로자의 87.7%를 차지한다. 이는 전국 평균(73.6%)보다 14.1%p 높은 수준이다. 고용 측면에서 본 서울 경제의 서비스화 수준은 16개 시·도 중 1위이다. 2위는 한국의 대표 관광지로 소매업과 숙박 및 음식점업 등이 많은 제주(85.9%)이다. 최하위는 자동차, 석유화학 등의 제조업이 집중된 울산(56.8%)이다. 2014년 서울 경제에서 제조업 종사자는 전체 종사자의 6.0%로 서비스업에 비해 미미하며, 건설업과 전기·가스·증기 및 수도사업의 종사자도 각각 전체 종사자의 6.0%, 0.2%에 불과하다. 특히 서울은 1990년대 중반 이후 제조업의 쇠퇴와 함께 고용의 서비스화가 가속화되었다. 서울의 서비스업 비중은 1995년 70.7%에서 2014년 87.7%로 17.0%p 확대되었다. 이에 비해 제조업 비중은 1995년 18.8%에서 2014년 6.0%로 12.8%p 축소되었다. 고용 측면에서 본 서울의 5대 서비스업은 도매 및 소매업, 숙박 및 음식점업, 전문·과학 및 기술 서비스업, 사업시설 관리 및 사업지원 서비스업, 출판·영상·방송통신 및 정보 서비스업이다. 2014년 현재 서비스업 고용에서 상위 5대 업종의 비중은 도매 및 소매업 20.7%, 숙박 및 음식점업 11.1%, 전문·과학 및 기술 서비스업 10.2%, 사업시설 관리 및 사업지원 서비스업 9.1%, 출판·영상·방송통신 및 정보 서비스업 7.9%이다. 이들 5대 업종이 서비스업 고용에서 차지하는 비중은 59%이다. 2006~2014년 사이 서비스업의 고용 증가 속도는 업종별로 차별화된다. 이 기간 중 서울시 서비스업의 연평균 고용 증가율(3.2%)을 상회하는 업종은 전문·과학 및 기술 서비스업(9.2%), 보건업 및 사회복지 서비스업(6.9%), 사업시설 관리 및 사업지원 서비스업(4.9%), 하수·폐기물 처리·원료재생 및 환경복원업(3.7%), 출판·영상·방송통신 및 정보 서비스업(3.7%) 등이다.

한편 생산 측면에서 본 서울 경제의 서비스화 수준은 다음과 같다. 2014년 서울의 서비스업 부가가치는 해당년도 가격 기준으로 약 270.9조 원이다. 이는 서울 총부가가치의 89.9%이다. 이외에 제조업은 약 19.0조 원, 건설업은 약 8.7조 원, 전기·가스·증기 및 수도사업은 약 2.1조 원의 부가가치를 생산한다. 총부가가치에서 제조업은 6.3%, 건설업은 2.9%, 전기·가스·증기 및 수도사업은 0.7%를 차지한다. 서울 경제에서 생산의 서비스화는 1990년대 중반 이후 지속적으로 확대되었다. 서비스업의 부가가치 비중은 1995년 83.7%

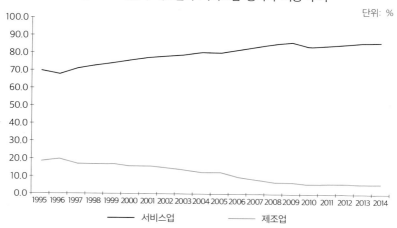

그림 1-16 서울시 제조업과 서비스업 종사자 비중 추이

단위: %

서비스업 ——— 제조업 ———

주: 1995~2005년은 제 8차 개정, 2006년 이후는 제 9차 개정 한국 표준 산업분류 기준.
자료: 통계청, 〈전국사업체조사〉.

그림 1-17 서울시 산업별 명목 부가가치 비중 변화

단위: %

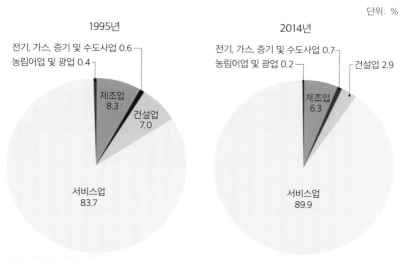

1995년

전기, 가스, 증기 및 수도사업 0.6
농림어업 및 광업 0.4
제조업 8.3
건설업 7.0
서비스업 83.7

2014년

전기, 가스, 증기 및 수도사업 0.7
농림어업 및 광업 0.2
건설업 2.9
제조업 6.3
서비스업 89.9

자료: 통계청, 지역소득, 국가통계포털.

에서 2014년 89.9%로 6.2%p 증가한 반면, 제조업의 부가가치 비중은 1995년 8.3%에서 2014년 6.3%까지, 건설업의 부가가치 비중도 7.0%에서 2.9%까지 하락하였다. 부가가치 측면에서 본 서울시의 5대 서비스업종은 도매 및 소매업, 사업 서비스업, 부동산업 및 임대업, 금융 및 보험업, 출판·영상·방송통신 및 정보 서비스업 등이다. 2014년 기준 도매 및 소매업은 서비스업 부가가치의 19.5%를 차지한다. 그 다음은 사업 서비스업(15.3%), 부동산업 및 임대업(13.2%), 금융 및 보험업(12.8%), 출판·영상·방송통신 및 정보 서비스업(11.4%) 등의 순이다. 도매 및 소매업은 1985년 이래 부가가치 비중 1위를 고수하고 있지만 그 수준은 점차 하락하고 있다. 도소매업이 서비스업 부가가치에서 차지하는 비중은 1985년 31.2%에서 2014년 19.5%까지 하락하였다. 1995~2014년 중 서울시 서비스업 명목 부가가치의 연평균 증가율(6.2%)을 상회하는 업종은 보건업 및 사회복지 서비스업(9.9%), 출판·영상·방송통신 및 정보 서비스업(8.2%), 사업 서비스업(7.4%), 공공행정·국방 및 사회보장행정(6.6%), 교육 서비스업(6.5%) 등 5개 업종이다.

서울 경제의 서비스화에 대한 원인은 여러 가지 이유가 있다. 김범식(2010)의 연구에 따르면 경제의 서비스화는 소득이 증가할수록, 서비스의 생산성이 낮을수록, 그리고 고령화가 진전될수록 촉진된다. 소득 수준이 높아짐에 따라 제조업 제품보다 서비스의 수요가 더 확대되는 것은 서비스에 대한 소득탄력성이 1보다 크기 때문이다. 서비스의 생산성이 낮을수록 서비스화가 촉진되는 이유는 다음과 같다. 소득이 증가함에 따라 서비스 수요가 증가하는 상황에서 제조업에 비해 서비스업의 생산성 증가가 더디면 서비스 가격은 상승한다. 서비스의 높은 가격과 낮은 생산성 때문에 제조업에서 서비스업으로 산업 간 노동의 재분배가 이루어진다. 이 밖에 고령화의 전전과 같은 외생적 충격은 서비스 수요 곡선 자체를 우측으로 이동시키면서 서비스화가 촉진된다.

7. 지식기반산업이 확대되는 가운데 창조계층은 많은 편

과거에 경제성장의 원천은 노동과 자본 등 요소의 투입이었지만 20세기 들어서 기술과 혁신 등 지식 중심으로 변화되었다. 이때 지식은 단순히 어떤 현상이나 사물에 대해 아는 것만이 아니라 이를 잘 체계화하여 새로운 것을 창출하는 기술이나 정보를 포함한다. 지식이 경제성장의 중요한 원천이 되는 경제를 지식기반경제 (*knowledge-based economy*)라고 한다. 피터 드러커 (Peter F. Drucker) 는 "경제발전의 원동력이었던 전통적 생산요소인 토지, 노동, 자본은 오히려 제약이 되고 그 대신 지식이 단 하나의 중요한 생산요소가 되고 있다"고 할 정도로 지식의 중요성을 강조하였다. 지식기반산업은 전통적 생산요소보다 지식을 통한 생산과 부가가치 향상의 비중이 큰 산업이다. 지식기반산업의 범위에 대해서는 합의가 아직 부족하지만 일반적으로 OECD의 정의를 국제 기준으로 삼는다. OECD (2003) 는 지식기반산업을 R&D 집약도가 높은 첨단산업 위주의 지식기반 제조업과 관련 서비스업으로 정의한다. 이 글에서는 OECD의 틀과 유사하게 산업연구원 (2003; 2004) 에서 개발해 지역산업 분석 등에 활용하는 지식기반산업 분류를 원용해 사용하였다. 지식기반산업은 지식기반 제조업과 지식기반 서비스업으로 구분된다. 지식기반 제조업은 메카트로닉스, 반도체, 생물산업, 신소재, 전기정보기기, 정밀기기, 정밀화학, 항공우주, 환경 등 9개 산업을, 지식기반 서비스업은 관광, 기업지원 서비스, 문화, 물류, 정보 서비스 등 5개 산업을 포함한다.

서울의 지식기반산업은 2000년 이후 점진적으로 확대되고 있다. 지식기반산업의 사업체 수는 2000년 7만 5,866개에서 2013년 11만 2,698개로 1.5배 늘어났다. 같은 기간 서울시 지식기반산업의 연평균 사업체 수 증가율도 3.1%로 전체 산업(0.7%) 보다 크다. 사업체가 늘어나면서 서울의 전체 산업에서 지식기반산업이 차지하는 비중도 2000년 10.5%에서 2013년 14.4%로 높아졌다. 지식기반산업 종사자도 2000년 55만 8,669명에서 2013년 84만 8,403명으로 1.5배 확대되었다. 같은 기간 서울시 지식기반산업의 연평균 종사자 수 증가율도 3.3%로 전체 산업(1.9%) 보다 크다. 서울의 전체 산업에서 지식기반산업 종사자가 차지하는 비중도 2000년 15.6%에서 2013년 18.5%로 높아졌다. 이러한 서울의 지식기반산업 확대는 제조업보다는 서비스업이 주도하고 있는데, 2000~2013년 사이 서울시 지식기반 제조업의 사업체 및 종사자 수는 각각 연평균 1.3%, 8.5% 하락한 반면, 지식기반 서비스업의 사업체 및 종사자 수는 각각 연평균 3.3%, 4.6% 증가하였다.

서울시 지식기반산업은 대부분 지식기반 서비스업이다. 2013년 기준 서울시 지식기반산업 사업체의 96.8%, 종사자의 96.1%가 지식기반 서비스업이며 지식기반 제조업은 3.2%, 3.9%에 불과하다. 지식기반 서비스업은 사업체 수 기준으로 60% 이상이 물류와 기업지원 서비스업이다. 물류가 37.5%로 가장 많고, 그 다음은 기업지원 서비스(27.2%), 정보 서비스(15.3%), 관광(11.1%) 등의 순이다. 지식기반 제조업은 사업체 수 기준으로 50% 이상이 전자·정보기기와 정밀기

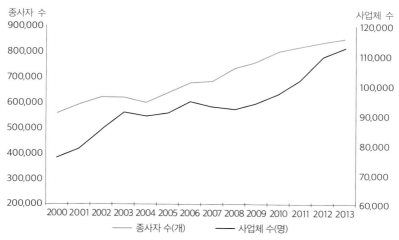

그림 1-18 서울시 지식기반산업의 사업체 및 종사자 수 추이

자료: 통계청, 〈전국사업체조사〉.

그림 1-19 서울시 지식기반산업의 구성(2013년)

주: 사업체 수 기준.
자료: 통계청, 〈전국사업체조사〉.

기이다. 전자·정보기기가 31.3%로 가장 많고, 그 다음은 정밀기기 (21.1%), 메카트로닉스(19.8%), 환경(9.1%), 정밀화학(7.2%) 등의 순이다.

한편 서울은 지식기반경제에서 주된 역할을 하는 창조계층이 다른 지역에 비해 많은 곳이다. 창조계층(*creative class*)은 플로리다(Richard L. Florida)가 처음 제시한 것으로 창조적인 일에 종사하는 사람들이다. 이는 21세기에 전개되는 공간과 장소의 새로운 분화과정에서 도시의 경제성장이 단지 인적 자본의 밀집에서 생기는 생산효과만으로는 설명되지 않고, 창조계층이 만들어 내는 혁신에서 나온다고 보기 때문이다. 즉, 도시 경제성장의 열쇠(*key*)는 창조계층이 보유한 창의적 능력인 창조자본(*creative capital*)이다(Florida, 2002). 플로리다는 도시의 경제성장이 다양하고, 관대하며, 새로운 아이디어에 개방적인 곳을 선호하는 창조계층에 의해 촉진된다고 본다. 특히 도시에 창조계층이 정착하고, 혁신과 경제성장을 자극하기 위해서는 기술(*technology*), 인재(*talent*), 관용(*tolerance*)이라는 3T를 모두 갖추어야 한다. 볼티모어, 세인트루이스, 피츠버그 등은 세계 수준의 대학과 기술에도 불구하고 창조적 인재를 유인하고 유지하는 데 필요한 관용과 개방성이 부족해 성장에 실패하였다. 마이애미와 뉴올리언스는 다양한 생활양식의 중심지이지만 기술기반이 취약해 실패하였다. 대조적으로 샌프란시스코만 지역, 보스턴, 워싱턴DC, 오스틴과 시애틀 등은 3T를 모두 갖추어 가장 성공적인 도시로 발전하였다(이철호, 2011).

창조계층은 직업 특성에 따라 핵심 창조계층, 창조적 전문가, 보헤미안의 3가지 유형으로 구분된다. '핵심 창조계층'은 대학 교수, 과학자, 연구원, 분석가 등으로 쉽게 전파되고 유용하게 쓰일 새로운 아이디어와 콘텐츠 등을 만들어 내는 계층이다. '창조적 전문가'는 경영, 금융 서비스, 법률, 보건·의료 등에 종사하는 사람들로 복잡한 지식체계에 의존해 창조적으로 문제를 해결하는 계층이다. '보헤미안'은 작가, 디자이너, 배우 등 문화예술 및 미디어 관련 분야에 종사하는 계층으로 도시의 관용문화를 대표한다(김범식, 2014).

2013년 기준 서울의 창조계층 규모는 16개 시·도 중 가장 많은 149만 1,204명으로 전국의 27.4%를 차지한다. 입지상(LQ)으로 본 창조계층의 집중도는 1.4로 기준치 1을 상회한다. 16개 시·도의 창조계층 규모를 보면, 서울과 경기도를 제외한 나머지 시·도는 상대적으로 취약한 '2강(强) 14약(弱)' 구조이다. 또한 서울시 전체 취업자 중 창조계층이 차지하는 비중도 28.9%로 전국 평균을 7.6%p 상회한다. 그러나 54개 세계 주요 도시와 비교한 서울의 창조계층 비중 순위는 36위로 낮다. 오슬로의 경우 창조계층 비중은 46.8%로 54개 세계 도시 중 가장 높고, 상위 9개 도시의 비중도 모두 40%대이다(김범식, 2014).

창조계층을 유형별로 보면 서울은 핵심 창조계층과 창조적 전문가가 각각 44.1%, 40.6%, 보헤미안은 15.2%로 핵심 창조계층과 창조적 전문가 중심으로 구성되어 있다. 서울의 보헤미안 인력은 서울 내 비중은 낮지만, 전국 보헤미안 인력의 41.6%를 차지할 정도로 다른 시·도에 비해 그 규모가 크다. 서울의 창조계층은 2008년 133만 647명에서 2013년 149만 1,204명으로 연평균 2.3% 증가하였다. 이는 서울시 전체 취업자 증가율(1.0%)을 1.3%p 상회하는 것이다. 창조계층 유형별로는 핵심 창조계층(1.2%), 창조적 전문가(2.5%)보다 보헤미안(5.2%)의 인력 증가율이 높다(김범식, 2014).

서울시 창조계층의 인구통계적 특성을 보면 다음과 같다. 58.0%는

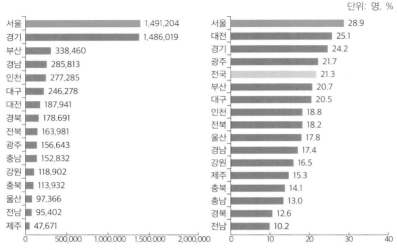

그림 1-20 시·도별 창조계층 종사자 수 및 비중 (2013년)

단위: 명, %

서울	1,491,204	서울 28.9
경기	1,486,019	대전 25.1
부산	338,460	경기 24.2
경남	285,813	광주 21.7
인천	277,285	전국 21.3
대구	246,278	부산 20.7
대전	187,941	대구 20.5
경북	178,691	인천 18.8
전북	163,981	전북 18.2
광주	156,643	울산 17.8
충남	152,832	경남 17.4
강원	118,902	강원 16.5
충북	113,932	제주 15.3
울산	97,366	충북 14.1
전남	95,402	충남 13.0
제주	47,671	경북 12.6
		전남 10.2

자료: 김범식(2014)에서 재구성.

남성으로 구성되어 있다. 이는 비창조계층의 남성 비중을 3.1%p 상회하는 수준이다. 특히 보헤미안보다 핵심 창조계층과 창조적 전문가에서 남성 우위적 구조가 더 뚜렷하다. 그러나 2008~2013년 사이 서울시 여성 창조계층의 연평균 증가율은 3.9%로 남성(1.2%) 보다 3배 이상 빠른 속도로 증가하고 있다. 지난 5년간 여성 창조계층은 주로 창조적 전문가와 보헤미안에서 큰 폭으로 늘어났다. 연령으로 보면, 2013년 기준 서울시 창조계층은 30대가 33.9%를 차지해 가장 많다. 그다음은 40대 25.4%, 30대 미만 20.4% 등의 순이다. 이러한 연령별 구조는 비창조계층과 대조적이다. 비창조계층에서는 40대가 24.9%로 가장 많고, 50대 24.4%, 30대 21.6% 순으로 나타났다. 창조계층 유형별로 보면 핵심 창조계층과 보헤미안은 30대가, 창조적 전문가는 40대가 많은 구조이다. 서울의 창조계층은 대졸 이상 고학력자가 89.8%

로 대부분을 차지한다. 이는 비창조계층(38.8%)의 2배 이상이다. 비창조계층은 고졸이 43.6%로 가장 많고, 중졸도 10.5%에 달한다. 창조계층 유형별로 보면, 핵심 창조계층에서 대졸 이상 비중이 92.7%로 가장 높고, 창조적 전문가와 보헤미안은 각각 88.0%, 85.8%로 나타났다(김범식, 2014).

서울시 창조계층의 노동행태적 특성은 다음과 같은 점에서 흥미롭다. 서울시 창조계층 중 83.1%가 상용직으로 비창조계층(54.5%)에 비해 고용안정성이 매우 높다. 그러나 창조계층의 고용안정성은 창조계층 유형별로 차별적이다. 상용직 비중은 창조적 전문가가 90.2%로 가장 높고, 핵심 창조계층과 보헤미안은 각각 79.6%, 73.9%로 상대적으로 낮다. 창조계층 전체의 상용직 비중은 2008년 84.6%에서 2013년 83.1%로 1.5%p 하락했는데, 특히 보헤미안 인력은 해당 기간 동안 임시직 종사자가 연평균 13.2%나 증가해 임시직 비중이 6.2%p 확대되었다. 서울시 창조계층의 월평균 임금은 325.7만 원으로 전국(300만 원)보다 높고, 서울시 비창조계층(201.2만 원)보다 1.6배 높다. 이는 창조계층이 높은 경제적 기회를 가진다는 플로리다 이론과 부합한다. 창조계층 유형별로 보면, 창조적 전문가가 367.2만 원으로 가장 많고, 핵심 창조계층은 310.9만 원, 보헤미안은 253.5만 원으로 가장 적었다. 2008~2013년 연평균 임금증가율은 창조적 전문가 2.6%, 보헤미안 2.3%, 핵심 창조계층 1.9%이다. 월평균 임금과 달리 창조계층의 주당 근로시간은 42.3시간으로 비창조계층(45.9시간)에 비해 3.6시간 짧다. 플로리다 이론과 달리 창조계층의 근로시간이 비창조계층보다 짧은 것은 소득 수준이 높아지면서 일보다 삶의 질을 추구하는 경향이 커졌기 때문이다. 창조계층 유형별로는 창조적 전문가가 44.6시간으로 가장 길고, 보헤미안은 42.4시간, 핵심 창조계층은 40.1시간으로 가장 짧다. 창조계층의 근로시간은 2008년 이후 점진적으로 단축되고 있다(김범식, 2014).

서울시 창조계층의 산업별 특성을 보면 다음과 같다. 2013년 서울시 창조계층 인력의 산업 밀집도를 총 75개 중분류 기준으로 보면, 교육 서비스업, 보건업, 출판업, 전문서비스업 등 4개 산업에 전체 창조계층 인력의 44.9%가 밀집되어 있다. 창조계층의 산업 밀집도가 1% 이상인 산업은 총 75개 산업 중 24개이다. 이 중 10% 이상은 2개, 2% 이상은 16개에 불과할 정도로 소수 산업에 밀집되어 있다. 창조계층 유형별로도 3~5개 산업에 집중된 형태이나 창조계층 유형별로 밀집된 산업이 다르다. 핵심 창조계층은 교육 서비스업에만 44.4%가 밀집되어 2위인 출판업(12.2%)과 32.2%p의 격차를 보였다. 창조적 전문가는 보건업이 23.8%로 가장 높고, 사회복지 서비스업과 전문 서비스업도 10% 내외의 밀집도를 보인다. 반면 보헤미안은 기타 전문·과학 및 기술 서비스업의 밀집도가 17.3%로 가장 높지만, 출판업, 창작·예술 및 여가 관련 서비스업 등도 10% 이상으로 특정 산업에 집중되지 않았다. 지난 5년간 창조계층의 산업 밀집도 순위는 교육 서비스업과 보건업이 각각 6년 연속 1, 2위를 유지하였다. 출판업은 2008년 4위에서 2013년 3위로, 전문 서비스업은 6위에서 4위로, 컴퓨터 프로그래밍·시스템 통합 및 관리업은 10위에서 8위로 상승하였다. 특히 사회복지 서비스업은 14위에서 5위로 급상승하였다. 전반적으로 지난 5년간 교육 서비스업, 보건업, 출판업 등에 창조계층이 많이 몰린 가운데 전문 서비스업, 사회복지 서비스업, 컴퓨터 프로그래밍·시스템 통합 및 관리업 등으로도 창조계층이 지속적으로 유입되고 있다(김범식, 2014).

8. 결론: 성장잠재력 확충과 민생안정에 주력할 필요

지금까지 서울 경제의 모습을 경제규모와 성장력, 물가, 경제의 서비스화, 가계부채, 골목경제, 일자리 등 다양한 각도에서 살펴보았다. 어떤 부분은 서울 경제의 희망이지만, 어떤 부분은 걸림돌이 되고 있다.

첫째, 규모 측면에서 본 서울의 경제는 대도시 위상에 맞게 일정 수준을 확보하고 있다. 그러나 잠재성장률로 본 서울의 경제는 현재 축소균형의 늪에 빠져있다. 앞으로 서울 경제는 대내외 환경 변화에 맞추어 성장잠재력 확충에 노력할 필요가 있다. 지식이 성장의 원천으로 부각된 점을 고려해 향후 서울시 산업정책은 혁신 주도형 경제로의 전환과 안착에 초점을 둘 필요가 있다(김범식, 2009). 또한 4차 산업혁명 등 환경 변화에 적합한 서울의 미래 먹거리 발굴과 육성에 힘을 기울여야 한다.

둘째, 서민들의 생활물가 부담을 완화해야 한다. 유가, 공공요금 등과 같은 전국적인 물가 불안 요인 외에도 서울 고유의 유통구조나 시장 특성에 따라 물가 불안을 초래하는 품목이 있다. 주거비, 사교육비, 농산품 등이 서민 생활과 직결된 품목군이다. 이들 품목을 중심으로 주기적으로 모니터링하고, 안정화시키는 방안을 모색해야 한다(김범식·최봉, 2013).

셋째, 일자리는 서울 경제에서 가장 중요한 문제로 고용의 양적 확대와 질적 제고가 필요하다. 가능한 업종별 특성에 부합하는 맞춤형 전략과 더불어 전업·전직 프로그램 강화를 통한 노동의 효율적 재배분을 유도해야 한다. 또한 향후 수요 증대가 예상되는 복지 분야에 대한 적극적 시장 조성을 통해 고용을 창출할 필요가 있다(김범식, 2010).

넷째, 서민가계에 부담이 되는 가계부채 문제를 완화해야 한다. 가계부채의 대부분을 차지하는 주택 담보대출 규모를 줄이기 위해 중앙정부와 함께 주택 가격의 연착륙을 유도하는 동시에 가계대출 연체율을 낮출 방안을 강구해야 한다. 또한 금리 상승에 민감한 가계부채 한계 가구와 자영업자들을 중심으로 가계신용 상담 등을 통해 신용회복을 도모해야 한다.

다섯째, 자영업자와 소상공인의 자생력을 강화해야 한다. 서울시는 골목상권과 소상공인의 보호와 성장을 위해 다각도로 지원하고 있으며 소기의 성과를 달성하고 있다. 앞으로 골목상권과 소상공인이 당당히 서울 경제의 한 축을 담당하려면 이러한 정책이 지속성을 가져야 한다. 그리고 정책의 무게중심도 '보호 및 지원'에서 '자생력 강화'로 점차 이동할 필요가 있다. 이를 위해 협동조합을 활용한 자영업과 소상공인 협업화를 더 강화할 필요가 있다. 특히 협업화 사업의 원활한 수행을 위한 협업 컨설턴트의 육성이 중요하다. 체인화는 거스를 수 없는 추세이나, 기존 대기업 주도 프랜차이즈는 사회적 공동가치 실현에 한계를 지닌다. 프랜차이즈의 장점을 살리면서 부작용을 최소화하기 위해서는 일종의 사회적기업인 소셜 프랜차이즈 육성을 통해 영세소매업 체인화율을 제고하는 것도 하나의 대안이다(김범식·최봉, 2012). 그리고 전통시장도 인프라 개선과 더불어 상인회 중심으로 시장을 개선하고, 자영업자와 소상공인의 인적 능력 개발도 강화할 필요가 있다.

여섯째, 서비스업과 제조업의 균형 발전을 모색할 필요가 있다. 제조업의 뒷받침이 없는 경제의 서비스화는 생산성 저하 등으로 이어져 지속적인 성장이 저해될 수 있다. 일정 수준 제조업의 발전을 모색하면서 서비스업의 고도화를 도모해야 한다.

일곱째, 서울의 창조계층 규모는 국내에서는 1위이지만, 해외 주요 도시에 비해서는 아직 낮다. 특히 지난 5년간 서울시 창조계층이 양적으로 성장했지만, 그 요인이 주로 국가 경제 성장효과 및 직종 구조효과로 서울 고유의 비교우위 및 전문화 등에 기인한 경쟁력 요인은 미흡하다. 따라서 향후 인력 양성 등을 통한 직접 확대 전략과 산업 육성 등을 통한 간접 확대 전략을 통해 창조계층의 양적·질적 확대를 도모할 필요가 있다.

참고문헌

김범식 (2010). 〈서울시 서비스산업의 고용구조 분석 및 향후 정책방향〉. 서울시 정개발연구원.

_____ (2012). 〈서울시 영세소매업의 특성분석과 정책방향〉. 서울연구원.

_____ (2014). 〈서울시 창조계층 특성과 정책방향〉. 서울연구원.

_____ (2017). "1/4분기 서울시 소비자 체감경기와 가계 부채 현황". 〈서울연구원 정책리포트〉, 227호.

김범식·김묵한 (2014). 〈서울시 괜찮은 일자리 실태분석과 정책방향〉. 서울연구원.

김범식·정병순·김묵한 (2009). 〈서울시 지식기반제조업의 R&BD 역량 강화방안〉. 서울시정개발연구원.

김범식·최봉 (2013). 〈서울시 물가구조의 특성분석과 정책방향〉. 서울연구원.

김영수 (2003). 〈지식기반산업의 지역별 발전동향과 정책시사점〉. 산업연구원.

김한식·이정겸 (2004). 〈서비스업의 현황과 통계 인프라 개선방안〉. 통계청.

〈문화일보〉(2017. 4. 20.). "저축銀 가계대출 증가율 전국평균 2배 … 서울서 너무 부푼 '빚 풍선'".

박희석 (2009). 〈주요 시·도의 총요소생산성 추정과 서울의 경쟁력 강화요인〉.

서울시정개발연구원.

박희석·김범식·김묵한 외 (2013). 《통계로 본 서울 경제》. 서울연구원.

이철호 (2011). "창조계급과 창조자본: 리처드 플로리다 이론의 비판적 이해". 〈세계지역연구논총〉, 29권 1호, 109~131.

장재홍·정준호·정종석·허문구·서정해 (2006). 〈혁신활동의 지역 간 비교분석〉. 산업연구원.

제윤경 (2013). 〈서울시 가계부채 현황조사 및 악성화 경로 추적과 맞춤형 대책 마련 방안〉. 서울연구원.

한국은행 (2014). 《알기 쉬운 경제지표해설》.

한국직업능력개발원 (2004). 《지식강국건설을 위한 국가인적자원개발 3》.

Baycan, T. & Nijkamp, P. (2012). *Sustainable City and Creativity*. Routledge.

Blois, K. J. (1974). "The marketing of services: An approach". *European Journal of Marketing*, 8(2), 137~145.

Drucker, P. F. (1993). *Post-Capitalist Society*. N. Y.: Harper Press.

EIU (2017). "Worldwide cost of living 2017". *The Economist*.

Florida, R. L. (2002). *The Rise of the Creative Class*, Basic Books

Hill, T. P. (1977). "On goods and services". *Review of Income and Wealth*, 23(4), 315~338.

OECD (2000). *The Service Economy*. OECD Publishing.

_____ (2003). *OECD Science, Technology and Industry Outlook*. OECD Publishing.

제 2 장

서울시 산업정책과 공간경제

김묵한

1. 왜 '서울의 산업정책'인가?

서울의 산업정책이 없었던 때가 있었다. 사실은 서울의 산업정책이 없었던 기간이 있었던 기간보다 훨씬 길었다. 오해를 없애고자 덧붙인다. 서울에 산업정책이 오랫동안 없었다는 말이 아니다. 산업정책이 처음 시행된 이래 현재까지도 서울이 산업정책의 대상이 아니었던 적은 한 번도 없었다고 해도 과언은 아니지만, 여기에서 산업정책은 '서울의' 산업정책이라기보다는 '서울에 적용된' 산업정책이라고 하는 것이 정확한 표현이다. 이 장에서처럼 국가가 아닌 서울시가 주체가 되어 산업정책을 수립하고 시행한 경우를 '서울의 산업정책'이라고 한다면 그 역사는 생각보다 짧다는 뜻이다.

예를 하나 들어보자. 1960년대 경제개발 5개년 계획 수립 이전에는 서울은커녕 국가 차원에서도 본격적인 경제 · 산업정책이 있었다고 보기 어렵다. 그리고 1960년대 이러한 산업정책의 시발점은 다름 아닌 서울이었다. 서울은 당시에도 경제의 중심이었고, 1964년 〈수출산업 공업단지개발조성법〉에 따라 조성된 한국수출산업공업단지 제 1, 2, 3단지가 서울시 구로구 구로동에 자리 잡게 되었던 것은 어찌 보면 자연스러운 일이었다. 이후 인천의 부평과 주안에 제 4, 5, 6단지가 더 조성되었지만, 서울에 있는 제 1, 2, 3단지는 공식 명칭 외에 '구로공단'이라는 별칭을 얻으면서 공업단지의 대명사가 되었다.

하지만 한국수출산업공업단지의 설립 취지에도 명시되어 있듯이, 이들 3개 단지는 서울에 자리 잡고 있었지만 국가 산업화의 기반을 구축할 목적으로 개발되었다(박배균 외, 2014). 서울이라는 지역경제의 부흥을 전략적 목표로 삼은 기획은 아니었던 셈이다. 물론 구로공단은 1960~1970년대 서울의 산업경관을 바꾸어 놓은 기념비적인 사업이었다. 하지만 이를 서울의 산업정책이라고 하기는 어렵다. 구로공단은 초기 국가 산업정책을 서울 내에서 실현했던 대표적인 사례였다. 서울의 산업정책이 시행되기 위해서는 그 이후에도 많은 시간이 필요했다.

이렇듯 이 글에서 서울의 산업정책이란 중앙정부의 산업정책이나 지역 산업정책이 아닌 서울이라는 지방정부의 산업정책을 말한다. 그런데 지금까지도 모든 지방정부가 중앙정부의 지역 산업정책 외의 산업정책을 시행하고 있다고 보기는 어렵다. 실무적으로 중앙정부는 지역 산업정책의 기획에서 집행까지를 주도하고 지방정부는 이러한 시책의 집행자 역할을 담당하는 것이 현실이다(장재홍 외, 2012). 지방정부가 가진 산업정책 역량이나 수단은 아직도 무척 제한적이기 때문에 지방정부의 산업정책이 과연 필요한가, 혹은 더욱 효과적인가에 대해서도 온전한 합의나 공감대가 있는 상황은 아니다.

그렇다면 도대체 왜 서울의 산업정책이 생겨났을까? 그보다 왜 서울의 산업정책이 필요했을까? 논란의 여지가 있겠지만 서울의 산업정책은 한편으로는 중앙정부의 지역 산업정책이 가진 태생적인 한계 때문에, 다른 한편으로는 대도시로서 서울 경제 자체가 가지는 산업구조상의 특성 때문에 비롯되었다고 할 수 있다.

중앙정부가 국가 산업정책을 공간적으로 지역에 배치하는 산업입지정책이 대세였던 1990년대 중반까지를 포함하더라도 서울시가 산업입지정책의 주요 입지로 고려되었던 시기는 그리 길지 않았다. 1970~1980년대 수도권 규제의 기본 방향은 서울의 대규모 제조업체를 지방으로 분산시켜, 수도권 과밀 해소와 지방 균형 발전이라는 두 마리 토끼를 모두 잡으려는 것이었다(서울역사편찬원, 2016). 1977년의 〈공업배치법〉은 서울시 내 공장의 신·증설 규제의 시작이었고, 이어 1982년 제정된 〈수도권정비계획법〉은 서울을 포함한 수도권의 공장건축 총량을 설정하고 관리하는 것이 주 내용이었다. 이 두 법령은 결과적으로 서울시 대기업 공장의 신·증축을 원천적으로 금지하는 효과를 가져왔다.

역설적이지만 이런 의미에서 서울의 산업정책은 1990년대 말 중앙정부의 지역 산업정책이 본격화되면서 차츰 형태를 갖추기 시작하였다. 《지역산업정책백서》(산업연구원, 2013)에서는 이 시기를 기점으로 지역 산업정책이 입지공급 위주인 국가의 산업입지정책에서 지역 산업기반 확충 등을 골자로 하는 본격적인 지역정책으로 변화했다고 구분하였다. 다만 이 시기 이후의 지역 산업정책은 비수도권 지역을 주 대상으로 추진되었다는 면에서 지역 산업정책이었다(박재곤 외,

2014). 덕분에 수도권은 개념상 지역으로서 지역 산업정책의 대상이었지만 비수도권이 아니었기에 지역 산업정책의 대상이 되기에는 곤란했던 독특한 상황에 놓이게 된다.

1999년부터 산업통상자원부는 지역 특성을 반영한 전략산업 클러스터 형성을 활성화하여 산업 경쟁력을 높이고 지역 혁신체계를 강화하고자 지역산업 진흥 사업을 추진하였다. 이후 2004년 제정된 국가균형발전 5개년 계획에 의거해 시도별 4개의 전략산업을 자율적으로 선정하고, 이를 중심으로 지역의 산업기반을 구축하도록 하였다. 이에 따라 당시 서울을 포함한 16개 시·도 모두가 각각 지역의 전략산업을 선정하였다.

그런데 1999년부터 시행된 지역산업 진흥 사업은 대구, 부산, 경남, 광주 등 4개 지역을 대상으로 시행되었다. 2002년 시작된 제1단계 지역산업 진흥 계획(2002~2007년)에서는 비수도권 9개 지역을 포함하는 데 그친다. 이 시기에 서울을 포함한 수도권 3개 지역은 전략산업은 있되, 이들 전략산업을 육성하는 지역산업 진흥 사업에서는 배제되는 애매한 위치에 처하였다.

이후 2000년대 후반 이명박 정부에 들어서 개별 시·도가 아닌 광역권을 대상으로 한 광역경제권 선도산업 육성 사업이 추진되기도 하였으나, 이때도 수도권을 제외한 5개 권역을 대상으로 사업이 진행되었다(산업연구원, 2013). 게다가 수도권 내에서도 서울은 균형 발전과 과밀 해소라는 정책 기조로 산업단지 확대나 경제자유구역 지정 등 경기나 인천이 취했던 여타 산업·경제적 정책 수단을 동원하는 것도 여의치 않았던 상황이었다.

적어도 지역 산업정책 측면에서 보면, 이러한 배경에서 서울의 산업정책은 2000년대에 본격적으로 등장한다. 서울은 국내외적 산업·경제적 경쟁력을 유지하기 위해 선정한 전략산업을 육성해야 했다. 그러나 다른 시도와는 달리 중앙정부의 지역 산업정책을 활용하는 대신에 독자적인 산업정책을 고민할 수밖에 없었다. 하지만 초기부터 지적됐듯이 지방정부가 구사할 수 있는 산업정책 수단은 무척 제한적이었다 (서울산업진흥대책위원회, 1999). 이 때문에 서울의 산업정책은 중앙정부에 권한이 있는 조세 감면, 보조금 등의 제도적 지원책보다는 자체적으로 수행할 수 있는 기술, 마케팅, 창업, 네트워킹 등의 지원 사업을 인프라 조성을 통해 종합하는 형태로 가다듬어져 왔다.

여기에 지자체의 산업 여건은 지자체가 가장 잘 파악할 수 있다는 지역 산업정책의 공리를 적용하고, 산업 인프라는 결국 기존 및 미래 산업 집적지와 대응될 때 보다 효율적일 수 있다는 산업 클러스터 정책의 전제를 수용한다면 서울의 산업정책이 일찍부터 공간경제학적 색채를 띠었던 것은 우연이 아닐 것이다. 서울의 산업정책이 정교해짐에 따라 정책의 공간 규모가 더욱 세밀해지는 정도의 변화는 있었지만, 2000년대를 지나면서 '서울의 어디에 무슨 산업 인프라를 혹은 산업 거점을 어떻게 육성하거나 활성화해야 할 것인가'가 서울 산업정책의 핵심적인 정책 과제로 두드러진다.

서울의 산업정책을 이야기하면서 빠트릴 수 없는 측면이 또 하나 있다. 조금 과장하자면 서울은 역사상 한 번도 공업 도시였던 적이 없다는 사실이다. 여기에는 두 가지 의미가 있다. 일단 서울의 산업구조 변화 추이를 살펴보면 제조업, 즉 공업은 중요한 산업이었지만 한 번도 유일한 주력 산업이었던 적은 없었다. 이는 서울은 대도시로서 태생적으로 다양한 산업군을 품은, 그래서 산업화가 한창이었을 때에도 제조업 못지않게 서비스업이 흥했던 매우 독특한 지역이라는 의미이기도 하다. 때문에 '제조업 중심의 국가 지역 산업정책'(박재곤 외, 2014) 과는 다소 다른 전략산업과 거점을 초기부터 고민할 수밖에 없었던 특수한 상황이 있었다. 조금 과장하자면 서울의 산업정책이 초기부터 서울다웠던 이유는 서울이 처했던 산업구조상의 특이성 때문이기도 했다.

부침을 거듭했다고 하지만 서울은 1990년대 말부터 최근까지 외환위기 때를 제외하고는 계속해 성장했다. 1장에서 보았듯이 서울의 지역내총생산은 해당년도 가격 기준으로 1985년 22.9조 원에서 2015년에는 345.1조 원으로 15배 이상 확대되었다. 하지만 서울이 전국에서 차지하는 비중은 2000년대 동안만 해도 25%대에서 22%대로 감소하였다. 더불어 서울의 잠재성장률도 1985~1989년 연평균 9.5%에서 2000~2015년에는 2.9%로 1/3 이하 수준으로 하락하였다. 2000년대 내내 서울은 여전히 성장하고 있었으나 그와 동시에 성장의 한계를 체험하고도 있었다. 새로운 경쟁력의 원천, 새로운 성장엔진이 갈급한 시기였다.

서울의 산업구조는 수도권 입지규제정책이 도입되어 본격화되었던 1970년대 말에서 1980년대 말 사이에도 그렇게 크게 변화하지 않았다. 다만 내부적으로는 제조업 종사자 수보다 사업체 수가 훨씬 빨리 증가하는, 그래서 사업체당 종사자가 줄어드는 제조업의 영세화가 급속히 진전되는 추세가 나타났다. 이는 대기업 공장의 신·증축이 곤란한 상황에서 대규모 공장이 근처 경기도 혹은 인천시의 산업단지 등으로 이전해 나갈 수밖에 없었던 당시 상황을 반영한다고 할 수 있겠다.

하지만 1990년대에 이르러 국가경제의 호황, 서울시의 부동산개발 활황, 수도권 전체 산업입지의 공급 증가 등의 여러 가지 요인들이 복합되면서 특히 제조업이 급격하게 축소되기 시작했다. 한편으로 제조업의 영세화도 계속 진행되어, 노동집약적 소규모 공장이 전체 제조업의 대다수를 차지하는 구도가 완성되었다. 다른 한편으로 대기업의 본사 기능, 특히 제조업에서의 본사 기능은 오히려 서울로 더 모여드는 구조도 나타난다. 이렇듯 1990년대 서울은 현재까지도 유지되고 있는 '기획 강화 – 생산 영세화'의 양극화 체제가 굳어지던 때였다(서울역사편찬원, 2016).

제조업은 계속해서 축소되었지만, 서울시의 경제성장은 지속되었다. 이는 무엇보다 서비스업의 급속한 확대 덕분이었다. 1980년대를 거쳐 1990년대에 서비스업은 규모 면에서의 확대를 넘어 범위 면에서도 빠르게 다변화되었다. 서울은 기업에 있어서도 인구에 있어서도 국내 최대 규모의 시장이었으며, 이를 넘어 수도권과 해외 시장까지 확장이 가능한 채널이었다. 이런 시장을 바탕으로 전통적인 도소매업과 음식·숙박업 같은 서비스업 외에 금융, 보험, 부동산 등의 생산자 서비스업, 그리고 가치사슬에서 생산의 전후 단계를 대행하는 사업 서비스업 등이 급속히 성장하며 제조업의 쇠락을 보완하거나 그 이상의 성장을 견인했다.

그 결과 1995년 전체 산업 종사자 중 제조업 비중은 18.8%에서 2014년 6.0%로 1/3 이하로 감소하였지만 동일기간 서비스업 비중은 70.7%에서 87.7%로 확대되었다. 2000년대는 이른바 제조업의 쇠퇴와 서울 산업구조의 서비스화가 확연한 추세로 자리 잡았던 때였다. 이 시기 지식기반산업의 급성장에 주목해 서울시 산업구조의 지식화를 이야기하기도 한다. 그런데 서울시의 지식기반산업의 속내를 보면 2013년 기준으로 사업체나 종사자 어느 쪽으로 보나 전체의 95% 이상이 물류, 기업지원 서비스, 정보 서비스 등의 지식기반 서비스업이다.

이 때문에 서울시는 일찌감치 전략산업으로 서비스업의 역할에 주목하였다. 2004년 당시 국가균형발전 5개년 계획에 의해 선정한 서울시의 4대 전략산업은 디지털콘텐츠, 정보통신, 바이오산업, 그리고 금융 및 비즈니스 서비스로 서비스업 위주의 산업들이었다. 또한 여타 시·도가 선정한 전략산업과 비교해 보면 세부적인 산업을 특정하려 했다기보다는 지역의 유망산업 위주로 될 수 있는 대로 넓은 범위의 산업군을 포함하려는 의도가 엿보인다.

이후 2000년대 내내 제조업은 산업 자체보다는 준공업지역이나 기존 제조업 집적지 등 공간경제적 특성을 가진 지역의 문제로 주로 다루어졌다. 대도시에 적합한 형태의 제조업이 있다는 의미에서 산업으로서의 제조업은 도시 혹은 도심 제조업이었다. 도시 혹은 도심 제조업이 다시 정책의 대상으로 본격적으로 등장한 것은 2010년대 서울시의 종합산업정책이 마련되고 나서였다. 이 경우에도 서울시의 전략산업 격이었던 신(新) 성장동력 산업군과는 별개의 산업군으로 관리되었다(서울특별시, 2011). 제조업은 최근의 제조업 르네상스나 4차 산업혁명 논의를 통해 재조명되기 전까지는 서울의 산업정책에서 핵심적인 위치를 차지한다고 하기에는 어려운 상황이었다.

이처럼 서울의 산업정책은 1990년대와 2000년대를 거치면서 형태를 갖추게 되었다. 이 시기에 서울은 저성장 시대를 맞은 지방정부로서 새로운 경쟁우위를 확보하려 애써야 했다. 그러나 변화한 균형 발전 중심의 지역 산업정책 패러다임 아래서 서울이 지역산업 육성 사업의 수혜자가 될 방법은 거의 없었다. 게다가 서울의 산업구조는 1980년대부터 이미 여타 시·도와 달리 '탈산업화' 혹은 '경제의 서비스화'가 상당 부분 진전되어 있어, 당시 제조업 중심의 지역 산업정책 지향과는 엇박자가 났던 상황이기도 했다.

덕분에 서울의 산업정책은 한편으로 지역 산업정책의 전략산업 육성 전략을 수용하되 산업구조 특성을 반영한 지역적 해법을 별도로 찾는 방향으로 귀결되었다. 또 다른 한편으로 이러한 지역 전략산업의 육성 및 활성화에는 지방정부가 동원할 수 있는 제한적인 정책 수단을 조합하여 활용하는 실용주의적 관점을 채택하였다. 그리고 차츰 정책 수단을 종합한 지원 인프라의 건립과 이를 통한 지역 산업거점 개발이라는 서울 산업정책의 핵심 방안이 정립되었다. 서울의 산업정책은 그런 의미에서 서울의 공간경제와 불가분의 관계라 해도 과언이 아니다.

물론 서울의 산업정책이 형성된 과정은 이러한 설명만으로 완결될 정도로 단순하지 않다. 되짚어 보았을 때 이러한 추세가 두드러졌다고 사후적으로 판단할 뿐 실제 서울의 산업정책이 순서대로, 법칙적으로 조정되어 왔다고 보기는 어렵다는 말이다. 오히려 서울의 산업정책은 당시의 시대적 상황 변화에 따라 수많은 시행착오를 겪었고 꾸준한 땜질과 수정을 거쳐 지금에 이르렀다.

새로운 지역 산업정책에서의 서울의 지위, 그리고 산업구조 변화와 더불어 서울시의 제도적, 경제적 상황에 따라 서울의 산업정책이 어떻게 진화해 왔는지를 지방정부 수준에서 되짚어 봐야 하는 이유가 여기에 있다. 서울 산업정책의 미래를 전망하기 위해서는 서울의 산업정책이 다다른 곳이 어디인가뿐만 아니라 어떻게 어디를 거쳐 여기에 이르렀는가를 되새기는 성찰의 과정이 반드시 필요하다는 의미이다.

이를 위해서는 다시 서울의 산업정책이 생겨난 시점인 1990년대 말로 되돌아가야 한다. 하지만 이번에는 국가 차원의 지역 산업정책의 변화가 아닌 서울시의 시정 차원에서 서울 산업정책의 변화를 재구성해 보고자 한다. 정책의 배경 못지않게 정책의 주체가, 그리고 정책 주체의 대응이 서울 산업정책의 구상과 실행에 중요하다는 인식 때문이다. 이는 곧 서울시 시정의 전환에 따라 서울 산업정책이 어떻게 변화해 왔는지를 추적해 보겠다는 의미이기도 하다.

이러한 전개를 위해서는 시정사의 시기 구분에 대한 논의가 필수적이다. 왜냐하면 시장의 시정철학과 의제에 따라 시정이 연속 또는 단속되었다고 볼 수 있는 다양한 견해가 있기 때문이다. 이에 대한 논의는 그 자체가 주요한 연구 주제로서 다양한 연구가 필요한 사항이다. 여기서 자의적인 시대 구분을 제안하는 것은 이 글의 범위를 벗어난다. 다행히 강홍빈(2017)은 참여관찰자로서 본인의 경험을 바탕으로 최근 25년간의 서울 시정사를 시정의 연속성 면에서 크게 4개 '단락'으로 구분할 것을 제안하였다.

우선 민선 시정이 들어서는 1995년까지를 첫 번째 단락, 1995년에서 2002년 중반까지의 민선 1, 2기 시정을 두 번째 단락, 그리고 2002년에서 2011년까지의 민선 3, 4기를 그 세 번째 단락, 그리고 이후 지속되고 있는 민선 5, 6기를 마지막 단락으로 하는 시기 구분을 제시하였다. 이러한 시정 변화는 서울의 구조적 변화는 물론 그에 따른 시정 수요의 변화를 반영하고 있을 것이다. 서울의 산업정책 또한 이런 시정 변화와 연속성 내에서 진화해 왔음을 생각해 보면, 이러한 단락 구분에 따라 서울의 산업정책도 다소 단속적으로 바뀌어 왔다고 가정해도 큰 무리는 없지 않을 것이다.

따라서 이 글의 나머지 부분에서는 새로운 시기 구분을 도입하는 대신에 이러한 시기 구분을 받아들여 민선 시정이 시작된 이후 3번의 단락에 걸쳐 서울의 산업정책이 어떻게 변화해 왔는지를 보다 상세하게 살펴보고자 한다.

2. 민선 1, 2기(1995~2002년) 산업정책:
서울 산업 · 경제의 지원기반 마련

1990년대 초반은 저유가, 저환율, 저금리로 대표되는 3저 호황의 시기였다. 국가의 호황은 서울의 호황으로 이어졌고, 국가의 발전은 곧 서울의 발전이었다. 서울이 별도의 산업정책을 가질 당위성이나 필요성이 딱히 없었던 시절이었다. 적어도 이때 지역경제 차원에서 서울의 산업정책의 필요성이 비롯되지 않았음은 확실하다. 1990년대 중반 서울 산업정책의 시작은 경제가 아닌 행정에서의 변화에서 먼저 시작되었다.

우리나라에서 현행 지방자치제가 본격적으로 시작된 해를 1995년으로 보곤 한다. 1987년 〈지방자치법〉이 부활하여 1991년부터 지방의회 선거가 치러졌으나, 지방자치단체장 선거는 1995년부터 시작되었기 때문이다. 해방 이래 서울은 1946년 제1대 김형민 시장 취임에서 제29대 최병렬 시장이 임기를 마친 1995년까지 대략 반세기 동안 임명직 시장의 관리형 시정하에서 거대도시로 성장했다. 1996년은 공교롭게도 1962년부터 시행되었던 경제개발 5개년 계획이 7차로 종료된 시기이기도 하다. 그렇게 지방자치와 민선시장의 서울 시정이 1990년대 하반기부터 시작되었다.

민선 이전에는 서울의 산업정책이라 할 만한 것을 찾기가 어렵다. 앞서 말했듯이 서울의 산업정책이 없었다기보다는 서울시 '고유'의 산업 정책이 없었다는 표현이 더 정확할 것이다. 물론 임명직 시장 시기에도 보증, 교육, 공간 제공 등 중소기업 지원 사업은 시행되고 있었고, 이들을 위한 지원 기관의 설립도 이루어졌다. 다만 특정 산업을 육성하거나 활성화하는 등, 보다 종합적인 산업정책의 차원에서 개별 사업이 계획되거나 시행되고 있지는 않았다. 그런 의미에서 본다면 서울산업진흥대책위원회(1999)가 평가했던 대로, 서울시의 독자적인 산업정책 수립은 비교적 최근의 일로 "지방자치가 본격적으로 시작된 1995년 이후 본격적으로 추진"되었다고 할 수 있을 것이다.

민선 1기는 지방자치제가 시작되었던 시기로 관선에서 민간으로 넘어가는 전환기와도 같은 시기였다. 산업정책은 전통적으로 지자체의 영역으로 간주되지 않았던 영역이었고, 실제 이 시기 서울시 정책체계를 보았을 때 산업정책이 별도의 정책 영역으로 확립되었다고 보기는 어려웠다. 민선 1기에는 기존과는 달리 단년도 위주의 계획을 벗어나 처음으로 중기종합계획의 성격을 가진 민선시정 3개년 계획(서울특별시, 1996)이 만들어졌는데, 이 계획의 주요 시정과제에는 산업정책이 명시적으로 드러나 있지 않다.

민선시정 3개년 계획은 7대 시정과제를 중심으로 짜여졌다. 산업정책은 그중 하나인 '지구촌으로 열린 세계 속의 서울'이라는 과제 아래 '국제 교류와 협력의 증진', '서울 세계화 기반 조성', '물가 수준 안정 및 소비자 권익 보호' 등과 함께 '서울산업 경쟁력 확보'와 '서울 관광 진흥'이라는 두 개 주요 정책 방향으로 제시되어 있다. 전반적으로 제조업이나 관광산업 등 기존 산업을 정비하고 지원하는 사안별 접근은 있었으나 미래를 준비하는 산업정책으로 구체화되었다고 보기는 어려운 상황이었다.

다만 이 시기의 서울시정 전반에 걸친 중기 종합계획의 수립은 민선 시절 단년도별, 사안별 사업을 넘어서는 시각을 행정에 도입하는 계기가 되었다. 산업정책과 관련된 부분도 예외는 아니었고, 덕분에 중장기 산업정책 수립에 대한 공감대가 형성되었다는 점은 긍정적으로 평가할 만하다. 서울의 산업 현황과 산업구조 변화에 대한 조사와 평가를 바탕으로 중장기를 전망하고 계획을 수립하는 체계가 제 모습을 갖추기 시작했던 것도 이 시기의 일이다.

그리고 다소 소극적이었던 서울의 산업정책을 단숨에 표면으로 끌어낸 사건이 이 시기에 경제 쪽에서 일어났다. 아시아 외환위기, 속칭 IMF 사태가 1997년 터진 것이다. 당시 외환보유액이 급감하면서 국가 부도 위기에 놓였던 한국은 국제통화기금(IMF, International Monetary Fund)에 구제금융을 요청했다. 이후 상환 프로그램을 이행하면서 수많은 기업이 부도나 경영 위기를 맞았다. 실업률이 급등하고 대량 해고와 경기 악화가 뒤를 이었다. 서울 경제도 예외는 아니었다. 서울은 1990년대 이후 유일하게 이 시기에 마이너스 성장을 기록했다. 지역경제를 다스리고 재활시킬 묘약이 필요한 시기였다.

당시 시장 대행 체제에서 외환위기를 맞고, 이어 출발한 민선 2기의 종합 정책계획이었던 '새서울 1999'(서울특별시, 1999a ; 1999b)에는 1997년 외환위기의 극복이라는 숙제가 주어졌다. 시기가 시기였던 만큼 산업·경제정책은 독립적인 행동계획의 한 분야로 뚜렷한 발자취를 남기게 된다. 지방정부의 전통적인 운신 범위를 넘어서서라도 해결해야 할 문제가 산적해 있었기 때문이다. 구체적으로 전체 9개의 분야별, 시책별 행동계획 중의 하나로 '새서울 경제 살리기'가 설정되었다. 그 내용을 보면 실업 및 노숙자 대책, 외국인 친화 비즈니스 환경 조성과 더불어 '서울 산업 경쟁력 강화를 위한 기술집약적인 고부가가치의 서울형 신산업 전략적 육성' 등이 포함되었다.

단순화시켜서 보면 '새서울 1999'의 '새서울 경제 살리기'에는 외환위기로 나타난 문제를 수습하는 한편 이러한 위기를 넘어설 수 있도록 서울의 산업경제 역량을 향상시키려는 두 가지 목적이 함께 포함되어 있었다. 민선 이전의 관리형 시정 시기부터 중소기업 지원과 시민 경제생활 안정의 기조는 지속해서 유지되던 차였고, 특히 이를 고려한 종합적인 실업 및 노숙자 대책은 이 시기에 필수적인 경제정책상의 선택이었다. 1995년까지 서울시 전체 종사자의 약 20%를 담당하던 제조업에서의 피해를 벌충하기 위한 공업지역 규제 완화나 경쟁력 강화에 대한 정책 또한 제안되었다.

반면에 '서울형 신산업'을 육성하겠다는 목표는 새로운 정책 방향이었다. 이는 지방자치 시대 서울 산업정책의 본격적인 시작을 알리는 서막이 되었다. 이때부터 시작된 '서울형 신산업'의 발굴과 육성은 지금까지도 이어지는 서울 산업정책의 한 주요한 흐름으로 자리 잡게 된다. 다만 당시 '서울형 신산업'은 구체적인 산업군을 지칭하기보다는 의제나 목표에 가까웠다. '새서울 1999'에서 보면 산업과 관련해서는 패션과 애니메이션 산업에 대한 언급이 비교적 구체적일 뿐 창업, 벤처기업, 산학연 공동 기술개발 등이 '서울형 신산업' 육성에 함께 묶여 있었다. 관광은 '월드컵대회 준비'와 더불어 '새서울 문화 가꾸기' 아래 '서울 관광 경쟁력 강화'로 추진되었을 뿐 아직 관광산업의 지위를 획득하지 못하고 있었고, 여타 산업에 대한 정책은 그리 눈에 띄지 않았다. 서울의 산업정책이 아직 무르익지 않았던 시절이었다.

이 시기 산업정책에 있어서 보다 실질적으로 평가되어야 할 부분은 관선 시기에 시작되었던 서울 고유의 산업지원 기반 구축이 본격화되었다는 점이다. 우선 서울시 산업지원 실행기관인 서울시 산업진흥원이 1998년 설립되었고, 중소기업 지원 시 신용보증 정책을 시행하는 서울신용보증재단이 1999년 설립되었다. 서울의 국제전략을 논의하는 서울국제경제자문단(SIBAC)이 2001년 창립되었던 점도 빼놓기 어렵다. 그리고 서울시 산업 클러스터 개발의 원형이라 할 수 있는 상암의 디지털미디어시티(DMC, Digital Media City)가 IT, 미디어, 엔터테인먼트 산업 클러스터로서 추진되기 시작한 것도 1998년부터였다.

여러 가지 해석이 가능하겠지만 1990년대 후반, 특히 민선 2기부터 지방분권이라는 행정 환경의 변화와 외환위기라는 경제적 충격에 대한 대응으로 서울의 산업정책이 싹트게 되었다고 할 수 있다. 전술하였듯이 당시 중앙정부의 산업정책은 지방의 발전에 우선순위를 두고 있어 수도권에서 직접적인 혜택을 기대하기는 어려웠다. 이후 서울시 산업정책 시행의 문제는 무엇보다 민선 지방자치 시대가 열렸음에도 불구하고 중앙정부로부터 권한 이양이 본격적으로 이루어지지 않아 지방정부가 행사할 수 있는 실현 수단이 부족하다는 데 있었다(서울산업진흥대책위원회, 1999). 그리고 이러한 한계는 산업구조의 서비스화가 더욱 진전된 민선 3, 4기 시정에서 전략산업과 권역별 전략이라는 형태의 서울의 산업정책이라는 형태를 낳게 된 조건으로 작용하였다.

3. 민선 3, 4기(2002~2011년) 산업정책:
   전략산업 육성과 권역별 발전 전략의 등장

민선 3기는 2001년 IMF 구제금융을 조기 상환하여 IMF 관리체제를 졸업하면서 시작되었다. 새로운 경제성장의 주력으로 벤처기업이 막 붐을 일으킨 시기였고, 제조업이 아닌 정보기술(IT, *information technology*) 중심의 경제성장이 새로운 화두로 떠오른 때이기도 했다. 그리고 국가적으로는 2004년 국가균형발전 5개년 계획이라는 새로운 산업정책의 틀이 도입된 때도 바로 이 시기이다.

민선 3기의 정책은 2002~2006년 서울시정 4개년 계획을 개관한 '비전 서울 2006'(서울특별시, 2006b)에 축약되어 있다. 민선 3기의 초기 시정목표는 '서울, 세계 일류 도시'였다. 당시의 경영자 출신 시장은 행정에 경영기법을 도입할 것을 천명하는 한편 '서민을 위한 따뜻한 서울', '사람 중심의 편리한 서울'에 더불어 3대 비전 중 하나로 '경제 활성화로 활기찬 서울'을 꼽을 정도로 산업·경제정책을 주요한 대도시 정책 비전의 지위까지 끌어올렸다.

이와 이어지는 20대 중점과제 중 7개 과제가 '활기찬 서울'에 포함되었다. 청계천 복원, 지하철 건설부채 감소 등의 사업성 과제를 제외하면 민선 2기의 '동북아 비즈니스 중심 도시'에서 서울형 신산업 기조를 이어나가고, '기업하기 편리한 도시 환경'에서 외국인 투자 환경을 포함한 산업지원 환경 구축 정책을 시행하는 구상을 볼 수 있다. 벤처 붐과 관련하여 벤처 등 기술 집약형 중소기업 육성이 중소기업 지원의 주요한 정책 목표로 드러나기도 하였다. 또한 지역 혁신에 기반을 둔 경쟁력 강화를 위해 지역 혁신체제 구축을 준비하고, 서울시 독자적인 산학연 협력사업을 공식화했던 것도 이 시기의 주요한 산업 정책적 의제였다.

문화관광벨트 개발사업 또한 경제 활성화와 산업정책의 관점에서 주목할 만하다. 다만 이 경우에서도 문화관광자원의 개발이 핵심이었으며, 아직 관광산업 육성 자체가 의제는 아니었다. 이때의 말을 빌리면, "역사문화유산을 발굴·복원·정비하여 어떻게 보존하고 활용하느냐가 현실적 문제"였던 것이다. 다만, 인사동 문화지구 지정이나 관광특구 육성 지원과 같이 대도시 일부를 지구로 지정하여 육성하는 공간경제적 정책 수단이 관광 쪽에서 먼저 구체화되었다는 점은 별도로 지적해 둘 만하다. 그리고 서울 내 권역별 계획에 대한 관점도 권역별 관광개발 계획의 형태로 관광 쪽에서 선수를 쳤다는 점도 짚어 볼 만한 지점이다.

하지만 무엇보다 민선 3기에서는 이후 서울의 산업정책에 있어 주요한 수단이 되는 '전략산업의 지정과 육성'이라는 틀이 어느 정도 갖추어지게 되었다는 점에 주목해야 한다. 민선 3기 초기에는 애니메이션, 패션, 인쇄산업, 컨벤션산업 등이 산업정책의 대상으로 먼저 등장한다. 하지만 2004년 국가균형발전 5개년 계획(국가균형발전위원회, 2004)에 따라 서울시 지역특화 전략산업을 지정하게 되면서, 과연 '서울형' 산업은 무엇이어야 할 것인가에 대한 이전 기수로부터의 정책적 논점이 새롭게 가시화된다. 그 결과 같은 해 도출된 서울시 제1차 지역혁신발전 5개년 계획(신창호 외, 2004)에서의 서울형 전략산업은 디지털콘텐츠, 정보통신, 바이오산업, 금융 및 비즈니스 서비스 등 4개 업종으로 새롭게 정의된다.

이 전략산업은 여타 시·도의 전략산업에 비해 다소 범위가 큰 느낌을 준다. 당시 대도시로서 서울의 경제규모를 고려하여 개별 산업보다는 산업군 수준에서 다소 모호하게 전략산업을 구성하는 것이 향후 산업정책 수립에 좀더 유연하게 대처할 수 있는 방법이라는 전략적 의도가 숨어 있지 않았나 짐작해 볼 수 있는 부분이다. 또한 당시 제조업 위주의 기존 산업정책 대상에서 벗어나 대부분이 서비스업으로 구성된 산업군을 선정하였다는 점에서 서울시의 산업구조 변화를 읽고 이에 따라 미래 전략산업을 선정한 의도 또한 읽을 수 있다. 당시의 현안은 여전히 준공업지역 관리나 도심산업 경쟁력 강화 등이었지만, 서울의 미래를 위한 서울형 산업의 전망은 이미 유망 서비스업 위주로 전환되어가고 있었던 것이다.

다만 이런 전략산업의 육성에 대한 정책은 개별 사업 위주로 진행되었던 것으로 보이며 종합적인 산업정책의 틀을 통해 추진되었다고 보기는 어려운 상황이었다. 중앙정부의 균형 발전 계획은 수도권 3개 광역지자체에 있어서는 전략산업 지정 이상의 정책을 약속해 주지 못했으며, 이에 대한 지방정부의 정책적 해법이 시행착오를 겪던 시기가 아니었을까 미루어 짐작할 뿐이다.

민선 4기에는 2008년 글로벌 금융위기와 중앙정부의 저탄소 녹색성장 추진이라는 다소 상반된 사건을 마주해야 했다. 하지만 이 두 사건은 결과적으로 모두 서울시의 서비스화를 더욱 가속화시키는 결과를 낳았다. 글로벌 금융위기는 1997년 외환위기와는 달리 서울시 성장의 방향을 돌리는 데까지 가지는 못했다. 이는 이미 전체 종사자의 10% 이하로 떨어졌던 제조업의 비중에서 기인한 바가 적지 않았다.

2000년대 중반까지만 해도 제조업에 있어서 국가 경제와 서울 경제 간 동조가 깨지지 않았다. 그런데 2008년의 글로벌 금융위기를 전후해서 서울시 제조업은 국가 경제와는 다른 경로를 걷게 된다. 대략 2010년을 기점으로 전국의 제조업이 회복세에 들어서면서 사업체 면에서나 종사자 면에서나 동시에 증가하기 시작한다. 이 시기를 기점 삼아 서울시의 제조업은 종사자는 정체하는 반면 사업체는 증가하는 독특한 추세를 보인다. 이는 결국 사업체당 종사자가 줄어들었다는 의미로 서울시에서 '생산 영세화'(서울역사편찬원, 2016)가 가속화되고 있음을 보여준다.

반면 서비스업에 해당하는 업체들은 지속해서 성장하는 한편, 업종도 다양해졌다. 특히, 2000년대 전반에 걸쳐 가장 빠르게 성장한 IT산업이 서울을 주 무대로 하면서 예전에 잔여 범주로 폄하되던 서비스업이 새로운 성장산업의 보고로 재평가받았다. 태생적으로 대규모 제조업과의 관계를 상정할 수밖에 없었던 중앙정부의 저탄소 녹색성장 정책은 당시 서울의 산업정책이나 현황과는 맞지 않는 면이 많았고, 서울시 제조업은 이전 시기와 마찬가지로 중앙정부 산업정책에서는 주변적지위를 차지하는 데 그쳤다. 이 시기 서울시에서도 서비스화가 급속히 진전되면서 제조업에 대한 산업정책은 그 이전 시기보다 뚜렷이 위축되는 형세를 보인다.

민선 4기 시정은 '창의서울'이라는 기치 아래 '맑고 매력 있는 세계도시 서울'이라는 비전을 제시하면서 시작되었다(서울특별시, 2006c). 이를 위해 시민의 행복지수와 서울의 경제지수를 높인다는 시정목표를 설정하였고 이를 달성하기 위한 경쟁력 제고가 시정방향의 전제로 대두되었다. 다시 시정목표 아래에 경제도시, 문화도시, 복지도시, 환경도시, 시민도시 등 5개의 시정방향을 두었다. 이 시기 서울시의 산업·경제정책은, 마치 비전과 목표를 다시 반복하는 듯한 '창의와 활력이 넘치는' 경제도시라는 시정방향에서 나타나듯이 창의서울의 주요 핵심 분야였다.

이 시기의 주요 산업·경제 프로젝트를 보면 정책의 기조가 산업지원 제도 마련에서 산업거점 조성으로 변화하였음을 어렵지 않게 알 수 있다. 민선 4기 시정운영 4개년 계획을 보면 5대 핵심 프로젝트와 15대 중점 사업으로 총 20대 핵심 과제를 정의하고 있다. 5대 핵심 프로젝트 중 하나인 '지역별 특성화될 발전을 통해 지역 간 균형을 이루어 가겠습니다'에서 서울시 내 경쟁력 확보를 위한 새로운 산업 육성 정책으로서 서울 내 '4대 산업벨트 조성'을 핵심적인 사업으로 제시하고 있다.

4대 산업벨트는 도심 창의산업벨트, 서남 첨단산업벨트, 동북 NIT산업벨트, 동남 IT산업벨트로 구성되었다. 개별 산업벨트의 명칭에서도 나타나듯이, 이들 산업벨트는 디자인·패션산업, 디지털콘텐츠, 정보기술(IT), 바이오기술(BT), 나노기술(NT), 금융 및 비즈니스 서비스 등 6대 신성장산업을 중점적으로 육성하려는 목적으로 구상되었고 추진되었다.

산업벨트 조성의 기본 구상은 전략산업의 중점적 육성을 위해 지역별 전략산업 거점과 준공업지역을 연계한다는 것이었다. 실제 '권역 내 산업지역' 구상의 면면을 보면 산업벨트라는 느슨한 권역 구분하에서 서울의 기존 산업 집적지 중심으로 이들과 호환되고 이들을 강화할 수 있는 새로운 산업거점을 조성하는 것이 산업벨트 조성 정책의 핵심이었음을 알 수 있다.

지방정부의 산업정책 수단이 많지 않은 상황에서 신산업을 육성하기 위해서는 가능한 정책 수단에 초점을 맞출 수밖에 없었고, 그중에서도 산업지원을 제공할 공공인프라를 거점이라는 형태로 제공하는 것이 지방정부의 바람직한 역할이라는 것이 당시의 정책적 판단이지 않았을까 짐작해 본다. 민선 체제가 자리를 잡으면서 가시적인 시정 프로젝트에 무게가 실리게 되었던 경향 또한 이러한 선택에 영향을 미쳤을 것이다.

동시에 전략산업의 성격을 가진 '지식서비스와 창의산업' 육성을 통한 일자리 창출 사업이 15대 중점 사업의 하나로 강조된다. 육성 정책의 내용을 보면 전문인력 양성, 자금 및 판로 지원 등의 사업도 있으나 주요 산업별로 센터나 인프라를 공급하는 정책 수단이 뚜렷하게 드러난다. 이제는 DDP라는 공식명칭을 얻은 서울 디자인 콤플렉스와 DMC의 첨단산업센터, 지금의 S-Plex가 된 문화콘텐츠 콤플렉스와 e-스포츠 전용 경기장 등이 대표적인 예다.

이와 더불어 산업벨트에 요긴한 산업거점의 개발이 별개 사업으로 구체화된다. 대표적으로 동대문 일대를 세계 디자인·패션 중심지로, 마곡 지구와 상암 DMC를 미래 첨단산업단지로 만들겠다는 과제 등이 15대 중점 사업에 포함되어 있다. 신성장산업의 육성을 위해 신규 산업거점을 조성하며 이곳에 필요한 산업지원 인프라를 집중시킨다는 서울시 산업정책의 한 줄기가 이 시기에 온전히 자리 잡았음을 어렵지 않게 알 수 있는 부분이다.

이러한 정책 구조는 새롭게 주목받은 관광 산업에도 유사하게 반복된다. 이 시기 디자인·패션, 금융·유통·비즈니스 서비스, R&D (IT, NT, BT), 디지털콘텐츠와 더불어 관광산업과 컨벤션산업이 처음으로 서울의 6대 신성장 동력산업으로 선정된다. '관광객 1,200만 시대를 열어 서울 경제에 활력을 불어 넣겠다'라는 과제가 서울시 5대 핵심 프로젝트의 첫 번째 프로젝트로 채택되었다. 세부 내용과 이어지는 15대 중점 사업 중 관광산업과 관련이 있는 사업을 추려 보면 세계 5대

컨벤션도시로의 도약, 문화관광벨트의 조성, 문화예술 인프라의 확충 등 당시 산업벨트 조성을 위한 성장거점 육성 및 연계와 유사한 구조로 구성되어 있다.

제조업에 대한 정책적 관심이 사그라들었다고는 하나 없어졌던 것은 물론 아니다. 다만 당시 제조업의 쇠퇴가 두드러지면서 정책의 초점이 제조업 일반이 아니라 대도시에 적합한 형태의 제조업에 맞춰지면서 도시형 혹은 도심형 제조업에 관한 관심이 높아졌다. 같은 맥락에서 지역에 특화한 제조업 집적지에 대한 정책 수요 또한 다수 발굴되었다. 제조업의 쇠퇴에 따라 기존 제조업 집적지가 신규 거주지역이나 상업지역과 마주하게 되면서 이들 제조업의 서울 경제에서의 역할과 향후 방향에 대한 이슈가 공간 중심으로 드러났기 때문이었다.

당시 도심형 제조업의 산업 환경을 보호·개선하고 신성장 동력산업을 육성한다는 목적으로 2007년 도입되었던 '산업 및 특정개발 진흥지구' 제도가 이런 맥락에서 등장한 대표적인 지구 중심의 공간경제적 정책 수단이었다(양재섭 외 2014). 진흥지구는 도시계획 용도지구 중 하나로 산업 활성화를 위해 일부 규제를 완화하고 개발을 지원할 수 있어, 지자체가 활용할 수 있는 산업정책 수단으로 이 시기에 정비되어 시행되었다. 이 제도는 정식 명칭보다 시의 역할과 지원을 확대해 재추진했던 2009년의 프로젝트명 '산업 뉴타운'이라는 별칭으로 더 유명했다. 제조업 등 기존 산업 고도화와 신산업 육성이라는 목표로 지방정부가 활용할 수 있는 진흥지구라는 공간 단위의 산업정책을 정비하고 추진했다는 점에서 서울의 산업정책 역사에 있어 의의가 있는 제도라 하겠다.

하지만 이 시기가 서울의 산업정책에 있어 중요한 이유는 이러한 지방정부 범위 내에서의 산업정책을 구상하고 구사한 데 그치지 않는다. 오히려 중요한 지점은 이런 경험에 기초하여 2011년 광역지자체 최초로 종합 산업정책계획인 '서울경제비전 2020'(서울특별시, 2011)을 수립하고 실행하는 단계까지 나아갔다는 데 있다. '서울경제비전 2020'은 스마트 경제도시 서울을 비전 삼아 스마트 산업경제의 육성을 위해 '8대 신성장 동력산업 육성'과 '4대 도시제조업 지원'을 추진하였다.

8대 신성장 동력산업은 지식서비스산업인 비즈니스 서비스, 금융, 관광·MICE, 차세대 스마트 기술 육성을 위한 IT융합, 바이오메디컬, 녹색산업, 그리고 마지막으로 창조산업인 콘텐츠, 디자인·패션으로 구성되었다. 그리고 여기에 더해 제조업 공동화에 대응하기 위해 기존에 집적화된 제조업을 중심으로 의류·봉제, 귀금속, 인쇄, 기계의 4대 도시제조업을 선정하였다. 서비스업 위주의 신성장 동력산업 선정과 육성에 더불어 서울시라는 척박한 산업 환경을 견뎌 온 도시제조업종은 고용기반 유지 차원에서 기존 집적지 위주로 지원하겠다는 두 가지 산업정책의 목표가 절충된 결과였다.

민선 4기 초기의 4대 산업벨트 구상은 도시계획과 조응하는 5대 권역별 스마트 공간경제 구상으로 더욱 세련되게 재편되었다. 구상의 세부 내용을 보면 도심권, 동북권, 서북권, 서남권, 동남권의 5대 권역별로 현안을 파악하고 산업 현황을 반영하여 권역별로 고유한 성장을 견인할 수 있는 신성장거점을 조성하는 것이 핵심이다. 또한 이러한 권역별 특화 선도산업 육성을 통해 서울시 권역 간 균형 발전의 기반을 마련한다는 서울시 권역별 경제적 상황을 고려한 정책 목표도 공식화되었다.

이러한 권역별 계획은 이미 민선 3기 '2020년 서울 도시기본계획'(서울특별시, 2006a)에서 제시된 서울시 권역별 계획의 틀을 받아들인 것으로 볼 수 있다. 여기에는 산업거점의 육성과 활성화에 있어서 서울의 산업정책이 도시계획과 별도의 틀을 가지고 각자 진전되기보다는 서로 조응하는 형태로 추진되는 것이 행정·재정적으로 바람직하다는 정무적 판단이지 않았을까 짐작해 본다. 그렇게 민선 3기와 4기는 서울의 산업정책이 서울의 공간정책과 상호작용하면서 서로의 중요성을 깨달아 가고, 한편으로는 서로 닮아가던 때가 아니었나 싶다.

4. 민선 5, 6기(2012년 이후) 산업정책:
   산업거점 전략 확립과 산업정책 범위 확장

2010년대 초는 전 세계적으로 저성장 기조가 확산되던 때였다. 한국은 물론이고 서울도 이런 추세에서 예외가 될 수는 없었다. 서울의 잠재성장률은 1980년대 수준의 1/3 정도 수준을 간신히 유지하고 있었고, 그동안의 신성장 동력산업이나 전략산업 육성 정책에도 불구하고 예전과 같은 성장 추세를 회복할 수 있는 뾰족한 수단은 없어 보였다. 저성장이 이제는 경기순환의 일부가 아니라 새로운 정상상태라는 새로운 경제적 기준으로서 '뉴 노멀'(new normal)이라는 말이 유행하기도 했다. 기존의 성장 중심 정책과는 다른, 혹은 적어도 병행이 가능한 대안적인 도시성장 모형과 이에 따른 대안을 찾을 동기가 충만했던 시기였다(한국공간환경학회, 2013; 서울연구원, 2016).

서울의 산업정책 측면에서도 이러한 저성장 기조와 함께 대안경제 모형이 주류화된 시기라는 평가를 내릴 수 있다. 사회적 경제 등과 같이, 이전부터 새로운 모형으로 대접받아 오기는 했지만 다소 주변적인 지위를 차지하고 있었던 영역이 대안적 성장 모형으로 재조명되었다. 또한 공유경제 등이 새롭게 '공유서울'이라는 기치 아래 지역경제 활성화의 매력적인 대안으로 시정에 등장하기도 하였다.

하지만 민선 5, 6기 서울 산업정책의 특징을 이런 새로운 대안경제 모형의 도입만으로 파악하려는 시도는 불완전하다. 오히려 민선 5, 6기 서울의 산업정책의 가장 큰 특징은 기존 산업정책이라는 줄기를 중심으로 풍성하게 가지를 뻗어 나갔던 정책 범위의 과감한 확장에 있다. 저성장 기조에 대한 대응으로 서울의 산업정책이 채택했던 길은 대안경제 모형으로의 전환이라기보다는 기존 거점별 특화산업 경쟁력을 강화하는 한편 대안경제 모형을 포함한 민생 및 일자리 지원기반을 양쪽으로 동시에 확대하는 실용주의적인 것이었다.

민선 5기의 주요 사업계획을 총망라한 '희망서울 시정운영계획 (2012~2014)'(서울특별시, 2012)을 보면 '함께 잘사는 경제'가 5개의 주요 사업 분야 중 하나를 차지하고 있다. 여기서 가장 눈에 띄는 부분은 분야별 하위 계획으로 '산업 경제'뿐만 아니라 '일자리 경제'가 별도 분야로 독립되었다는 점이다. 시정에서 일자리 정책의 중요성은 사실 계속 강화되어 왔다. 하지만 민선 5기 전까지 일자리가 산업정책의 결과 혹은 성과로 인식되었다면, 민선 5기에서는 일자리 경제 자체가 독립적인 정책 분야로 대접받게 되었다는 점에 차이가 있다. 다른 면으로 보자면 산업정책의 전문성이 보다 강화되었다는 측면으로 볼 수 있는 여지도 있다.

실제 '함께 잘사는 경제'의 내용에는 동반성장, 사회적 경제, 좋은 일자리 등의 새로운 의제들이 반영되어 있다. 하지만 이와 더불어 보다 전통적인 의제인 영세상인과 자영업자 대책, 청년 창업, 신산업 육성과 도심형 제조업 지원, 특화산업지구 및 거점 조성 등도 주요한 의제로 여전히 자리 잡고 있다. 당대에는 새로운 의제가 상대적으로 주목받는 경향이 있었으나, 실제로는 예전 산업정책의 결과가 다시 되먹임되고 새로운 의제가 추가되어 점차 두터워진 것이 서울의 산업정책이 형성되어 온 방식이다. 민선 5기의 산업·일자리 정책은 이런 역사의 집대성이라고 부를 만큼 오래되고 새로운 내용으로 두텁게 차 있다.

이러한 흐름은 민선 5기에서 민선 6기로 넘어가는 시기에 구체화된 산업 종합정책계획인 '경제비전 2030'(서울특별시, 2014b)에 보다 명확하게 드러난다. 이 종합계획은 변화한 서울시의 내외 환경을 반영한 '서울경제비전 2020'의 개선판으로서의 성격을 가지며, 서울의 산업정책이 그동안 개발해 온 의제와 정책 수단을 종합 집대성한 종합판이기도 하다. 경제비전 2030의 실현을 위해 융복합 경제, 글로벌 경제, 공존 경제 3대 전략 아래 35개 핵심 사업을 추진하고, 서울시의 법정도시기본계획인 2030년 서울도시기본계획, 일명 '2030 서울플랜'(서울특별시, 2014a)과 연계하여 20대 산업거점을 조성하고 강화하는 것을 주요 내용으로 삼는다.

공존 경제 전략에는 민생 및 사회적 경제에 대한 주요 사업이, 글로벌 경제 전략에는 연구개발, 산학연 연계, 창업, 국제관계 등의 사업이, 그리고 마지막으로 융복합 경제 전략에는 신산업 육성 및 산업거점 조성 전략이 포함된다. 전통적인 서울의 산업정책은 주로 융복합 경제 전략에서 찾아 볼 수 있는 셈이다.

'서울경제비전 2030'에 이르면 서울의 신산업 육성 정책은 거의 산업 거점 조성 정책으로 수렴되는 것처럼 보인다. IT·BT·GT·NT(정보

기술, 바이오기술, 녹색기술, 나노기술) 융합산업, 콘텐츠, 앱, 디자인·패션산업, 그리고 새로 공식화된 관광·MICE산업 등이 서울의 핵심 산업으로 육성 대상이 되었는데, 육성 정책의 내용은 기존 산업거점의 활성화와 신규 산업거점의 조성이 대부분이었다. 단적인 예로 융복합 경제 15대 핵심 산업 중 창조산업 인력 양성과 핵심 사회서비스 영역 선정 및 활성화 2개 사업을 제외한 13개 사업이 산업거점 조성 사업이거나 이와 연관된 사업이었다. 일자리, 창업, 노동 등은 새로운 정책 영역으로서 산업별 사업이 아닌 별도의 독립적인 사업으로 추진되는 정책 추진절차가 더불어 자리를 잡았다.

이후 다소 산만하게 나열되었던 서울의 핵심산업 구상은 그 이듬해 유망산업이라는 이름으로 기반 산업으로서 ICT(*information and communication technology*) 산업 외에 R&D, 도심제조, 바이오·의료, 문화콘텐츠, 관광·MICE, 그리고 사회적 경제의 6가지로 다시 정리되었다(서울특별시, 2015b). 또한 산업거점 조성 전략도 이러한 유망산업별로 다시 배치되고 체계화되어 보다 본격적으로 추진되었다.

이 과정에서 산업거점 전략은, 심지어 예전에는 전통적 산업정책의 대상으로 여겨지지 않았던 부분까지도 자연스럽게 확장되었다. 대표적인 예로서 사회적 기업, 마을 기업, 협동조합 등의 지원에 초점을 맞췄던 사회적 경제 분야에서도 예전과는 달리 은평의 서울혁신파크와 성수 서울숲 주변의 사회혁신 클러스터 조성 등 산업거점 조성을 주요 전략으로 차용하였다. R&D와 관련하여 홍릉 바이오 R&D 앵커, 양재 R&CD 지구 등 이른바 '혁신거점'의 조성을 새로운 주요 산업거점 사업으로 추진한 것 또한 같은 맥락에서 바라볼 수 있다. MICE 관련 컨벤션, 전시시설 등의 인프라 확충도 마찬가지다.

민선 6기의 정책을 담은 '함께서울 서울시정 4개년 계획(2014~2018)'(서울특별시, 2014c)은 '함께서울'이라는 별칭과 함께 시작되었다. 여기서는 '안전한 도시', '따뜻한 도시', '꿈꾸는 도시', '숨 쉬는 도시'의 네 가지 시정목표를 설정하였는데, '꿈꾸는 도시' 목표에 산업정책과 연관된 내용이 함께 담겨 있다. 흥미로운 점은 창조경제, 일자리, 문화관광과 더불어 도시재생이 '꿈꾸는 도시' 목표 아래에 함께 묶여 있다는 점이다. 실제 정책 추진에 있어 도시성장을 위한 거점 개발이라는 측면에서 산업정책과 도시재생정책이 유사한 사업과 사업지를 공유하게 되면서 자연스럽게 나타난 범주화가 아닌가 싶다. 마치 생물의 수렴진화를 보는 것과 같이, 서로 다른 경로를 따라 발전해 온 이 두 정책은 서울이라는 공통의 환경에 적응하고 대응하면서 정책 수단과 내용, 그리고 대상지에 이르기까지 상당한 공통점을 공유하게 되었다.

그리고 민선 5, 6기는 신산업거점의 조성 못지않게 서울 내 기존 산업거점이 재발견되는 시기이기도 했다. 산업 규모가 축소되면서 제조업은 서울의 몇몇 제조업 클러스터에 남게 되었고, 이들은 역설적으로 그 희소성으로 인해 서울 경제의 주요한 자원으로서 재평가받았다.

가로수길이나 경리단길과 같이 제조업이나 첨단산업의 거점이 아닌 특화 거리나 골목, 상권의 지역 경제적 의미에 관한 관심도 높아졌다. 본격적으로 추진되었다고 보기는 어렵지만, 서울시의 '서울경제비전 2030'에 44개 업종, 136개 특화 산업·상권을 업그레이드하겠다는 내용이 포함되기도 했었다(서울특별시, 2014b). 구체적인 통계는 없지만, 자치구 수준에서의 산업정책 관련 사업이 의미 있는 성과를 거두는 사례도 조금씩 증가하고 있는 것으로 보인다. 서울의 산업정책도 이런 변화에 맞춰 한층 더 정밀해진 단계로 들어서야 하는지도 모른다.

여기서 균형 발전에 대한 논의와 그 결과로서의 서울시 5개 권역이 처음 도입된 영역이 도시계획이었음을 상기해 볼 필요가 있다. 현재 서울시 도시계획은 이보다 작은 규모의 공간에서 작동한다. 더 정밀해 졌다는 표현이 맞을 것이다. 서울시는 2015년 13곳을 서울형 도시재 생사업지로 선정하였고, 2017년 17곳을 추가로 확대 선정하여 모두 30곳의 도시재생사업을 추진하고 있다(서울특별시, 2017a). 최근 서울 시의 생활권계획은 서울시 전체에 53개 지구 중심으로 116개의 생활 권 계획을 수립하여 지역별 균형 성장의 기반을 마련하는 것을 목표로 하고 있다(서울특별시, 2017b). '2025 서울시 도시재생전략계획'(서울 특별시, 2015a)과 서울시 생활권계획에서도 도시경쟁력과 성장의 주요 한 전략은 다시 특화산업 육성과 거점 개발에 관한 내용이다. 도시계 획과 산업정책의 거리가 그 언제보다도 가까운 때이다.

아직 이 공간 규모에 어울리는 서울의 산업정책이 무엇일까에 대한 정답은 없다. 어쩌면 정답이 없는 규모에 다다른 것이 아닌가 하는 조 심스러운 예측도 해 본다. 서울시의 신산업 육성을 위해 산업거점을 배 치하는 기존의 전략은 소규모 지구나 거리라는 공간적 단위에 다다르 면 희미해지기 쉽다. 산업 및 특정개발 진흥지구와 같은 제도가 힘을 발휘하기 어려웠던 이유 중 하나이기도 하다(양재섭 외, 2014). 서울시 에서 권역별로 산업거점으로 산업정책의 초점을 조정했었을 때와 같 이, 이러한 공간 단위와 규모에서 거꾸로 산업정책을 상상해 보는 작업 이 필요한 때다. 산업을 넘어 상권까지를, 서울 전체가 아닌 권역이나 자치구나 생활권에서의 특화 전략을, 그리고 서울의 중심지 체계를 넘 나드는 산업정책의 협치 구조를 고민할 때다.

한편으로 서울시를 이러한 공간 단위의 묶음으로 보고 오래된 산업에서 새로운 산업까지 다양한 산업이 이런 단위에서 어떻게 자리 잡고 작동하는지 이해하려는 노력이 없이는 이러한 공간 규모에 맞는 산업정책의 틀을 세우기 어렵다. 다른 한편으로 이렇듯 다양한 소규모 산업거점이 가진 다층적인 관계를 반영하여 대응할 수 있도록 위계적이지만 유연한 제도를 갖추지 못한다면 이들을 대상으로 한 산업정책을 통합적으로 작동시킬 수 있을지 의심스럽다. 이 지점이 현재 서울의 산업정책이 마주하고 있는 가장 어려운 문제일 것이다. 새로운 제도와 절차에 앞서 우선 새로운 시각과 연구가 필요한 시점이다.

5. 왜 서울의 산업정책과 '공간경제학'인가?

앞서 보았듯이 서울의 산업정책이 선형적으로 발전해 온 것은 아니다. 서울시를 둘러싼 환경은 계속 바뀌었다. 이 때문에 한때 좋았던 정책이라고 해도 계속 좋은 정책으로 남을지는 아무도 장담할 수 없는 상황이었다. 하지만 정책의 결과는 의도적이건, 의도적이지 않았건 서울이라는 공간에 쌓여 축적되었고 이후 정책의 조건으로 작용하였다. 그리고 이 지점에서 서울의 산업정책이 가진 추세는 연속성이 나타나게 된 것이다.

1990년대 말부터 현재까지 서울의 산업정책은 더욱 풍성해지고 정밀해졌다. 초기에는 시정의 주요 과제에 이름을 올리지 못했던 때도 있었지만, 시정 전반에서 서울 경제의 발전과 활성화에 대한 중요성이 증대되면서 그리 오래지 않아 시정의 핵심 영역인 산업・경제정책의 형태로 지속적으로 발전해 왔다. 그리고 이에 따라 문자 그대로 산업정책의 내용은 계속 두터워져 왔다.

산업정책의 실현에는 시간이 걸리기 마련이다. 따라서 하나의 산업
정책이 완결되고 다음 산업정책이 시행되는 식으로 단계적으로 진행되
는 경우는 드물다. 현재 서울시가 시행하고 있는 산업정책은 현 시정의
고유한 산업정책만이 아니라 그 이전 시정의 산업정책이 차곡차곡 쌓
여 만들어진, 그래서 두터워진 역사의 결과물이다. 비유적인 의미만은
아니다. 문헌을 뒤적여 보면 실제 시정 운영계획 자체가 점차 두터워지
고, 산업정책의 분량이 늘어난 흐름을 눈으로 볼 수 있다.

이렇게 두터워진 산업정책은 다른 한편으로 정밀해지기도 했다. 몇
개의 사업을 발굴하여 분류해 놓은 듯했던 초기의 산업정책은 점차 내
부적인 체계를 갖추는 쪽으로 발전했다. 큰 의제 중심으로 사업을 열거
하던 문건도 전부는 아니라도 사업의 세부 내용을 상술하는 방향으로
바뀌었다.

정책의 대상만 하더라도 제조업, 유통업, 서비스업이라는 큰 구분
에서 시작된 정책이 점차 세부 업종을 대상으로 하게 되었고, 다시 필
요에 따라 이를 산업군으로 묶는 전략적 접근으로 전환되었다. 전략산
업, 신성장 동력산업, 핵심산업, 유망산업 등 '서울형' 산업의 전통을
보면 그러하다는 말이다. 정부의 선도기술 개발 사업(1992~2002년),
차세대성장 동력(2003년), 신성장 동력(2009년), 미래성장 동력(2014
년) 등 주력산업 고도화와 신산업 육성을 목표로 한 일련의 정책도 직
접적으로든 간접적으로든 서울시 산업정책의 방향을 형성하는 데 영향
을 미쳤다(장재홍 외, 2012; 2013). 이는 점차 산업정책을 시행할 수 있
는 수단이 정밀해진 덕도 있겠지만, 그만큼 다양한 정책 수요가 발현되
고 사업 경험을 축적되면서 자연스레 산업정책을 바라보는 시각이 날

카롭게 벼려졌기 때문이기도 하다.

이러한 산업정책의 정밀화 추세가 가장 두드러지게 나타나는 차원이 공간이다. 초기 산업정책은 서울시 전체를 바라보는 것만으로도 힘들어 했다. 2000년대 지역 산업정책에서 본격화된 균형 발전의 흐름은 한국 내뿐만 아니라 서울 내에서도 발전의 격차가 있다는 사실을 정책 이슈화하는 데 이르렀고, 곧이어 서울 내 5대 권역별 정책이 산업정책의 주요한 영역으로 등장하였다. 서울형 산업의 육성과 발전을 위해 이에 적합한 서울의 특정 입지를 신성장거점으로 조성한다는 전략이 서울의 산업정책의 주요 정책으로 채택되면서 공간경제적 측면에서 산업정책의 정밀성은 더욱 높아졌다.

서울의 산업정책은 계속 변화할 것이다. 서울의 경제적 여건이 바뀌기를 멈추지 않는 한, 그리고 서울의 산업구조가 어느 순간 현 상황을 유지하게 되지 않는 한 계속 그러하리라 생각한다. 하지만 서울의 산업정책에서 지금껏 바뀌지 않은 영역이 없었던 것은 아니다. 개별 사업도 계속 바뀌었고, 정책입안자와 결정자 또한 수없이 바뀌어 왔음에도 불구하고 서울의 산업정책이 품은 정책의 기조 혹은 가치 중에서는 놀라울 정도의 연속성을 보이는 영역이 존재한다. 왜 그런가에 대해서는 서울의 산업정책에서 공공의 역할에 대한 암묵적인 합의 혹은 공감대가 시대의 시험을 계속 견뎌내는 것은 아닐까 짐작해 볼 뿐이다.

첫째, 무엇보다 서울의 산업정책은 지금껏 항상 중소기업 중심이었다. 지난 25여 년간 창업기업, 벤처기업, 기술집약형 중소기업, 소상공인, 사회적기업, 공유기업, 스타트업 등 여러 유형의 기업들이 서울의 산업정책의 정책 대상으로 등장했다. 하지만 단 한 번도 중소기업이 서울 산업정책의 초점에서 벗어난 일은 없었다(서울역사편찬원, 2016).

대기업과 중견기업에 대한 정책이 없었다는 이야기가 아니다. 서울시 비즈니스 친화 환경 조성과 같이 중소기업 정책만큼이나 오래된 화두도 있다. 다만 계속 서울의 산업정책이 가진 우선적인 가치는 시장에서 상대적으로 취약한 위치에 있으나 서울시 민생경제의 중추로서 시민의 고용과 편의의 대다수를 실질적으로 담당하는 중소기업의 역할을 긍정하는 데 있었다.

2014년 기준 중소기업은 서울시 사업체의 99.8%, 종사자의 81.2%를 차지하고 있다. 이 비중은 지난 10여 년간 거의 변하지 않았다. 서울 경제가 가진 수많은 변수 중에 그나마 상수에 가까운 것이 중소기업의 비중이 아닐까 한다. 그런 의미에서 서울 경제는 중소기업의 경제다. 그리고 바로 그런 이유로 서울의 산업정책에서 앞으로도 중소기업은 계속 주역의 위치를 차지하게 될 것이다.

둘째, 서울의 산업정책이 발전해 오면서 산업 육성과 활성화에 있어 전통의 자리를 굳힌 한 쌍의 정책 기조가 있다. 서울은 오래된 산업에서 새로운 산업까지를 모두 포용하는 대도시이다. 시대별로 오래된 산업과 새로운 산업의 위상과 입지에 대한 수많은 갈등과 논쟁이 있었지만, 결과적으로 보면 서울의 산업정책은 거의 항상 새로운 경제 엔진의 발굴과 육성이라는 정책 기조를 오래된 산업 및 일자리의 포용적 지원이라는 정책 기조와 짝을 이루어 추진한다는 특징을 가진다. 그리고 이런 정책의 순환을 통해 예전의 산업정책은 켜켜이 축적되어 현재 서울의 산업정책에 영향을 미쳐 왔으며 현재까지도 미치고 있다. 이 한 쌍의 산업정책 기조 또한 유효성이 상당 기간 남았다고 보는 것이 옳은 판단일 것이다.

마지막으로, 산업거점 중심의 산업정책 기조가 있다. 지방자치제의 확대 시행과 권한 이양 가속화가 이루어진다면 극적으로 변할 여지가 없는 것은 아니지만, 설사 그런 일이 빠르게 이루어진다고 해도 더디게 변화할 수밖에 없는 영역이다. 구(舊) 산업집적지의 활성화와 신산업 거점의 조성은 일단 시작되고 나면 물리적인 환경 변화와 더불어 이른바 산업생태계의 완비 없이는 성취할 수 없는 목표이며, 따라서 기본적으로 오랜 시간이 소요되는 사업이기 때문이다. 단적으로 서울형 산업 클러스터의 원형 격인 DMC만 해도 아직 완결되지 않은 필지가 남아 있는 상황이다.

게다가 새로 조성한 산업거점도 언젠가는 구산업집적지가 될 것이며, 이것이 다시 새로운 산업 클러스터로 부활할지도 모른다. 1960년 대 구로공단에서 최근 G밸리라는 이름으로 다시 거듭나려 하는 서울디지털산업단지와 같이 말이다(김묵한, 2015). 지금 우리가 아는 서울시의 산업거점들은 적어도 부분적으로는 그런 과거와 현재의 산업정책들이 공간적으로 축적되어 진행된 결과이자 과정이다. 그렇게 쉽사리 변화하지도, 변화할 수도 없는 흐름이 현재의 산업거점 기조를 형성했으며 이런 흐름이 급하게 잦아들 것이라는 징조를 찾기는 어렵다.

다만 더욱 정밀한 산업정책에의 수요가 점차 강해지고 있어 서울의 산업정책이 만들어 가는 산업 공간의 풍경은 보다 다채로워져야 할 것이다. 그러기 위해서는 더욱 다양한 공간적 규모에서 다양한 산업이 어떻게 작동하는지에 대한 이해도 선행되어야 한다. 더욱 정밀한 산업정책의 수단 또한 필요해지겠지만, 서울시 산업집적지에 대한 보다 세밀한 단위에서의 검토 없이 이런 수단을 개발하거나 도입할 수 있을지는 미지수이다. 이 때문에 앞으로 더 나은 서울의 산업정책을 위해서는 지금 산업 공간의 풍경을 보다 면밀하게 그려내는 다양하고 다채로운 연구를 먼저 축적해야 할 것이다. 이는 이후 서울의 산업정책의 성패가 이런 '서울의 공간경제학'에 대한 이해에 달려있다는 말에 다름 아니다. '서울의 공간경제학'을 이곳 서울에서 지금 바로 시작해야 할 이유가 여기에 있다.

참고문헌

강홍빈 (2017). "시정개발연구원에서 서울연구원까지 25년: 연구사 서설". 서울연구원 개원 25주년 기념세미나 발표자료, 2017. 9. 25. 발표.
국가균형발전위원회 (2004). 〈제1차 국가균형발전 5개년계획〉.
김묵한 (2015). "구로공단 그리고/혹은 G밸리". 〈서울경제〉, 121호, 3~11. 서울연구원.
박배균 외 (2014). 《산업경관의 탄생》. 알트.
박재곤 외 (2014). 〈지역산업정책의 주요 이슈 분석과 개선방안〉. 산업연구원.
산업연구원 (2013). 《지역산업정책백서》.
서울산업진흥대책위원회 (1999). 《새서울 산업정책의 추진방향》.
서울역사편찬원 (2016). 《서울 2천년사 34: 현대 서울의 경제와 산업》.
서울연구원 (2016). 《저성장시대 서울의 도시정책을 말하다》. 한울아카데미.
서울특별시 (1996). 〈민선시정 3개년 계획 개요〉.
_____ (1999a). 〈새서울 1999 행동계획〉.
_____ (1999b). 〈시민과 함께하는 우리새서울 1999〉.
_____ (2006a). 〈2020년 서울 도시기본계획〉.
_____ (2006b). 〈비전 서울 2006: 시정운영 4개년 계획 2002~2006〉.
_____ (2006c). 〈시정운영 4개년 계획 2006~2010: 맑고 매력 있는 세계도시 서울〉.
_____ (2011). 〈서울경제비전 2020 스마트 경제도시 서울〉.
_____ (2012). 〈희망서울 시정운영계획 2012~2014〉.

_____ (2014a). 〈2030년 서울도시기본계획: 2030 서울플랜〉.

_____ (2014b). 〈경제비전 2030 서울형 창조경제모델〉.

_____ (2014c). 〈함께서울 서울시정 4개년 계획 2014∼2018〉.

_____ (2015a). 〈2025 서울시 도시재생전략계획〉.

_____ (2015b). "유망산업 육성을 통한 서울형 창조경제 구현". 서울 창조경제 국제 컨퍼런스 발표자료, 2015. 7. 26. 발표.

_____ (2017a). "'서울형 도시재생 신규지역' 17개소 최종 선정". 서울시 보도자료, 2017. 2. 16. 배포.

_____ (2017b). "서울특별시 생활권계획(안) 공청회". 서울시 생활권계획(안) 공청회 자료, 2017. 5. 18. 발표.

신창호 외 (2004). 〈서울특별시 제1차 지역혁신발전 5개년 계획〉. 서울시정개발연구원·서울특별시.

양재섭 외 (2014). 〈서울시 산업 및 특정개발진흥지구 운영실태와 개선방향 연구〉. 서울연구원.

장재홍 외 (2012). 〈한국 지역정책의 새로운 도전: 효율과 형평의 동태적 조화〉. 산업연구원.

장재홍 외 (2013). 〈지방정부의 지역산업 육성 정책 분석 및 정책적 시사점: 지방정부 세출분석을 중심으로〉. 산업연구원.

한국공간환경학회 (2013). 《저성장 시대의 도시정책》. 한울아카데미.

국가통계포털. http://kosis.kr/.

서울도서관. http://lib.seoul.go.kr/.

서울시, 생활권 계획. http://planning.seoul.go.kr/.

서울시, 정보소통광장. http://opengov.seoul.go.kr/.

서울통계. http://stat.seoul.go.kr/.

인천경제자유구역. http://www.ifez.go.kr/.

제 3 장

서울시 공간경제의 변화

남기범

서울은 이미 경제, 사회, 문화적인 지표에서 세계도시의 위상을 가지고 있다. 수많은 세계도시 지표나 순위에서 서울은 10위권을 차지하고 있으며, 일본 모리기념재단 도시전략연구소에서 발표한 '2017년 글로벌 파워시티 지표'(Global Power City Index 2017)에서는 6위를 기록하였다.[1] 세계도시가 되려면 경제, 문화, 환경, 생활 등 다양한 지표에서 일정 수준을 충족해야 하지만 가장 중요한 것은 경제, 즉 산업 활동의 경쟁력이다. 사실상 서울과 같은 대도시의 산업 활동은 갈수록 제조업과 서비스업 간 경계가 불분명해지고, 산업과 사무업무 활동의 경계도 약해지고 있다. 그러나 산업 활동의 질적 변화, 즉 첨단화, 고도화, 연계화, 소프트화 등은 도시의 모든 영역에서 변화와 발전의 중요한 역할

---

[1] http://mori-m-foundation. or. jp/english/ius2/gpci2/index. shtml.

을 하고 있다. 따라서 서울의 산업 활동은 서울의 인구구성, 주택문제, 사회문제 등에 커다란 영향을 끼치고 궁극적으로 서울의 공간구조 변화에 주도적 역할을 담당한다. 이 장에서는 서울이라는 대도시에서 산업 활동의 공간 특성이 변화하는 양상을 살펴본다.

1. 압축적 도시화 및 산업화 시기의 서울 산업

1960년대에서 1970년대까지 산업화 초기단계에 서울은 우리나라에서 가장 중요한 제조업 성장의 중심지였다. 특히 당시 서울의 경제성장은 영등포구, 구로구, 금천구의 산업단지 중심의 제조업을 바탕으로 이루어졌다. 1980년대 이후 산업이 서울의 교외지역으로 탈집중화되고 수도권 밖으로 분산되었으며 생산비용의 감축을 위해 중국과 동남아시아로의 해외직접투자가 본격화되었다. 반면에 기업의 본사와 공학 서비스, 소프트웨어 산업, 디자인, 광고 등 생산자서비스 활동은 서울에 더욱 집중되었다. 수도권 내에서 서울과 인천·경기 지역 간, 그리고 수도권과 지방 간 공간 분업은 더욱 심화되어 결과적으로 소유와 통제, 관리 기능의 서울 집중은 갈수록 강화되었다.

1980년대 이후 서울의 산업 내에서도 구조변화가 진행되었다. 서울은 의류, 출판, 인쇄 등 정보와 패션산업으로 특화되었고, 수도권 지역은 전기·전자산업 등 기술집약적 산업에도 특화되었다. 1970년대 후반 섬유산업은 수도권 밖, 나아가서는 중국 등 생산비가 저렴한 곳으로 분산되었다. 반면에 의류·봉재산업은 1980년대 후반 산업 재편 시기에 서울로 다시 집중되었다. 의류·봉재산업은 표준화되고 규격화된 주문생산을 하는 하청기업을 기반으로 하여 패션디자인이나 품질이 높은 고가제품의 생산에 주력하였다. 1982년 제정된 〈수도권정비계획법〉에서 제조업을 수도권 인구 유입의 요인으로 판단하고 인구분산 정책의 일환으로 산업정책을 수립하였다. 하지만 수도권으로의 산업과 인구 집중은 계속되었다. 이에 1984년 수립된 '수도권 정비 기본계획'에서는 제조업의 서울 외곽 이전 정책, 특히 '도심 부적격 시설의 외곽 이전 계획'을 통해 영등포구와 청계천 일대의 공구 판매업체 857개를 서울 외곽으로 이전하고 구로 기계공구상가, 시흥 공구상가 등을 설립하였다.

1990년대에 이르러 서울의 산업은 대기업과 중규모 기업의 수가 감소하고 소규모 영세기업과 종업원 수가 증가하는 영세화가 진행되었고, 도시 내 인력과 정보에 대한 의존도가 높은 의류, 조립금속, 인쇄·출판업이 전체 제조업의 3/4을 차지하였다(Park, 1993; 1994). 전반적으로 보면 서울의 산업 구성에서 연구개발, 엔지니어링, 마케팅 등의 생산 관련 서비스업의 비중이 커지고 이들의 연계 기능이 강화되면서 제조업과 서비스업이 상호보완적으로 성장하는 체제를 구축하였고, 서울 내에서의 지역적 전문화 및 서울과 이를 둘러싼 수도권 지역의 활발한 공간 분업이 진행되었다. 서울시 정부는 지식기반산업의 경쟁력 강화 정책을 통한 지식기반 관련 정보 인프라 구축 정책을 추진하여 창업 보육기능의 확충, 신산업을 위한 인력 양성, 창업 투자조합의 육성, 산·학·관 협력 테크노파크 설립, 지식기반산업의 인프라 구축 등을 추진하였다.

2. 서울형 산업의 육성

산업의 전환기인 1990년대에 서울은 다양한 제조업을 활성화시키고 국내 산업의 견인차 역할을 담당하기 위해 산업 인큐베이터 기능을 강화하는 한편, 기업가정신을 함양하고 제품 혁신을 유도하기 위한 산업 정책을 추진하였다. 즉, 기존 산업체의 기술, 디자인, 기획 등의 능력을 향상시키고 부가가치를 높여 산업구조를 고도화하고자 하였다. 이를 위해 서울의 대표 제조업인 의복 및 모피제품, 출판·인쇄 및 기록매체, 사무·계산 및 회계용 기계, 영상·음향 및 통신장비 산업의 첨단화를 추구하였다. 또한 기업들이 자유롭게 생산 활동을 영위할 수 있도록 산업집적, 기술기반, 도시 이미지를 활용해 신기업과 신산업이 창출될 수 있는 기반을 조성하였다.

특히 이 시기에는 국내·외 여건 변화와 사회·환경 변화에 능동적으로 대응하기 위해 전략산업 개념인 서울형 산업을 육성하고자 하였다. 서울형 산업의 육성을 위해 인력 확보 및 육성, 기술개발, 판매 지원 등의 시책을 추진하였다(신창호 외, 1996). 먼저 인력 확보 및 육성을 위해 제조업에 대한 사회적 인식 전환, 여성인력 및 고령자의 산업현장 유인, 산업인력 양성의 활성화, 대기업과 중소기업의 협력 체제 구축 등을 추진하였다. 또한 연구개발형 기업 지원, 벤처기업 융자 지원, 산학 협동 기술개발 연구 지원, 업종 간 기술 교류 사업 활성화, 지역기술 진흥 사업, 이노베이션센터 건립 등을 통해 기술개발을 지원하고 신제품·신기술 경진대회, 비즈니스매칭, 경영 지원 등을 통해 기술 이전 지원을 제공하였다. 판매 지원의 경우 중소기업 제품의 전시 및 판매장 확대, 산업페어(industrial fair) 등의 시행과 중소기업의 정보통신망 구축을 통한 제품의 국내·외 홍보, 업종 및 지역별 정보 공유 체제 형성과 해외시장 정보 제공 등의 시책을 추진하였다.

3. 2000년대 서울의 산업과 공간경제의 변화

2000년대 들어 서울의 산업은 규모와 범위가 확대되면서 공간적 특화 혹은 지역적 전문화의 과정을 밟는다. 이는 서울이라는 대도시가 가진 산업구조적 특성에서 비롯되었다. 도·소매업이나 서비스업과 같은 전통적인 대도시 산업 기반 위에 최근 첨단 제조업이나 지식 서비스업, 문화콘텐츠산업 등의 비약적 성장으로 인해 서울시 산업의 스펙트럼이 다양해지는 한편, 산업이 지역경제의 특정 장소를 중심으로 집적화되는 추세도 심화되었다. 서울시 산업의 클러스터링 강화, IT기술을 기반으로 한 신경제나 문화경제의 확대로 대표되는 서울의 공간경제적 현상은 이에 상응하는 산업의 공간 분화 및 특화로 특징지어진다.

이러한 국지화 경제의 근간을 이루는 것은 스토퍼(Storper, 1997)가 제시한 비시장적 상호의존성(*untraded interdependency*)이다.[2] 국지화 경제에 결부된 요소로 산업전문화(*industrial specialization*)를 들 수 있다. 서울의 높은 수준의 산업전문화는 강력한 국지화 경제를 창출하여 경쟁력 있는 지역경제로 발전할 가능성을 보여 준다. 나아가 대도시의 경우 배후의 거대한 수요시장의 발달이나 정보통신 및 물류·교통수단

---

[2] 비시장적 상호의존성이란 근접성을 기반으로 공식적인 거래 관계에 의존하지 않는 비 공식적 신뢰와 호혜성을 말한다.

과 같은 첨단 인프라, 대규모 사무 공간의 공급 등과 같은 물리적 특성
에서 창출되는 도시화 경제, 혹은 마틴 등(Martin et al., 2016)이 제시
한 연관다양성(*related variety*)도 중요한 경쟁력의 기반이 된다.

　서울은 공간적으로 도심권, 동북권, 서북권, 서남권, 동남권 등 5개
권역으로 나눌 수 있다. 도심권은 종로구, 용산구, 중구 등 3개 자치구
를 포함한다. 동북권은 동대문구, 성동구, 광진구, 중랑구, 성북구,
강북구, 도봉구, 노원구 등 8개 자치구이다. 서북권은 은평구, 서대문
구, 마포구 등 3개 자치구가 해당된다. 서남권은 양천구, 강서구, 구
로구, 금천구, 영등포구, 동작구, 관악구 등 7개 자치구를 포함한다.

표 3-1 **서울산업의 전문성과 다양성(2004년)**

자치구	권역	산업 비중(%)		산업 전문화	산업 다양성	산업 특성
		사업체	종사자			
종로구, 용산구, 중구	도심권	5.87	6.13	101.6	2.61	• 높은 산업중심성 • 고(高)전문화 권역 • 강(强)다양성 권역
동대문구, 성동구, 광진구, 중랑구, 성북구, 강북구, 도봉구, 노원구	동북권	3.27	2.39	87.3	1.84	• 낮은 산업중심성 • 부분 준전문화 권역 • 약(弱)다양성 권역
은평구, 마포구, 서대문구	서북권	3.17	2.63	39.1	2.66	• 낮은 산업중심성 • 최저 전문화 권역 • 부분 강(强)다양성 권역
양천구, 강서구, 구로구, 금천구, 영등포구, 동작구, 관악구	서남권	3.70	3.60	197.0	2.39	• 제한적 산업중심성 • 부분 고(高)전문화 권역 • 다양성 권역
서초구, 강남구, 송파구, 강동구	동남권	5.20	7.35	68.5	2.75	• 높은 산업중심성 • 부분 전문화 권역 • 부분 강(强)다양성 권역

주: 산업전문화는 상대 전문화 지수이며, 산업다양성은 상대 다양성 지수이다. 이에 대한 구체적인 산식과
　설명은 정병순·박래현(2007)을 참조.
자료: 정병순·박래현(2007)에서 재구성.

그리고 동남권은 서초구, 강남구, 송파구, 강동구 등 4개 자치구이다.

이 5개 권역을 산업전문화와 산업다양성이라는 척도를 이용해 살펴보면 다음과 같은 특징을 보인다. 도심권의 경우 높은 산업중심성에 기초하고 높은 전문화와 강한 다양성이 존재하는 권역이다. 많은 중소기업의 집적에 의해 다양한 경제적 이득이 창출되고, 다양한 산업부문들이 상호작용할 가능성이 창조와 혁신을 활성화하는 데 있어서 중요한 토대가 된다. 반면 동남권의 경우 산업비중은 높지만 전문화와 다양성 측면에서 제한적인 양상을 보인다. 전문화와 다양성 측면에서는 부분적인 전문화와 부분적으로 강한 다양성을 보인다. 한편 서남권과 서북권의 경우 상대적으로 취약한 산업중심성에도 불구하고, 전문화와 다양성 측면에서 제한적이나마 일정한 가능성이 있음을 보여 준다. 서남권의 경우 일정한 수준의 다양성 기반 위에 금천구와 강서구, 그리고 구로구를 중심으로 한 산업전문화가, 그리고 서북권의 경우 권역 전반에 걸친 미약한 전문화에도 불구하고 마포구를 중심으로 한 강한 다양성이 이러한 가능성을 견인해 나갈 수 있을 것으로 예상된다(정병순·박래현, 2007, p. 14~15).

4. 창조문화산업의 발전과 권역별 산업의 분화

문화산업은 아도르노(Theodor Wiesengrund Adorno)와 호르크하이머(Max Horkheimer)에 의해 개념화되었다. 초기에는 문화산업을 '건전한 대중문화를 자본주의적 경제논리에 따라 대중의 욕구를 조작함으로써 상업적 이익을 관철시키는 반계몽적 성격을 가진 것'(Adorno, 2001)

으로 규정하였다. 그러나 현대사회로 올수록 점차 문화와 경제의 유기적 연결 관계가 거의 모든 문화 분야에 적용되면서 그 잠재력이 부각되었다. 특히 현대의 문화산업은 새로운 지식과 아이디어, 첨단기술이 융합되어 생산요소를 형성하기 때문에 고전적 생산요소의 특성과 달리 고부가가치성을 유지하면서 줄어들지 않고 무한히 공급되는, 즉 수확체감이 아닌 수확체증의 특징을 지닌다. 또한 희소자원의 배분 원칙보다는 결합된 지식이 시너지효과를 발휘하는 외부 경제효과와, 일단 창출되거나 축적된 지식이나 아이디어가 스스로 새로운 지식과 아이디어 창출의 원천이 되는 자기증식(self-reinforcing) 혹은 창문효과(window effects)의 특성을 가지면서 지속적인 경제성장과 산업발전을 가능하게 한다(Power & Scott, 2004; Scott, 1999).

　　2010년 기준 서울의 문화콘텐츠산업은 전국 매출의 73%인 32조 9천억 원으로 절대다수를 차지하며, 광고, 방송, 콘텐츠솔루션 등의 산업은 우리나라 전체 매출액의 80%를 상회한다. 부문별로 2008년 종사자 수를 1994년과 비교해 보면, 소프트웨어 개발업은 284.8%, 정보 서비스업 265.2%, 디자인 248.3%, 연구개발업 208.8%로 큰 폭으로 증가하였다. 서울시 문화산업의 종사자 분포를 권역별로 보면, 동남권이 40.1%로 가장 집중되어 있고, 서남권은 27.8%의 비중을 차지하고 있다. 이에 비해 도심권은 18.2%, 서북권 8.2%, 동북권 5.7%로 상대적으로 비중이 작은 편이다. 지식 서비스산업 활동, 즉 건축, 연구개발업, 소프트웨어 개발, 정보 서비스업 등에서도 동남권의 종사자 우세성은 다른 부문과 유사하게 유지되는 가운데 서남권에서의 종사자 우위도 비교적 높게 나타난다. 따라서 문화산업은 동남권과 서남권을 중심으로 이원화된 구조를 보이고, 특히 동남권의 집중화 경향은 향후에도 더 심화될 것으로 예상된다(정병순, 2011).

한편 정병순(2011)은 서울의 문화산업을 창조산업이라는 관점에서 부문별 집적지를 식별한 결과를 토대로 3대 핵심 클러스터와 4대 국지적 클러스터를 도출하였다. 3대 핵심 클러스터는 창조문화산업이 비교적 큰 규모로 강하게 집적해 있는 지역으로 서남권(마포-여의도)의 '문화미디어 집적지', 도심권(종로-중구)의 '전통적 문화인프라 집적지', 동남권(강남)의 '복합문화 집적지' 등이다. 4대 국지적 클러스터는 몇몇 창조문화산업 위주로 특정 동과 일부에 국지적으로 강하게 집적되어 있는 지역으로 도심권(용산)의 '광고디자인 집적지', 서남권(구로)의 '애니메이션 집적지', 동남권(서초)의 '소복합문화 집적지', 동남권(송파)의 '문화교육 집적지' 등으로 분석되었다.

창조문화산업은 이른바 지식기반산업으로서 가치 있는 지식을 생산

그림 3-1 서울시 창조문화산업 집적지(2010년)

자료: 정병순(2011), 128쪽에서 재구성.

하거나 생산과정에 투입함으로써 새로운 제품 및 서비스를 생산하거나 기본 제품이나 서비스의 지식집약화와 고부가가치화를 이루는 산업이기 때문에 산업과 공간구조에 큰 영향을 끼친다. 특히 서울은 대학과 연구기관이 밀집되어 있고, 고급 전문인력이 풍부하여 산·학·연 연계를 통한 고급 기술의 축적뿐만 아니라 인력 확보에도 장점을 갖기 때문에 유리한 고지를 점하고 있다. 창조문화산업은 다양한 요소 투입이 필요하고, 이를 공급하기 위한 각종 인자 및 기업들과의 전·후방 연계가 중요하다. 이 때문에 연구기관, 대학, 정부조직, 민간 연구소들의 자원 공급이 가능한 대도시 서울로의 집중을 야기한다. 또한 미디어, 기술, 콘텐츠, 위락, 오락산업 등 다양한 인접 활동과 밀접한 창구효과를 가지기 때문에 부가가치 네트워크를 형성한다. 동시에 연관 산업 간 인력 네트워크가 분화산업의 부가가치 창출에 중요하게 작용하면서 서울에 창조문화산업의 집적이 이루어졌다. 현대도시는 특색 없이 도시마다 유사한 첨단 산업화나 고도화 등을 목표로 경제자산의 양적 확대만을 추구하는데, 이것만으로는 경쟁력을 갖추기가 힘들다. 산업사회 시대와 동일한 방법으로 서울이라는 거대도시의 경제성장을 꾀하기보다는 서울의 장소적, 역사적 발전특성에 기반을 둔 문화경제의 창달과 문화산업의 발전을 통해 서울산업의 성장과 발전을 모색하여야 한다(Nahm, 2001).

이러한 창조문화산업의 공간 분화, 그리고 IT에 기반을 둔 지식기반 산업의 발전은 서울의 권역별 산업 분화를 촉진시켰다. 서울시는 2006년 도심권의 도심 창의산업벨트, 서남권의 서남 첨단산업벨트, 동북권의 NIT산업벨트, 동남권의 동남 IT산업벨트 등과 같이 권역별 산업 특화에 발맞춘 산업경제 계획을 추진하였다.

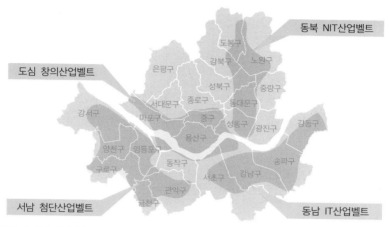

그림 3-2 서울의 4대 산업벨트(2006년)

동북 NIT산업벨트

도심 창의산업벨트

서남 첨단산업벨트

동남 IT산업벨트

자료: 서울시, 경제 활성화 분야 시정 4개년 계획(2006)에서 재구성.

표 3-2 서울의 4대 산업벨트 주요 내용(2006년)

권역명	권역 내 산업지역	특화 및 육성 산업
도심 창의산업벨트	• 동대문 디자인 클러스터 • 상암 DMC 단지 • 여의도 · 용산 국제업무단지	• 디지털콘텐츠산업: 방송, 영화, 게임, 애니메이션 등 • 디자인산업, 의류 · 패션산업, 귀금속산업, 인쇄 · 출판산업 • 금융 및 비즈니스 서비스산업 등
서남 첨단산업벨트	• 마곡 MRC • 서울디지털산업단지	• IT · NT · BT 기술융합형 산업: 정밀기기, 의료소프트웨어 등 • 기존 준공업지역 주력 산업과 연계한 나노메카트로닉스 등
동북 NIT산업벨트	• 공릉 NIT미래산업단지 • 성동 준공업지역 • 홍릉 벤처밸리	• IT · NT 기술융합형 산업: 정밀의료, 의료소프트웨어 등 • 신약, 신의료용구, 인공장기 산업 등
동남 IT산업벨트	• 테헤란밸리 • 포이밸리	• IT, 컨벤션산업, 금융 및 비즈니스 서비스업 • 디지털콘텐츠산업: 영화, 게임, 음반, 애니메이션 등

자료: 서울시, 경제 활성화 분야 시정 4개년 계획(2006).

도심 창의산업벨트는 전통적인 도시제조업(*urban manufacturing*)인 인쇄출판업을 비롯해 의류·패션산업, 귀금속산업, 디지털콘텐츠산업, 디자인산업, 금융 및 비즈니스 서비스산업 등의 육성을 골자로 하고 있다. 이 책에서는 이를 토대로 인쇄출판업의 핵심 공간인 '인현동 인쇄골목'(5장)을 비롯해 창조문화산업의 핵심기지로 부상한 '서울디지털미디어시티'(18장), 의류·패션산업의 전진기지인 '남대문·동대문시장'(6장, 11장), 그리고 도심부 시장들인 '광장·방산·중부시장'(12장)을 심층적으로 분석하였다. 또한 새로운 도심형 메이커스(*makers*)의 중심지로 거듭나고 있는 '세운상가'(9장), 다문화 모자이크 상업가로로 성장한 '경리단길'(14장), 장소성에 기반을 둔 대안문화와 상업문화의 혁신의 발원지인 '홍대앞'(15장), 그리고 도심의 핵심 관광지인 '명동'과 '인사동'(21장) 등을 각 장에서 심층적으로 해부하였다.

서남 첨단산업벨트는 IT·NT·BT 기술융합형 산업과 기존 준공업지역 주력산업과 연계한 나노메카트로닉스 등의 육성을 골자로 한다. 이 책에서는 압축적 성장기에 우리나라의 제조업 성장엔진에서 이제는 새로운 혁신지구로 진화하고 있는 '서울디지털산업단지'(17장)를 사례로 다루었다. 또한 주변 준공업지역에서 주된 역할을 하고 있는 외국인 및 동포 이주민의 경제 공간인 '대림동 조선족 디아스포라 공간'(22장)과 뿌리산업과 문래예술촌이 새로운 산업-예술경관을 형성하고 있는 '문래동의 뿌리산업 네트워크'(8장) 등을 심층 분석하였다.

동북 NIT벨트의 경우 IT·NT 기술융합형 산업, 신약 및 신의료용구 등의 산업 육성을 골자로 하고 있다. 이 책에서는 서울의 대표적인 한약거리인 '경동시장과 서울약령시'(13장), 동북 NIT벨트의 산업지역인 성동 준공업지역에서 수제화의 모든 것이 모이는 '성수동'(7장)을 다루었다.

    동남 IT산업벨트는 IT, 컨벤션산업, 금융 및 비즈니스 서비스업, 디지털콘텐츠산업 등의 육성을 골자로 하였다. 이에 따라 이 책에서는 우리나라 IT산업과 벤처기업의 산실인 '테헤란밸리의 인터넷산업'(19장)을 심층적으로 분석하고, 금융 및 비즈니스 서비스업 등을 비롯해 정보와 지식의 특화 공간이라는 측면에서 '앙클라브로서의 테헤란로'(20장)를 분석하였다.

5. 서울의 융복합산업과 도시지역 산업생태계

지난 60여 년간 서울의 산업과 공간경제의 변화 과정을 보면, 포디즘 도시경제로의 압축적 성장과 그로 인한 장소의 관성, 포스트포디즘 도시산업경관으로의 진화를 동시에 보여 준다. 급속히 성장하던 도심지역의 상업과 제조업 공간은 인구 감소, 경제활동 감소, 고용 감소 등의 문제를 경험했다. 하지만 2000년대로 진입하면서 세계화 및 정보화의 진전에 따라 서울에서의 분산화와 재중심화(*recentralization*)가 동시적·복합적으로 전개되었다. 이에 따라 구도심에는 새로운 이주민과 경제 기능에 의해 재활성화가 나타나는 한편, 외곽지역에는 신도시(*edge city*)들이 급속히 성장하고, 주변 농촌지역에는 도시중심지가 개발되는 등 다중심적이고 다집적지적 산업 공간을 형성하고 있다(Singh et al., 2017).

    서울도심에는 4차 산업혁명에 발맞춘 신기술에 근접한 비즈니스 서비스와 융합된 도시제조업, 즉 패션, 인쇄·출판업, 의류, 가공·조립형 공업에 해당하는 조립금속·기계 제작업이 부상하여, 도심부 제조업 전체의 85% 이상을 차지하고 있다. 도시제조업의 부활은 수도권의 대규모 제조업체에 비해 규모가 영세하다는 특징이 있으며, 높은 임대료와 노후한 주변 환경 등의 문제는 있지만 장기간에 걸쳐 형성된 네트워크를 통한 거래가 빈번하게 이루어지며 소비자 맞춤형 생산이 가능하다. 또한 다양한 공급자와 소비자, 비즈니스 서비스 활동과의 접근성이 높아 상대적으로 부가가치가 높은 산업이다(Mistry & Bryson, 2011). 이러한 장소기반의 산업생태계(industrial ecosystem)를 기반으로 글로벌 가치사슬을 확대하고 있으며, 서울 도심의 산업 활동은 기존 산업 공간의 재생과 회복(resilience)을 통해 새로운 일터와 쉼터의 복합적 용도의 산업 경관(industrial landscape)을 창출하고 있다.

지역산업생태계란, 지역의 특정 산업군의 제품 또는 서비스를 생산하는 주요 기업뿐만 아니라 소재 및 부품을 공급하는 공급자와 완제품을 제공받는 수요자, 경쟁자 및 보완재를 생산하는 업체까지 산업 환경 내의 모든 이해관계자들이 생태계 내의 유기체들처럼 긴밀하게 연결되면서 상호작용하는 시스템 또는 경제공동체를 의미한다(McGahan, 2004; 남기범, 2016). 기존의 산업 클러스터 정책은 '선택과 집중'에 의한 특화산업의 고착화, 외부 충격에 의한 경로쇠퇴 문제, 신규 첨단산업의 지역 이식에 따른 지역 산업구조의 이중성과 지역 중소산업의 쇠퇴 등의 한계가 지적되면서 스마트 전문화(Grillitsch, 2016) 혹은 포스트 클러스터 정책(Eriksson, 2010)이 대안으로 제시되었다. 이러한 경향에 비추어 서울이라는 거대도시는 산업의 지속가능한 성장과 다양한 산업관계자원의 선순환적 주기를 확보하여 서울 내 산업자원의 연계 발전과 동태적 발전 잠재력을 확인하고, 약한 가치사슬의 고리를 찾아

정책적 대안을 찾기 위한 틀이 필요하다(남기범·장원호, 2016).

서울의 산업은 글로벌 도시의 자원과 네트워킹을 가지고 성장하고 있다. 하나의 이론적 틀, 소수의 전략산업, 단일한 공간 활동의 궤를 벗어나 다양한 산업의 융복합과 진화, 그리고 권역별 전문화와 다양화의 과정을 밟으며 역동적으로 발전하고 있다. 서울의 공간경제학이 계속 새롭게 정의되어야 하는 이유도 여기에 있다.

참고문헌

남기범 (2016). "'선택과 집중'의 종언: 포스트클러스터 지역산업정책의 논거와 방향". 〈한국경제지리학회지〉, 19권 4호, 764~781.

남기범·장원호 (2016). "성수동 수제화산업의 지역산업생태계의 구조와 발전방향: 지역산업생태계의 구성요소와 특성". 〈국토지리학회지〉, 50권 2호, 197~210.

신창호 외 (1996). 〈서울형 산업활성화를 위한 공업지역 정비방안〉. 서울연구원.

정병순 (2011). 〈서울시 창조산업 육성을 위한 전략적 방안〉. 서울연구원.

정병순·박래현 (2007). "대도시 서울의 산업적 특성에 관한 연구". 〈서울도시연구〉. 8권 1호, 1~17.

Adorno, T. W. (2001). *The Culture Industry: Selected Essays on Mass Culture*, 2nd ed.. London: Routledge.

Eriksson, A. (ed.) (2010). *The Matrix-Post Cluster Innovation Policy*. Stockholm: VINNOVA(Swedish Governmental Agency for Innovation System).

Grillitsch, M. (2016). "Institutions, smart specialisation dynamics and policy". *Environment and Planning C: Government and Policy*, 34(1), 22~37.

Martin, R., et al. (2016). "How regions react to recessions: Resilience and the role of economic structure". *Regional Studies*, *50*(4), 561~585.

McGahan, A. M. (2004). "How industries change". *Harvard Business Review*, *82*(10), 86~94.

Mistry, N. and Bryson, J. (2011). "The federal role in supporting urban manufacturing". Pratt Center for Community Development, Brookings Institution.

Nahm, K. B. (2001). "The spatial structure of unplanned shopping clusters developed along the Cheonggyechon-ro and the emerging new industrial clusters". *International Journal of Urban Sciences*, *5*(1), 1~13.

Park, S. O. (1993). "Industrial restructuring the spatial division of labor: The case of the Seoul metropolitan region, the Republic of Korea". *Environment and Planning A*, *25*(1), 81~93.

_____ (1994). "Industrial restructuring in the Seoul metropolitan region: Major triggers and consequences". *Environment and Planning A*, *26*(4), 527~541.

_____ (2015). *Dynamics of Economic Spaces in the Global Knowledge-based Economy: Theory and East Asian Cases.* London: Routledge.

Power, D. & Scott, A. (eds.) (2004). *Cultural Industries and the Production of Culture.* London: Routledge.

Scott. A. J. (1999). *The Cultural Economy: Geography and The Creative Field.* London: SAGE.

Singh, S., Hertwig, M., & Lentes, J. (2017). "Economic impact of ultra-efficient urban manufacturing". in Vinod Kumar T. (ed.), *Smart Economy in Smart Cities*, 273~293. Singapore: Springer.

Storper, M. (1997). *The Regional World: Territorial Development in a Global Economy.* New York: Guildford.

제 2 부

메이드 인 서울

서울의 도시제조업

—

제 4 장

아직 서울에서 만들어지는 것들

이승철

서울의 산업은 1960년대 박정희 정권에 의한 국가 주도형 경제개발 정책으로 크게 성장하였다. 1971년에 형성된 구로동 수출산업공단은 섬유, 전자기계, 금속, 광학기기 등을 중심으로 형성되어 우리나라 경제발전의 견인차 역할을 해 왔다. 이와 더불어 용산구, 영등포구, 강동구, 중구 등에 도시형 노동집약적 산업 집적지가 형성되면서 서울은 우리나라의 주요 산업지역으로서 중요한 위상을 차지하였다.

그러나 1980년대 후반 노동자 대투쟁 이후 임금 및 지가 상승으로 인해 서울은 기존의 노동집약형 산업구조만으로는 더 이상 글로벌 경쟁력을 유지하기가 어려워졌다. 이에 따라 서울에 입지한 노동집약형 제조업체들은 인건비와 지대가 저렴한 지방 또는 해외로 입지를 이전하였다. 이러한 가운데 서울은 IT를 비롯한 각종 첨단산업의 수요가 확대되면서 이른바 '산업 재구조화' 또는 '산업 구조조정'을 겪게 되었다.

즉, 기존의 구로 수출산업공단이 디지털산업단지로 탈바꿈하였고 노동집약형 제조업체와 집적지는 점점 쇠퇴하면서 영세의 길을 걷게 되었다.

기업의 영세성은 상품을 대량생산할 수 있는 여건을 조성하기 어렵게 하기 때문에 원자재 조달 등의 어려움을 초래해 궁극적으로 상품 생산에 부정적 영향을 미친다. 또한 이러한 영세업체에 대한 젊은 층의 취업 기피 현상은 새로운 인력 조달의 어려움을 가져와 대부분의 인력이 고령화되었다. 이러한 문제는 서울의 전통 제조업의 발전을 저해하는 근본적 문제로 작용하여 향후 서울의 도시제조업의 지속가능성 여부에 대한 의문을 남겼다. 다시 말해, 이제는 서울이 제품을 만들어 내는 장소로서의 가치를 창출하는 데 한계에 달한 것이 아니냐는 문제가 제기되었다.

그러나 이와 같은 도시제조업의 일반적인 쇠퇴 현상에도 불구하고 아직도 서울에서 만들어지는 것들이 존재한다. 여전히 서울에 남아 있는 대표적인 도시제조업은 인현동 일대의 인쇄, 창신동의 봉제, 성수동의 제화, 문래동의 철강, 청계천 세운상가의 전자 등을 들 수 있다. 제2부는 서울에 여전히 남아 있는 대표적인 다섯 개 도시제조업의 발달 및 쇠퇴 과정과 더불어 각 공간의 정체성을 4장 총론을 포함하여 총 6개 장으로 구분하여 고찰하였다.

5장은 세상의 기록을 담는 공간인 인현동 일대의 인쇄골목을 조명하였다. 우리나라에서 가장 대표적인 인쇄업체 집적지는 서울 중구 인현동 일대이다. 최근 인쇄 및 출판시장의 침체와 전자출판의 성장, 오랜 집적에 따른 건물의 노후화와 인건비 상승, 그리고 환경문제 등은 인쇄 및 출판시장에 악재로 작용하고 있다. 그러나 인현동 인쇄골목에 입지한 영세 인쇄업체들은 이러한 변화에도 아랑곳하지 않고 끈질기게 생명력을 이어 왔다. 특히 인현동 일대의 인쇄골목은 단순히 인쇄 집적지에 그친 것이 아니라 서울의 산업, 문화, 예술, 그리고 정치적 일상과 밀접하게 연계되어 있다. 역사적으로 본 인현동 일대의 인쇄골목은 일제 침략에 항거하기 위한 매개 공간으로, 근대 및 현대 상업영화를 꽃피운 예술 공간의 요람으로, 경제발전의 기록 및 홍보 공간으로, 민주화의 염원을 기억하는 공간으로, 그리고 소통과 교류가 일어나는 지역사회의 일상 공간으로서 서울의 공간 정체성을 형성하는 데 중요한 역할을 해 왔다. 특히 최근 인현동 일대는 인쇄를 중심으로 산업, 문화, 예술이 상호접합된 융합 공간으로 거듭나고 있다.

6장은 과거에 단순 의류공장 밀집지역으로서 의류 제조를 담당하던 창신동이 패션산업단지로 변화하는 과정과 미래를 살펴보았다. 100년 전 창신동은 서울 교외화의 발원지로서 쾌적한 주거환경을 가지고 있었다. 이후 도시화 과정에서 재래시장이 형성되고 의류 제조 및 판매 기능이 밀집한 동대문 패션 클러스터로 진화하였고, 그 과정에서 창신동은 의류 노동자들의 일터이자 주거지역으로 변모하였다. 이와 더불어 최근 독립 디자이너 브랜드의 출현은 창신동 영세 의류 제조업체들에게 패션 제조업이라는 또 다른 가능성을 제공하면서 창신동은 단순 의류공장 밀집지역에서 패션산업단지로서의 새로운 정체성을 형성하고 있다.

7장은 수제화의 모든 것이 모이는 장소인 성수동의 수제화산업의 형성 과정과 성격, 그리고 산업생태계 변용의 맥락을 규명하였다. 1980년대 초부터 형성된 성수동 수제화산업은 당시 봉제 인력이 풍부한 성수동에 피혁 의류와 가방 공장의 집적과 더불어 염천교와 명동 일대 제화 업체들의 집적으로 활성화되었다. 1990년대 후반 경제위기로 성수동에 입지한 대기업들이 다른 지역으로 이전하면서 성수동에 영세한 하청업체만 잔류하면서 성수동 수제화산업은 부가가치 하락, 저임금 고착화 등의 문제를 안게 되었다. 이는 성수동 수제화산업이 내부 완결적 생태계를 구성하고 있지만, 외부 경제 환경과 유통 환경에 적응하지 못하고 점차 개별화되었기 때문이다. 그러나 최근 서울시의 적극적인 정책 지원과 민간 협동조합, 사회적기업 설립 등으로 성수동 수제화산업은 생태계 복원 및 재활성화를 모색하고 있다.

8장은 문래동 철강산업 네트워크의 구성 및 작동 원리, 성격을 규명하고 그에 기초하여 문래동의 미래를 조명하였다. (비) 철 금속제조·임가공·판매업체가 밀집한 문래동은 서울에서 몇 개 남지 않은 뿌리산업 집적지이다. 흔히 이 지역은 서울이라는 대도시에서 예전의 향수를 간직한 채 쇠퇴하는 곳으로 묘사된다. 그러나 금속제조, 임가공, 판매업체를 중심으로 1,700여 개에 달하는 업체들이 계속해서 활동 중이고, 2000년대 이후 예술가들이 진입한 이후에도 여전히 지역의 지배적인 풍경을 이루고 있다. 저자의 분석에 따르면, 이들 업체들이 아직까지 이렇게 활동을 지속할 수 있는 힘은 지역 업체들이 구성하는 산업 네트워크이다. 이러한 네트워크는 업체들 간 상호협력을 통해 구성되고 유지되며, 업체들의 산업 활동을 실질적으로 지속시키는 기반이 되고 있다.

9장은 대한민국 전자산업의 메카로 불렸던 세운상가의 탄생 과정 등 역사를 살펴보고 세운상가의 오늘과 미래를 진단하였다. 세운상가는 당대의 첨단 제품을 잉태하고 유지하는 역할을 담당하면서 도심 신산업지구의 핵으로 자리 잡았다. 세운상가가 첨단 가전제품과 사업용 전자제품의 판매, 개발 및 수리가 이루어지는 곳이라면, 세운상가 주변은 상대적으로 임대료 부담 능력이 부족한 관련 부품 판매상과 제조 기능이 입지해 있다. 그리고 이들 판매상과 제조업체 간 광범위한 산업연계가 이루어지면서 자기 완결적 산업 세계(*self-contained industrial world*)를 형성했다. 그러나 소비자의 전자제품 구매 형태가 변하고 대규모 전자상가가 서울 시내 곳곳에 들어서면서 전기·전자제품의 대명사로 불리던 세운상가의 명성은 퇴색했다. 세운상가의 위기를 극복하기 위해 서울시는 세운상가 일대를 도시재생 선도사업 지역으로 지정하고 도시재생 활성화 계획을 수립하면서 재생을 구체화하였다. 지금 현재 세운상가 일대는 4차 산업혁명을 맞이할 거점으로서 다양한 재생사업이 활발하다. 비어 있던 상가 곳곳에 스타트업을 지원하는 공간과 젊은 예술가들의 창작 활동을 위한 공간이 들어섰다. 이는 개발 섬의 단절성을 극복하고, 산업생태계 구성과 신산업지구로서의 연결성이 확대될 세운상가의 미래를 보여 준다.

제 5 장

인현동 인쇄골목

이승철

세상의 기록을 담다

1. 들어가며: 세상의 기억을 담는 공간, 인현동

인쇄술이 발명되기 전에는 책을 만들어 지식을 유통시키기 위해 필사가들이 원본 콘텐츠를 그대로 베끼는 수고를 감내해야만 했다. 중세 유럽의 수도원에 속해 있던 필사가들은 필사할 고문서를 독경대 위에 올려놓고 필사할 부분을 잘 살피며 양피지 위에 필사를 해 나갔다. 춥고 어두침침한 방안에서 장시간 앉아서 마비된 손가락을 움직이며 필사하는 일은 보통 고역이 아니었을 것이다(Eco, 이윤기 역, 2000). 이와 같은 측면에서 볼 때, 인쇄술의 발명과 발달은 지식의 보급과 폭발적인 성장에 커다란 영향을 미쳤다. 인쇄술이 발명되면서 인쇄물이 대량생산되어 널리 보급될 수 있었고, 이는 일반 대중이 지식을 활용할 수 있는 계기를 열어 주었다.

인쇄산업은 우리의 일상생활과 밀접한 관련을 맺으며 발달해 왔다. 인쇄물은 하나의 역사적 기록이자 시대의 메신저(messenger)로서 세상을 비추고 민중의 의식을 일깨우는 중요한 매체 역할을 해 왔다. 예를 들어 일제강점기 때 인쇄된 영화 전단지와 선언문들은 신문화 보급과 항일운동을 촉발시키는 매체 역할을 담당했다. 한편 인현동 인쇄골목이 가장 번성했던 1980년대와 1990년대는 아시안게임과 올림픽과 같은 국제경기와 관련된 각종 홍보용 포스터와 팸플릿, 대통령선거를 비롯한 여러 지방자치단체장 선거와 관련된 선거홍보물을 만들면서 시대가 요구하는 사명을 충실하게 수행해 왔다.

서울시 중구 인현동은 우리나라에서 가장 대표적인 인쇄업체 집적지이다. 이곳은 현재 우리나라에서 인쇄 관련 업체들이 가장 많이 모여 있는 곳이다. 이곳은 기획부터 후처리 인쇄까지의 모든 공정 과정을 공간적 분업을 통해 한꺼번에 처리할 수 있는 곳이다(서울역사박물관, 2016). 최근 인쇄·출판시장의 침체와 전자출판의 성장, 그리고 오랜 집적에 따른 건물 노후화와 인건비 상승, 환경문제 등이 발생하면서 인쇄·출판시장에 악재로 작용했다. 그러나 인현동 인쇄골목에 입지한 영세한 인쇄업체들은 이러한 변화에도 아랑곳하지 않고 생명력을 이어 왔다. 원래 1970년대까지 서울의 대표적인 인쇄 집적지는 을지로1·2가의 장교동 일대였다. 1980년대 장교동 재개발사업이 추진되면서 이곳에 있던 인쇄업체들이 지금의 인현동 일대로 본격적으로 옮겨 오면서 지금과 같은 모습으로 성장하였다(안재섭, 2010; 서울역사박물관, 2016).

인쇄골목으로서 인현동의 정체성을 종합적으로 이해하려면 공간집적에 대한 상당한 이론적 논의와 다양한 경험적 자료에 대한 분석이 필요하다. 그러나 그러한 작업은 이 글의 범위를 넘어선다. 이 글에서는 우리나라 최대 인쇄 집적지인 인현동 인쇄골목의 형성 원인과 과정, 그리고 최근 전자출판 도입에 따른 가치사슬의 변화를 고찰하여 세상의 기억을 담는 공간으로서 인현동의 특성을 이해할 수 있는 지리적 통찰력을 제시하고자 한다.

2. 도심 인쇄골목의 기억: 주자소에서 인쇄 공간으로

오늘날 인현동 일대의 인쇄골목 형성은 1403년 주자소 설치를 기준으로 600여 년의 역사적 기원을 가진다. 《훈도방주자동지》(薰陶坊鑄字洞志) 의 서문에서는 이 지역의 특성을 다음과 같이 전한다. "한경의 정남쪽에 작은 동리가 있으니 그 이름이 훈도방(薰陶坊) 이다. 방에는 주자국(鑄字局) 이 있어 세속에서 그 실질에 따라 동리의 이름을 붙인 것이다. 동리는 목면산(남산) 을 자리처럼 깔고 있는데 반곡(盤谷) 의 둘레가 채 1리가 되지 않고, 도 지역이 외지고 길이 멀며 조시(朝市) 와는 무척 떨어져 있어 상시(相時) 에 명리를 쫓는 자들은 살지 않으려 했고, 농단(壟斷) 하여 이익을 꾀하는 자도 살지 않으려 했다. 오직 공역에 종사하는 이들 중에 별다른 기능이 없는 자들이 서적을 인쇄하며 살았고, 사족 가운데 독서하며 요양하는 자들이 전망이 트이고 밝은 것을 좋아하여 살았다(서울역사박물관, 2016) ." 이와 같이 조선시대 활자의 주조를 담당하던 관청인 주자소와 책자의 인쇄를 관할한 교서관이 을지로 인현동 근처에 위치하고 있었고, 현재의 인현동 일대에 해당하는 훈도방 일대에 서적을 인쇄하는 이들이 모여 살았던 사실에서 인쇄업의 역사적 기원을 찾을 수 있다.

그러나 우리나라 인쇄 집적지로서 처음 면모를 보였던 지역은 을지로2가 장교동 일대이기 때문에 과거 조선시대 인쇄업의 역사적 기원이 오늘날 인현동 일대를 중심으로 발달된 인쇄업 밀집지역 형성과는 사실상 직접적인 연관은 없다고 보아야 한다(서울역사박물관, 2016). 1980년대 초까지 우리나라 최대 인쇄공업 지대는 을지로2가 장교동 일대였다. 이곳에 입주한 대부분의 인쇄업체들은 소규모 영세업체로서 장교동 일대 2만 6,400여 제곱미터의 좁은 땅에 500여 개의 인쇄업체들이 게딱지처럼 빼곡히 들어서, 명동과 종로의 틈바구니에서 도시의 발전과는 상관없는 도심의 이색지대를 형성하고 있었다. 이와 같이 장교동 일대가 인쇄산업의 요람이 된 것은 을지로2가 장교동 일대는 이조시대부터 약전골로 유명했으며 한지상들이 주변에 상당수 입지하고 있었던 사실에 기원한 일종의 공간적 경로의존성에 기인한다.

1883년 10월 1일 근대 활판 인쇄기를 일본에서 처음 도입하여 〈한성순보〉를 간행한 박문국이 을지로2가 장교동에 설립되면서 서울시의 근대적 인쇄가 시작되었다(대한인쇄연구소, 2004). 그 이후 1889년 배재학당 인쇄소가 영문 및 한글 활자를 주조하고 제본소를 설치하여 월간잡지, 주간 신문, 〈독립신문〉 등을 인쇄했다. 일제강점기에 인쇄 수요의 증가는 개인이 운영하는 인쇄소의 출현과 민간 신문사의 창립을 부추겼다. 광인사를 기점으로 민간인의 인쇄업 참여가 이루어져 1905년에 보성사가 설립되었고, 1908년에 〈소년〉을 펴낸 신문관, 1912년에 성문사, 보진재 등이 이 일대에 설립되었다(임승빈, 1995). 특히, 근대적 인쇄업체의 공간적 집적이 나타나기 시작한 것은 일제강점기에 일본인들의 수가 증가하면서 1910년 우리나라 최초의 상설 영화관인 경성고등연예관을 시작으로 경성극장, 낭화관, 중앙관 등이 을지로에 등장하면서부터이다. 홍보를 위한 영화 전단지를 찍기 위한 인쇄소들이 을지로 일대의 영화관 근처에 입지하기 시작했다. 또한 이 일대에 일제 침략에 항거하기 위한 수단으로 인쇄 및 출판을 활용하면서 민간 출판사들이 본격적으로 들어서면서 인쇄산업이 활성화되기 시작했다. 특히 1919년 3월 1일에 일어난 기미독립운동은 인쇄인들도 기여한 바가 컸다. 최남선이 작성한 독립선언문은 신문관에서 조판하고 보성사에서 인쇄를 했다(대한인쇄연구소, 2004). 이와 같이 당시 인쇄소 설립은 항일사상과 자주의식을 토대로 한 신문화 보급과 민족의식 배양이라는 사명감에 기인했다. 따라서 일제강점기 을지로 일대에 인쇄소의 입지는 일제 침략에 항거하기 위한 매개 공간이며 근대 상업 영화를 꽃피운 예술 공간의 요람으로서 의미를 가진다.

중구를 중심으로 인쇄소가 본격적으로 집중하게 된 것은 해방 직후부터였다. 해방 이후, 중구에 주로 거주했던 일본인들이 대거 퇴거하면서 그들이 운영하던 인쇄업체의 수가 감소하였다(오경숙, 1986). 이 인쇄업체들 중 다수가 한국인들에게 매각되면서 자연스럽게 한국인이 운영하는 인쇄업체 수는 증가하였다(서울역사박물관, 2016). 광복 이후 인쇄업계는 1945년 9월에 조선인쇄문화건설협회를 조직하였고, 1948년에 대한인쇄협회를 설립하였다. 이때 창립회원은 모두 112명으로 모두 서울에서 인쇄업을 경영하는 사람들이었으며, 이들 회원사 중 84%가 중구와 종로구에 입지해 있었다(오경숙, 1986).

1950년대는 서울 도심부 인쇄업체의 정체기였다. 1950년 6·25 한국전쟁으로 인해 서울에 있던 인쇄시설의 70% 이상이 파괴되어 심각한 피해를 입었다. 피해를 입지 않은 인쇄업체들은 1·4후퇴 때 대구, 부산 등지로 이전하였는데, 부산에는 활판 인쇄소가, 대구에는 석판 및 오프셋 인쇄소가 많이 이전되었다(오경숙, 1986; 대한인쇄연구소, 2004). 1953년 휴전 이후 지방으로 이전했던 인쇄업체들이 다시 서울로 복귀하여 인쇄설비를 복구하고 재기하였지만, 전쟁 이후 수요가 많지 않아 도산하는 업체들이 많았다(서울역사박물관, 2016).

1960년대에 들어서 장교동 일대 인쇄소는 새로운 인쇄시설을 대거 도입했다. 정부의 경제개발 계획이 성공적으로 추진되자 각종 인쇄물의 수요가 증가하였고, 고품질의 인쇄물을 요구함에 따라 새로운 인쇄시설을 도입하게 된 것이다(서울역사박물관, 2016). 또한 1970년대에 이 지역의 인쇄소들은 근처 관공서와 종합무역상사로부터 들어오는 수요로 활황을 맞이했다. 이 당시 한국 경제의 급성장과 함께 근처 관공서에서 들어오는 공문서, 보고서 등을 찍기 위해 인쇄업체들은 분주했다. 또한 종합무역상사 제도 도입 이후 업무량이 크게 늘어남에 따라서 수출입 거래에 필요한 봉투, 편지지, 송장, 포장명세서, 수출승인서 등 인쇄물의 수요가 급증하였다. 주변의 인쇄소들은 한국의 급증하는 수출 실적만큼이나 폭증하는 인쇄 물량을 감당하기 위하여 밤낮으로 일하였다. 그 결과 1970년대 서울 을지로2가 장교동 일대에 인쇄업체의 수가 크게 증가하기 시작했다. 이 당시 인쇄골목은 인쇄물을 가득 실은 자전거와 종이를 나르는 지게꾼으로 가득했다. 특히 공간적인 측면에서 장교동 일대는 명동과 종로의 화려한 발전과는 달리 비좁은 골목에 예전 모습을 그대로 유지한 낡은 소형 가옥이 많아 소규모 인쇄업체가 이곳을 임대하여 입주하기에 적합했다. 그 결과, 장교동 일대는 뿌리 깊은 인쇄지역으로 역사적 맥을 이어 오면서 국내 최대의 인쇄 집적지로 부상하게 되었다.

〈그림 5-1〉은 서울시 인쇄업체의 설립 현황을 나타낸 것이다. 1950

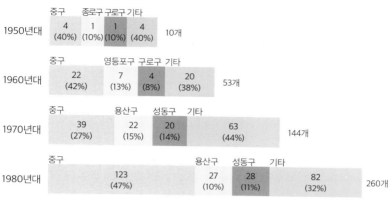

그림 5-1 서울시 주요 구별 인쇄업체 설립 현황

자료: 서울시청 문화과(1992).

년대 서울시에 설립된 인쇄업체의 수는 10개에 불과했지만, 1960년대
에 53개, 1970년대에 144개로 증가한 이후, 1980년대에 123개가 신설
되어 1970년대 이후 한국의 인쇄업이 크게 성장하기 시작한 것을 알 수
있다. 특히 서울 중구에 설립된 인쇄업체 수는 1950년대 4개, 1960년
대 22개, 1970년대 39개, 1980년대 123개로 중구의 인쇄 집적도가 점
점 높아졌음을 알 수 있다.

1983년에 서울의 최대 인쇄 집적지인 장교동 일대가 재개발사업 시
행자인 주택공사를 중심으로 도시 재개발을 시작하면서 서울의 인쇄
공간 지도의 변화가 나타났다. 기존 장교동 일대에 입지해 있던 인쇄
업체 중 약 80% 이상이 임대로 영업하는 소규모 무허가 등록업체이기
때문에 주택공사와 지주의 합의에 따라 다른 지역으로의 이전이 불가
피해졌다(〈매일경제〉, 1983. 12. 17.). 따라서 이곳에 입지해 있었던
500여 개의 인쇄공장들이 중구청 일대의 인현동으로 대거 이전해 서울
의 새로운 인쇄 집적지가 부상하게 되었다. 인현동 일대에 입지하지

못한 업체들은 저동, 예관동, 충무로5가 등지의 뒷골목에 입지하게 되었다. 이 일대 골목에는 기존 음식점, 다방, 이발소 간판 위에 인쇄소 간판이 나붙기 시작했고, 인쇄기계 돌아가는 소리, 인쇄물로 가득 찬 차량들로 북새통을 이루기 시작했다(〈매일경제〉, 1984. 6. 16.). 서울지방국세청의 조사에 따르면, 1984년 6월 기준으로 서울에 입지한 2,400여 개의 인쇄업체 가운데 60% 이상인 1,500여 개의 인쇄업체가 인현동 일대에 입지하게 되었다. 국세청에 등록하지 않은 무등록 업체까지 고려하면 인현동의 인쇄업체 비중은 더 높았을 것으로 추정된다.

3. 기록 공간 형성: 인현동 인쇄골목의 확장과 밀집

인현동 인쇄골목은 1980년대 초반까지만 해도 지금과 같은 규모의 인쇄 집적지는 아니었다. 1948년 서울에 입지한 112개의 인쇄업체 중에서 인현동 일대에 입지한 인쇄업체 수는 10개에 불과했다(서울역사박물관, 2016). 1969년에 대한인쇄공업 협동조합연합회에서 발간한 《한국인쇄대감》에 따르면, 이 당시 서울시에 입지한 325개 인쇄업체 중 종로와 중구에 입지한 인쇄업체의 수는 216개였으며, 이 중 인현동 일대에 입지한 인쇄업체의 수는 44개에 지나지 않았다(〈그림 5-2〉).

그러나 1970년대 급속한 경제 성장에 따른 수요의 급증으로 장교동과 가까운 인현동 일대로 인쇄업체들이 확장되기 시작했다. 특히 1970년대 말 영화산업의 성장으로 충무로와 인현동 일대에 인쇄소가 크게 증가했다.

이와 더불어 1983년 장교동 재개발사업이 착공되고 인현동 일대에

그림 5-2 서울시 중구 및 종로구 인쇄업체 분포도(1969년)

자료: 대한인쇄공업 협동조합연합회(1969)에서 재구성.

기존 장교동 인쇄업체들이 대거 이전하면서 인현동 일대는 새로운 인쇄업의 중심지로 부상했다. 장교동 일대에 있던 약 500여 개의 업체 대부분은 무허가 업체인 데다 종업원도 10인 미만으로 운영되는 영세업체들이었다. 영세업체들이 장소를 옮기는 것은 어려운 일이 아니었지만, 장교동과 같이 도심에 집단으로 입주해야 유리한 인쇄업의 특성에 비추어 볼 때 새로운 인쇄단지를 형성해야 했다. 결국 1983년 이들 업체 중 3분의 1이 먼저 인현동에 자리를 잡았고 이후 나머지 업체들도 인현동으로 옮겨갔다(〈매일경제〉, 1983. 12. 17.). 장교동 일대의 인쇄소가 인현동으로 이전하자 지류업체들도 인현동으로 모여들게 되었으며, 1984년 1,500여 개의 지류업체들이 장교동 및 을지로1·2가에서 인현동으로 옮겨 갔다(〈매일경제〉, 1984. 7. 11.).

　1980년대 초 인현동 일대 인쇄소의 집적은 세운상가의 영향도 있었다. "1960년대 말 지어진 종로부터 충무로까지 이어진 긴 상가들은 초기에는 고급 아파트였지만 10여 년 만에 무용론이 대두될 정도로 초기 계획대로의 기능을 하지 못하였다. 건물 자체가 큰 벽으로 작용하면서 인현동 일대가 세운상가를 중심으로 단절되었고 하부에 들어선 상가들은 예상과는 달리 활발하게 이용되지 못했다. 그로 인해 이 일대가 낙후되어 침체되자 1970년대 후반부터 재개발론이 대두되었다. 이에 인현동1·2가, 충무로4가 등 세운상가 양측이 재개발지역으로 묶이면서 개발이 금지되었고 상대적으로 낙후된 이 일대의 임대료는 저렴했다. 장교동 재개발로 자리를 옮긴 인쇄소들은 장교동과 가깝고 임대료가 저렴한 인현동으로 집적하게 되었다(서울역사박물관, 2016)."

1980년대 초 이와 같은 인현동 일대의 인쇄업체 집적과 더불어, 아시안게임과 올림픽을 앞두고 다양한 문화행사 포스터를 비롯한 각종 인쇄물의 수요가 크게 증가하였다. 이 행사들은 대내외로 한국의 경제성장을 과시하는 자리였던 만큼 질 좋은 인쇄물이 요구되어 인현동의 중소 인쇄업체들도 새로운 인쇄기계를 도입했다(서울역사박물관, 2016). 더 나아가 1987년 이후의 민주화 흐름도 인현동 인쇄골목에 영향을 미쳤다. 대통령 직선제가 부활하고 국회의원 소선거구제와 지방자치제가 실시되면서 선거 횟수가 늘어나고 정당 간 경합이 심해졌다. 이에 선거에 필요한 공보물, 포스터, 현수막, 홍보 전단, 명함 등의 물량이 인현동 인쇄골목으로 들어왔다(서울역사박물관, 2016). 1988년 보도자료에 따르면 한꺼번에 수십만 장씩 주문되는 홍보 팸플릿을 제때 인쇄하기 위해 밤샘작업을 해야 했고, 인현동 인쇄업체들은 영세업체라서 한 번에 많은 주문량이 들어오면 주변 업체들에게 일감을 나누어 준다고 하였으며, 이 당시 인현동에서 3주간의 인쇄 주문량은 평소 3개월분을 넘어, 종이 수급도 힘들어 3~4일씩 기다리는 일이 빈번했다고 한다(〈경향신문〉, 1988. 4. 9.).

〈그림 5-3〉에서 나타난 바와 같이 인쇄업체 수가 가장 많이 증가한 시기는 1980년대이다. 1981년 전국에 인쇄업체 수가 7,359개에서 1991년에 17,540개로 크게 증가하였으며, 그 이후에는 거의 변화가 없는 것으로 나타났다. 서울의 인쇄업체는 전국과 유사한 경향을 보인다. 1980년대 급증하였고, 1990년대 이후 소폭 감소하는 경향을 보이고 있다. 한편 서울 중구 일대의 인쇄업체 수는 서울의 전반적인 동향과 달리 서울 인쇄업체 수에서 차지하는 비중이 1981년 50.2%, 1991년 53.9%, 2001년 69.9%로 증가하여 1980년대 이후 지속적으로 성장하고 있으며, 1990년대에 비약적인 성장세를 나타냈다. 이러한 성장은 서울 중구 인현동 일대의 인쇄업체 수의 증가에 기인한다. 〈표 5-1〉에 제시된 바와 같이, 2009년부터 2014년까지 서울 중구에서 인현동 일대 인쇄업체 수가 차지하는 비중이 94~95%를 지속적으로 유지하고 있는 것은 1990년대 중구 인쇄업의 성장은 인현동 일대 인쇄업 성장에 전적으로 의존하고 있음을 나타낸다.

인현동 인쇄골목의 확장과 집적은 순탄치만은 않았다. 1980년대 중반 서울시는 인현동 일대가 인쇄공장이 들어설 수 있는 공업지역이 아니라는 점, 그리고 많은 인쇄소가 몰려들면서 도시 미관을 해치고 소음과 폐수로 공해를 유발한다는 점을 이유로 이 지역 인쇄소에 이전명령을 내렸다. 이에 인현동으로 옮겨 오는 인쇄소들은 서울시로부터 허가를 받을 수 없었고, 과거 허가를 받았던 246개 업체를 제외하고 나머지는 모두 무허가였다. 서울시는 이 지역의 인쇄소 중 허가 업소에는 이전명령을 내리고 무허가 업소에는 이전명령 없이 철거할 계획이라고

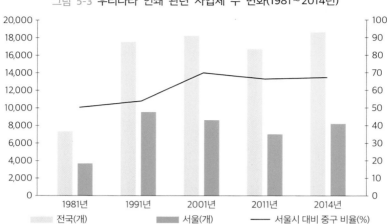

그림 5-3 우리나라 인쇄 관련 사업체 수 변화(1981~2014년)

전국(개)　　서울(개)　　— 서울시 대비 중구 비율(%)

자료: 통계청, 연도별 〈전국사업체조사보고서〉.

표 5-1 서울 중구 인현동 일대 인쇄 관련 사업체 수 변화(2009~2014년)

단위: 개, %

연도	전국	서울	중구	인현동 일대	전국 대비 인현동 비율	중구 대비 인현동 비율
2009	16,545	7,068	4,707	4,430	26.8	94.1
2010	16,284	6,801	4,541	4,304	26.4	94.8
2011	16,703	7,042	4,672	4,437	26.6	95.0
2012	18,145	8,129	5,520	5,240	28.9	95.0
2013	17,921	7,997	5,450	5,185	28.9	95.1
2014	18,659	8,208	5,499	5,206	27.9	94.8

주: 인현동 일대는 필동, 을지로동, 광희동을 포함.
자료: 연도별 사업체기초통계조사보고서.

하였다(〈매일경제〉, 1984. 6. 16.).

그러나 이러한 이전명령이 무색하게 인현동 인쇄골목은 1980년대 후반부터 1990년대 중반까지 최대 호황기를 맞이하였다. 민주화에 따라 선거 횟수와 후보자가 늘어나 정당 및 정치인들의 선전팸플릿과 홍보자료 의뢰가 많아져 인쇄업계가 호황을 맞이하게 된 것이다(〈매일경제〉, 1987. 2. 12.). 실질적으로 1990년대 초중반 지방자치단체장 선거가 열리던 시기는 인현동 인쇄골목이 가장 호황을 맞이하던 때였다. 선거 때마다 인현동 인쇄골목은 선거 특수를 노렸다. 1990년대 초반 후보자 1인당 선거홍보물 제작비를 5천만 원으로 계산했을 때 총 5백억 원이 인쇄시장으로 들어오는 셈이어서 선거공고일이 확정되고 후보자들의 움직임이 본격화되면 대형 인쇄소, 하청을 받는 중소 인쇄소, 종이를 공급하는 제지업체까지 호황을 맞게 된다(〈경향신문〉, 1992. 1. 27.). 또한 1990년대 중반 중구청은 종이, 출판, 인쇄업 기능이 연계된 인쇄전문타운 설립 계획을 구상하여 인쇄 출판업을 특화시키고자 하였다(〈동아일보〉, 1996년 7월 17일).

그러나 〈그림 5-3〉에 나타난 바와 같이 2000년대 들어서 중구 인쇄업체의 비중은 감소했다. 그 이유는 이 당시에 파주출판단지(파주 출판문화정보 국가 산업단지), 성수동 등으로 대형화되고 기업화된 인쇄소들이 많이 이전하여 과거에 비해 상대적으로 일감이 줄어들었기 때문이다. 2000년 이후에 성동구, 영등포구, 금천구의 인쇄업체 수는 지속적으로 증가한 한편 종로구의 인쇄업체는 확연하게 감소한 추세를 보였다(신동윤 외, 2015). 파주출판단지는 대규모 출판산업단지로서 기획, 인쇄와 생산, 물류 및 유통의 모든 단계를 집적시킨 계획도시의 성격을 가져 서울 도심부와 수도권 외곽 사이의 공간 분업의 계기를 제공했다. 그러나 이러한 이전 현상은 지속되지 않고 2010년대에 들어서 다시 인현동 일대의 인쇄업체의 수는 2010년 4,304개에서 2014년 5,206개로 증가하였으며, 전국 인쇄업체 수의 27.9%, 서울 인쇄업체 수의 63.0%, 서울 중구 인쇄업체 수의 94.8%를 차지하였다(〈표 5-1〉). 이러한 현상이 나타난 이유는 서울 도심부의 인현동 일대 인쇄소가 수요층과 가까운 거리에 위치해 있고, 분업화로 인해 다품종 소량생산이 가능하고 짧은 시간 안에 결과물이 나올 수 있도록 체계화되었기 때문이다.

〈그림 5-4〉는 서울시 인쇄업 사업체와 종사자의 동별 분포를 통해 탁월하게 높은 인현동 일대 인쇄산업의 집중도를 보여 준다. 2014년 기준 업체 수 100개가 넘는 동은 도심부의 을지로동, 광희동, 필동, 명동, 영등포 - 금천구의 영등포동, 문래동, 가산동 그리고 성동구 성수동에 불과하며, 종사자 수가 1,000명이 넘는 동은 도심부의 을지로동, 광희동, 필동, 금천구의 가산동, 성동구 성수동에 불과하다. 지역별 인쇄업체 특징을 살펴보면, 규모별 공간 분화 현상이 뚜렷하게 나타난다. 전반적으로 인현동 일대와 같은 도심부 업체당 종사자의 규모가 작은 한편, 2000년대 이후 대형 업체의 이전으로 성장한 성수동, 가산동 등과 같은 지역은 업체 규모가 상대적으로 크다(〈그림 5-4〉). 예를 들어 인현동 일대의 업체당 평균 종사자 수는 2.8명에 불과하지만 도심부를 벗어난 성수동과 가산동은 각각 9.8명, 8.5명이다. 이러한 현상은 서울을 벗어나 수도권 외곽지역으로 갈수록 현저하게 나타난다. 파주시 교하동과 조리읍의 평균 종사자 수는 각각 16.9명, 12.5명으로 나타났다. 이와 같이 도심부에 소규모 영세업체들이 집적하는 원인은 이들 업체들이 모든 공정을 내부화하지 못하기 때문에 다른 업체와 생산연계를 맺어야 하며, 이때 발생하는 거래비용을 절감하기 위

해 집적을 통한 외부경제를 이용하기 때문이다. 한편, 인현동 일대 내에서도 지역별 차이를 보이는데, 광희동과 을지로동의 업체당 평균 종사자 수는 2.4명인 데 비해 필동의 평균 종사자 수는 4.2명이다. 이는 필동에 입지한 많은 인쇄업체들이 광희동과 을지로동에서 인큐베이팅 과정을 거쳐 필동으로 재입지한 중규모 업체들로 형성되어 있기 때문이다.

그림 5-4 서울 인쇄업 사업체 및 종사자의 동별 분포(2014년)

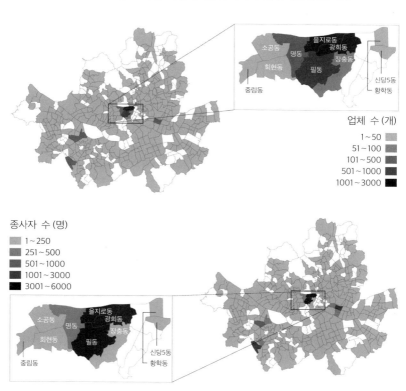

자료: 전국사업체조사보고서(2014).

4. 전자출판의 도입과 인현동 인쇄업 가치사슬의 진화

1) 전자출판의 도입과 가치사슬의 변화

넓은 의미에서 인쇄산업은 출판산업과 관련되어 발달한다. 왜냐하면 책이나 잡지 등의 출판물을 만들기 위해서는, 출판사가 작가와의 계약을 통해서 출판물의 내용에 해당되는 콘텐츠를 만들고 이를 편집하여 출판물로 꾸미는 출판산업과 콘텐츠를 종이에 인쇄하여 한 권의 물리적인 출판물로 엮어 내는 인쇄산업이 함께 보조를 맞춰야 하기 때문이다. 따라서 출판산업의 가치사슬은 전반적으로 '콘텐츠 제작(출판업) → 인쇄(인쇄업) → 배급 및 유통(도·소매업) → 독자'라는 일련의 가치 활동으로 이루어진다(이주영, 2014; Simon & Prato, 2012).

최근 정보통신기술의 발전과 함께 전자출판의 시장 규모가 점차 커지고 있다. 전자출판은 원래 '컴퓨터를 활용한 출판'을 의미하였다. 식자(*typesetting*)나 사진 식자기(*photocomposing machine*)를 활용해 종이 인쇄물을 만들던 기존 방식에서 벗어나 조판, 레이아웃, 제판 과정 등을 컴퓨터를 활용하여 통합 처리하는 탁상출판(*desktop publishing*)을 가리키던 용어였다(김효일, 2009). 그런데 최근에는 이와 같은 인쇄기술 상의 변화만을 의미하지 않고 출판과 배포에 이르는 전체 과정에 전자 기술을 적용하는 것까지로 그 의미가 확대되었다. 따라서 전자출판은 기계식 인쇄 방식에서 벗어나 컴퓨터를 활용한 탁상출판 또는 '종이 전자출판'이라는 의미와 종이책이 아닌 전자책을 출판하는 '비종이 전자출판'으로 구분된다(김효일, 2009).

비종이 전자책은 저장 공간이 허락하는 한도 내에서 수많은 책을 디지털 단말기 안에 보관할 수 있어 휴대가 편리하고 필요시 복제가 가능하다는 장점을 가진다. 뿐만 아니라 비종이 전자책은 문자나 이미지 외에 동영상이나 음성 신호 등을 수록하여 제공할 수 있어 매체로서의 정보 전달력이 우수하며, 이용자 입장에서 정보 검색이 편리하다. 또한 출판사 입장에서 볼 때 종이책을 인쇄하는 비용보다 비종이 전자책을 구축하여 제공하는 비용이 훨씬 저렴하기 때문에 비용 절감을 통한 기업의 이윤 창출 가능성을 높여 주며 또한 제작비용을 줄일 수 있는 만큼 종이책보다 낮은 가격으로 시장에 접근할 수 있다(박혜경, 2010). 한국출판문화산업진흥원(2016)의 발표에 따르면, 2015년 우리나라 출판사와 출판 유통업체의 매출 규모는 각각 4조 278억 원, 3조 4,360억 원으로 전년 대비 각각 4.8%, 3.3% 감소하였지만, 같은 해 비종이 전자책 유통업체의 매출은 1,258억 원으로 전년 대비 25.4%의 성장세를 보였다.

기존 종이책 출판산업의 가치사슬과 달리 비종이 전자출판산업의 가치사슬은 '콘텐츠 제작 → 전자책 출판 → 유통 플랫폼 → 단말기 → 독자'로 이루어져 있다(〈그림 5-5〉). 기존 종이 출판물의 가치사슬과 비교해서 전자출판산업의 가치사슬은 다음과 같은 차별화된 특성을 보인다. 첫째, 개인 블로그나 트위터(Twitter), 페이스북(Facebook)과 같은 SNS를 비롯하여 태블릿 PC, 모바일 네트워크의 활용도가 높아지면서 일반 개인의 출판 활동 영역이 확대되고 있으며, 출판사도 소규모로 다원화 및 특화되는 방식으로 변하고 있다(손애경, 2010). 둘째, 유통 플랫폼과 단말기 업체가 새롭게 등장했다. 일반적으로 비종이 전자책은 전용 뷰어를 통해서 제공된다. 예를 들어 교보문고나 누리미디어, 예스24, 알라딘 등의 전자상거래업체는 독자적인 유통 플랫폼을 통해서 전자책을 소비자에게 제공한다. 최근에는 전용 전자책 단말기

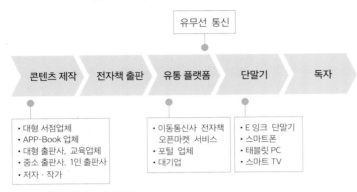

그림 5-5 비종이 전자출판산업의 가치사슬

유무선 통신

| 콘텐츠 제작 | 전자책 출판 | 유통 플랫폼 | 단말기 | 독자 |

- 대형 서점업체
- APP-Book 업체
- 대형 출판사, 교육업체
- 중소 출판사, 1인 출판사
- 저자 · 작가

- 이동통신사 전자책 오픈마켓 서비스
- 포털 업체
- 대기업

- E 잉크 단말기
- 스마트폰
- 태블릿 PC
- 스마트 TV

자료: 이주영(2014)에서 재구성.

와 아이패드, 태블릿 PC 등과 같은 범용 단말기를 통해서 전자책을 이용하는 비중이 높아지면서 가치사슬에서 단말기 업체가 가진 영향력이 점차 커지고 있다(손애경, 2010; 이주영, 2014). 셋째, 종이책과 달리 전자책은 문자와 이미지 외에도 동영상이나 음성 신호 등을 수록할 수 있기 때문에 다른 매체와 상호연계한 지식 정보의 멀티미디어화를 촉진하여 관련 산업의 발전을 이끌 수 있다(박혜경, 2010).

2) 인현동 인쇄산업 가치사슬의 변화

2000년대 이후 비종이 전자출판의 도입은 종이책의 퇴장, 특히 인현동 일대 인쇄골목의 급격한 쇠퇴를 가져올 것이라고 많은 사람들이 예상을 했지만, 실질적으로 종이책 시장을 크게 위협하지 못했다. 과거에 TV 방송이 등장하면서 신문이 곧 망할 것이라고 예언했지만, 신문의 발행 부수는 현재까지 줄어들지 않고 오히려 늘어나고 있는 현실과 유사하다고 할 수 있다(이용준 외, 2012). 종이 인쇄가 시작된 이래 500

년 이상을 종이로 된 책을 읽는 데 익숙해진 대중의 습성으로, 종이책이 화면으로 보는 전자책으로 대체되기는 어렵다. 오히려 전자책은 종이책의 대체재보다는 보완재로서 기능을 하고 있어 인현동 일대의 종이 인쇄산업은 새로운 디지털 기술의 도입으로 재도약의 계기를 맞게 되었다.

일반적으로 종이 인쇄산업의 가치 활동은 '기획 → 디자인 → 편집 → 출력 → 인쇄 → 후가공 과정'으로 구분된다(〈그림 5-6〉). 이들 가치 활동은 '인쇄 전 공정'(prepress), '인쇄 공정'(press), '인쇄 후 공정'(postpress)으로 구분한다. 먼저 인쇄 전 공정인 기획 활동은 '고객의 주문을 구체화하는 활동'으로 이 단계에서 고객이 원하는 인쇄물의 성격과 세부 요구사항을 파악하고 이를 어떻게 구현할지를 설계하는 작업이 이루어진다. 디자인 활동은 '기획의 결정 내용을 시각화하는 활동'으로 이 단계에서 기획 단계의 구상을 시각화하고 세부 내용들을 배치하는 활동이 이루어진다. 과거에는 종이 위에 그림을 그려 표현했지만, 최근에는 컴퓨터로 작업하여 디자인 결과를 모니터 화면을 통해서 확인할 수 있다. 편집 활동은 '컴퓨터 파일로 구현된 디자인을 인쇄용 데이터로 변환'하는 활동이다. 여기에는 색 변환과 터잡기가 포함된다. 우선 색 변환이란 컴퓨터의 이미지 표현을 인쇄기의 이미지 표현에 맞게 변환하는 일을 의미한다. 예를 들어 빛의 3원색인 적·녹·청(RGB)을 코드화한 프로그램 언어를 기본 4색인 청·적·황·먹(CMYK)으로 표현된 망점(raster)으로 변환하는 작업을 말한다. 과거에는 이 작업을 혼색 비율을 파악하고 있는 전문 숙련 노동자가 담당했지만, 인쇄기술통합시스템(CIP3, *international cooperation for integration of prepress, press, postpress*)이 도입된 이후 일반 노동자도 담당할 수 있

그림 5-6 인쇄 공정의 구분

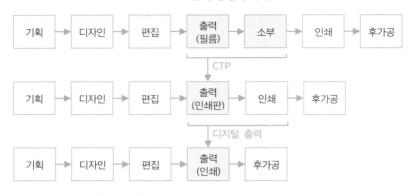

자료: 서울역사박물관(2016)에서 재구성.

게 되었다. 다음으로 터잡기란 인쇄기 규격에 알맞게 컴퓨터의 인쇄 규
격을 조정하는 작업을 말한다. 본격적인 인쇄 활동에 앞서서 필름에 빛
을 투과하여 인쇄판을 만드는 단계를 거친다. 요즘에는 필름을 이용한
중간 과정 없이 바로 컴퓨터의 파일로 판을 만드는 CTP(*computer to
plate*)가 도입되어 인쇄판을 만드는 과정이 과거보다 편리해졌다. 인쇄
판이 완성되면 인쇄기 위에 종이를 정확하게 위치시키고 인쇄판에 잉
크를 묻혀 인쇄를 한다. 인쇄물을 코팅하고 금박 및 은박을 하거나 인
쇄물에 구멍을 뚫는 타공을 하는 등 여러 가지 효과를 넣는 일을 후가공
활동이라고 한다. 말 그대로 인쇄가 완료된 종이에 특수한 효과를 덧붙
이는 과정을 의미한다.

최근 인현동 일대는 종이책 전자출판 기술의 발전과 함께 인쇄 가치
사슬이 변화했다. 그 변화의 양상은 크게 네 가지 측면에서 살펴볼 수
있다. 첫째, 인쇄기계가 디지털화되면서 숙련 노동력의 중요성이 상대
적으로 감소했다. 앞서 살펴보았듯이, CIP3가 도입되기 전에는 색료

의 배합 비율을 경험이 풍부한 숙련 노동자가 결정했고, 특정 배합 비율로 독특한 색상을 구현할 수 있는 노동자는 많은 임금을 받았다. 그렇지만 CIP3가 도입된 지금은 고임금 숙련 노동자가 담당했던 업무를 저임금 노동자가 대체하고 있다. 한편 숙련 노동자는 인쇄업의 디지털화 속에서 틈새시장을 찾아 적응하기도 한다. CIP3가 표준화된 색상은 자동적으로 구현하지만 특수한 색상은 여전히 숙련 노동자들의 몫으로 남아 있다. 또한 기계를 다루는 과정에서 발생하는 미세한 문제점들을 해결하기 위해서는 숙련 노동자들의 노하우가 필요할 때도 많다.

둘째, 필름 제작과 인쇄판 출력을 한꺼번에 처리할 수 있는 CTP 공정이 도입되면서 여러 가치 활동이 통합되었고, 이에 따라 가치사슬의 단계는 줄어들게 되었다(〈그림 5-6〉). 편집이 끝난 인쇄 전용 파일을 필름 출력기에 넣어 필름을 제작하고 이를 이용하여 인쇄판을 제작하는 기존 CTF(computer to film)와 비교할 때, CTP는 필름을 거치지 않고 컴퓨터에서 인쇄 전용 파일을 직접 판에 전사하여 인쇄판을 제작한다는 점에서 기존 인쇄산업 공정의 통합과 단축을 가져다 준 것으로 평가된다. 그렇지만 CTP 기계가 도입 초기에는 너무나 고가였다는 점, 그리고 제작할 수 있는 종이의 크기가 제한적일 뿐만 아니라 인쇄 품질 역시 CTF에 비해 높지 않다는 점 등 때문에 CTP 공정이 인현동 인쇄골목에 널리 도입되기까지는 20여 년의 시간이 필요했다.

셋째, 정보통신 기술의 발전과 합판 기술의 등장은 규모의 경제를 통해 인쇄업체가 가격 경쟁력을 확보할 수 있게 해 주었다. 인쇄산업은 고가의 기계를 필요로 하는 장치 산업의 성격을 갖고 있기 때문에 고정비용을 상쇄할 정도의 많은 수익을 얻기 위해서는 일감을 수시로 확보할 필요가 있다. 이와 같은 인쇄업체의 요구사항을 해결해 준 것이 정보통신 기술의 발달이었다. 인터넷 발달에 따른 온라인주문 체계의 구축을 통해서 인쇄업체들은 전국 각지를 대상으로 영업을 할 수 있게 되었다. 아울러 여러 개의 서로 다른 인쇄물을 하나의 큰 인쇄판에서 인쇄하는 합판 기술이 등장하면서 인쇄업체가 단가 절감을 통해 가격 경쟁력을 확보할 수 있도록 해주는 데 큰 도움이 되었다.

넷째, 고객 업체의 다양한 요구사항을 반영하기 위해서 후가공 과정에서 특수 인쇄가 적극적으로 활용되고 있다. 과거에는 후가공이라고 해봐야 코팅 정도가 대표적이었지만, 지금은 고객의 요구사항에 긴밀하게 대응하기 위해서 금박(금속을 종잇장처럼 얇게 펴서 늘린 것을 작업물 위에 고정하는 작업), 형압(요철 틀로 작업물을 올록볼록하게 찍는 작업), 접지(인쇄물을 접어 부피를 줄이거나 제본을 할 수 있게 만드는 일), 합지, 접착, 귀도리(각진 모서리를 둥글게 잘라 내는 작업), 넘버링, 엠보싱, 타공 등 다양한 후가공 활동들이 이루어진다. 이와 함께 후가공 과정에는 실크스크린 인쇄, 실사 출력, 스티커나 라벨 제작 등과 같은 특수 인쇄 활동이 포함되기도 한다(서울역사박물관, 2016).

인현동 인쇄산업의 기업체들은 기껏해야 고가의 인쇄기계 1대만을 갖춘 소규모 작업장 형태를 갖춘 경우가 많다. 따라서 실질적으로 한 업체에서 '기획 → 디자인 → 편집 → 출력 → 인쇄 → 후가공'에 이르는 전 과정을 진행할 수는 없으며, 이들 업체들은 지리적으로 인접한 관련 업체와의 협력적 분업을 통해서 이 과정을 수행한다(서울역사박물관, 2016). 공간적으로 볼 때 이와 같은 분업 체계는 흥미로운 모습을 보이는데, 여러 가치 활동들이 지리적으로 인접해 있는 서로 다른 건물에 분포하고 있는 경우에는 수평적인 형태의 공간적 분업을 나타내며, 규모가 큰 대형 인쇄업체의 경우 거의 대다수의 가치 활동들을 한 건물 내에서 층별 분업을 통해서 수행하는 경우에는 수직적인 형태의 공간적 분업을 보인다.

5. 나가며: 기록 공간의 산업, 문화, 예술의 융합 공간으로 재탄생?

인쇄소가 없는 인현동 일대라고 하면 뭔가 텅 빈 공간을 연상케 한다. 인현동 일대의 인쇄골목은 역사적 경로를 따라 진화를 반복하면서 공간적 착근 과정을 거쳐 지금 현재의 서울 도심공간을 형성했다. 또한 인현동 일대의 인쇄골목은 단순한 인쇄 집적지에 그치는 것이 아니라 서울의 산업, 문화, 예술, 그리고 정치적 일상과 밀접하게 연계되어 있기도 하다. 역사적으로 본 인현동 일대의 인쇄골목은 일제 침략에 항거하기 위한 매개 공간으로, 근대 및 현대 상업 영화를 꽃 피운 예술 공간의 요람으로, 경제발전의 기록과 홍보의 공간으로, 민주화의 염원을 기억하는 공간으로, 그리고 소통과 교류가 일어나는 지역 사회의 일상 공간으로 서울의 공간 정체성을 형성하는 데 중요한 역할을 해 왔다.

　최근 서울시는 인현동 일대를 '산업 및 특정개발 진흥지구' 대상지로 선정되어 인쇄 집적지와 도시계획이 효율적으로 조응할 수 있는 정책을 마련하고 있으며, 시민의 적극적 참여를 유도하는 '국민 디자인'을 통해 인현동 일대의 인쇄거리를 활성화하고 있다. 또한 중구청, 중구 주민, 인쇄업체 등이 함께 기획한 민·관 협업 프로그램 '충무로 인쇄문화 투어'를 통해 지역가치를 재발견하고 공유하고 있다. 이와 같이 인현동 일대는 인쇄를 중심으로 산업, 문화, 예술이 상호접합된 융합 공간으로 거듭나고 있다.

그러나 인현동 일대의 인쇄골목이 산업, 문화, 예술 융합 공간으로 뿌리를 내리는 데 실제로는 여러 장애 요인에 부딪혔다. 인쇄업은 공해 발생 우려가 많은 산업으로 산업 뉴타운지구로 받아들여지지 않아 용적률과 건폐율, 높이 제한 완화 등 각종 혜택을 받지 못하는 현실이어서 인쇄마을 구축에 어려움을 겪고 있다. 또한 인현동 인쇄골목은 비좁은 골목의 낙후된 생산 환경과 더불어 가격 경쟁 및 수요 감소로 정체를 면치 못하고 있다. 특히, 건물주들이 재개발 기대로 시설 투자를 전혀 하지 않아 인쇄골목의 경관적인 측면에서뿐만 아니라 실제 이용적인 측면에서도 많은 문제를 안고 있다.

그럼에도 불구하고 인현동 인쇄골목은 오래된 역사만큼이나 다양한 장소적 우위를 보유하고 있다. 먼저 상업용 인쇄 수요가 많은 기업이 주로 도심부에 입지하고 있어 서울 외곽에 입지한 다른 인쇄 집적지에 비해 접근성이 매우 좋다. 또한 오랜 기간 다양한 후가공 공정업체들의 집적도 인현동의 장소적 우위이다. 인쇄 공정 중 후가공 공정의 종류는 매우 다양하기 때문에 대형 인쇄업체들도 후가공 공정을 내부화하기보다는 하청을 통한 외부화 전략을 선호한다(서울역사박물관, 2016). 이는 후가공 공정을 처리해야 하는 대부분의 인쇄업체들이 인현동 일대를 찾는 요인이다. 따라서 인현동 일대의 인쇄골목은 인쇄 집적지라는 단순한 지역적인 상징성을 넘어 역사적인 장소적 우위를 기반으로 기록을 통해 서울의 산업, 문화, 예술을 시민과 잇는 융합 공간으로 재인식되어야 하며, 더 나아가 실질적으로 이런 공간으로 재탄생하기 위해 시 정부의 노력, 인쇄업체 및 시민들의 자발적 참여가 필요할 것이다.

참고문헌

경제기획원 (1981~1991). 총사업체통계조사보고서.

〈경향신문〉(1988. 4. 9.). "總選特需 1兆 원이 떠돈다".

김봉렬 (2013). 〈을지로 인쇄 제조업 집적의 구조와 생활세계 연구〉. 서울연구원.

김효일 (2009). "전자출판의 개념적 혼성과 미디어 패러다임의 진화". 〈디자인지식
    저널〉, 10권, 1~10.

대한인쇄공업 협동조합연합회의 (1969). 《한국인쇄대감》.

대한인쇄연구소 (2004). 《인쇄연구 10년》.

〈동아일보〉(1996. 7. 17.). "충무로에 인쇄전문타운".

〈매일경제〉(1983. 12. 17.). "변모하는 도심공업지대: 서울 비대화에 밀리는 현장
    점검(7) 을지로 인쇄단지".

_____ (1983. 12. 20.). "변모하는 도심공업지대: 서울 비대화에 밀리는 현장점검
    (8) 을지로 인쇄단지".

_____ (1984. 6. 16.). "서울 중구 인현동일대에 국내 최대의 인쇄촌".

_____ (1984. 7. 11.). "을지로 商圈이 바뀌었다".

_____ (1987. 2. 12.). "政治廣告시대 성큼".

_____ (1988. 4. 1.). "總選바람 … 전국에 特需열기".

_____ (1997. 12. 30.). "IMF 새 풍속도 리스料 치솟아 기업마다 아우성".

박혜경 (2010). "전자책의 사회적 선택과 지식정보 생산양식의 변화". 〈사회과학연
    구〉, 21권 4호, 213~235. 충남대학교 사회과학연구소.

서울역사박물관 (2016). 〈세상을 찍어내는 인쇄골목, 인현동〉. 서울생활문화 자료
    조사.

신동윤·김지희·이송이·진미란·최영은·김하영·유예영·현시아·홍진영 (2015).
    "인쇄업의 입지변화: 중구 을지로를 중심으로". 〈응용지리〉, 32호, 27~50.

안재섭 (2010). "서울 도심부 주변의 도심재활성화 논의: 중구 인현동을 사례로".
    〈한국사진지리학회지〉, 20권 4호, 163~173.

오경숙 (1986). "우리나라 인쇄업의 지리구조와 그 입지변동에 대한 고찰". 〈지리
    교육논집〉, 17권, 140~167.

이용준 외 (2012). 《구텐베르크의 귀환: 출판문화의 Re-르네상스를 위한 고찰》.
    이담북스.

임승빈 (1995). "서울 中區 印刷業體의 立地變化와 空間組織에 관한 硏究". 동국

대학교 대학원 지리학 석사학위논문.

통계청 (1994~2014). 〈전국사업체조사보고서〉.

한국출판문화산업진흥원 (2016). 〈2016 출판산업 실태조사: 2015년 기준〉.

Eco, U. (1980). *Il Nome Della Rosa.* 이윤기 옮김 (2000), 《장미의 이름 (상)・(하)》. 열린책들.

Porter, M. E. (1998). *On Competition.* 김경묵・김연성 옮김 (2005), 《(전략경영의 대가 마이클 포터의) 경쟁론》. 세종연구원.

Simon, J. P. & De Prato, G. (2012). *Statistical, Ecosystems and Competitiveness Analysis of the Media and Content Industries: The Book Publishing Industry.* European Commission Joint Research Centre Institute for Prospective Technological Studies, European Union.

제 6 장

창신동

한구영 · 김경민

부르주아 유토피아에서 패션산업단지로

1. 20세기, 격변의 창신동

동대문역과 동묘앞역 사이 종로변의 남측과 북측은 서로 다른 도시경관을 보여 준다. 남쪽은 고층 건물들이 들어선 거대한 패션상권인 데비해, 북쪽 창신동지역은 일면 친숙한 1970~1980년대의 다세대 및 다가구 건물로 가득 찬 공간이다. 그런데 창신동의 외관상 특징을 보고이 지역을 주거 밀집지역으로만 이해하면 곤란하다. 창신동을 비롯한동대문 주변 지역은 동대문 패션 클러스터[1]에서 패션 제조를 담당하는

---

[1] 클러스터란 특정 산업 분야의 기업들이 한 지역에 가까이 입지하여 서로 혜택을 누리는 현상이다. 기업들은 긴밀한 연계를 통해 가치를 창출한다(Porter, 1998). 패션 클러스터란 패션산업 세부영역 기업, 즉 원부자재 공급업체, 패션 생산업체, 패션 유통업체 등의 기업들(Kendall, 2015)이 근거리에서 공급사슬을 이루는 현상이라 해석

공장 밀집 지역이기도 하다.

창신동은 매우 독특한 역사적 배경을 갖고 있다. 조선시대 창신동은 성저십리에 속하였기 때문에 개발이 제한적이었다. 성저십리는 한양도성을 기준으로 10리(4킬로미터) 범위 내 지역으로 조선시대에만 나타난 특수한 행정구역이며, 벌목과 묘지 사용이 금지되었다. 그런데 20세기 초반의 신문 기사들을 보면, 창신동은 상류층이 거주하는 부르주아 유토피아로 변해 있다는 것을 알려 준다.

> 동대문을 나서면 왼쪽 성 밑에 궁궐과 같이 우뚝 솟은 어마어마하게 큰 집이 있다. (중략) 조선 안의 집으로 제일 굉장하다는 소문이 퍼지면서 … (중략) 임종상 씨가 십여 년 전부터 자기 손으로 설계를 하고 (중략) 분에 넘치는 호사와 끝없는 행락으로 날을 보내기에 알맞은 집이다.
> — 〈동아일보〉(1925. 1. 1.).

임종상은 1935년 소득세액 기준으로 서울에서 두 번째 부호에 속했던 인물이었다. 이 외에도 한일은행 창업자이자 초대이사장 조병택의 거대한 한옥이 있었고, 우리나라 최초 재벌로 평가받는 백남승(미디어 아티스트 백남준의 부친)의 저택 역시 창신동에 있었다. 이렇듯 20세기 초반 창신동은 현재와 매우 다른 모습의 동네였다(김경민, 2015. 10. 28.). 그런데 1920~1930년대 지방의 조선인들이 경성으로 몰려들면서 부유층과 극빈층이 같이 거주하는 공간으로 바뀌기 시작했다.

할 수 있다.

이같이 임종상(林宗相), 장택상(張澤相), 조병택(趙秉澤) 등 백만장자의
대궐 같은 집들이 즐비한 부자촌에서 불과 수십 보가량 떨어져 있는 산 밑
에는 눈을 씻고 보아도 사람의 집 같아 보이지 않는 움집이 오육 채가 맞붙
이고 있다.
                — 〈동아일보〉(1925. 1. 1.).

 그리고 창신동과 주변 지역은 6·25 동란을 기점으로 또 한 번 변모
했다. 피란민들이 청계천 주변에 자리를 잡고 판잣집 생활을 시작하면
서, 청계5가와 6가 사이 도시 판자촌이 형성되었다. 많은 이들이 재봉
틀 1~2대로 옷을 만들고, 미군 군복을 염색·탈색하여 판매하면서 생
계를 이어갔다(서울역사박물관, 2011, p. 50).

 연면적 2천 8백여 평의 청계천 평화시장이 개관한 1962년을 기점으
로 하여 창신동-동대문지역은 패션 클러스터로 성장하기 시작했다.
평화시장은 3층으로 구성되어 있었다. 1층은 의류를 판매하는 상점이
었고 1층 상점의 주인은 같은 위치의 2층과 3층에서 봉제공장을 운영하
였다. 당시 평화시장은 공장과 유통 상점이 혼합된 공간이었다. 평화
시장은 내수용 의류의 60%를 생산할 정도로 큰 규모였으며(서울역사
박물관, 2011, p. 92), 의류 수요의 증가에 힘입어 평화시장과 유사한 형
태인 공장과 유통이 혼합된 시장들이 들어서게 되었다. 동신시장(1962
년)과 통일상가(1968년), 동화상가(1969년)가 차례로 문을 열었는데
(주은선, 1999, p. 257), 1970년 당시 평화시장을 중심으로 지역 일대에
약 550개 공장과 2만 명 이상의 노동자가 의류를 생산하였다(청계피복
노동조합, 1990, 주은선, 1999에서 재인용).

 동대문 의류는 고급 디자인 의류가 아니었기 때문에 얼마나 많은 양
의 의류를 생산하느냐가 관건이었다. 장시간 저임금 노동이 광범위하

게 이루어졌으며, 1970년 전태일 열사의 분신에서 알 수 있듯이 노동자들에 대한 처우는 열악했다. 남성은 대부분 재단작업을, 여성은 재봉작업을 담당하였다. 업태별로 재단보조와 시다 [2]가 있었는데, 시다의 평균 연령은 15세에 불과하였다(서울특별시역사편찬위원회, 2007, p. 297). 근로 환경에 대한 문제 제기가 지속되자, 서울시는 시장 내 공장 작업 환경에 대한 환경 평가를 실시하였다(〈경향신문〉, 1973. 2. 5.). 이는 시장 내부에 입지해 있던 공장들의 이전을 촉진시켰다. 이에 더해 1970년대 신평화, 동평화, 청평화, 남평화, 제일평화시장 등의 개장으로 동대문 상권이 크게 확대되고 의류 판매가 증가하면서 의류 판매 공간(상점)에 대한 수요도 늘어났다. 서울시의 정책과 시장 내 상점 수요의 증가로 인해 동대문시장 소재 공장들은 가까운 창신동과 숭인동, 신당동 일대로 이주하기 시작했다.

2. 거대도시 서울 속 패션산업단지

창신동이 서울의 대표적 패션 제조 지역인 것은 틀림없지만, 의류 제조 공장들은 창신동 이외의 많은 지역에도 산재해 있다. 이들 의류 제조 공장의 입지는 패션 가치사슬(*value chain*) 체계의 내부 움직임에 따라 결정되기 때문에, 패션산업 클러스터의 위치는 이들의 입지에 큰 역할을 한다. 즉, 패션 클러스터의 내부 작동 체계를 이해해야 창신동 등 제

---

2 '시다'는 견습공을 지칭하는 용어로 다리미질과 실밥 뜯는 일, 실과 단추를 나르는 일 등 재봉사와 재단사의 일을 보조하는 역할을 했다(박은숙, 2007, p. 297).

조 밀집지역의 독특한 특징을 이해할 수 있다. 〈그림 6-1〉과 〈그림 6-2〉는 의류 판매업(의류도매업과 소매업)과 의류 제조업 종사자의 공간 밀집도를 분석한 지도이다. 행정구역 별 종사자 수 z값을 산출하여 매핑하였다. 지도에서 검정색으로 표기한 부분은 z값이 3보다 큰 행정구역(행정동)이다. 일반적으로 절댓값인 z값이 3보다 크면 이상치(*outlier*)로 간주한다. 즉, z값이 3보다 큰 지역은 다른 지역에 비해 종사자 수가 밀집해 있다는 것을 의미한다.

〈그림 6-1〉과 〈그림 6-2〉를 보면, 서울에서 의류 판매업과 의류 제조업이 동시에 밀집한 패션 클러스터는 동대문과 금천·가산 클러스터이다. 그런데 이들은 매우 상이한 특징을 보여 준다. 패션산업의 가치 체계는 크게 패션디자인과 패션(의류) 제조, 유통의 3단계로 나눌 수 있다. 이 중 패션 제조 분야는 디자인과 유통에 비해 가치 체계상 열위에 위치한다. 따라서 패션 제조는 디자인과 유통의 움직임 또는 이들의 공간적 위치에 영향을 받는다. 즉, 유통업체의 성격과 판매 제품의 성격에 따라 근접한 지역에 위치한 패션 제조업체의 성격이 다르다.

금천·가산 지역에 위치한 패션 유통업체들은 주로 규모가 큰 내셔널 브랜드이다. 이들은 주로 백화점과 쇼핑몰, 마트 등 대형 유통망을 통해 의류를 판매한다(이상욱·김경민, 2014, p. 471). 매 시즌 대량으로 의류를 생산해야 하므로 인접 지역의 봉제 공장은 다른 지역보다 규모가 크다. 가산동의 업체당 평균 종사자 수는 22명으로 동대문시장 주변 창신 2동(3명)이나 신당동(5명)보다 약 7배 정도 큰 규모이다(서울시 사업체 조사, 2014).

금천·가산 지역 일대의 내셔널 브랜드 업체들은 과거 산업화시대에 수출용 의류 제조를 담당하였다(구양미, 2002). 1970년대부터 해외 패

그림 6-1 의류 판매업 종사자 밀집지역

자료: 서울시, 〈사업체조사〉(2014).

그림 6-2 의류 제조업 종사자 밀집지역

자료: 서울시, 〈사업체조사〉(2014).

선기업의 하청 OEM생산을 도맡았었고, 1980년대 내수용 의류 시장이 확대되면서 자체 브랜드를 제조하기 시작하였다. 과거 조성된 수출 의류 제조 기반이 오늘날까지 이어지고 있으며, 현재도 금천·가산 지역 의류 제조업체들은 내셔널 브랜드 업체의 생산 부문을 담당하고 있다. 이 중 일명 벤더 업체로 불리는 몇몇 업체들은 해외 패션기업으로부터 생산주문을 받아 저렴한 노동력이 풍부한 동남아시아 현지 공장을 통해 의류 생산 대행사업을 영위하고 있다. 금천·가산 일대 봉제업체의 핵심 역량은 구로공단 시절부터 오늘날까지 약 30~40년 의류 제조 경력을 보유한 숙련된 노동자들이다. 의류 제조는 노동집약적 특성이 있기에, 노동자 개인의 숙련도는 생산성을 크게 높일 수 있다(Frings, 2008, p. 281).

하지만 동대문 패션 클러스터는 여러 면에서 금천·가산 지구와 다르다. 우선 금천·가산 지구의 유통업체는 쇼핑몰이다. 즉, 쇼핑 건물을 소유한 거대한 회사가 건물 내부의 작은 공간을 여러 상점에게 임대하고 매출액의 일정 비율에 해당하는 임대료 또는 고정 임대료를 받는 구조이다. 이에 비해 동대문 쇼핑몰들은 상가 내 상점을 개인들에게 분양하여 개개인이 소유한 구조가 많다. 동대문 패션 클러스터에는 대략 8천여 개의 의류 도매업체가 존재하며 업체당 종사자 수는 대략 2명이다(서울시 사업체 조사, 2014). 이들은 도매 전문 쇼핑몰에 작은 점포를 소유하고 의류 도매영업을 한다. 이들 도매업체의 상당수는 직접 옷을 기획·디자인하고 주변 지역 봉제업체에 하청생산을 맡긴 후 최종 생산품(의류)을 본인 점포에서 판매한다. 하지만 금천·가산 일대의 내셔널 브랜드보다 생산 규모가 작기 때문에 브랜딩 및 마케팅 역량이 열위에 있다. 동대문 쇼핑몰에서 파는 의류는 이른바 비(非) 브랜드 의

그림 6-3 동대문시장 납품 의류 제조업체 입지

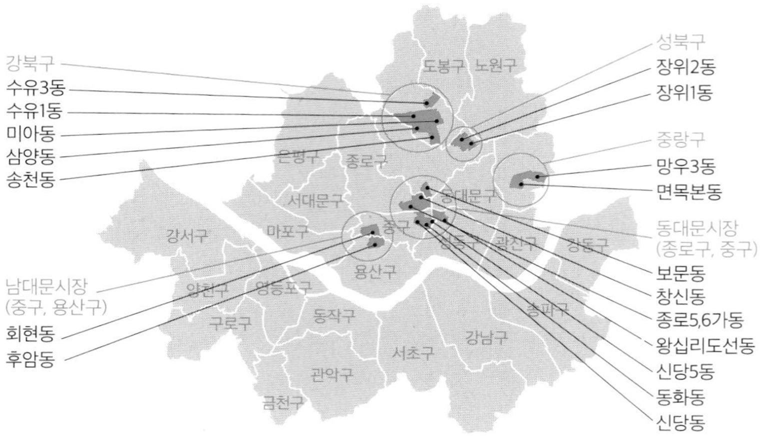

자료: 한국의류산업협회(2015).

류 내지 보세 옷이라 불리고, 동대문과 전국의 소규모 의류 소매업체 혹은 온라인 쇼핑몰을 통해 유통된다.

〈그림 6-3〉의 지도는 동대문 도매시장에 자신들이 제작한 의류를 납품하는 업체들의 위치를 표시한 것이다. 동대문 도매상권과 연계된 패션 제조업체의 밀집지역은 동대문시장 주변 지역과 강북구·성북구 일대, 중랑구 일대 등 크게 세 군데이다. 그리고 이들 세 지역별로 특징이 있다. 도심에 입지한 업체들은 주로 직물 소재(woven fabric) 의류를 생산한다. 직물 소재는 원피스, 셔츠, 바지, 재킷의 제작 시 쓰이는 소재로 유행에 민감한 여성의류에 주로 쓰인다. 반면 강북구·성북구와 중랑구 일대 업체들은 니트 소재(knit fabric) 의류를 생산한다. 니트 소재는 스웨터, 티셔츠 제작에 사용된다. 니트 소재로 만든 의류는 직물 소재에 비해 생산 품목의 종류가 다양하지 않고, 상대적으로 유행과 무관한 편이다. 즉, 동대문시장과 인접한 지역의 업체들은 유행에 민감한

여성의류가 주요 생산 품목이고, 서울시 외곽지역 일대 업체들은 유행에 덜 민감한 제품을 생산한다.

3. 동대문의 의류 생산 및 판매 공정 그리고 공간

동대문의 의류 생산과 판매는 서로 유기적으로 연결되어 있다. 동대문 도매상권의 경우 도매업체는 자신들과 함께 작업하는 다수의 생산 공장에 의류 생산을 주문하고, 이들이 생산한 옷을 소매상점에 판매한다. 따라서 의류 생산 프로세스를 이해하기 위해서는 생산 프로세스와 판매 프로세스를 개별적으로 분석하기 보다는 양자를 통합적 시각에서 분석해야 한다.

도매업체가 원부자재를 매입한 후 봉제공장에서 옷을 제작하고 매장에서 판매하기까지 대략 48시간이 소요된다. 여기에는 크게 두 가지 특징이 있다. 빠른 생산 및 판매라는 하이 스피드 패션이 이루어지는 점과 이를 위해 공정에 참여하는 업체들이 동대문시장을 중심으로 공간적으로 근접한 지역에 위치해야 한다는 것이다. 즉, 빠른 공정으로 인해 공정 과정 자체가 공간에 투영되어 있다. 생산 및 판매 공정은 크게 '원부자재 구입 → 패턴 · 샘플 작업 → 재단 · 봉제 작업 → 마무리 작업 → 검품' 등 5단계로 구분된다. 이러한 단계를 자세히 살펴보면 〈그림 6-4〉와 같다.

동대문 도매업체는 브랜드 패션업체의 디자이너와는 성격이 다른 '동대문 디자이너'로 불리는 전문가를 고용해 작업을 맡긴다. 이들 동대문 디자이너는 시장 조사와 제품 기획, 소재 선택, 제조생산 감독 등

그림 6-4 **동대문 패션의 상품사슬**

동대문 패션 상품사슬	디자인 개발	원부자재 구입	• 동대문종합시장, 광장시장 방문 • 원단, 단추, 지퍼 등 구입
		패턴 · 샘플실	• 디자인 샘플과 치수로 패턴 작업 • 샘플 제작을 통해서 봉재 상태와 치수 확인
	생산	봉제 공정	• 재단 및 봉제 공정 • 창신동, 장안동, 종암동, 신당동, 장충동, 약수동, 금호동, 성수동, 후암동, 만리동 등
		마무리 공정	• 다림질, 마무리 공정 • 봉제공장 근처
		검품	• 동대문 상인 또는 바이어

소요시간 48시간 이내

자료: 장은영(2008)에서 재구성.

의 역할을 한다. 동대문시장, 혹은 서울 내 주요 상권과 인터넷 쇼핑 등에서 유행하고 잘 팔리는 의류를 살피고, 이런 흐름이 가미된 디자인을 구상한다. 그리고 원부자재 시장으로 약 4천여 개 상점이 입점한 동대문종합시장에서 직접 원부자재를 선택한다. 동대문종합시장은 동대문 패션 클러스터 활성화의 숨겨진 원동력이다. 동대문종합시장은 샘플 작업을 위한 소량 판매(3~4마, 대략 2.7~3.6미터)를 하는데, 샘플 작업에 사용되는 원단과 생산에 사용되는 원단이 같기 때문에 샘플과 최종생산의 괴리가 매우 적다(김소희, 2017. 2. 15). 또한 한 시장 안에 무려 4천여 개의 원부자재 업체(원단 업체는 대략 2천 개)가 입점해 있기 때문에 매우 다양한 소재 선택이 가능하다. 소재 선택은 디자인 과정의 일환이기 때문에 동대문 패션 클러스터 내 대규모 원단시장의 존재는 동대문 의류산업 경쟁력의 큰 바탕이다.

패턴은 우리말로 옷본이라 불린다. 옷본은 옷을 지을 때 옷감을 그대로 잘라 만들 수 있도록 만든 종이로 일종의 설계 도면과 같다. 그리고 이러한 패턴 작업은 머릿속 디자인을 실제로 구현하는 일을 하기 때문에 의류생산 영역 중 가장 높은 부가가치를 창출한다. 패턴사는 보조디자이너(*assistant designer*)라 불리기도 한다(Johnson & Moore, 2001, p. 239). 동대문 디자이너는 패턴사와 대면 작업이 많기 때문에 패턴실은 동대문시장 주변에 주로 입지한다.

패턴작업이 완료되면 샘플 작업이 진행된다. 샘플 작업은 패턴실에서 만든 패턴종이와 디자이너가 제공한 원단과 자재를 활용해 샘플의류를 만드는 과정이다. 샘플사가 샘플 작업의 전 과정을 전담하면서 옷생산의 전 과정을 이해하게 되고 디자이너에게 수정사항을 제공하기도 한다. 이처럼 디자이너와 샘플사는 매우 긴밀한 협업이 필요하기 때문에 샘플사도 주로 동대문 가까이에 위치한다.

패턴과 샘플 작업을 통해 샘플 제품이 만들어지면 봉제공장에서 양산이 진행된다. 동대문 의류 제조 과정은 생산 공정별로 분업화되어 있다. 일감이 일정하지 않기 때문에 공정별로 분업 체계가 이루어져야 유연한 생산이 가능하다. 봉제 공정은 원부자재 업체가 재단공장(원청업체)에게 원단과 부자재를 공급하면서 시작된다. 재단사가 기계식 재단기를 가지고 양산용 패턴을 따라 원단을 자르면, 잘린 원단은 재단공장 내 봉제 작업장 혹은 봉제 전문 공장으로 이동하며, 이곳에서 원단 조각들을 꿰매어 옷의 형태가 만들어진다. 봉제 작업 후 단춧구멍을 뚫거나 장식을 붙이는 부자재 작업이 이루어진다. 그리고 최종적으로 완성된 옷들은 마무리 공장으로 이동되어 검품 과정과 다림질 그리고 포장 작업을 거쳐서 도매시장에 납품된다. 특히 '재단-봉제-마무리' 과정이 하루 만에 완료되기도 한다. 오전에 지역으로 들어간 원단이 밤에 옷으로 바뀌어 동대문 야간 도매시장 매장에 출시되는 것이다.

그림 6-5 동대문 디자이너 주도의 생산네트워크

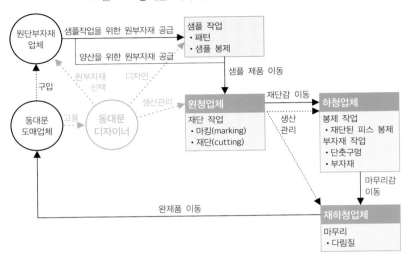

그림 6-6 동대문 도매상권 일대 패션 및 샘플업체 밀집지역

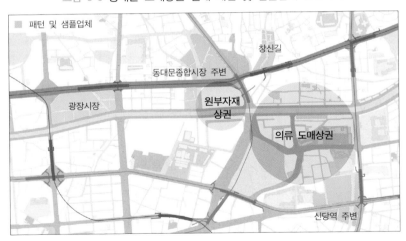

동대문 패션 클러스터에는 원단 선택에서부터 샘플생산과 양산 등 패션 제조 관련 모든 과정이 서로 긴밀히 연계된 국지적 생산 네트워크가 존재한다. 그리고 이 생산 네트워크의 중심에는 동대문 디자이너가 위치한다. 동대문 디자이너는 패션 클러스터 내부의 다양한 요소들을 하나의 가치사슬로 엮어 내는 클러스터의 핵심 참여자(player)라고 할 수 있다.

이러한 생산네트워크는 공간상에도 투영되어 있다. 동대문 패션 클러스터 내부 가치사슬의 세부적 입지를 종합해 표현하면 〈그림 6-5〉와 같다. 도매상권에 고용된 동대문 디자이너가 종로6가동 동대문종합시장(원부자재 시장)에서 원단과 부자재를 확보한 후 동대문역과 신당역 주변에 밀집한 패턴 및 샘플업체들에 전달하고 이들이 샘플 제품을 만든다. 그리고 이 샘플을 바탕으로 동대문 상권 배후의 창신동과 신당동 일대의 봉제공장에서 의류를 생산한다. 이러한 공정들이 도매상권을 중심으로 반경 1킬로미터 내에서 이루어진다(〈그림 6-6〉 참고).

4. J자 커브의 가치사슬 체계

앞서 설명하였듯이, 패션 제조산업은 패션디자인 및 패션 판매산업과 연결되어 있다. 특히 창신동 패션 제조지구의 경우 동대문 상권, 특히 의류를 주문하는 동대문 도매상권과 긴밀한 관계에 있는데 보다 자세히 보면 종속적 관계에 처해 있다.

패션산업은 직물생산, 디자인, 준비, 생산, 유통, 그리고 소비로 이루어진 거대한 회로이다(Dicken, 2011). 패션산업의 가치 활동(*value*

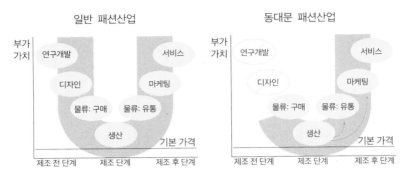

그림 6-7 **가치사슬의 형태 비교**

일반 패션산업   동대문 패션산업

activities) 은 제조를 중심으로 제조 전(前) 단계(R&D, 디자인) 와 제조 후(後) 단계(유통, 마케팅) 로 구성된다. 일반적으로 제조 전 단계와 제조 후 단계에서 높은 부가가치가 창출된다. 세계적 패션기업 본사가 주로 문화 경제적으로 번영한 서구 대도시에 입지하는 데 반해 제조공장은 주로 저렴한 노동력이 풍부한 개발도상국에 입지하는 식이다. 창출되는 부가가치에 따라 전체 가치사슬을 도식화하면, U자 모양의 커브를 띠는 것을 알 수 있다(Fernandez-Stark et al., 2011).

그런데 동대문 패션 클러스터의 가치 체계는 U자가 아니라 J자 모양의 커브를 보인다. 이는 동대문 도매상권이 모든 과정에서 지배적인 입장을 취하는 현실 때문이다. 예를 들어 의류 도매업체에 고용된 동대문 디자이너는 패턴·샘플업체 그리고 봉제업체에게 주문을 주고 과정을 통제한다. 그리고 이들 동대문 디자이너는 선도적 디자인을 제시하기보다는 이른바 '시장에서 잘 팔릴 만한 디자인'을 만들어 낸다. 도매업체는 고유의 패션 브랜드를 만드는 것보다 8천 개 업체가 한 공간에 밀집한 무한경쟁 시장에서 살아남는 것을 우선시한다. 동대문 패션 클러스터가 조성된 지 오랜 시간이 지났음에도 불구하고 동대문시장을 대표하는 브랜드를 떠올리기 힘든 사실이 이를 반증한다. 한편 동대문에서 옷을 도매로 사입(仕入, *purchase*) 한 소매업체들은 리테일러의 라벨을 제작해 부착하여 판매하는 등 브랜딩에 열을 올린다. 즉, 제조 후(後) 단계 마케팅 영역에서 새로운 가치를 창출하는 것이다.

동대문 패션산업의 가치 활동이 유통 영역에 편중된 것은 창신동과 같이 클러스터 내에서 제조를 담당하는 지역에게 악재이다. J자 모양의 커브가 고착화된다면, 동대문 도매업체는 직접 옷을 생산하지 않고 유통만 고수하는 전략을 취할 수 있다. 즉, 디자이너를 고용하지 않고 창신동 봉제업체와도 무관한 유통사업을 전개하는 것이다. 이미 동대문 도매시장 절반가량의 업체가 다른 업체로부터 의류를 구입해 다시 도매로 판매하는 중도매상 역할을 하고 있다.[3]

5. 창신동 패션 생산지구 그리고 미래

서울성곽이 동쪽 낙산 능선을 따라 입지한 창신동은 100년 전 서울 교외화의 발원지로서 쾌적한 주거환경을 가지고 있었다. 하지만 도시화 과정에서 동쪽 관문에 재래시장이 형성되고, 의류 제조 판매 기능이 밀집한 동대문 패션 클러스터로 진화하게 되었으며, 그 과정에서 창신동

---

3 중도매상이란 직접 옷을 만들지 않고, 시장 내외에 타 업체로부터 옷을 구입하여 도매로 유통하는 업체를 일컫는다. 반면 직접 옷을 만드는 유통하는 업체는 원도매상이라 불린다(김준원, 2009).

은 의류 제조 노동자들의 일터이자 주거지역으로 변모하였다.

　창신동의 기반산업은 의류 제조업으로 창신2동의 의류 제조 종사자 수는 인구의 약 8.4%에 해당한다.[4] 이 지역의 봉제업은 규모가 작기 때문에 대부분 지역 내에서 고용이 이루어지고, 상당수가 가내수공업 형태이기 때문에 주민들 중 상당수가 의류 제작자라로 추정할 수 있다. 하지만 패션 제조 영역은 패션산업 전체 가치사슬에서 낮은 가치를 창출하기 때문에 서울의 다른 지역에 비해 발전이 더딘 편이다. 창신동은 도심낙후지역이라는 딱지가 붙어 도시재개발과 같은 급진적 정책이 수립되었고, 이에 대한 많은 비판이 있었다(김경민·박재민, 2013).

　이 글에서 패션산업의 가치사슬을 통해 창신동 패션 제조산업을 분석한 이유는 해당 지역경제가 좀더 거시적 차원에서 논의될 필요가 있기 때문이다. 역동적인 가치사슬 체계를 이루는 패션산업은 이 지역의 산업을 분석하는 데 가장 주요한 틀이 되어야 한다.

　동대문 패션 클러스터에 속한 창신동의 미래는 동대문 패션산업의 미래상에 따라 변모할 것이다. 창신동 봉제업체들의 규모가 작고, 객공이라 불리는 임시 고용이 팽배한 이유는 동대문시장이 산업경쟁력 제고를 위해 다품종 소량생산이라는 경영방식을 택했기 때문이다.

　2010년 전후로 국내 패션산업에서가장 중요한 사건은 독립 디자이너 브랜드의 출현이다. 이들은 서울 속에 파편화된 봉제공장 네트워크를 활용해 메이드 인 서울(*made in Seoul*) 제조를 진행하고 있다. 독립 디자이너 브랜드는 동대문 도매업체와 달리 의류 도매상권에 의존하지

---

4 2014년 서울시 사업체 조사에 따르면 의류 제조 세세분류상 종사자 수는 897명이고, 2016년 기준으로 창신동의 인구수는 10,701명이다.

않고 온라인쇼핑, 편집숍, 소셜네트워크 등과 같은 새로운 유통채널을 활용해 사업을 전개한다. 대부분 패션디자이너가 창업한 업체들이기 때문에 디자인 영역에서 부가가치를 창출하는 경향이 크다. 이미 이들은 패션 시장에서 디자이너 브랜드라는 고유 영역으로 인정받고 있다. 그리고 이들의 출현에는 서울 곳곳에 숨어 있는 수많은 소규모 공장들이 큰 역할을 했다.

> 서울은 패션디자인 창업자에게 최적의 장소이다. 동대문 원단상가에서 원단을 구입하여 패턴사 및 샘플사를 통해 디자인을 실현할 수 있다. 게다가 적절한 공임을 지급하면 소규모 생산이 가능하다.
>
> — 디자이너 브랜드 C업체 공동대표(2016년 8월 인터뷰).

독립디자이너 브랜드의 출현과 같은 패션산업 내부에서 일어나고 있는 변화는 패션 제조산업에서 새로운 가능성을 던져 준다. 연관 산업의 혁신과정에서 패션 제조산업이 현재의 낙후된 상황에서 벗어날 가능성이 존재하기 때문이다.

참고문헌

구양미 (2002). "구로공단(서울디지털산업단지) 산업구조개편에 관한 연구". 〈지리학논총〉, 39권, 1~48.

김경민 (2015. 10. 28.). "18세기 중엽 런던 거리, 20세기 초반 창신동에?". 〈프레시안〉.

김경민·박재민 (2013). 《리씽킹서울: 도시, 과거에서 미래를 보다》. 파주: 서해문집.

김소희 (2017. 2. 15.). 〈도매시장의 미래〉. 세미나 발표.

김준원 (2009). 《동대문시장 원도매 사업가이드(매출두배 내쇼핑몰 시리즈 6)》, 개정 2판. 서울: E비즈북스, 푸른커뮤니케이션.

〈경향신문〉(1973. 2. 5.). "시장 안 위험 작업장 연내 모두 철거".

〈동아일보〉(1925. 1. 1.). "霄壞二相 (一) 富豪의 住宅과 極貧者의 住宅".

박은숙 (2007). 《서울의 시장(내고향 서울 5)》. 서울특별시시사편찬위원회.

서울역사박물관 (2011). 〈동대문시장: 불이 꺼지지 않는 패션 아이콘〉. 서울생활문화 자료조사.

이상욱·김경민 (2014). "서울 구로·가산동 의류패션산업의 가치사슬과 네트워크". 〈한국경제지리학회지〉, 17권 3호, 465~481.

장은영 (2013). 《성공적인 패션비즈니스를 위한 패션유통과 마케팅》. 서울: 교학연구사.

주은선 (1999). "평화시장 근처의 의류 생산 네트워크와 지역 노동자의 경제생활변천에 관한 연구: 1970년대부터 1998년까지". 〈서울학연구〉, 13권 13호, 245~283.

청계피복노동조합 (1990). 《청계노조 20년 투쟁사》.

한국의류산업협회 (2015). 《2015년도 전국 봉제업체 연감》. 서울: 한국의류산업협회 패션봉제업 종합지원센터.

Fernandez-Stark, K., Frederick, S., & Gereffi, G. (2011). *The Apparel Global Value Chain*, Duke Center on Globalization, Governance & Competitiveness.

Frings, G. S. (1982). *Fashion: From Concept to Consumer*. 조길수·천종숙·이주현·강경영 옮김 (2008), 《패션: 개념에서 소비자까지》. 시그마프레스.

Kendall, G. T. (2014). *The Fashion Game.* 이윤정·고선영·이미영 옮김 (2015),
《패션 게임: 산업 따라잡기》. 시그마프레스.

Johnson, M. & Moore, E. (2001). *Apparel Product Development,* 2nd ed..
Upper Saddle River, NJ: Prentice Hall.

Porter, M. E. (1998). "Clusters and the new economics of competition". *Harvard Business Review,* 76(6), 77~90.

통계청 서울시 사업체조사. http://data. seoul. go. kr.

행정자치부 주민등록 인구통계, 주민등록 인구 및 세대현황. http://rcps. egov. go. kr.

제 7 장

수제화의 모든 것이 모이는 곳, 성수동*

김민수

1. 들어가며

성수동 수제화산업은 대도시에는 드문 내부 완결적 생태계를 구성하고
있다. 1980년대 초반부터 형성되기 시작한 성수동 수제화산업은 당시
이 지역에 밀집해 있던 봉제산업과 관련되어 성장했다. 봉제인력이 풍
부한 성수동에 피혁 의류와 가방공장이 집적하기 시작했고, 이 피혁업
체들을 따라 염천교와 명동 일대에 있던 제화 업체들도 연이어 성수동
에 집적했다(김희식, 2014).

　1990년대 후반 경제위기로 인해 국내 소비시장이 침체를 맞게 되자

---

* 이 장은 글쓴이가 연구자로 참여한 서울생활문화 자료조사 〈성수동: 장인, 천 번의
　두들김〉의 내용을 수정해서 재구성한 것이다.

수제화를 생산하던 대기업들이 다른 지역으로 이전하게 되었고, 이에 따라 성수동의 수제화산업 생태계가 심각한 영향을 받았다. 결국 영세, 중소, 하청업체만 성수동에 남게 되었고, 세계적인 제화산업의 지구적 아웃소싱과 공간 분업, 그리고 중국산 저가 신발과의 경쟁, 홈쇼핑 유통의 확장 등으로 인해 제화 기술 및 노동력 재생산 구조의 단절과 산업의 침체를 겪었다.

그러나 최근 서울시의 적극적인 정책 지원, 그리고 민간 협동조합과 사회적기업의 설립 등을 통해 수제화산업의 생태계가 복원되고 다시 형성되는 움직임이 있다. 그렇지만 산업의 영세성과 제조업 중심의 생태계는 부가가치 하락과 저임금 고착화 등의 문제를 안고 있다.

이 장에서는 이러한 성수동 수제화산업의 형성 과정과 성격, 그리고 산업생태계의 변용 맥락을 드러내고자 한다. 또한 수제화산업을 둘러싼 사회적 관계망과 제도적 조건 등을 탐구하여 성수동 수제화산업의 종합적인 모습을 보여 주고자 한다.

2. 성수동 수제화산업의 현황

성수동 수제화산업의 생태계를 보면 성수동에는 수제화의 모든 것이 다 모여 있다. 수제화를 제작하는 공장을 비롯해 제작에 필요한 부자재 업체, 판매를 담당하는 매장, 그리고 수제화 관련 교육기관과 다양한 협회, 협동조합과 사회적기업에 이르기까지 수제화 제작 및 유통과 관련된 업체들과 이를 지원하는 다양한 제도적 요소들이 함께 어우러져 있다.

표 7-1 성수동 수제화산업의 현황 (2014년)

구분	제작 공장	부자재 업체	판매 매장	유통 업체	수선	공방 (학원)	지원 제도	기타	합계
개수	271	121	57	17	13	3	4	2	488
비율(%)	55.5	24.8	11.7	3.5	2.7	0.6	0.8	0.4	100.0

이 중 가장 많은 비중을 차지하고 있는 것은 수제화 제작 공장이다. 2014년 기준 성수동 수제화 관련 업체 수는 총 488개로 이 중 제작 공장이 271개(55.5%)로 가장 많다. 그러나 성수동을 돌아다니다 보면 의외로 제화공장을 찾기 힘들다. 이 공장들은 특별한 간판 없이 건물 2~3층 공간이나 주택을 개조해서 공장을 운영하며 산재해 있기 때문에 시야에 잘 드러나지 않는다. 눈에 띄는 간판 대신 망치와 재봉틀 소리가 이들 공장의 존재를 말해 준다.

제작 공장 다음으로 많은 비중을 차지하고 있는 것은 부자재〔피혁, 창, 장식, 라스트(구두골) 등〕 업체다. 이 업체들은 2014년 기준 121개 (24.8%)가 이 지역에 집적해 있다. 부자재 업체는 공장과 달리 주로 피혁 거리를 중심으로 밀집되어 있어서 이 지역이 수제화산업의 집적지라는 것을 보여 준다. 제작 공장과 부자재 업체들의 비중이 전체 비중에서 80%를 차지하여 성수동 수제화산업의 주를 이루고 있음을 확인할 수 있다. 이외에 판매 매장이 57개(11.7%), 유통업체가 17개 (3.5%), 수선집이 13개(2.7%), 공방(학원)과 지원제도(협회, 협동조합, 사회적기업 등)가 각각 3개와 4개로 나타났다.

제작 공장은 생산하는 제화 종류와 운영 형태에 따라 세분화된다. 전자는 여성화와 남성화를 생산하는 공장의 구분이고 후자는 완제품 생산과 반제품생산의 구분이다.[1] 전자를 살펴보면,[2] 여성화를 생산하는 공장은 92개(57%), 남성화를 생산하는 공장은 13개(8%)이고 두 가지를 모두 생산하는 공장은 57개(35%)로 나타났다. 후자를 살펴보면, 완제품을 생산하는 공장은 전체 271개 중 165개(61%)이며, 반제품 공장은 106개(39%)이다. 즉, 완제품 공장이 반제품 공장에 비해 약 1.5배 많다. 그러나 최근에는 홈쇼핑 유통의 확산으로 반제품 공장의 비중이 점점 늘어나고 있다.

3. 성수동 수제화산업의 간략한 역사

성수동 수제화산업의 생태계는 내부 완결적 형태를 띤다. 〈그림 7-1〉과 같이 제화에 필요한 부자재들(피혁, 라스트, 장식, 창 등)과 제작 공장들이 성수동에 위치하고 있어서 제작에 필요한 모든 것들을 가까운 거리에서 공급받을 수 있다. 다만 중창의 경우 제조 과정에서 발생하는 소음과 오염물질 때문에 서울 외곽인 양주, 안산, 성남시 등에서 공급을 받는다. 이러한 성수동의 제화산업 생태계는 명동, 염천교, 금호동에 산재되어 있던 제화공장이 성수동에 집적되면서 시작되었다.

한국전쟁 이후 염천교 일대에서 미군들의 군화를 재가공하여 유통되기 시작한 국내의 수제화산업은 1970년대 명동 살롱구두[3]로 이어지며

---

1 완제품 공장은 디자인-패턴-재단-제갑-저부-포장 등 수제화 생산의 전 공정을 다루는 공장을 말한다. 이에 반해 반제품 공장은 이 공정 중에 몇 부분만 다루는 공장을 말한다. 이 공정에 관한 내용은 뒷장에서 자세히 다룬다.
2 2014년 현지 조사에서 총 271개의 제작 공장 중에 162만 확인할 수 있었다.
3 1970~1980년대 명동 제화공방을 일컫는 말로 공장과 매장이 하나의 공간에 형성되

그림 7-1 성수동 수제화산업의 생태계

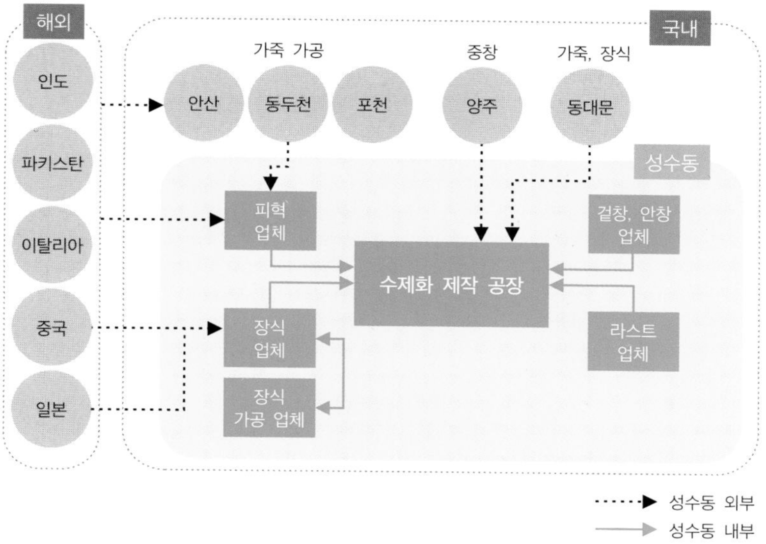

번창하기 시작했다. 1980년대에는 금강, 에스콰이아, 엘칸토 등의 대기업 제화 업체의 성장으로 전성기를 맞는다. 대기업의 수제화 생산과 유통은 기성화의 대량생산 체계를 요구하였다. 이에 따라 기존 제화공장은 명동과 염천교 주변의 좁은 공장을 벗어날 필요가 있었다.

> 공장 자체도 평수가 큰 곳을 찾다 보니깐 성수동으로 들어왔는데. 그때 왜 그랬냐면, 이 성수동은 준공업지역이어서 섬유공장이 많았어요. 그때 섬유공장을 밀어내고 구두가 들어 온 거죠. 그래서 이렇게 들어온 거예요.
> ─ 변○○(60대 남성, 과거 공장 운영).

어 있었다. 소비자의 주문에 의해서 수제화를 생산하는 방식을 의미하기도 한다.

1981년부터 장사가 잘 되니까 명동 자체에다가 건물을 다시 얻어서 공장을 차린 거지. 그때 장사가 잘 되니까 공장을 따로 차린 거지. 그때 명동에 세도 많이 오르고 그러니까, 공장들이 퍼시픽호텔, 프린스호텔, 그 쪽 뒤편으로 다 공장을 냈어. 그래서 거기서 한 10년, 15년 하다가, 거기도 집값이 비싸졌어. 명동에서 가장 가깝고 교통도 좋고 가장 건물세가 싼 데가 성수동이었어. 그러니까 여기는 완전히 그때 당시만 하더라도 논밭이 있고 그런 데인데, 그때부터 성수동으로 하나 둘 공장이 들어왔지. 그러다 보니까 자꾸 활성화가 되는 거야.

— 김○○(60대 남성, 공장 운영).

상술했듯이 성수동은 이미 봉제산업을 중심으로 피혁산업 생태계가 형성되어 있어서 제화 관련 부자재 업체들과 인력이 집적되어 있었다. 또한 준공업지역이라는 성수동의 이점은 수제화의 대량생산을 위한 여건을 제공하였다. 성수동은 이미 1960년대 이후 인쇄·출판산업, 금속산업, 기계부품산업 등을 중심으로 성장한 대표적인 준공업지역으로서 업체 설립과 운영 과정에서 발생하는 장애가 적었고, 수제화 판매매장이 밀집한 명동과 접근성도 양호하여 새로 설립하거나 이전을 고려하는 제화 업체들을 빠르게 흡수하였다(박래현, 2005, p. 64).

1980년대 중반부터 본격화된 성수동을 향한 제화공장의 이전과 집적은 이와 연관된 인력과 부자재 업체를 성수동으로 더욱 유인하였다. 이 당시 대기업 업체들은 대량생산하는 제품(주로 남성화)을 자신들의 생산 공장이 위치한 성남, 하남, 안산 등지에서 생산하였다. 기계화된 생산라인(토라스타)을 통해 대량생산되는 남성화는 대규모 공장부지가 필요했기 때문이다. 이에 반해 유행에 민감하고 디자인 콘셉트가 자주 바뀌는 여성화는 성수동 제화공장의 하청을 통해서 주로 생산을 하였다. 성수동이라는 동일한 지역에 밀집한 공장과 부자재 업체들은 여성화 디자인 변화에 유연하게 대처하면서 생산할 수 있는 내부 완결적 생태계를 구성하고 있었기 때문이다.

> 메이커(대기업) 회사들은 대량생산에 들어가잖아요. 그러니깐 성남이나 금강 공장들은 공장들의 규모가 다 커요. 라인을 돌려야 하니까. 근데 거기 금강이나 에스콰이아도 자체적으로 샘플을 만드니까, 대량생산과 별도로 이 샘플을 만들 수 있는 스파트 오더가 필요해요. 기존의 구두가 막힐 경우 빨리 다른 구두를 생산해야 하니까. 그때 손쉽게 움직일 수 있는 게 성수동이니까. (중략) 여화 쪽은 대량생산도 못 해요. 왜냐하면 남화 같은 경우는 재고 부담률이 별로 없는데, 여화는 안 그래요. 재고 부담률이 많아요. (중략) 여화는 계절상품이다 보니까. 유행은 디자인이 한 번 나오면 3년 주기로 변해요. 구두 디자인이 3년 주기로 변하기 때문에 기동성 있게 계속 만들어야 해요.
>
> — 변○○(60대 남성, 과거 공장 운영).

이처럼 성수동 수제화산업이 대기업 하청 구조에 편입되면서 다양한 품종을 빠른 시간에 생산하는 것이 중요해졌다. 이는 관련 부자재 업종 간 근거리 밀집과 네트워크를 더욱 강화하였다. 즉, 유연화된 생산 체계에서 특징적으로 나타나는 관련 업체 간 급박한 거래, 거래업체와의 빈번한 대면 접촉은 거리에 따른 비용 구조를 가지고 있기 때문에(Scott & Storper, 1992), 생산의 회전 시간을 단축하려면 거래비용을 줄이는 것이 무엇보다 중요하였다. 이렇게 성수동 제화공장에 적시생산 체계(*just in time system*)가 확립되면서 이 지역은 수제화 생산을 위한 산업 생태계를 본격적으로 갖추기 시작하였다.

4. 성수동 수제화 제작의 성격

1) 전문화된 공정 분업

수제화는 천 번을 두들겨야 만들어진다는 말이 있다. 그만큼 수제화 한 쌍을 만들려면 기술자들의 반복적인 노동을 거쳐야 한다. 이처럼 복잡하게 전개되는 수제화의 공정 과정을 단순화하면 개발 공정과 제작 공정으로 나눌 수 있다. 각 공정은 다시 여러 단계로 나뉜다. 개발 공정은 디자인과 패턴으로, 제작 공정은 재단, 제갑, 저부 공정으로 나뉜다. 각 공정은 각각 투여되는 숙련기술의 성격이 다르고 순차적 과정에 따라 제작되기 때문에 엄격하게 분업화된 절차에 따라 전개된다.

개발 공정에서 디자인 작업은 디자인 시안 설계와 스케치하는 업무로 구성되며 상품 샘플 개발에 주력한다. 과거에는 디자인 설계를 패턴실장이 담당을 했지만, 최근 수제화의 디자인 요소가 강조되면서 전문 디자이너가 디자인 설계를 담당한다. 수제화의 디자인 시안이 나오면 이것이 수제화로 제작될 수 있도록 패턴을 설계한다. 구두는 곡선을 가진 입체이기 때문에 평면인 가죽으로 이 입체를 만들기 위해서는 가죽을 쪼개서 이어 붙여야 한다. 이 쪼개는 작업을 현장에서는 '패턴을 낸다'[4]라고 표현하고, 이 업무를 담당하는 기술자를 패턴실장이라 부른

---

4 패턴을 내는 과정은 매우 복잡하고 정교해서 고도의 숙련기술을 요한다. 신발은 유형의 입체이기 때문에 평면에서 묘사된 디자인을 제작 가능하게 만들기 위해서 입체화 과정을 거쳐야 하는데, 이 과정은 라스트(구두골)에 종이를 감싸고 직접 디자인 시안을 종이 위에 다시 그리며 이루어진다. 즉, 입체화 과정은 구두 모양에 맞춰 본을 뜨는 과정이라고 볼 수 있다. 본을 뜬 디자인은 보통 구두 앞날개, 뒷날개, 옆날개의 세 부분으로 조각된다. 이 조각들을 재단사가 가죽에 그리고 재단해 제갑 기술자에게 전달하고 기술자들은 이 가죽을 다시 이어 붙여 신발의 갑피를 완성한다.

다. 패턴을 어떻게 전개하는가에 따라서 디자인의 전체적 모양과 구두의 착화감이 결정이 되기 때문에 이 업무는 30년 이상 숙련된 제갑 기술자가 보통 담당한다.

패턴이 완성되면 제작 공정으로 이어진다. 먼저 재단사가 패턴 모양대로 가죽을 재단하면 제갑 공정으로 이어진다. 제갑은 갑피(upper)[5]를 만드는 작업으로 가죽을 다듬고, 장식을 내고, 그리고 가죽 조각들을 본드와 재봉으로 결합하는 복잡한 과정으로 구성된다. 특히 남성화에 비해 여성화는 패턴이 복잡해 더욱 정교한 기술을 요구한다. 최근 수제화의 디자인이 중요한 요소로 자리 잡음에 따라 이 공정이 전체에서 차지하는 시간과 비중이 늘어나고 있다.

> 예전에는 미싱사 한 명과 저부 두 명이면 됐는데, 지금은 거의 1:1로 가요. 1:1로 가다가 지금은 또 2:1로 됐어. 두 명이 갑피를 해봐야 바닥(저부) 한 사람 일감을 대줘요. 그렇게 하면 딱 일이 맞아. (중략) 디자인이 복잡해서 갑피가 더 힘들어졌어.
>
> — 변○○(60대 남성, 제화공장 컨설턴트).

저부 공정은 갑피를 라스트에 싸서 창에 결합시키는 과정으로 수제화의 바닥을 완성시키는 작업을 말한다. 제갑 공정과 마찬가지로 저부 공정도 매우 숙련된 기술을 요구한다. 제갑 공정이 섬세함을 요구한다면 저부기술은 가죽을 당기고 못을 박고 두들기는 작업이기 때문에 노동 강도가 높다. 그렇다고 해서 저부 공정이 투박하게 전개된다는 것은

---

5 '갑피' 혹은 '갑혁'은 신발에서 굽과 창 부분을 제외한 가죽 부분을 말한다.

아니다. 갑피에 굽과 창을 결합하는 골싸기를 얼마나 균형 있고 밀착 있게 했느냐에 따라 구두의 모형과 착화감이 달라지기 때문에, 골싸기를 하는 동안 섬세하게 구두의 균형을 맞추며 작업을 할 수 있는 기술이 필요하다.

이처럼 각 공정은 엄격하게 분화되고 독립된 형태로 유지된다. 그러나 독립적으로 이어지는 제작공정은 각 공정에서 지속적인 제작에 관한 협업과 조절의 과정을 거친다. 수제화 생산공정은 매우 섬세하고 정

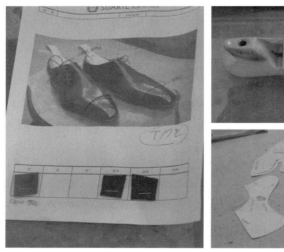
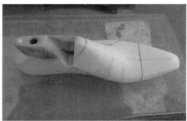
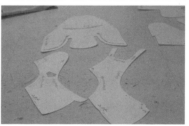

좌: 수제화의 디자인 시안, 우: 패턴 입체화 (위), 패턴 평면화 (아래)(사진: 저자 촬영).

수제화 제작의 공정별 작업 모습 (왼쪽부터 재단 공정, 제갑 공정, 저부 공정)(사진: 저자 촬영).

교함을 요구하기 때문에 전(前) 공정에서의 사소한 오류가 다음 공정에서 큰 문제로 나타나기도 한다. 또한 제작하는 수제화의 전체적인 성격을 각 공정의 기술자들이 이해하고 공유해야 하기 때문에 기술자들 간 소통을 요구한다. 따라서 제작 공장은 공정들을 조절하고 통제하는 관리자를 두며,6 제작에서 나타는 문제들을 조율하고 공정을 유기적으로 결합해서 완성도 높은 수제화를 생산한다.

2) 장인적 생산 방식

현재 성수동에서 일하는 기술자들은 일반적으로 '하견습 – 중견습 – 상견습 – 선생(전문 기술자)'의 단계를 거친다. 이들은 적게는 7~8년, 길게는 10~15년 정도의 견습생활을 하면서 기술을 습득하였다. 또한 견습생활이 한 공장에서만 지속되는 것이 아니라 많은 공장을 오가며 다양한 전문가를 통해 이루어지기 때문에 기술자들이 습득한 제작 기술과 노하우는 질과 양적인 측면에서 매우 다양하다.

이처럼 수제화 제작 기술이 장인적 도제 시스템을 통해 암묵지 형태로 긴 시간을 거쳐 다양하게 전수되기 때문에 형식지를 통한 표준화된 기술의 공유와 대량생산이 매우 어렵다. 최근에는 제화의 많은 부분이 기계화되어 공정 과정이 간소화되기도 했지만, 아직도 제화의 핵심을 차지하는 패턴과 제갑 공정의 재봉 기술, 그리고 저부 공정의 골싸기 기술은 형식지 형태로 표준화되지 못하고 기술자들의 노하우와 숙련도

---

6 보통 제갑 공정은 패턴실장이, 그리고 저부 공정은 공장장이 관리를 한다. 공장장은 저부공정에 대한 전체적인 이해를 기반으로 제작 과정을 통제해야 하기 때문에 경력이 많고 숙련된 저부기술자가 맡는다.

에 의존한다.[7]

또한 한 공장에서 관리되며 유지되지 않고 다양한 공장을 횡단하며 유동하는 기술자로 이뤄지는 도제시스템은 월급제가 아닌 도급제로 운영되는 임금체계를 낳았다. 기술자와 견습생으로 이뤄진 각 팀들은 공장에 소속되는 것이 아니라 개별 사업자로서 공장과 계약을 하고 생산한 수량만큼 임금을 받고 이를 다시 견습생들에게 분배를 하는 임금체계가 형성된 것이다. 이런 도급제는 일감의 증감에 따라 탄력적으로 기술자들을 고용할 수 있는 노동시장의 유연성을 만들면서 이어져 왔다.

제화의 기술집약적이고 장인적 생산 시스템은 적시생산 체계의 다품종 소량생산과 맞물리면서 성수동 산업생태계의 유연성과 전문성을 만들어 냈다. 그리고 전문화되고 유연화된 산업생태계는 이 지역을 국내 수제화산업의 최대 집적지로 만들어 수제화산업을 견인하는 역할을 하였다. 그러나 장시간 교육을 통해서 습득할 수 있는 기술과 열악한 노동 환경은 노동력 재생산의 단절이라는 문제를 낳았다.

아니, 드문 게 아니라 아예 없어. 더 배우는 사람도 없어. 그러니까 어느 정도 전에는 이게 괜찮았는데, 이걸 했을 때는, 지금은 하향산업이라고 하죠? 지금은 거의 (재생산이) 안 된다고 보면 돼요.

— 김○○(65세 남성, 패턴실장).

---

7 앞서 말했듯이 남성화의 경우 자동화를 통해 대량생산을 하였다. 그러나 최근 제화산업의 불황으로 효율적인 재고 관리가 요구되면서 남성화 생산도 다품종 소량생산으로 전환되었고 성수동 제화산업을 통한 생산을 늘리고 있다.

또한 도급제로 유지되는 임금체계는 최근 제화산업의 불황과 맞물려 기술자들의 노동 조건을 더욱 악화시키고 있다. 과거 제화산업이 호황이었던 1980~1990년대에 도급제는 기술자들에게 유리하게 작용하였다. 그러나 저가 홈쇼핑과 대기업 브랜드의 하청구조에 편입되면서 원가 절감의 압력과 이에 따른 출혈 경쟁이 이어지면서 이 상황은 기술자들에게 장시간 저임금 노동을 강제하며 산업생태계 위기의 요소로 나타났다.

현재 한 족당 6,000원 정도 받아요, 기술자들이. 근데 이게 답보된 게 '한 15년 이상 되었다.' 이렇게 보면 되죠. (중략) 그때도 6,000원이고, 지금도 6,000원인데 그러면 사람들이 생활해 나가면서 물가상승률에 비해서 굉장히 낙후되어 있죠. 이뤄 말할 수가 없습니다. 임금 인상률이 거의 없는 거죠. (중략) 시간적으로 쪼들리고 장시간 일하게 돼 있어요. 여유가 없는 거예요, 생활에 대한 ….

― 정○○(50대 남성, 제화노조 소속).

5. 성수동 수제화산업 생태계의 재생산과 변용

수제화산업의 성수동 집적은 이 지역 내에 제화 관련 정보를 생산하고 유통시킴으로써 지역산업생태계를 더욱 활성화시켰다. 동종 업종 간 밀집이 가속화되고 연계가 강화될수록 업종 간 공유하는 정보는 다른 지역으로 확산되기보다 지역에 뿌리내린 공식·비공식 관계를 통해서 유통된다(박용규·정성훈, 2012). 특히 디자인의 유행, 업계 동향, 상품 개발, 인력 수급 등 부가가치를 생산하는 정보는 지역 내 업체 간 대면 접촉으로 생성되는 '로컬 버즈'(local buzz) 를 통해 공유된다(Bathlet et al, 2004).[8] 이는 암묵지 형태로 공유되기 때문에 특정 지역 내에서만 유통되는 경향이 크다.

따라서 로컬 버즈를 통해 지역 내에서 유통되는 정보의 공유는 지역 산업생태계의 경쟁력을 강화시키면서 지역생태계에 포함되지 않는 제화 관련 업체들과 기술자들을 이 지역으로 유인했다. 예를 들어 구직을 원하는 숙련 기술자들은 업체에 관한 정보를 얻기 위해 성수동의 인력시장에 포함되어야 했다.

마찬가지로 업체 또한 평판 좋은 기술자들에 대한 정보를 공유하려면 성수동 산업생태계에 편입되어야 했다. 따라서 인력을 수급을 원하는 업체와 구직을 원하는 기술자들은 모두 성수동에서 유통되는 인력에 대한 정보를 공유하기 위해 이 지역에 더욱 몰리게 되었다. 뿐만 아니라 구인 및 구직에 관한 정보 공유는 인력 공급과 수급의 탐색비용, 훈련비용 등 거래비용을 감소시키는 효과를 유발하면서 이 지역 수제화 업체와 기술자들의 집적을 더욱 강화시켰다.

여기에 아는 사람이 없으면 취직하기 힘들어요. 여기에 있는 기술자들과 다단계로 알아야지 취직이 되죠. 물어물어 알아서. 누구나 다 그렇게 취직을 하죠. 공장도 마찬가지예요. 우리가 뭐, 직업소개소 같은 것이 없으니까, 공장장이 "누구 기술자를 데리고 와라~" 그러면 저부 하는 애한테

---

8 '로컬 버즈'란 동일 지역 또는 좁은 공간 단위의 사람이나 기업이 함께 입지하며 대면 접촉을 통해 행하는 의사소통 활동을 총칭한다.

"너 친구 없니? 친구 하나 소개해 줘." 이런 식이야. 이렇게 취직을 해서 일
을 하는 거지.   ─ 장○○(50대 남성, 공장 운영).

부자재 업체의 지속적인 집적도 마찬가지다. 공장과 부자재 업체의
빈번한 대면 접촉과 강한 네트워크는 서로 간 정보 공유를 용이하게 해
평판이 좋지 않은 업체들을 자연스럽게 네트워크에서 배제한다. 즉,
업체 간 정보 공유는 사기의 위험을 방지한다. 부자재 업체에서 질이
낮은 자재를 비싼 값에 거래하는 행위나 제화공장이 외상을 갚지 않는
행위 등은 부자재 업체 간 혹은 제화공장과 부자재 업체 간 공식·비공
식 네트워크를 통해 빠르게 유통된다. 결과적으로 관련 업체들 간 정보
공유는 사기의 위험성을 감소시키며, 외부에 산재해 있던 부자재 업체
와 제화 업체의 집적을 더욱 가속화시켰다. 그리고 이는 다시 성수동
제화산업 생태계의 경쟁 우위 요소로 작용하면서 이 지역을 수제화산
업의 선도 지역으로 부각시켰다.

우리도 같이 귀동냥을 해요. 서로 물어요. "이 집이 조금 안 좋은 거 같다.
너 거래하냐? 괜찮은데~ 그래?" 왜냐하면 서로 두들겨야 하니까. 예전처
럼 덥석 퍼줘도 되는 게 아니니까. 그런 시스템 자체를 여기도 많이 되었
어요.   ─ 최○○(50대 남성, 피혁업체 운영).

아현동 같은 데도 공장이 있긴 있어요. 그리고 구파발 쪽에도 있어요. 그
쪽은 소규모만 하니까, 그 쪽에서 만드는 제품들은 안 봐도 뻔해요. 모여
있는 데서 상품을 만들어야 제품도 잘 만드는 거지. 예를 들어 성수동에 자
재 판매하는 사람들이 여기로 다 모여 있잖아요. 구파발에서 여기까지 다

배달 할 수 없죠. 그러니까 이제 여기로 다 모이게 되고, 그리고 경쟁과 협
력을 서로 막 하다 보니까, 가격이 낮아지게 되고. 그러면 이 사람들은,
제조하는 입장에서는 좋은 자재 좀 싸게 구입해서 제품 잘 만드는 데에다
가 투자를 하게 되고, 그런 거겠죠, 뭐.

— 엄○○(40대 남성, 공장 운영).

    그러나 이처럼 주로 대기업의 하청 체계에 편입되어 적시생산을 해
온 성수동 수제화산업의 생태계는 1990년 대 초중반 중저가 수제화 브
랜드의 유통이 확대되고, 1997년 외환위기의 충격으로 변화를 맞는
다. 또한 최근에 홈쇼핑을 통한 수제화의 유통이 확장되면서 성수동 수
제화산업 생태계는 또 다른 변화를 겪고 있다.

    성수동 제화공장은 디자인, 패턴, 재단, 제갑, 저부로 이어지는 분
업을 통해서 수제화를 생산한다. 하지만 근래에는 이 공정들이 각기 독
립되어 재단만 하는 공장, 제갑만 하는 공장, 그리고 많지는 않지만 패
턴만 전문으로 하는 업체들이 증가하고 있다. 물론 아직까지 완제품을
만드는 공장이 성수동 수제화산업에서 대다수를 차지하지만 독립되어
분화된 공정들은 또 다시 원청의 하청으로 편입되며 성수동 수제화산
업의 또 다른 층을 구성하고 있다.

    이런 공정의 독립과 분화는 중저가 수제화 브랜드 유통이 확대된
1990년 대 초중반부터 시작되어 1997년 외환위기 이후 본격화되었다.
중저가 수제화의 유통 증가는 주로 대기업 하청 구조에 편입되어 있던
성수동 제화공장에 유통 다변화와 생산량의 증가라는 긍정적 변화를
주었지만, 대기업 수제화 업체와 중저가 업체의 가격 경쟁을 촉발하면
서 수제화 생산의 원가 절감을 불러일으켰다.

그때는 생산량이 많으니까, 아주 바빴지. 바빴는데 그게 제 살 깎아 먹기였지. (원청에서) 단가를 계속 낮추니까, 구두를 많이 만들어도 수익을 맞출 수가 없으니까 …. 그러니까 그때부터 공장에서 하청을 주기 시작했지. 하청의 하청이 막 일어난 거지. 재단도 하청하고 갑피도 하청하고. 그때부터 하청이 많이 생겨나기 시작했지.

— 전○○(60대 남성, 디자인 연구소 운영).

이 시기 제화공장의 분화는 생산량의 증가와 원가 절감의 압력 속에서 공급량을 맞추기 위한 자구책으로 등장했다. 원가 절감의 손실을 최소화하고 공급량을 맞추기 위해 제화공장은 분화된 하청 공장이 필요했다. 이는 성수동에 반제품 공장(제갑 공장, 재단 공장, 패턴업체)의 생태계를 만들어냈다. 그리고 IMF 외환위기 이후 대기업 수제화 업체의 불황과 중저가 브랜드 업체의 도산은 제화공장의 분화를 더욱 강화했다. 제화의 전 공정을 관리하고 유지할 수 없는 공장들이 늘어나면서 공정의 독립화와 하청이 더욱 증가한 것이다. 즉, 일거리 감소로 인해 패턴실장, 재단사, 제갑 기술자의 임금을 주지 못하는 공장들은 이들의 업무를 분화된 하청 거래로 해결하면서 공장 운영을 유지했다.

패턴을 어떻게 하냐면 알바를 시킨다고, 이제 패턴사들이 갈 데가 없다는 거야. 너무 경기가 위축이 되다 보니까, 월급 주기가 무서우니까 같이 못 뛰는 거야.

— 장○○(50대 남성, 공장 운영).

더욱이 최근 홈쇼핑을 통한 저가 수제화 유통의 확산은 공정 분화를 더욱 가속화시키고 있다. 홈쇼핑 유통 업체는 전략적으로 반제품 공장에 생산을 주문하여 생산원가를 낮추고 공정의 외주화와 하청화를 확대하고 있다. 가령 이 업체들은 완제품 공장에 생산을 주문하기보다는 주로 분화된 제갑공장과 재단공장에 생산을 따로 주문하는 형식으로 생산 단가를 낮춘다.

그러나 이런 반제품 공장의 확산은 관리자들의 통제와 각 공정의 기술자들의 소통을 통해 완성되는 수제화의 전문화되고 세밀한 공정 과정을 흩트리며 제품의 완성도를 낮추는 결과를 초래하고 있다. 무엇보다 저가 홈쇼핑 업체의 하청화는 지속적으로 업체들의 출혈경쟁을 유발하면서 제화 기술자들을 '조립공'이라는 단순 노동자로 전락시키고 있다. 원청업체의 지속적인 원가 절감 요구는 기술자들의 숙련 노동을 공정의 기계화를 통한 단순 노동으로 변형시키고 있다. 더불어 반제품 업체의 증가는 기술자들이 자신들이 가진 숙련된 기술을 바탕으로 생산 과정을 통제 및 조절하면서 양질의 수제화를 생산하는 장인적 생산 방식을 해체하고 있다.

요즘에는 기술자가 제대로 된 기술자가 아니야. 점점 기계화되고 조립으로 바뀌어 버려. 저가(홈쇼핑 판매 수제화) 이런 데 가면 거의 조립이야. 그라인더9도 요새는 한 번에 다 할 수 있어. 창도 다 찍어서 만들고, 옛날엔 깎아서 만들었는데, 요즘에는 통굽을 깎는 기계도 있고 그래. 기계로 굽에 한 번에 대여섯 개 박고 그러는데, 옛날에는 망치와 드라이버로 해야 했거든. 기술자들이 많이 없어졌으니까. 기계가 들어오니까 공임은 다운이 되고.   — 이○○(50대 남성, 저부 기술자).

---

9 제갑 공정에서 가죽의 가장자리를 그라인더를 통해서 다듬는 과정을 말한다.

6. 성수동 수제화산업의 현재와 미래

성수동 수제화산업의 생태계가 외부 경제 환경과 유통 환경에 적응하지 못하고 점차 개별화되어 악화된 배경은 이 지역의 경쟁 우위를 가져다 준 관련 업체들 간 집적과 네트워크가 고착화(lock-in)되면서 생태계의 확장과 전환을 이루지 못했기 때문이다(Martine, 2012). 지역산업 생태계가 지속적으로 성장하고 외부 환경에 능동적으로 적응하기 위해서는 제도의 형성, 즉 전문 교육기관과 지자체의 지원, 협회 및 협동조합과 같은 집합적 학습과 협업을 이룰 수 있는 다양한 제도들이 필요하다(Hassink, 2010).

그러나 이 지역 수제화산업 생태계는 오랜 기간 중·대형 수제화 브랜드에 하청업체로 편입되면서 제조 중심의 네트워크와 가치사슬을 반복적으로 생산하였다. 예컨대 제작 공장과 부자재 업체 간의 개인적 신뢰관계에 의존한 정보와 학습, 기술 습득만을 공유했다. 이 공유된 정보 또한 암묵지 형태로 생산 및 유통되면서 외부 환경의 변화에 따른 생태계의 전환과 혁신을 위한 집합적 학습과 전문화된 교육 시스템을 갖추기에는 무리가 많았다. 이렇게 고착화된 네트워크는 결과적으로 제도 형성을 통한 집합적 학습과 혁신, 그리고 제도와의 협력경영 체계를 구축하지 못한 채 생태계의 쇠퇴 위기를 맞았다.

다행히 최근 서울시와 성동구의 지원으로 디자인 및 유통 부문의 경쟁력 강화를 꾀하며 고착화된 산업생태계의 혁신 기반을 마련하고 있다. 또한 협동조합과 생산자협회와 같은 생산과 마케팅 관련 다양한 제도[10]를 육성하면서 제도와 협력경영 체계에 기반을 둔 집단 학습과 이를 통한 혁신의 기초를 다지고 있다.

그렇지만 지원이 체계화되지 않고, 형식적으로 이루어지고 있어 실질적인 효과를 기대하기 어려운 면도 있다. 예를 들면 서울시는 2012년 '성수동 구두 제화산업 활성화 방안'을 발표하며 생태계를 혁신하기 위한 지원을 실행하였다. 이 지원은 '슈즈 공동개발 프로젝트', '구두 비즈니스 네트워킹데이', '구두테마 상징물', '구두테마역 구축' 등 디자인 및 장소마케팅 분야가 중점 사업으로 추진되고 있다.[11] 이 중 '구두테마 상징물', '구두테마역 구축'은 장소마케팅을 통해 성수동 수제화산업을 명소화하여 활력을 불어넣는다는 것으로 2017년 성수역을 중심으로 조성이 완료되었다. 또 다른 중점 사업인 '슈즈 공동개발 프로젝트'와 '구두 비즈니스 네트워킹데이'는 디자이너 육성과 유행상품 디자인에 대한 정보 교류를 통해 수제화의 디자인 기술을 강화시키는 것으로, 현재 제조 중심으로 형성되어 있는 네트워크를 고부가가치를 창출하는 디자인 중심으로 이동시키는 전략이라고 파악할 수 있다.

그러나 제조 영역의 네트워크와 가치사슬을 간과한 채 장소마케팅과 디자인 영역 강화에 중점을 두는 지원 정책은 성수동 수제화산업을 '속 빈 강정'으로 만들면서 오히려 경쟁력을 악화시킬 위험이 크다. 성수동 수제화 제조 공정은 여타 공산품과 달리 표준화된 생산 방식이 아닌 장인적 생산 방식이다. 다시 말해 수제화의 제조 공정은 매우 정교한 기술이 집약적으로 투입되고 이 기술력의 숙련도가 제품의 가치와 경쟁

---

10 현재 성수동 수제화산업 생태계 내에 대표적인 협동조합과 협회는 '서울성수 수제화 생산협동조합', '한국성동 수제화협동조합', '서울성동 제화협회', '한국 제화산업협회' 등이 있고, 교육기관으로는 '서울일반노조 제화지부'가 있다.

11 서울디자인재단 홈페이지, http://www. seouldesign. or. kr/bbs2/view. jsp?seq= 2074&code=001005.

력을 좌우하기 때문에 부가가치의 크기는 이 제조 공정에서 결정된다고 볼 수 있다. 특히 디자인의 형태를 결정하는 패턴 기술, 그리고 착화감과 품질을 결정하는 저부 공정의 골싸기 기술과 부자재(라스트, 창, 가죽) 제작 기술은 제품의 경쟁력을 결정하는 핵심적인 요소로 이 제조 영역의 지원 없이 수제화산업을 혁신하는 것은 가능하지 않다.

> 발은 다양한데, 구두는 이에 맞게 충분히 다양하지 않죠. 디자인만 다양할 뿐이지 소비자 개인, 개인의 발모양에 맞는 라스트가 충분히 개발되지 않았기 때문에 성수동의 구두가 해외 유명 구두에 비해 착화감이 떨어질 수밖에 없는 상황입니다. 유럽과 일본에서 제화의 많은 기술을 가져와 발전시켰지만 라스트를 만드는 기술은 거의 발전시키지 못했죠. 유럽에서도 이 기술은 잘 전수해 주질 않으려고 하고요.
>
> ― 김○○(50대 남성, 라스트 공장 개발실장).

다행히 성수동 수제화산업 현장에서는 제조 공정, 그리고 이와 전후방으로 연계된 부자재 가치사슬의 혁신을 위한 협동조합 및 생산자연합이 구성되는 흐름이 보인다. 그렇지만 이 흐름도 특별한 지원 없이 개별적으로 진행되면서 성공을 낙관하기 어렵다. 따라서 성수동 제화산업 생태계가 변화된 외부 환경에 적응하고 지속적인 성장과 도약을 하려면 디자인, 마케팅과 같은 특정 영역에 지원을 집중하기보다는 제조 공정과 이를 중심으로 전후방으로 연계되는 부자재 제작 기술에 대한 효과적인 지원 제도가 무엇보다 필요한 상황이다. 또한 이 지원이 실효성을 거두기 위한 제반 환경 개선이 동시에 이뤄져야 한다. 낮은 생산 단가, 장시간 저임금 노동, 그리고 이러한 문제를 일으키는 하청

생산 시스템의 개선 없이는 기술개발의 지원 역시 반쪽 지원으로 이어질 수밖에 없기 때문이다.

서울시나 성동구에서는 노동자에 대해서는 관심이 없는 거예요. 그럼 아무리 돈 많은 사람들이나 기업체가 와도 신발 만드는 데 노동자 없으면 어떻게 만듭니까. 그런 거에는 아무 관심도 없고 그냥 특화사업이다 뭐다 보기 좋게, 그냥 서울시나 디자인 재단이나 성동구청이나 노동자들에 대한 처우 개선, 환경 개선 이런 건 조금도 생각 안 하고 있는 거예요. 그래서 너무 답답하고 안타깝고 …. ― 정○○(50대 남성, 제화노조 소속).

최근 수제화 관련 업종들이 많이 분포한 성수1·2가동에 서울형 도시재생 시범사업이 진행되면서 수제화산업 생태계에 대한 관심이 다시 집중되고 있다. 특히 그동안 지원에서 소외되어 왔던 소상공인 지원 등이 본격적으로 예고되면서(〈아주경제〉, 2017. 2. 5.) 성수동 수제화산업 생태계의 혁신과 변화를 기대하게 한다. 그렇지만 현장의 반응은 미적지근하다. 과거 지자체의 지원이 업체들의 이해관계에서 몇몇 대형업체에 편중되는 것을 경험했기 때문이다.

성수동 수제화산업 생태계의 미래는 어떻게 될까? 현재 이에 대한 답은 쉽게 내릴 수 없다. 그렇지만 분명한 것은 현재 생태계 위기를 극복하기 위한 현장의 흐름들이 분명히 존재한다는 것이고, 이를 지원하기 위한 지자체의 의지도 명확하다는 것이다. 비관으로 얼룩진 현재 생태계의 상황에서 이 의지와 실천들이 얼룩을 희석할 수 있는 마중물이 되기를 바란다.

참고문헌

김희식 (2014). "서울성수공단의 형성과 변용에 관한 고찰: 수제화, 자동차정비산업을 중심으로". 〈서울학연구〉, 57호, 1~29.

박래현 (2005). "서울시 제화산업의 공간적 집적 특성 및 혁신환경 분석". 경희대학교 대학원 지리학 석사학위논문.

박용규·정성훈 (2012). "지역산업 클러스터의 세계적-지방적 연결성을 위한 주요 요소들". 〈한국경제지리학회지〉, 15권 4호, 642~659.

〈아주경제〉(2017. 2. 5.). "서울시, 성수·종로·문래 소공인 집중 지원 ··· '도시형 소공인 집적지구'로 지정", http://www.ajunews.com/view/20170205110-700671.

Bathlet, H., Malmberg, A., & Maskell, P. (2004). "Cluster and knowledge: Local buzz, global pipelines and the process of knowledge creation". *Progress in Human Geography*, *28*(1), 31~51.

Hassink, R. (2010). "Regional resilience: A promising concept to explain differences in regional economic adaptability?". *Cambridge Journal of Regions, Economy and Society*, *3*(1), 45~58.

Martine, R. (2012). "(Re)Placing path dependence: A response to the debate". *International Journal of Urban and Regional Research*, *36*(1), 179~192.

Scott, A. & Storper, M. (1992). "Regional development reconsidered". in Ernste, H. & Meier, V. (eds.), *Regional Development and Contemporary Industrial Response: Extending Flexible Specialization*. London and New York: Belhaven Press.

제 8 장

문래동의 뿌리산업 네트워크

권범철

(비) 철 금속제조·임가공·판매업체가 밀집한 문래동은 서울에서 몇 남지 않은 뿌리산업[1] 집적지다. 흔히 이 지역은 대도시 서울에서 예전의 향수를 간직한 채 쇠퇴하는 곳으로 묘사된다. 이곳은 한때 대형 방직공장, 맥주공장 등이 가동되면서 서울시 산업의 중추를 이루었지만 그 시기가 지난 것은 분명 사실이다. 그러나 금속 제조·임가공·판매업체를 중심으로 1,700여 개에 달하는 업체들이 계속해서 활동 중이며 2000년대 이후 예술가들이 진입한 이후에도 여전히 지역의 지배적인 풍경을 이루고 있다. 이들 업체가 아직까지 이렇게 활동을 지속할 수

---

1 〈뿌리산업 진흥과 첨단화에 관한 법률〉에 따르면 뿌리산업은 "주조(鑄造), 금형(金型), 소성가공(塑性加工), 용접, 표면처리, 열처리 등 공정기술을 활용하여 사업을 영위하는 업종"으로서 완제품 생산에 필요한 부품을 생산하거나 부품을 완제품으로 생산하는 기초 공정산업을 총칭한다.

있는 힘은 무엇일까? 이 장에서 주장하는 바는 지역 업체들이 구성하는 산업 네트워크가 그 힘이라는 것이다. 이 네트워크는 업체들 간 상호협력을 통해 구성되고 유지되며, 업체들의 산업 활동을 실질적으로 지속시키는 기반이다. 이 장은 이 네트워크의 구성 및 작동 원리, 성격을 규명하고 그에 기초하여 문래동의 미래를 점쳐 보고자 한다.

1. 산업 네트워크의 형성 과정

조선시대까지 늪지대였던 문래동은 본래 인가는 거의 없고 갈대가 숲을 이루던 동네였다. 그러나 문래동이 속한 영등포가 교통과 산업의 거점으로 성장하면서 급격한 변화를 겪기 시작했다. 1900년 7월 경인선과 1905년 1월 경부선이 개통되면서 영등포 일대는 교통과 운송의 중심지로 떠올랐다. 또한 영등포 일대는 한강과 안양천으로 둘러싸인 범람원으로, 농업에 적합하지 않았기 때문에 저가에 대규모의 토지를 매입할 수 있었다. 이러한 이유로 1912년 조선피혁주식회사가 설립되었고, 1919년 현재 타임스퀘어 자리에 ㈜경성방직이 들어서면서 공업지역으로 발달하기 시작했다. 1928년에는 일제의 경성부 도시계획에 의해 영등포 일대가 공업지대로 지정되었으며, 1931년 일제의 대륙침략정책으로 군수공업이 호황을 이루게 되어 기계·제련·염색 등 중화학 계열의 공장이 늘어났다. 이렇게 교통과 산업의 중심지로 성장하던 영등포구는 해방 이후인 1947년 서울의 8개 구 중에서 관영 공장과 노동자가 가장 많은 지역이 되었다. 영등포가 서울의 중심 공업지역으로 올라선 것이다(영등포구, 2011, p. 35~40).

그렇다면 문래동이 소규모 기계금속 가공업체들의 밀집지역으로 형성된 것은 언제부터일까? 이정욱(1996)에 따르면 문래동이 현재와 같은 모습을 갖추게 된 배경은 크게 세 가지로 나누어 볼 수 있다.

첫째, 1960년대 초 무렵 문래동과 영등포동 일대에 철재상들이 경인로를 중심으로 형성되기 시작했다. 그 이전에는 전통적인 수공업 성격을 띠는 대장간이나 기계공작소가 많았으며, 나머지는 대부분 논밭이나 주택 지역이었다. 이 시기는 영등포 일대가 준공업지역으로 선정되던 때로 제1차 경제개발 계획의 직·간접적 영향을 받았다. 이들 철재상들은 1960년대에 들어서면서 하나둘 늘어나기 시작해 1970년대 중반 이후부터 1980년대까지 우후죽순으로 늘어났다. 그리고 1976~1979년에 철재상가건물이 문래동3가에 건립되면서 외부 이주업체 증가와 더불어 그 수가 급격하게 늘어났다. 철재상가건물 주변의 철재상 수는 1990년에는 800여 개를 넘어섰다. [2]

둘째, 도심부적격 기능이전 정책에 따라 세운상가 서편의 공장이 1980년대 중반, 특히 1985년에 본격적으로 철거되면서 문래동으로 몇몇 소규모 제조업체가 이주하였다. 준공업지역이라는 특성과 이미 자리 잡은 철재상가가 이 업체들을 끌어들이는 조건으로 작용하였다. 1985년 처음 이곳에 몇몇 업체가 들어왔을 때, 단독주택 소유주들은 높은 임대료 수입과 공해 및 소음 등의 환경문제로 자신의 주택을 임대공장으로 개조하기 시작했다.

셋째, 이 지역은 앞서 서술한 바와 같이 대규모 공장(섬유, 음식료, 기계)이 들어선 전통적 공업지역이었다. 그런데 1980년대 이후 정부의

---

2 2014년 현장 조사에서 확인된 철재상(재료 판매업체) 수는 300개였다.

수도권 공장 이전정책에 의해 대형 공장이 안산으로 빠져나간 곳에 아파트가 들어섰고, 그 주변의 남는 공간에 소규모 제조업체가 침투해 들어오기 시작했다(이정욱, 1996, p. 16~19).

요컨대 소규모 제조업체의 집적 계기는 전통적인 공업지역에 더해진 준공업지역이라는 특성, 철재상가의 입지, 정부의 공장 이전 정책 등으로 요약할 수 있다. 또한 경인로, 신도림역, 문래역, 영등포역 등 도로와 철도 교통에 대한 접근성 또한 큰 매력으로 작용했다.

이후 1990년대 후반을 지나면서 문래동의 풍경은 다시 크게 바뀌었다. 이는 주로 대형 공장의 이전에 따른 것이었다. 소규모 제조업체들이 들어서기 이전부터 입지해 있던 대형 공장들은 소규모 제조업체와는 달리 집적으로 누리는 이익이 상대적으로 적었고, 1997년 외환위기를 겪으며 자금 압박이 심해진 기업들은 서울 시내 공장의 부지 매각이란 자구책을 모색하기 시작했다(예술과 도시사회연구소, 2008, p. 17). 방림방적, 크라운맥주 등 대형 공장이 문래동 혹은 그 주변을 떠났고 이를 계기로 영등포 부도심권의 재개발이 이루어졌다. 2000년대가 지나면서 대형 공장의 옛터는 대부분 아파트나 아파트형 공장으로 바뀌었다.

2. 문래동 뿌리산업 현황과 문제점

1) 1,700여 개의 소규모 기계금속 업체가 활동 중인 문래동

이제 문래동에서 과거의 대형 공장은 찾을 수 없다. 해방 이후 남한에서 가장 규모가 큰 방직공장이었던 방림방적 부지에는 아파트와 아파트형 공장, 대형 마트, 상가, 주상복합건물 등이 들어섰다. 문래동과 경인로를 사이에 두고 마주해 있던 크라운맥주 공장 부지에도 지금은 아파트가 서 있다. 이렇게 새로 들어선 건물들은 문래동의 변화를 대변하지만 그럼에도 1,700여 개에 달하는 소규모 기계금속 업체들은 여전히 활동을 이어가고 있다. 이들은 무슨 일을 어떤 조건에서 하고 있는가?

영등포역에서 경인로를 따라 인천 방향으로 걷다 보면 길 양편으로 ○○금속, △△철재 등의 간판을 단 작은 업체들을 만나게 된다. 바로 문래동의 소규모 기계금속 업체들이다. 주변의 높고 깨끗한 아파트(형 공장)와 대비되는 낮고 낡은 건물, 서울에서 쉽게 보기 어려운 산업적 풍경 때문에 그 지역 전체는 마치 오래된 고적처럼 느껴지지만 실상은 조금 다르다.

2014년 문래동 지역 업체들을 전수 조사한 결과, 운영 중인 기계금속 관련 업체는 모두 1,695개로 확인되었다. 이들이 창업한 시기를 보면 1990년대가 654개(47%)로 가장 많고 2000년대 484개(34%), 1980년대 194개(14%), 2010년대 47개(3%), 그리고 1980년대 이전이 29개(2%)로 나타났다.[3] 즉, 40%에 가까운 업체가 2000년대 이후에 생긴 업체라는 것을 알 수 있다. 이는 쇠퇴 지역이라는 일반적인 인식과는 달리 최근까지도 여전히 많은 업체들이 문래동을 찾고 있음을 보여주는 수치다.

문래동의 기계금속 관련 업체는 제조업체, 임가공업체, 재료판매업체의 세 가지로 크게 나눌 수 있는데, 조사에 응한 1,591개 업체를 기준으로 살펴보면 제조업체가 1,075개(68%), 임가공업체가 197개

---

3 전체 업체 1,695개 중 창업년도가 확인된 1,408개 업체를 기준으로 산정한 비율이다.

(12%), 재료판매업체가 300개(19%), 기타 업체가 19개(1%)로 확인되었다. 이 중 가장 큰 비중을 차지하는 제조업체와 임가공업체는 대부분 기계 부품을 생산하여 납품하는 업체들이다. 문래동 제조업체의 생산물 중 기계 부품이 차지하는 비중은 47%에 이른다(문래소공인특화지원센터, 2016, p. 23).

> 기계 부품을 만드는 곳이에요. 자동차 부품부터 해서 여러 가지요. 기계가 작동되기 위해 들어가는 것들을 만들어요. 저희 같은 경우는 도면을 주면 다 만드는 편입니다. 정기적으로 거래하는 곳은 한 열 군데 정도 됩니다. 문래동 외부도 있고 내부도 있고. 인천, 파주 등에서 주문을 주로 받아요.
> ― ○○정밀(제조업체/임가공 겸업).

좀더 정확하게 표현하면 이들은 기계 부품을 오롯이 생산한다기보다 그것에 필요한 공정을 수행하는 업체들이다. 독자적으로 모든 공정을 수행하는 경우는 거의 없으며 대부분 주변 업체들과의 협업 과정을 거치기 때문이다. 이들은 각자 베어링, 밴딩, 건드릴·딥홀, 연마, 금형·사출, 주조, 프레스, 판금, 유압·공압기기, 조각·방전, 빠우(광택), 표면처리, 선반·밀링·MCT, 목형, 스프링, 와이어커팅, 열처리, 용접 등의 작업을 수행하면서 문래동 산업 네트워크의 일부를 이룬다.

2) 영세화, 고령화, 시설 및 환경문제가 걸림돌로 작용

이렇게 다양하고 많은 업체가 밀집해 있지만 업체 수에 비해 종사자 수는 적은 편이다. 문래동에서 가장 높은 비중을 차지하는 금속가공제품 제조업의 경우 2014년 기준 사업체 수는 1,200여 개에 이르지만 종사자 수는 2,500여 명에 불과하다(영등포구, 2015, p. 179). 업체당 종사자 수가 2명을 간신히 넘는 숫자다. 2008년 조사에 따르면, 최소 고용 인원이 1~2명인 업체가 전체의 75%를 차지할 정도로 전반적으로 고용 규모가 영세하다(산업노동정책연구소, 2008). 상시 고용 인력은 적고 일이 몰릴 때 일용직 인력을 고용하는 형태로 운영되고 있다.

> 지금은 (상시 근로자가) 나밖에 없고, 바쁘면 임시로 일할 사람 쓰지. 여기 생리 아는 사람들을 통해서 부르고. 다른 거래처를 보더라도 월급받는 직원은 적고 거의 다 사장 식구들끼리 하고 있어. 그렇지 않으면 인건비 비싸서 힘들어.
> — ○○금속상사 노동자.

청년층의 영세공장 기피와 불경기로 인한 신규 고용 감소로 종사자들의 고령화문제 역시 심각하다. 사업주들의 49.3%가 50대 이상의 고령층이며, 노동자들 역시 20.8%가 50대 이상으로 나타난다(산업노동정책연구소, 2008).

> 반 이상이 연장자예요. 나이가 … 10년 안에 은퇴하는 분들이 반 이상이라는 얘기예요. 10년 안에 문을 닫아야 되는 사람들이 반 이상이고, 내 밑으로 창업하는 사람들이 별로 없어요. 내가 올해 마흔세 살인데 밑으로 창업하는 사람들이 별로 없어요.
> — ○○테크(제조업체).

> 문래동에 젊은 사람이 없어. 30대도 거의 모르겠고 … 젊은 사람들이 쇳덩어리 안 만지려고 하니까 …. 이런 계통이 그렇더라고. 일 시작하는 사람

도 끝까지 배워서 하려는 사람은 열 명에 한두 명이나 될까 …. 여기 일하는 것도 힘들고, 사업도 경기가 안 좋고 업체 사정도 안 되고 하니까 다 떠나지.
　　　　　　　　　　　　　　　　　　　　　　　　 — ○○금속상사 노동자

주문 납기일에 맞추어 물건을 생산하고, 또 임가공이 잦은 업무 특성 때문에 장시간 야간 노동, 휴일 노동이 일반적이고 노동 강도도 강한 편이다. 하루 평균 노동시간이 9.34시간에 달하며, 월평균 근로일수도 25일을 넘어 주말·휴일 근무가 일상적이다(산업노동정책연구소, 2008). 청년 계층이 유입되지 않거나, 금방 떠나는 것 역시 이와 무관하지 않다.

젊은 사람들이 많이 버거워 해. 열악하잖아요. TV처럼 넥타이 매고 멋있게 하는 데가 아니라, 작업복 입고 (일) 하고. 생산성을 요하는 공장이다 보니 잔업도 아홉 시까지 하고. 그러다 보니 많이들 힘들어 하죠. 여덟 시 반부터 아홉 시까지 일하고. 수요일은 잔업 안 하고 토요일은 세 시 반에 끝나는데. 추세들이 잔업을 좀 줄여야 될 것 같아요. 젊은 사람들 좀 들어올 수 있게.
　　　　　　　　　　　　　　　　　　 — ○○정밀(제조업체/임가공 겸업).

시설 및 환경문제도 있다. 공단 지역 자체가 형성된 지 오래됐기 때문에 노후한 건물이 많고, 화장실 및 상하수도 시설이 낙후되어 있다. 철재상가 건물을 제외하면 단층 건물이 대부분이라 사무 공간을 따로 두지 못하고 복층으로 개조하여 협소하게 공간을 활용한다. 또한 거리가 골목길로 이루어져 자동차의 통행이 어려울 정도로 길이 좁으며, 주차 공간 역시 빈약하다. 특히 주차 공간 부족 문제는 중장비와 금속 제품을 취급하는 단지 특성상 운송에 많은 어려움을 준다.

이처럼 문래동은 많은 문제를 안고 있다. 낡은 건물, 시끄럽고 먼지 가득한 작업 환경, 해당 업종에 대한 일반적인 기피 현상, 경기 둔화 등의 문제가 복잡하게 뒤얽혀 문래동의 활력을 조금씩 갉아먹고 있다. 그러나 앞서 살펴본 것처럼 최근까지도 적지 않은 업체들이 문래동을 찾는다. 이는 많은 문제에도 불구하고 아직 이 지역이 제조업체들에게 어떤 구심력으로 작동하고 있음을 뜻한다. 이 글의 목적은 바로 그 힘을 찾아내고 그것을 확장하는 방안을 모색하는 것이다. 이를 위해 우선 문래동 업체들을 좀더 자세히 들여다볼 필요가 있다.

3. 문래동 뿌리산업의 유형별 특성

1) 제조업체: 임가공 · 재료판매업체와 밀접한 관계 속에서 생산을 진행하는 뿌리산업의 주력

문래동 뿌리산업의 대다수는 제조업체이다. 이들은 생산물에 따라 기계금속 가공업체와 조립금속제품 생산업체로 나눌 수 있다. 기계금속 가공업체는 금속을 가공해 다양한 기계 부품 및 반제품 등을 만든다. 조립금속제품 생산업체는 주로 탱크나 구조물, 조형물을 제작한다. 양으로 보면 전자가 후자에 비해 훨씬 많다. 이들 업체는 대부분 문래동 외부(주로 수도권)에 있는 중소업체로부터 주문을 받아 생산하는 2차 및 3차 협력업체에 해당한다. 이들의 생산 과정은 일반적으로 '소재 구매 - 선가공 - 후가공 - 표면처리'의 순으로 진행된다. 문래동의 가장 큰 장점은 바로 이 과정들을 동네 안에서 모두 해결할 수 있다는 것이다.

서울 안에서 가장 외주 처리하기가 편하고 후처리하기도 편한 데가 (여기예요). 전체가 여기에 다 형성되어 있잖아요. 재료든 가공집이든 도금이든 표면처리든, 뭐든지 여기 문래동하고 신도림하고 해서 다 모여 있어요.
— ○○테크(제조업체).

먼저 필요한 재료는 대부분 문래동 내에 있는 재료상에서 구입한다. 재료상이 가까운 곳에 있기 때문에 자전거나 오토바이로 운송할 수 있으며 소량의 재료는 심지어 손으로 들고 올 수도 있다. 물론 문래동에서 구할 수 없거나 대량 구매 시 지방 공장에서 떼 오기도 한다. 구입한 소재를 선반, 밀링 등의 기계로 가공한 뒤 열처리, 연마, 표면처리 등의 과정을 거치면 제품이 완성된다. 그러나 대부분의 업체는 이 공정을 모두 처리할 수가 없다. 공정에 필요한 기계가 없거나 물량이 너무 많아 기한 내에 처리할 수 없는 상황이 늘 발생한다. 때문에 주변 임가공업체들에게 생산을 위탁한다.

예를 들어 문래동 내에 있는 △△테크는 자동차 생산라인에 들어가는 기계 부품, 도색 장비 등을 제작하는 업체다. 현대기아자동차나 지엠이 공장에 필요한 기계를 1차 협력업체에 주문하면 이 업체는 그 기계에 필요한 부품을 △△테크에 주문한다. 그러므로 △△테크는 현대기아자동차의 2차 협력업체에 해당한다. 필요한 재료는 대부분 문래동의 재료상에서 구매하지만 대량 구매 시 시화나 남동에 있는 업체를 이용한다. 재료를 구매한 뒤 실제 작업 과정에 들어가면 직접 가공하기도 하지만 많은 물량을 임가공업체에 맡긴다. 거래하는 임가공업체는 11곳 정도이며 문래동에 9곳, 독산동에 1곳, 부천에도 1곳이 있다. 이들은 CNC가공, 밀링, 용접, 도금, 착색 등의 공정을 진행하여 △△

테크에 다시 납품한다. 문래동 외부에 맡기는 것은 문래동에서 처리할 수 없는 공정이거나 물량이 많기 때문이다. 또 △△테크에서 임가공을 받은 업체가 물량 문제로 다시 재하청을 주는 경우도 있다. 임가공업체에서 모든 공정이 끝나면 △△테크는 부품을 조립해서 1차 협력업체에 납품한다. 납품은 모두 택배로 해결하는데 이것이 직접 배송하는 것보다 훨씬 저렴하기 때문이다.

이처럼 문래동의 제조업체는 같은 동네에 있는 임가공·재료판매업체들과의 관계 속에서 생산을 진행한다. 이때 생산에 필요한 모든 업체들이 한 동네에 밀집해 있다는 점이 생산 활동을 가속화하고 부가 이익을 창출할 수 있는 계기로 작동한다.

2) 임가공업체: 대부분 1인 기업이지만 마진율이 70~90%로 높은 편

임가공업체는 대부분 선반이나 밀링, 연마기 등의 기계를 1~2대 갖춘 1인 기업으로서 문래동 내외부에서 고루 일을 받아 진행한다. 위에서 언급한 제조업체가 이들에게는 문래동 내부의 주요 발주업체가 된다. 발주처에서 재료까지 구매하여 일거리를 주기 때문에 매출액이 낮지만 재료를 가공하는 인력 위주의 공정으로 마진율이 70~90%로 높은 것이 특징이다. 이들은 전체 공정 과정의 한 부문만을 수행할 수 있기 때문에 한 제품을 생산하기 위해서는 다른 업체와의 협력이 필수적이다. 발주처가 공정 전체를 위탁하는 경우도 많기 때문이다. 예를 들어 ○○CNC는 CNC선반 두 대를 갖춘 임가공업체다. 주 생산품은 기계 부품이지만 선반 작업이 금속가공의 기초이기 때문에 다양한 제작에 관여한다. ○○CNC가 주문을 받으면 7~8개의 업체가 하나의 팀처럼 작업을 하는데, 이 업체들은 방전가공, 밀링, 재료판매, 연마, 쓰리팅 등 각각의 분야를 담당한다.

> 문래동 내 7~8개 업체가 하나의 팀처럼 해요. 각 업체에서 일을 받아오면 나눠서 작업해요. 이 업체들은 각각의 분야를 맡고 있는 거죠. … 이 업체들이 한 팀으로 해서 대부분의 공정을 다 할 수 있어요.
>
> — ○○CNC(임가공업체).

물론 팀 내에서 ○○CNC만 발주를 받는 것이 아니다. 팀에 속한 업체들이 각각의 거래 업체에서 주문을 받으면 그때마다 팀 작업이 가동된다. 이처럼 문래동의 임가공업체들은 위·수탁 관계로 복잡하게 뒤얽혀 있다. 소규모 사업자들이 문래동을 선호하는 것은 그러한 관계 속에서 모든 작업이 가능하기 때문이다.

임가공업체는 별도의 영업을 하지 않는 경우가 많은데 과거 동종 업체에서 직원으로 일하면서 형성된 관계나 동네에서 지내며 알게 된 관계 등이 영업을 대신하고 있다. 즉, 대부분의 일감은 주변의 소개를 통해 들어온다. 이것 역시 소규모 사업자들이 사업을 유지해 나갈 수 있는 중요한 기반이 된다. 또한 따로 영업을 하지 않는다는 것은 어떤 일이라도 들어오기만 하면 진행할 준비가 되어 있다는 뜻이기도 하다. 때문에 외부업체 입장에서는 급하게 일을 맡길 수 있고, 문래동의 업체들은 집적지로서 누리는 이점을 바탕으로 손쉽게 대응할 수 있는 것이다.

> 시화나 이런 곳들은 회사가 규모가 좀 있어요. (그래서) 자체적으로 하지, 외주 일은 잘 안 하려고 해요. 그런데 여기는 소사업이다 보니까 선반만 가

지고 밀링만 가지고 CNC만 가지고 하다 보니까 언제든지 (외부업체가 일 감을) 줄 수가 있는 거예요. 그게 제일 큰 강점이에요.

— ○○테크(임가공업체).

다시 말하면 문래동 전체를 하나의 공장으로 봤을 때, 문래동은 모든 공정을 처리할 수 있으면서도 여유 장비가 있는 상태라고 볼 수 있다. 때문에 원청업체의 다양한 요구에 빠르게 대응할 수 있다.

3) 재료판매업체: 집적의 이점 때문에 문래동에 입지

재료판매업체는 문래동3가에 있는 철재상가에 몰려 있지만 1가와 2가 에도 많이 분포해 있다. 재료를 판매한다는 점에서 제조 및 임가공업체 와 뚜렷하게 구별되지만 집적의 이익을 누리는 방식은 비슷하다. 예를 들어 알루미늄과 황동을 도소매 판매하는 ○○금속은 2012년에 처음 문을 열어 재료판매업체 중에서 신규 업체에 속하는 편이다. 이 업체는 판매할 재료를 대전, 서울, 강화도 등의 알루미늄 공장에서 직접 가져 와서 인천이나 대전, 오산 등에 소재한 거래처에 판매한다. 주문이 들 어오면 보유한 절삭기로 작업하여 수량만큼 판매한다. 문래동 내부의 거래처는 10곳 이하로 상대적으로 적은 편인데, 그것은 문래동 내부 업 체들은 기존의 재료상들과 이미 오랜 거래 관계를 구축하고 있고 "다 아 는 사람들이기 때문에" 그 관계를 비집고 들어가기가 쉽지 않기 때문이 다. 그럼에도 △△금속이 문래동에 자리를 잡은 것은 매출보다는 매입 의 편리함 때문이다.

문래동이 좋은 게, 철재나 스텐(스테인리스) 등 소재별로 구할 수 없는 게 없다. 딴 공단 쪽에서는 그런 게 없으니까. … 근처에서 소재를 구하기 쉽기도 하고, 업체에서 원하면 가공도 해 줘야 되는데 문래동엔 가공할 수 있는 공장이 많으니까 그런 점도 편하다.

— ○○금속(재료판매업체).

그러니까 발주처에서 ○○금속이 취급하지 않는 재료도 함께 주문하는 경우 가까운 철재상에서 조달하여 판매할 수 있고, 간단한 가공을 원하는 경우 주변 임가공업체를 통해 쉽게 해결할 수 있다는 것이다. 이것은 문래동이 지닌 집적지역으로서의 강점을 잘 보여 준다. 해당 업체는 직접적인 거래처로만 보았을 때는 문래동과 거의 관련이 없다. 그럼에도 문래동이 지닌 다종다양한 작업 환경이 업체들을 문래동으로 끌어들이는 것이다.

이렇게 문래동은 전문화되고 다양한 공정을 수행하는 소기업들과 다양한 재료를 취급하는 판매업체가 밀집하여 생산에 최적화된 환경을 이루고 있다. 이러한 환경에서 가장 중요한 것은 문래동의 업체들이 밀집해 있다는 것, 이를 통해 형성된 네트워크가 업체들의 활동을 떠받치는 가장 큰 힘이라는 것이다. 문래동의 업체들은 대부분 소규모이지만 이들은 다양한 생산 네트워크에 결합되어 거대한 공장처럼 작동한다. 물론 이 공장은 하나가 아니라 복수의 네트워크가 복수의 공장을 이루고 있는 형태다. 이로 인해 문래동에서 확인되는 생산의 단위는 개별 업체라기보다는 하나의 네트워크다.

4. 뿌리산업 네트워크의 두 가지 특성

그렇다면 이 뿌리산업 네트워크는 어떻게 문래동 업체들의 활동을 지탱하는 기반으로 작동하는가? 첫째, 생산자 네트워크는 생산 활동의 기반 자체이며 생산 활동을 가속화하는 힘으로 작동한다. 상술한 바와 같이 문래동의 영세업체들은 대부분 기계부품을 제작하는 곳인데 이 작업은 주로 주변의 재료상에서 재료를 구입한 뒤 선반가공, 밀링가공, 열처리, 도금, 도색, 용접 등의 공정을 거쳐서 이루어진다. 문래동의 가장 큰 장점은 재료상과 이러한 공정을 수행하는 업체들이 한곳에 몰려 있다는 것이다. 이 때문에 생산자 네트워크는 각 사업체에게 '무엇이든 만들 수 있는' 혹은 '모든 것을 할 수 있는' 환경을 제공한다. 이것이 기존 업체들을 묶어 두고 새로운 업체를 불러들이는 가장 큰 이유이다.

> 여기서는 내가 모든 것을 할 수가 있어요. 연마라는 일이 큰 공정의 하나일 뿐이에요. 예를 들어서 선반을 외주를 줘야 하고 밀링을 외주를 주고 공구를 사야 하니까. 그런 모든 것이 여기서 다 이루어져요. … 오토바이만 있으면 여기 1가, 2가, 3가를 돌아다니면서 원하는 것을 다 구입할 수 있어요. 그러니까 소사업자들이 여기가 제일 메리트가 있는 거예요.
> ─ ○○테크(임가공업체).

> 동네가 그런 게 잘 돼 있잖아요. 열처리, 자재 수급, 바로바로 여기서 일을 진행할 수 있는 게 자연스레 형성돼 있어. 그래서 나가기가 힘들어.
> ─ ○○정밀(제조업체/임가공 겸업).

이 때문에 문래동의 생산 네트워크는 소규모 제작업체들에게 단순히 생산을 돕는 이점에 그치는 것이 아니라 존재 기반이다. 제품에 따라 다르긴 하지만 작은 기계 부품을 생산하기 위해서도 최소 2~3개 이상의 공정이 필요하며 이에 필요한 모든 설비를 하나의 업체가 갖추기란 불가능하다. 따라서 문래동의 업체는 네트워크의 일부로서만 존재할 수 있고 작동할 수 있다. 그러한 이유로 타 업체와의 관계는 생산에 부가적인 요소가 아니라 중심적이고 기초적인 요소를 이룬다.

빠른 작업 속도는 집적의 가장 큰 장점 중 하나다. 한두 블록 내에 원하는 공정을 하는 업체들이 다 모여 있기 때문에 작업 진행을 가속화할 수 있으며 외주 관리가 용이하다. 이를 위해 거의 모든 업체들이 오토바이나 자전거를 운반수단으로 활용한다.

> 신속하게 빨리 할 수 있죠. 조목조목 붙어 있으니까. 도금단지면 도금단지, 오토바이로 5분만 가면 도금이 있고, 착색 같은 경우는 3분만 가도 되고, 와이어집 같은 경우는 옆집에도 있는 거고. 다 근처에 다 있잖아 바로. 골목골목이면 다 있으니까. 열처리집이며 뭐니.
>
> ─ ○○테크(제조업체).

특히 1997년 외환위기 이후 많은 기업들이 재고율을 대폭 줄이면서 납기일이 크게 단축되었고, 때문에 빠른 작업 속도가 어느 때보다 중요해졌다. 문래동의 업체들은 빠르게 작업을 진행할 수 있다는 점에서 이렇게 변한 환경에 유리한 이점을 지니고 있다.

> 오늘도 아침에 와서 점심에 가져갔는데, 시일을 다투는 일(당일 납품)이

(전체 일감의) 90%인데, … 대부분의 경우 급할 때 해 주는, 대응을 잘 해 주는 쪽으로 몰리게 되어 있어요. 실제로 대기업에서 경기가 좋을 때는 재고품을 많이 가지고 있어서 공정기간을 여유 있게 줬는데, 경기가 안 좋다 보니까 외주비용을 최소화하고 재고를 줄이려고 하다 보니까 공정기간이 급하게 많이 나오는 거죠. 오후 6시에 갖다 주고 내일 아침에 찾아간다(고 하니까) 밤새서 해 달라는 거죠. ─ ○○연마(임가공업체).

요즘은 납기싸움, 시간싸움이에요. … IMF가 되면서 재고를 두지 말라고 회사 정책이 바뀌면서, 그 전에는 납기일이 한번 들어오면 한 달, 두 달이 었는데, 이제는 납기가 거의 대기업에서 발주 떨어지면 한 달 안에 끝내야 할 정도로 촉박해진 거예요. 그러면 그것에 대응하기 위해서 우리 같은 업체들은 빨리빨리 끝내 줘야 하는데, 시화를 왔다 갔다 하는 데 이틀을 잡아먹어요. 이틀이면 여기서 가공 끝나서 납품할 시간이에요. 그런 것들이 있지요. ─ ○○테크(임가공업체).

집적이 주는 이득은 빠른 작업 속도뿐 아니라 운송 및 공정 관리에 들어가는 시간과 비용을 크게 줄일 수 있다는 점이다. 자전거로, 오토바이로, 혹은 걸어서 외주를 맡기고 재료를 구입할 수 있기 때문에 이를 위한 추가비용이 거의 발생하지 않는 것은 영세업체에게 큰 이점으로 다가온다.

자전거로, 오토바이로. 난 자전거 타고 움직여요. 문래동의 가장 큰 메리트가 그거에요. 운송비용이 사람의 노동력으로 가능하다는 것. 화성이나 다른 곳에서 들어오는 게 다 그것 때문이에요. 그래서 문래동이, 여기가 엄청나게 잠재력이 있다는 거예요. ─ ○○금속상사(제조업체).

(문래동이 아닌 다른 지역에서는) 공장은 할 수 있어. 근데 외주 관리가 안
돼. 표면처리라든지 … 샌딩을 하나 치려고 그러면 차 타고 한 시간을 가
야 돼. 도금을 하나 해야 되는데 40~50분을 가서 도금을 맡겨야 돼. 내가
회사가 군포에 있고 내가 시화에 있으면, 외주를 순회하는 사람이 있어야
돼. … 그러니까 그만큼 부대비용이 또 많이 들어가.

— ○○테크(제조업체).

제가 다른 데로 이사를 가게 되면, 일단 물류비용이 많이 들어요. … 물류
비용이 많이 든다는 얘기는 제 상품이 경쟁력이 없어진다는 얘기에요. 그
러면 저도 이 업을 계속 못하겠죠.

— ○○금속상사(제조업체).

둘째, 문래동 업체의 업주들은 평균 20년 이상을 한동네에서 활동한
사람들이다. 이로 인해 문래동에는 눈으로는 확인할 수 없는 암묵지가
공통의 자원으로 존재하며 이는 산업 네트워크를 따라 흘러 다닌다. 이
처럼 산업 네트워크는 생산을 위한 정보와 지식이 유통되는 망일 뿐 아
니라 어쩌면 지속적인 사업을 위해 가장 중요하다고 할 수 있는 영업망
으로도 작동한다. 이는 새롭게 사업을 시작하려는 이들에게는 중요한
자산이 된다. 실제로 대부분의 업주들이 문래동 혹은 주변 지역에서 직
원으로 일을 하다가 문래동에 업체를 차린 사람들이다. 문래동에서 선
반이나 밀링가공 등으로 시작해서 규모를 키운 뒤 화성, 김포 등으로
가서 중소업체로 성장한 사례 또한 상당수 있다.

지금 문래동, 청계천에서 화성으로 나가서 웬만한 중견기업 된 업체들이
상당히 많아요.

— ○○테크(제조업체).

문래동에 온 지는 15년 정도 됐어요. 원래 10년 넘게 직원으로 일하다가 2년 전에 직접 가게를 차렸어요. 문래동에서는 저처럼 일을 좀 배우다가 가게를 차리는 경우가 많아요. 그게 '안전빵'이기도 하고. 돈만 있다고 가게를 차리면 어려워요. 이게 사양사업이라고는 하는데, 거래처들이 좀 살아 있으면 망하기도 힘들어요. 인건비도 싸기 때문에.

— ○○금속(재료판매업체).

언급한 바와 같이 집적의 장점은 생산과정 자체에만 있는 것이 아니며, 집적으로 인한 일상적 관계가 영업 활동의 발판이 되기도 한다. 거래처의 지속적인 확보는 사업에서 가장 중요한 문제 중 하나인데, 많은 업체들이 따로 영업을 하지 않으면서도 사업을 유지할 수 있는 것은 일상적 관계에서 일감을 소개받을 수 있기 때문이다. 요컨대 집적으로 인한 일상적 관계 구축이 이들에게는 일종의 사회적 안전망으로, 공통의 자원으로 기능하는 것이다.

사업을 하면서 가장 중요한 것은 내가 현재 일을 하고 있냐가 아니라 앞으로 일이 연결될 수 있느냐인데, 성수동(에 있는 업체의) 일을 하게 된 게 △△열처리 사장님이 일을 주신 거예요. 이런 일이 있는데 한번 해 보지 않겠느냐. 이런 게 가까이 있으니까 가능한 거죠.

— ○○연마(임가공업체).

(영업은) 안 해요. 어떻게 되더라고요. 처음에는 ○○업체 형님 일을 조금씩 했었는데, 한번 거래를 트면 여기서 저쪽으로 소개를 시켜 주고, 소개 소개로 많이 커졌지요.

— ○○테크(임가공업체).

이처럼 산업 네트워크를 통해 유통되는 것은 철이나 스테인리스처럼 재료로 활용되는 물질만이 아니다. 오랜 산업 활동을 통해 문래동에 암묵적으로 축적되어 있는 정보와 지식 또한 이 네트워크를 따라 흘러 다닌다.

요컨대 산업 네트워크는 문래동 업체들에게 존재 기반 자체이자, 변하는 외부 환경에 대응할 수 있는 여건과 비용 절감의 기회를 제공하고 생산 및 영업 활동을 위한 정보와 지식의 유통망이 된다는 점에서 일종의 보이지 않는 공유지를 이룬다. 업주들은 '일이 많으면 나누어서 한다'는 말을 자주 하는데, 이 말은 문래동의 무수한 외주 거래가 위계적인 관계보다는 수평적인 관계 속에서 이루어진다는 것을 뜻한다. 이처럼 이들은 일을 '함께 한다'는 의식이 강하다. 이 '함께하기'는 네트워크를 구성하는 힘이라는 점에서 중요하다. 다시 말해서 문래동의 산업 네트워크는 문래동 업체들의 수많은 '함께하기', 즉 협력 활동을 통해 생산된다. 문래동 업체들은 각자의 상품을 각자가 생산함과 동시에 네트워크 자체를 집합적으로 재생산하고 있는 것이다. 그리고 생산된 네트워크가 다시 개별 업체들의 생산 동력이 되고 이것이 다시 네트워크를 생산한다는 점에서 이 네트워크는 생산의 주체이자 객체로서 자기재생산을 무한히 반복하고 있는 셈이다. 결국 어떤 과정으로서, 어떤 운동으로서만 존재하는 이 네트워크의 재생산이 어떤 면에서는 개별 상품의 생산보다 더욱 중요하다. 이는 집합적으로 고려된 문래동이라는 차원에서만이 아니라 개별 기업의 차원에서도 그러하다. 앞서 살펴본 바와 같이 산업 네트워크가 개별 기업의 존재 기반을 이루기 때문이다.

5. 문래동의 미래

지금까지 살펴본 것처럼 문래동의 뿌리산업 네트워크는 다양한 가공업체와 판매업체가 밀집하여 공정을 빠르게 진행할 수 있고, 유통비용을 절감할 수 있는 장점을 갖추고 있다. 또한 공통의 자원으로서 암묵지가 존재하여 다양한 기술 습득이 가능하고, 사회적 네트워크가 발달하여 창업에 유리한 환경을 갖추고 있다. 특히 빠른 공정 속도는 1997년 외환위기 이후 큰 강점이 되었으며, 급변하는 경제 환경 속에서도 문래동이 살아남을 수 있었던 이유로 보인다.

그러나 가치사슬 측면에서 봤을 때 제품 생산을 제외한 다른 부문, 즉 마케팅, 기획, 재무 등은 전반적으로 취약하다. 또한 뿌리산업에 대한 기피 현상이 심화되면서 고령화가 빠르게 진행되고 있으며, 낡고 좁은 시설 때문에 사업 확장이 어렵다. 이러한 이유로 공장 확장이 필요한 경우 타 지역에 제 2공장을 두거나 이전이 불가피하며, 주차 문제도 심각한 편이다. 그리고 문래동 영세업체들은 언제 어느 곳과도 연결될 수 있다는 점에서, 다시 말해 일이 주어지면 언제라도 할 수 있다는 점에서 뛰어난 대응력을 지니고 있지만, 이는 그만큼 이들의 상황이 불안정하다는 의미이기도 하다. 언제라도 일을 할 수 있다는 것은 언제라도 일을 할 수 없다는 말과 같다. 즉, 접속가능성과 불안정성은 동전의 양면인 셈이다. 이러한 점은 문래동의 업체들이 역외 하청기업으로서의 위치를 탈피하여 자체적으로 제품을 공동기획·개발할 필요가 있음을 보여 준다.

이와 관련하여 다양한 네트워크 구축이 시도되는 것에 주목할 필요가 있다. 2013년 문래동에 개소한 소공인특화지원센터는 문래동의 업체들을 엮어 공동제품 개발, 마케팅 등 공동으로 진행할 수 있는 사업을 계획하고 있다. 이러한 시도가 성공적으로 이어질 경우 문래동의 지역산업은 한 단계 도약의 계기를 마련할 수 있을 것이다. 다른 한편 2000년대 초반부터 문래동에 자리 잡은 예술가 네트워크와의 융합이 있다. 제조업체와 작업실은 생경한 조합처럼 느껴지지만 무엇인가를 만들어 낸다는 점에서 공통분모를 지니며, 같은 지역에서 계속 마주칠 수밖에 없는 지리적 조건 또한 융합의 계기가 되고 있다. 이러한 지점은 이미 제조업체와 작업실을 연결하는 매개체로 작동해 왔는데, 문래동의 예술가들은 용접 기술을 제조업체에서 배우기도 했고, 금속 작업에 필요한 장비를 사용하기 위해 제조업체를 작업실처럼 공유하기도 했다. 보다 본격적인 융합을 위해서는 예술가를 지원하는 문래예술공장과 소공인을 지원하는 소공인특화지원센터를 중심으로 지역 예술가와 소공인의 합작 프로젝트를 폭넓게 진행할 필요가 있을 것이다.

지금까지 살펴본 것처럼 문래동은 많은 잠재력을 지니고 있지만 그 산업적 활력을 조금씩 잃어가는 것 또한 분명한 사실이다. 현재 문래동의 두 축을 이루는 산업 네트워크와 예술 네트워크의 얽힘이 새로운 가능성을 만들어낼 수 있을까? 시간이 흐르면서 두 네트워크의 융합 및 접속은 조금씩 확장되었고 그것을 진전시키기 위한 노력 또한 다양하게 진행되고 있지만 섣불리 답하긴 어렵다. 다만 산업 네트워크가 제조업체의 생산 기반이 되었던 것처럼 두 네트워크의 결합이 새로운 무엇인가의 기반이 되리라고 추측할 수 있을 뿐이다. 지금은 아직 그 무엇인가를 찾아가는 중인지도 모른다.

참고문헌

문래소공인특화지원센터 (2016). 《2017 문래머시닝밸리 생산제품 편람집》. (사)
　　　한국소공인진흥협회.

산업노동정책연구소 (2008). 〈영등포 문래동 중소영세사업장 실태조사〉.

영등포구 (2011). 《영등포 근대 100년사》.

_____ (2015). 〈2014년 기준 사업체조사보고서〉.

예술과도시사회연구소 (2008). 〈문래 창작촌 연구〉.

이정욱 (1996). "소규모 제조기업 집적지역의 형성과정과 지역적 연계에 관한 연
　　　구: 서울시 영등포구 문래동을 사례로". 서울대학교 대학원 지리학 석사학
　　　위논문.

제 9 장

세운상가의 반세기 강우원

1. 들어가며

세운상가는 서울 종로에서 퇴계로에 이르는 너비 50미터, 길이 893미터, 총면적 44,650제곱미터, 연면적 205,536제곱미터의 4개 건물, 8개의 상가아파트군을 말한다. 2,007개의 점포 및 사무실(호텔 객실 177개 제외)에다 주거용 아파트가 851개에 이르는 주상복합건물 단지이다. 원래 세운상가는 상가별로 고유한 상가명이 있다. 가장 북쪽 종로에 면한 상가가 현대상가(또는 종로세운상가)이고, 현대상가와 연접해 청계천 쪽으로 들어선 상가는 세운상가 가동이다. 그리고 청계천의 남쪽으로 세운청계상가와 대림상가, 을지로 남쪽으로 삼풍상가와 풍전(PJ)호텔, 그리고 마른내길 남쪽으로 신성상가와 진양상가 순으로 자리 잡고 있다. 2007년 종묘와 남산을 잇는 녹지축 조성을 위한 사업을

217

그림 9-1 세운상가 위치도

퇴계로 진양상가 신성상가 마른내길 PJ호텔 삼풍상가 을지로 대림상가 대림청계상가 청계로 세운상가 가동 현대상가 종로

진행하면서 현대상가를 철거하고 그 자리에 세운초록띠공원을 조성하였기 때문에 현재는 모두 7개의 상가아파트만 남아 있다.

이들 상가아파트가 동일한 규모라고 생각하기 쉽지만 실제로 규모에서는 큰 차이가 난다. 가장 규모가 작은 상가아파트는 대림청계상가로 대지 1,339.8제곱미터, 연면적 13,043.27제곱미터에 불과한 반면, 가장 규모가 큰 상가아파트는 진양상가로 대지가 3,435.4제곱미터이고 연면적은 대림청계상가의 네 배가 넘는 54,608.3제곱미터나 된다.

그리고 실제로는 4개의 건물군 전부를 세운상가라 부르기도 하고 현대상가와 세운상가 가동을 합쳐서 세운상가로 부르기도 한다. 그러나 개별 상가별로 소유와 관리가 따로 이루어지는 것은 물론, 저층 상가와 아파트도 구분되어 별도로 소유 및 관리되고 있다. 이 글에서는 편의상 세운상가를 상가아파트군 전체를 지칭하는 개념으로 사용하고, 개별적인 상가아파트에 대해서는 고유 상가명을 사용하고자 한다.

그런데 왜 이곳 상가아파트군이 세운상가라고 불리게 되었을까. 그 연혁을 찾아보면 다음과 같다. 1966년 8월에 이 지역 최초로 아세아상가(지금의 세운상가 가동)의 기공식을 하였다. 이 기공식에 참석했던 당시 김현옥 시장이 "세계의 기운이 이곳으로 모이라"는 뜻으로 '世運商

街'라는 휘호를 썼다. 그래서 이곳에 서게 될 일련의 건물군 이름을 '세운상가'로 통칭하게 되었다(손정목, 1997).

세운상가는 1966년에 착공하여 2년 뒤인 1968년에 완공되었다. 1966년 서울의 인구는 380만 명이었지만 주택 부족률이 50%를 넘고 무허가 주택거주자 비율도 33%였다. 1인당 국민소득은 131달러에 불과하였고 KBS가 첫 흑백 TV방송을 시작한 것도 이즈음이다. 이런 고단한 시절에 국내 전자산업의 시발점으로 도심에 국내 최초로 대규모 주상복합이 들어서게 되었다. 부침이 많은 경제적 상황 변화에서 세운상가의 위상이 어떻게 변해 왔으며, 사물인터넷(IoT)이 본격화되는 4차 산업혁명을 앞두고 미래의 모습을 위해 어떤 정책적 노력을 경주하고 있는지 살펴보는 것은 그 의의가 적지 않다.

2. 세운상가의 탄생

1) 세운상가 부지

현재의 자리에 세운상가가 들어서게 된 연유가 무엇일까? 2차 세계대전 막바지에 이르러 미국의 항공기 공습이 일본 본토뿐만 아니라 한반도에도 빈번하게 등장했다. 일제강점기 당시에 한반도의 주택은 주로 화재에 취약한 목조건물이었다. 이에 대응하기 위해 일제는 1937년 〈방공법〉을 제정해 공포하였고, 1943년 이를 개정하면서 소개공지(疏開空地)·소개공지대(疏開空地帶) 내에서는 건물의 강제 이전 및 철거가 가능하도록 하는 규정을 신설하였다. 소개공지·소개공지대는 화재가 났을 때 불이 옮겨 붙지 못하도록 마련된 둥근 모양 또는 도로처럼 긴 띠 모양의 빈터를 말한다.

이 규정에 근거해 1945년 4월부터 경성, 부산, 평양 등의 주요 도시에 소개공지·소개공지대가 수십 개 지정되었다. 이때 세운상가 부지에 해당하는 종묘앞-필동 간 소개공지대도 지정되었다. 그리고 일제가 패전하기 전까지 실제 건물의 철거작업에 들어갔다. 그러나 일제의 패망과 더불어 이후 소개공지·소개공지대는 방치되었다. 1952년 한국전쟁복구계획을 수립하면서 종묘앞-필동 간 소개공지대는 도시계획가로인 '광로 제3호'로 결정 고시되기도 했지만 여전히 방치되다시피 했다. 이러한 행정 공백을 틈타 이 지역에 한국전쟁의 이재민과 월남민들의 무허가 판잣집이 대거 들어서기 시작했다. 생계를 위해 하나둘 들어서기 시작한 사창(私娼)이 종로2가에서 5가에 이르기까지 점점 확산되면서 1960년대 말까지 '종삼'(鐘三)이라고 불리는 사창가의 대명사로 자리 잡게 되었다(강우원, 2006). 이런 와중에 종묘앞-필동 간 소개공지대는 주민들의 요구에 따라 계속해서 헐값에 매각되었고 거의 50% 이상이 민간인에게 매각되었다(최상철, 1974).

2) 세운상가 계획 과정

이러한 상황에서 이 일대에 정비의 필요성을 제기하고 정비 방안을 마련한 것은 서울 중구청 공무원의 소명의식에서 비롯되었다(최상철, 1974). 1966년 6월 중구청에서 작성한 계획안은 다음과 같은 내용을 담았다. 첫째, 50미터 넓이의 계획가로 중에서 양측 15미터씩은 건물을, 중앙 20미터는 도로로 조성한다. 둘째, 현재의 50미터 계획도로를 소유하거나 불법 점유하고 있는 지역주민은 지주조합을 결성하고 서울시의 설계에 따라 양측 건물을 짓고 중앙 20미터 계획가로 중 사유지는

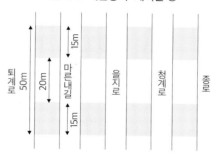

그림 9-2 세운상가 계획안 ①

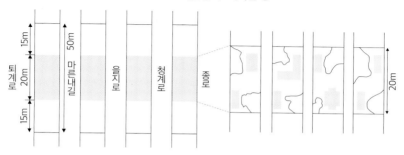

그림 9-3 세운상가 계획안 ②

서울시에 기부 채납한다(〈그림 9-2〉참조).

그러나 중앙 20미터의 도로는 도심도로로서 용량이 부족하고, 부지에 연접한 기존상가들은 진출입로 확보가 어려워진다는 문제가 제기되면서 서울시는 다른 대안을 찾아야 했다. 당시 건설부 산하 미국 지원 기구인 HURPI(Housing and Urban Development Planning Institute)의 네글러(O. Negler)에게 대안을 의뢰해 제시된 계획은 중구청안과 반대로 중앙에 20미터의 건물지대를 구성하고 양측에 15미터씩 도로를 설치하고 중앙의 건물지대에는 8개의 각기 다른 모양의 건물을 배치한다는 것이다(〈그림 9-3〉참조). 이 계획안으로 도로문제는 어느 정도 해결이 되었지만, 환지에 어려움이 있고 지나친 공지화로 건축비용이 많이 든다는 단점이 또 다른 문제로 대두되었다.

그러던 중 1966년 7월 '불도저 시장'으로 널리 알려진 김현옥 시장이 적극 나서서 한국종합기술개발공사의 건축가 김수근과 상의해 세운상가 설계의뢰를 추진하였다. 또한 종로·중구 양 구청장에게 무허가 건물 철거를 지시하고, 건설부에는 '재개발지구 설정 및 일단의 불량지구 개량사업 실시 인가'를 상신하게 된다. 이렇게 비슷한 시기에 각각의 과업이 추진되었지만, 가장 먼저 마무리된 것은 무허가 건물 철거였다. 자진 철거하면 상가아파트 입주 특혜를 주고, 자진 철거하지 않으면 강제 철거해 변두리로 이주시킨다는 '당근과 채찍'의 전략이 효력을 발휘했기 때문이다. 그해 9월부터 아세아상가 기공식을 필두로 상가별로 기공식이 계속되었다. 먼저 기공식이 있고 난 후에 도시계획이 결정되었다는 것은 그만큼 '불도저'로 진행되었다는 반증이라고 볼 수 있다.

3) 세운상가의 설계

근대화가 제대로 자리 잡지 못했던 반세기 전에 세운상가를 설계한 건축가들은 어떤 생각을 가지고 설계에 임했을까. 세운상가 프로젝트에 참여한 건축가들은 설계에 앞서 네 가지 기본개념을 제시하였다. 첫째, 모든 건축물은 궁극적으로 도시 전체의 구성요소라는 맥락적 이해에서 출발한다. 둘째, 지역이 기존에 가지고 있는 고유한 유기성을 파괴하지 않고 장기적이고 점진적인 개발을 통해 평면적, 수평적 이동을 유도하는 재개발이 되도록 한다. 셋째, 도시의 일상생활에서 프라이버시가 보호되는 실질적인 근린주구(近隣住區)가 유지되도록 한다. 넷째, 환경 조건의 악화와 기능적 혼재로 유발되는 교통체계의 불합리와 악순환을 극복한다(윤승중·유걸·김석철, 1967).

건축가들은 이 네 가지 기본개념을 바탕으로 건축 설계를 구체화하였다. 구체적으로 실현하는 첫 작업은 종묘-퇴계로를 잇는 1킬로미터를 보행거리가 될 수 있도록 입체화시킨 것이다. 3층 높이에서 인공 보행로를 설치하고 이 길을 따라 상가를 설치해 보행자 전용 쇼핑몰이 형성되도록 하였다. 자동차 통행과 주차 공간은 지상 높이에 설치함으로써 보차분리를 시도하였다.

두 번째 실현 작업은 1~4층은 상가, 5층 이상은 아파트인 주상(住商) 복합 건물군으로 연결시켰다는 것이다. 특히 5층은 인공대지 개념을 도입해 개방 공간(open space)으로 공원, 어린이 놀이터, 시장을 배치하였다. 거주 환경을 보장하기 위해 햇빛과 바람을 받아들이는 아트리움(atrium) 공간 개념을 도입하였다. 또한 한 층씩 올라가면서 후퇴하도록 하는 이른바 테라스(terrace) 형 설계를 아파트 부분에 도입해 건물의 위압감도 줄이도록 하였다.

세 번째 실현은 주상복합 건물군의 개념을 외연적 확장을 통해 '도시 내 도시'(city in city)의 개념으로 확대했다. 건물군은 8층을 유지하되 간선도로와 만나는 곳은 타워(tower) 형으로 고층화하여 시각적 변화를 추구하고 공간도 확보하였다. 상가도 접근성이 떨어지는 높이인 2층과 4층에는 커피숍, 식당 및 병원을 배치하도록 하고 옥상에는 초등학교를 배치하여 입체적 복합 기능을 가진 하나의 도시적 건축물이 되도록 하였다.

마지막으로 세운상가를 전통적 상업 중심의 종로거리, 패션 중심의 명동 등과 직접 상권으로 연계시켜 낙후된 주변 지역을 활성화하는 거점으로 유지하고자 했다. 인공 보행로를 설치한 것이나 종로, 청계천로, 을지로, 마른내길, 퇴계로와의 접점에 계단으로 연결시킨 것은 주변 지역 상권과의 연계를 지속하려는 의도의 구체적 결과이다.

4) 세운상가의 기본 구상 및 설계와 실제의 괴리

그런데 최종 완성된 건축물은 도시적 건축물을 표방하고 시작했던 기본 구상 및 설계와의 괴리를 보여 준다. 가장 먼저 꼽을 수 있는 것은 '공중보행로'이다. 당초에는 종묘-퇴계로에 이르는 약 1킬로미터를 3층 높이에서 보행자 전용 쇼핑몰로 만들려는 것이었다. 그러나 3층 높이로 올라가는 계단이 급경사인 데다가 3층 높이에서의 보행로도 중간중간 단절되었다. 게다가 보행로 위의 포장과 조경 등 환경 연출이 제대로 이루어지지 않아 쾌적한 보행로나 활발한 쇼핑몰로서도 실패한채 삭막한 구조물로 남게 되었다. 그러다 보니 지상을 자동차 전용 공간으로, 3층을 보행자 전용 도로로 하겠다는 당초의 구상은 실현되지 못하고 지상에 보행자와 자동차가 섞이면서 혼잡만 가중되었다. 이는 지상 구간을 상업 용도로 활용하지 않겠다는 현실과 괴리된 발상이 조금이라도 넓은 분양 면적을 확보해 이윤을 추구하려 했던 근시안적인 기업을 설득시키지 못했기 때문이다.

그리고 상업시설과 주거, 업무 기능을 구분하고 연결시켜 주는 개방 공간을 5층에 배치하는 인공대지도 실현되지 못해 계획으로 끝나고 말았다. 이러한 개념을 기저로 제시되었던 단위도시로서의 기능들, 즉 동사무소, 파출소, 학교, 은행, 옥상정원 등과 같은 공공 및 편익시설도 배제되었다. 또한 주거 기능 활성화를 위해 제시된 아트리움과 한 층씩 올라가면서 후퇴하도록 하는 계획도 실시설계 단계에서 변경되었다.

이렇게 원래의 설계와 실제에서 차이가 많은 이유는 시공사가 8개 기업군으로 분할되어 서로 협조가 이루어지지 않았기 때문이다. 또한 조금이라도 넓은 분양 면적을 확보하려는 기업의 근시안적 이윤 추구로 인해 단일 건물로서의 상승효과도 거두지 못하였다. 50년이 지난 오늘날에도 아직 평면적인 도시계획에 머물고 있고, 우리의 보편적인 주거 공간도 여전히 성냥갑 모양에서 벗어나지 못한 현실에 견주어 보면, 당시의 설계 개념이 실현되기에 사회적 여건이 너무 미흡하지 않았나 하는 생각이 든다.

5) 세운상가의 건축

세운상가 지구의 재개발사업은 총공사비가 44억 원으로 당시 우리나라에서 집행된 민간투자 사업으로서 최대 규모였기 때문에 시민이나 당국의 높은 관심 속에서 시작되었다(최상철, 1974). 그러나 당시의 사회경제적 사정에서 사업성이 부족하다 싶어 초기에는 시공에 참여하겠다는 사업자가 없었다. 어려운 사정에 직면한 서울시는 시장이 직접 나서서 이 사업의 일부 구간을 서울시의 토목공사를 많이 맡고 있던 현대건설과 대림건설에 반강제로 맡겼다.

이렇게 반강제로 건축이 시작되었지만, 주변 상가의 상인을 중심으로 사업이 구체화되는 것을 지켜보면서 미래 상권에 대한 확실한 기대감을 가지게 되었고, 이는 점포의 구입 붐으로 이어졌다. 지금까지 시공에 관심이 없던 건설회사와 단체도 잔여 구간에 참여하겠다고 의사를 내비치면서 경쟁이 치열해졌다. 5천만 원의 예탁금을 걸고 사업자를 모집한 결과, 현대, 대림, 풍전, 신풍, 삼원, 삼풍건설회사와 지주조합인 아세아상가번영회, 청계상가주식회사 등이 8개 구간으로 나누어 분할 시공하게 되었다(최상철, 1974).

　이러한 과정을 거쳐 1967년 10월 서울 도심재개발의 첫 사업으로 세운상가, 공식 명칭은 현대상가아파트가 준공되었다. 그리고 한 달 뒤 아세아상가가 준공되었다. 1968년에는 대림, 청계, 삼풍, 풍전, 신성, 진양 등의 상가아파트와 호텔 등도 속속 준공되었다.

3. 세운상가의 오늘

1) 세운상가의 현주소

세운상가는 대통령 영부인과 대통령이 각각 참석하여 준공테이프를 끊을 정도로 국가적 관심사였다. 세운상가는 초기에 고급 상가였으며, 1970년대 중반까지는 주요 상권으로서 위상을 유지했다. 당시에는 드물게 엘리베이터가 설치되었던 아파트는 사람들에게 선망의 대상이 되는 최고급 아파트로 손꼽혔다.

　이렇게 위풍당당하던 세운상가가 오늘날엔 어떤 모습을 보이는가. 컴퓨터 상가로 널리 알려졌던 현대상가는 1층부터 3층까지는 가전제품을 취급했고, 4층만이 전자 및 컴퓨터 상가였다. 특히 2층은 혼수 전문 상가를 표방하면서 전화, TV, 냉장고, 카메라, 오디오 등 보다 다양한 가전제품을 살 수 있었다. 도로변으로만 고층화한다는 계획에 의해 종로를 면해 5층부터 13층에 자리 잡은 아파트는 실평수 59제곱미터에서 85제곱미터의 79세대가 중복도형으로 배치되어 있는데, 5층까지 걸어와야 엘리베이터를 타고 올라갈 수 있었다. 하지만 80% 이상이 창고나 사무실로 용도 변경되어 이용되었다(강우원, 2009). 그러다가 2009년 종묘와 남산을 잇는 녹지축 조성을 위한 사업이 진행되면서 그 첫 단계로 현대상가를 철거하였고 그 자리에 세운초록띠공원을 조성하면서 현대상가는 역사의 뒤안길로 사라졌다.

세운상가 가동은 세운상가 최초로 착공되었고 건설 당시에는 '아세아상가'로 명명되었다. 원래 현대상가를 종로세운상가로 하고 아세아상가부터 세운상가 가동, 나동 등의 식으로 연속성을 가질 수 있도록 하였다. 그러나 각 상가가 고유의 상가명을 고수하면서 이런 시도가 유명무실하게 되었다. 그러다 보니 연속성도 없고, 고유 상가명도 아닌 '세운상가 가동'이 탄생하게 된 것이다. 최근까지 3층 보행로를 점유하고 있던 노점상은 철거되고 현재는 젊은 스타트업을 위한 공간으로 거듭나고 있다. 5층부터 8층까지의 100세대 아파트의 내부는 중복도형에다 아트리움을 가미한 구조이다.

세운청계상가는 세운상가 가동과 더불어 지주들이 조합을 구성해 건축한 2개의 상가 중 하나이다. 주로 전자제품에 특화되어 있으나 현대 및 세운상가 가동과는 사뭇 다른 특징을 보인다. 2층은 전자오락기, 3층은 노래방 기기와 전자오락기 전문 상가로 전자 분야 중에서도 오락 분야에 특화되어 있다.

대림건설 소유였던 대림상가는 1996년 현 임차인에게 분양되었다. 그리고 분양받은 소유주들은 별도의 법인 형태로 관리회사를 설립했다. 3층에는 깔끔한 실내장식으로 잘 정비된 노래방기기 업체들이 들어서 있다. 아파트는 5층에서 8층까지는 중복도형, 9층부터 12층까지는 아트리움형으로 혼합된 형식을 취하고 있다. 세운상가 가동과는 달리 상당 부분 주거 기능이 남아 있다.

삼풍상가는 냉난방 시설도 잘 가동되고 건물의 외벽도 회색으로 도색하고 보수도 하는 등 세운상가 건물들 중에서 가장 잘 관리되고 있다. 12층 중 1층 상가를 제외하고 전체 층이 사무실로 활용되는 사무동이다. 보험회사, 청운회계법인 등을 비롯한 전형적인 'FIRE(*finance, insurance, real estate*) 산업'이 입주해 있다.

PJ호텔은 여타 상가아파트와는 달리 호텔로 특화되어 이용되고 있는 점이 특징이다. 과거에는 풍전호텔로 불렸다. 1층만 은행 및 잡화 판매가 이루어지고 10층까지 모두 호텔로 이용된다. 도심의 오래된 호텔을 이용하는 이용객은 누구일까. 객실 이용객의 90%는 일본인 관광객이며 주로 단체 손님이라고 알려져 있다.

신성상가의 경우 1층은 잡화점 성격의 점포가 있는 반면, 2층부터 4층까지는 주로 인쇄 관련 기획, 디자인업체가 입주하고 있다. 5층부터 10층까지는 50제곱미터에서 135제곱미터에 이르는 183세대가 입주해 있으며 내부 구조는 중복도형을 유지하고 있다. 그중 50제곱미터가 61세대로 가장 많다. 특히 신성상가아파트는 사무실로 용도 전환된 비율이 낮은 편이며 어느 정도 주거 기능을 유지하고 있다.

세운상가의 가장 남단으로 퇴계로를 접하고 있는 진양상가도 다른 상가와는 다른 몇 가지 특징을 보인다. 1층은 수예, 귀금속, 시계와 같은 혼수상품, 그리고 3층은 꽃도매상가 중심으로 입주해 있다. 3층에 꽃상가가 들어서게 된 것은 남대문 대도상가·자유상가의 꽃상가가 재건축을 하면서 진양상가와 반도조선아케이드로 이전한 것이 계기가 되었다. 95제곱미터에서 208제곱미터까지 모두 284세대인 진양맨션은 중복도형을 유지하고 있으며 사무실로 용도 변경된 세대수가 8세대에 불과할 정도로 주거 기능을 간직하고 있다. 현재 입주자는 주변 시장에서 장사하는 사람들이 많지만, 초창기는 사회 저명인사와 중앙정보부 직원이 많았다고 관리사무실 소장은 증언한다.

2) 세운상가의 역할

외견상 세운상가는 특징 없는 거대한 건물군으로 구성된 것 같아 보이지만 나름대로 구분이 가능할 정도로 특성을 가지고 있다. 세운상가 가동은 가전제품과 컴퓨터, 그리고 최근에 수요가 늘어난 방송용 기기 전문 상가, 대림청계상가와 대림상가는 위락용 전자제품 전문 상가, 삼풍상가는 업무 기능, PJ호텔은 호텔, 신성상가는 인쇄 관련 업종 또는 잡화 전문 상가, 진양상가는 꽃 및 혼수 전문 상가로 각각 특화되어 있다. 그러면서 세운상가의 입지명성(locational prestige)은 당대의 첨단제품 판매업이 입지하여 왔다는 데서 찾을 수 있고, 다소 퇴색되었지만 아직도 그런 명성이 유지되고 있다. 세운상가는 초창기부터 한국 전자공업의 발전사와 궤를 같이했다. 1960년대 라디오, 1970년대 TV, 1980년대 워크맨과 오디오, 1990년대는 정보화시대를 주도하는 컴퓨터를 주로 판매했으며, 오늘날에도 여전히 세운상가는 당대의 첨단제품을 잉태하고 유지하는 역할을 담당하고 있다.

세운상가의 경쟁력은 유통되고 있는 물품이 시중 가격보다 저렴하다는 데 있다. 이는 세운상가에서 유통되는 물품이 주로 대리점의 재고품, 도산업체의 제품, 중소제조업체의 재고 조달용 물품 등이기 때문에 가능했다(대한상공회의소, 1985). 이러한 점이 가전이나 전자 관련 업체들에게는 안전판 역할을 하였고, 다른 한편으로는 지속적으로 세운상가의 높은 경쟁력으로 작용하였다. 세운상가가 없었다면 수많은 전자제품 대리점들이 자금난으로 도산했을 것이고 가전업체들도 큰 어려움에 봉착했을 것이라는 세운상가 상인들의 자부심도 결코 과장된 것은 아니다.

　세운상가는 도심 신산업지구의 핵으로 자리 잡고 있다. 세운상가가 첨단 가전제품 및 사업용 전자제품의 판매, 개발, 수리가 이루어지는 곳이라면, 세운상가 주변에는 상대적으로 임대료 부담 능력이 부족한 관련 부품 판매상과 제조 기능이 입지해 있다. 그리고 이들 판매상과 제조업체 간에는 광범위한 산업연계가 이루어지고 있다. 결국 도심산업은 다수의 소규모 기업들이 네트워크 체제를 구축하여 거대한 자기완결 산업세계(self-contained industrial world)를 형성한 것이다(Bale, 1984). 이러한 자기완결 산업세계는 세운상가와 깊은 관련이 있고 여전히 세운상가가 그 핵으로 작용한다고 할 수 있다.

　또한 세운상가는 젊은이들이 꿈을 실현하는 창업 공간의 상징이었다. 세운상가와 주변 지역에 있는 판매나 제조업체의 소유주들은 대개 과거에 종사자로 근무하였다. 지금의 종사자들도 기술과 유통 경로를 확보해서 새로이 창업하려는 꿈을 가지고 있는 젊은이들이다. 기술 숙련과 새로운 기술의 개발, 끝없는 틈새시장 발굴로 또 한 명의 사장 탄생을 기대하는 것이다. 최근에는 경기가 위축되고 전자상거래를 중심으로 거래가 이루어지면서 이러한 가능성에 대한 기대가 많이 낮아졌지만, 종사자들은 이러한 꿈을 접은 것은 아니다. 오히려 도시정부의 지원과 맞물려 창업을 위한 젊은이들의 유입이 늘고 있다.

4. 세운상가의 미래

1) 세운상가의 위기

대한민국 전자산업의 메카로 불렸던 세운상가는 끊임없는 변신을 통해 명성을 유지해 왔지만 경쟁 전자상가의 등장, 시설의 노후화, 그리고 물류체계의 미흡 등으로 위기를 맞았다. 최근 전자제품의 구매 형태가 완전히 바뀌었다. 전자상거래가 보편화된 데다가 1980년대 용산 전자상가, 1990년대 광장동 테크노마트, 2000년대 신도림 테크노마트와 같은 대규모 전자상가가 들어서면서 전기·전자제품의 대명사로 불리던 세운상가의 명성이 퇴색되었고 지역 상권으로 전락할 정도로 위축되었다.

반세기 동안 시설도 낡고 노후화되었다. 일부 새단장을 거친 상가아파트를 제외하면 곳곳에 부식된 철근과 시멘트의 깨진 자국이 보인다. 건물 안전등급은 D이다. 건물 안전등급 D란 주요 부재에서 노후화가 진전되거나 구조적 결함이 있어서 긴급한 보수·보강 및 사용 제한 여부에 대해 판단이 필요한 상태이다. 그럼에도 불구하고 상가별로 소유와 관리가 분리되어 있어 주도적으로 추진할 수 있는 주체가 없고, 기금도 조성되어 있지 않기 때문에 친목 단체 성격이 강한 상우회로서는 강한 추진력을 확보하기 어려운 것이 현실이다.

그런 중에도 생존을 위한 다양한 영업 노력을 모색하고 있다. 주변 주차장과의 제휴를 통해 무료 주차장을 운영하고 상가 차원에서 전문 택배업체와 제휴를 맺어 배달체계를 현대화하고 있다. 또한 토요 벼룩시장 등 상가 내 상인들이 대거 참여하는 기획 판매행사를 마련하여 적극적으로 고객을 유치하려 하고 있다.

2) 세운상가의 정비사업

이러한 여건 변화와 세운상가에 대한 비판적 시각, 즉 북한산에서 남산에 이르는 녹지축의 단절과 서울 도심의 슬럼화의 주범이라는 시각에 대응하고자 정책적 노력이 계속됐다. 도심 기능 활성화를 위해 1979년에는 세운상가 주변 지역 15만 3,390제곱미터를 정비구역으로 지정하기도 하였다. 청사진이 보다 구체화된 것은 이명박 시장 때였다. 청계천 복원을 공약으로 내걸고 당선된 이명박 시장은 청계천 복원 사업과 더불어 세운상가에 대한 역할에 고민하면서 세운 녹지축을 만들어 보겠다는 미래 청사진을 제시했다. 즉, 물을 주제로 한 청계천축과 녹지를 주제로 한 세운 녹지축, 그리고 세계문화유산인 종묘가 하나의 문화 관광 벨트로 연계되는 큰 그림을 제시했던 것이다.

이미 도로 위에 세워진 세운상가의 소유주는 토지 지분이 없기 때문에 세운상가 자체만으로 독자적인 정비사업을 추진하기가 어려웠다. 결국 주변의 재개발구역과 연계하여 고층의 대규모 개발을 허용하고 재개발로 발생하는 개발 이익을 세운상가 소유주들도 일부 공유할 수 있는 방안이 채택되었다. 이를 위해 신탁에 의한 개발 방법을 도입하는 구체적 방안까지 제시되었다. 그 이후 오랫동안 협의를 거쳐 2008년 12월 현대상가를 철거하고 세운초록띠공원 조성의 첫 단추까지 끼웠다. 하지만 2009년 종묘 맞은편에 있는 세운4정비구역의 건축물 높이가 문화재청 심의로 하향 조정되면서 사업은 지체되기 시작했고, 부동산 경기 침체와 더불어 주민 간 갈등 양상으로 번졌다.

그 이후 세운상가에 대한 새로운 정비 방향에 대한 고민은 문제가 된 과도한 주민 부담을 경감하고 도심 재창조라는 큰 목표를 현실화해야 한다는 것으로 귀결되었다. 활력 있는 창조문화산업 중심지로 조성한다는 비전 아래 도심산업을 발전적으로 재편하고 역사문화와 조화를 이루면서 점진적 정비를 통해 지역 커뮤니티를 보전하고자 하였다. 그러면서 재정비 촉진구역을 당초의 대규모 통합개발 방식에서 옛 도시조직을 고려한 중소규모 분할개발 방식으로 변경하였다. 3~4만 제곱미터에 이르던 8개 구역을 1~6천 제곱미터의 171개 구역으로 나누고 기반시설 부담률도 하향 조정하여 주민 부담을 줄였다. 그러면서 세운상가군은 존치하되 보행로 상하부 환경 개선 등을 통해 입체 보행 녹지축을 조성하는 것으로 수정하였다.

3) 세운상가 재생프로젝트

최근 서울시는 세운상가 일대 43만 9,356제곱미터를 도시재생 선도사업지역으로 지정하고 도시재생 활성화계획을 수립하면서 재생을 구체화하였다. 재생을 위해 종로에서 대림상가 구간을 1단계, 삼풍상가에서 남산 구간을 2단계로 나누어 추진한다는 계획이다. 세운상가 일대는 청년과 장인이 함께하는 창의제조산업의 혁신지로 조성된다. 이를 위해 29개 창업·지원 공간으로 세운메이커스큐브와 세운협업지원센터가 운영된다.

또한 보행길도 재정비된다. 1단계 종묘~대림상가 구간을 정비해 입체 보행로를 조성하여 청계천 복원 당시 철거되었던 보행교가 부활하게 된다. 상대적으로 인쇄·귀금속·조명 등 도심산업이 밀집한 2단계 구간에서는 주변 지역까지 포함한 산업재생 방안을 마련하고 입체 보행축까지 완성하고자 한다.

서울시는 주민이 참여하는 지역재생 프로그램 운영도 지원할 계획이다. 세운상가군 주민협의체와 기술장인, 문화예술인이 함께 하는 시민협의회를 운영할 수 있도록 돕는다. 그러면서 상인과 기술자가 강사가 되는 시민대학과 청소년 기술 대안학교도 운영하며 수리협동조합 활성화도 지원하게 된다.

이러한 재생 프로젝트가 기존 도심공간 정책과 가장 차별화된 내용은 물리적 환경 정비와 더불어 보행 재생, 공동체 재생, 그리고 그동안 실패했던 '도심부 적격 기능'의 이전 정책을 반성하는 산업 재생이 반영되었다는 것이다. 그 의의는 결코 적지 않다고 할 수 있다.

5. 맺으며

세운상가는 일제강점기 때 조성된 소개공지대가 해방과 전쟁이라는 시대적인 상황 속에서 방치되어 형성된 사창가와 무허가 판자촌을 정비하기 위해 탄생한 물리적 구조물이라고 할 수 있다. 그러한 가운데 세운상가의 탄생은 왜곡된 도시 공간구조와 무질서한 도심 환경을 개선하고 동시에 종로에서 퇴계로에 이르는 거대한 남북축을 이루어 도심을 통합하려는 전략하에서 이루어졌다.

이러한 전략은 재개발이라는 정비수법을 통해 도심 개발을 시도하고, 근린주구 개념을 도입한 주상복합의 이상을 실현하려는 시도로 평가될 수 있다. 또한 건축을 통해 도시구조를 개편하려는 시도를 통해 세운상가가 건축과 도시와의 관계를 고찰할 수 있는 매개적 기능을 담당했다(안창모, 1996)는 점에서도 그 의의가 적지 않다고 할 수 있다.

그러나 이런 이상과 시도는 건축 전문 인력과 정치권력의 관계 속에서 실현되고자 하였으나, 참여 건설업체의 근시안적 이윤 추구로 인해 현실에서는 괴리가 나타나고 시대를 앞선 설계 개념이 구체적인 건축물로 반영되지는 못했던 것은 아쉬움으로 남는다.

그래도 출발은 당대의 주목과 관심 속에 이루어졌다. 그리고 계속적인 입지적 경쟁을 통해 각 상가마다 특화되고 입지명성을 획득하였다. 하지만 일부 상가는 주변적이고 잔여적인 '개발 섬'으로 남기도 하고, 다른 상가는 도심 한복판에서 당대의 첨단제품의 모태로서 신산업지구(new industrial district)를 형성하고 주도해 왔다. 이러한 평가와 인식이 가지는 함의는 향후 세운상가가 도심에서 가질 수 있는 위상과 역할에서 중요한 요소일 수 있다.

최근 도시재생 프로젝트를 통해 물리적 환경 개선을 넘어서는 도시 정책적 노력이 시도되고 있다. 특히 1970년대 이래로 실패한 도시정부의 도심부 적격 기능 정비정책을 반성하고 산업재생을 위한 구체화가 시도되어 앞으로의 기대가 크다. 이미 세운상가 일대는 4차 산업혁명을 맞이할 거점으로서 다양한 재생사업이 활발하게 이루어지고 있다. 세운초록띠공원은 다시세운광장으로 조성되어 세운상가 3층 보행로와 연결되는 시작점으로 출발하게 된다. 세운상가 가동 3층 보행로에는 팝업스토어나 디자인 공간으로 공사를 진행하고 있다. 장기간 비어 있던 상가 곳곳에 스타트업을 지원하는 공간과 젊은 예술가들의 창작 활동을 위한 공간이 들어섰다. 돌이켜 본 세운상가 반세기를 통해, '개발 섬'이라는 단절성을 극복하고 산업생태계 구성과 신산업지구로서의 연결성, 그리고 4차 산업혁명을 고려한 재생 여부에 따라 세운상가의 미래가 달려 있다고 할 수 있다.

참고문헌

강우원 (1995). "서울 도심부 제조업의 입지특성 연구". 서울대학교 환경대학원 환경계획학 박사학위논문.

_____ (2009). "세운상가의 40년 존재담론". 《청계천, 청계고가를 기억하며 (서울학모노그래프 3)》.

금강산업개발 (1992). 《금강산업개발 20년사》.

대한상공회의소 (1985). 《韓國의 流通産業》.

서울특별시 (2014). 〈세운 재정비 촉진지구 재정비 촉진계획〉.

손정목 (1997). "아! 세운상가여!: 재개발사업이라는 이름의 도시파괴 (상)·(하)". 〈국토〉, 1997년 5월호, 6월호.

안창모 (1996). 《한국현대건축 50년: 일그러진 한국 현대 건축의 단편들》. 재원.

유 하 (1997). 《세운상가 키드의 사랑》. 문학과지성사.

윤승중 (1994). "세운상가 아파트 이야기". 〈대한건축학회지〉, 38권 7호.

윤승중·유걸·김석철 (1967). "서울市 不良地區再開發의 一例: 宗廟-南山·三街-四街地區". 〈공간〉, 1967년 9월호.

윤정섭 (1967). "메트로포리탄적인 都市形成과 서울 都市基本計劃의 方向". 〈공간〉, 1967년 9월호.

최상철 (1974). "종로3가 -대한극장 간 재개발사업", 서울대학교 행정대학원 한국행정조사연구소 편, 《한국행정사례집》, 법문사.

Bale, J. (1984). *The Location of Manufacturing Industry*. Oliver & Boyd.

Leslie, D. (1997). "Abandoning Madison Avenue: The relocation of advertising services in New York City". *Urban Geography*, 18(7).

제 3 부

세상의 모든 거래

서울의 시장과 상권

—

제 10 장

개론

이병민

상품과 사람이 모이는 곳들

이 책의 제 3부에서는 '세상의 모든 거래: 서울의 시장과 상권'이라는 주제에 맞추어 5명의 전문가들이 각각의 세부 지역에 대해 살펴보았다. 제 2부가 제조업을 다루었다면, 서비스업과 유통에 초점을 맞춘 제 3부는 크게 두 분류로 나눌 수 있다. 한편으로는 상품이 모이는 전통적인 시장을 통해서 본 서울의 공간경제에 대한 단상과 변화의 모습을 담았다. 다른 한편으로는 사람들이 모여들면서 서울 공간경제의 변화와 맞물려 많은 이슈가 되고 있는 젠트리피케이션의 현장을 찾아 그 민낯을 담아내려고 하였다.

무언가를 만들고 찍어 내는 공장과 달리 서비스업은 사람들과 물자가 모이는 곳에 관련되어 있으며 전통적으로 우리는 이러한 장소를 시장이라고 불렀다. 시장의 형태는 다양하게 변화해 왔지만, 시장은 사람들이 모여서 서로에게 필요한 물건을 사고팔고 흥정하는 공간이다.

그러한 곳은 자유분방한 분위기가 만들어지고, 정보 교류와 혁신, 그리고 문화 확산이 활발하게 일어난다. 따라서 시장의 발달은 지역이 어떻게 변화해 왔는가 하는 역동성을 보여 주는 지표라 할 수 있다. 제3부의 내용은 이러한 맥락에서 서울에서 사람과 물자가 모이는 이야기이며, 서울이라는 도시가 성장 및 확장해 온 발달의 과정을 담아내는 노력이다.

각 장의 내용을 자세하게 살펴보면 다음과 같다. 먼저 남대문시장과 동대문시장은 전통적인 의류 판매시장에서 가치사슬의 확대, 거대 쇼핑몰들의 결합에 따라 국제적 쇼핑문화의 중심지로 바뀌고 있다. 예전과 다름없이 여전히 역동적이고 활력이 넘치며, 이러한 변화에는 외국인들의 역할도 크다고 할 수 있다.

다음으로 광장·방산·중부시장은 이질적인 세 개의 시장이 공존하면서 전통적 시장이 어떻게 살아남고 변모하는지의 특징을 잘 보여 준다. 종합시장을 넘어서 관광시장으로 발전한 광장시장, 포장재 등을 직접 만들어 판매하고 다품종 소량생산의 특징을 보이면서 하나의 지역공장처럼 작동하는 방산시장, 그리고 건어물 전문 도매시장의 성격을 유지하는 중부시장은 많은 부침에도 불구하고 도심지역 내 오래된 집적지로서의 도심부 시장의 특징을 명확하게 보여 주며 명맥을 유지하고 있다.

그 다음에 경동시장과 서울약령시는 냄새로 기억되는 공간으로서의 특징을 잘 보여 주는 시민친화형 시장의 모습을 간직하고 있다. 방문자들과 함께 나이가 들어가는 공간의 특성이 드러나면서 과거 한약과 관련된 모든 활동이 이루어진 상징적 공간이다. 클러스터의 영향력은 과거에 비해 많이 줄었지만 아직도 시장을 찾는 사람들의 발걸음 때문에 시장의 북적거림은 여전하고 상당한 규모의 경제가 작동하고 있다.

　앞의 세 장이 물자를 중심으로 움직이는 시장의 단상을 담아내려고 했다면, 이어지는 두 장이 다룬 공간은 사람들의 방문과 문화적, 상업적 변화에 따라 상권이 급속하게 변화하는 지역이라고 할 수 있다. 경리단길은 이태원의 영향으로 인해 확장된 공간으로서 젠트리피케이션의 특징을 고스란히 드러내는 지역이다. 이태원 지역이 다양한 국적의 외국인을 상대하는 음식과 골동품 상점 등이 관광특구의 조성과 함께 인기를 얻고, 대기업 프랜차이즈의 진출 등으로 임대료가 상승하면서 경리단길 상권도 새롭게 조성되었기 때문이다. 홍대앞은 클럽과 개성 있는 패션, 카페 등의 특징을 담으면서 예술적 특징을 나타냈으나, 상업적 업종의 진출과 임대료 상승 등으로 인해 공간의 경관이 변화했다. 이와 같은 변화의 이면에는 다양한 '취향' 공간에 대한 이해당사자들의 욕망과 문화 표출이 얽히면서 상업화의 부정적인 행태가 고스란히 나타난다.

　거래가 일어나는 공간의 공통점은 상품과 사람들이 모이면서 다양한 영향력에 따라 변화한다는 점이다. 우리가 알아본 다양한 사례 지역들은 서울이라는 도시의 특성을 잘 나타내는 서울 공간경제의 축약된 이미지로 나타난다. 이러한 서울의 지역들은 기존 소비 공간이 확산되면서 다양한 이해관계자들의 변화가 역동적으로 나타나는 곳이자, 전통시장과 현대화된 상업경관들이 공존하면서 상업과 산업 활동, 그리고 이들이 만들어 내는 장소에 대한 기억 등이 한데 어우러지는 곳들이다. 제3부는 이와 같은 이해를 바탕으로 서울의 공간경제, 특히 사람과 상품의 들고 남에 대한 다양한 사례 지역을 통해 우리가 고쳐야 할 점을 성찰하고, 지향해야 할 점을 알아보려 한다.

문제는 유행의 변화, 시스템과 자본의 영향력 때문에 타의로 손해를 보거나 떠나야 하는 사람들이 생긴다는 점이다. 특히 젠트리피케이션의 경우 장단점이 있는 만큼 이를 바라보는 시선이 다양하기는 하지만, 획일적인 상업화지구가 형성된다는 문제점을 안고 있다. 중요한 점은 이러한 거대한 움직임 속에서 소외당하는 사람들과 사라져 가는 문화에 대해 더 관심을 가져야 한다는 것이다.

　사람과 상품의 공간은 물건을 단순히 전시·진열하고 판매하는 물리적 공간이 아니다. 서울이라고 하는, 사람과 물자의 이야기가 다양하게 역동적으로 펼쳐지는 곳이다. 사람, 상품, 역사와 문화, 상업에 대한 복합적 이해를 바탕으로 공간경제학적인 관찰과 이해가 지속적으로 필요한 이유이다.

제 11 장

남대문 · 동대문시장

김용창

100여 년의 변신, 그리고 세계의 시장으로

1. 서울 도심부 시장의 탄생과 역사

시장은 사람들이 모여서 서로에게 필요한 물건을 사고팔고 흥정하는
공간인 만큼 예나 지금이나 자유분방한 분위기가 만들어지고, 정보 교
류와 혁신, 그리고 문화 확산이 활발하게 일어나는 장소이다. 따라서
시장은 곧 도시의 형성과 발전의 상징이며, 시장의 발달은 그 지역의
사회경제 발달과 역동성을 보여 주는 지표이다. 우리나라와 서울도 예
외는 아니다. 그 중심에 남대문시장과 동대문시장이 있다. 예전과 다
름없이 여전히 역동적이고 활력이 넘치며, 외국인까지 가세했다.

　대도시 서울 중심부의 본격적인 상업 활동은 조선 초기의 시전행랑
(市廛行廊) 건설로 거슬러 올라간다. 조선은 건국 및 수도 이전과 함께
등록 상설 점포인 시전[1]을 수용하기 위한 시전행랑, 즉 당시로는 일종

의 대규모 노변 국영 쇼핑상가 건설 사업을 추진하였다. 1399년(정종 원년) 지금의 광화문우체국 앞 혜정교 자리부터 창덕궁 동쪽 입구까지 좌우로 800여 칸의 시전행랑 건설에 착수하였으나 완성하지 못하였다. 태종 시기에 이르러 1412년부터 4차에 걸친 상점가 건설이 이루어졌다. 1414년 제4차 건설시기에는 종루(鐘樓)에서 남대문, 종묘에서 동대문까지 674칸의 좌우행랑을 조성하였다(심경미·김기호, 2009). 이러한 시전행랑이 오늘날 남대문시장과 동대문시장의 직접 기원은 아니지만 서울 도심부의 상업 공간으로서 먼 뿌리라고 할 수 있다. 서울 도심부 상업 활동은, 나라에서 가게를 지어서 지정 상인들에게 빌려준 것에 뿌리를 두는 셈이다.

이 시전행랑을 지정 상인들에게 대여하고 그 대가로 일종의 건물세인 공랑세(公廊稅)라는 세금을 거두었다.[2] 그리고 1410년 2월 7일 태종실록의 기록을 보면 서울 도심부의 상업적 토지 이용(용도지역)을 중

---

1 조선시대의 시전은 주민들의 일상 생활용품과 정부에서 필요로 하는 물품을 조달하였다. 그 밖에 정부가 백성들로부터 받은 공물 가운데 사용하고 남은 것이나 중국에서 사신이 가지고 온 물건 중 일부를 매입해 주민들에게 판매하는 일도 겸하였다. 시전상인은 국가로부터 시전행랑을 대여해 한 점포마다 한 가지 물품만을 독점적으로 판매하였다. 시전 상인들은 같은 상품을 판매하는 사람들끼리 모여 일정한 동업자 조합을 이루어 자신들의 상권을 보호하였다. 시전들은 조합에 가입되어 있지 않은 상인들이 자신들과 같은 상품을 판매할 수 없도록 하는 일종의 특권을 정부로부터 부여받았는데, 17세기 초엽에 이것이 '금난전권'(禁亂廛權)이라는 강력한 전매 특권으로 나타났다(한국민족문화대백과사전, 2012).
2 《경국대전》에 따르면 건물 1칸마다 봄과 가을 두 차례에 각각 조선 전기의 화폐인 저화(楮貨) 20장을 내도록 했다. 저화는 닥나무 껍질로 만든 종이돈이며, 원래 고려 말에 만들어졌다가 조선 태종 때 다시 발행되어 성종 때까지 유통되었다. 처음에는 저화 1장에 쌀 2말의 가치가 있었으나 세종 때에는 쌀 1되로 가치가 하락하였다(한국민족문화대백과사전, 2012).

심지의 크기와 거래하는 물품의 종류에 따라 구분하였다. 조선 초 행정
구역을 기준으로 대시(大市)는 장통방(종로구 관철동, 장교동), 쌀과 잡
물은 동부 연화동구(연지동), 남부 훈도방(을지로2가), 서부 혜정교(종
로1가), 북부 안국방(안국동), 중부 광통교에서 거래하고 말과 소는 장
통방 아래의 하천가에서 각각 거래하도록 하였다. 야채, 과일, 일용잡
화 등 소소한 물품을 파는 마을의 조그만 잡화점은 사는 곳의 문 앞에서
영업할 수 있도록 하였다.

　동아시아에서 궁궐 배치의 기본 원칙은 중국 고대 도시계획 원칙의
영향을 받아 궁궐 앞쪽에 관청을 두고 뒤쪽에 시장을 두는 것이었다.
그러나 조선의 경우 경복궁 뒤편 공간이 좁기 때문에 이 원칙을 지키지
않고 유연하게 앞쪽에 배치하여 종로를 중심으로 시장이 발달할 수 있
었다.

　이러한 시전 활동 이외에 민간시장이 비교적 크게 발달하기 시작한
것은 조선 후기에 들어와서이다. 다시 말해 남대문 가까이에서 상업 활
동이 본격적으로 이루어진 것은 임진왜란과 병자호란 이후의 일이다.
17세기 중반 이후 서울 근교에서는 상품용 채소를 전업으로 재배하는
지역이 형성되었다. 한강 연안의 포구들도 어물, 소금, 얼음, 콩, 목재
등 각기 특화된 상품들을 취급하였다. 그리고 이러한 물품들을 하역하
는 장소와 성 안의 주요 장소에는 국가나 민간이 많은 창고를 건설하였
다. 남대문 안의 선혜청(宣惠廳)[3] 창고와 서소문 안의 선혜청 별창(別

---

3 조선 후기에 대동법의 시행에 따라 대동미(大同米)와 대동포(大同布), 대동전(大
同錢)의 출납을 맡기 위해 설립한 관청이다. 선조 41년(1608년) 경기지방의 대동법
실시와 더불어 처음 설치되었다.

倉) 도 이때 만들어졌다. 이러한 민간건설 창고는 물론, 국가건설 창고의 주변에서도 보관 물자의 출납과 관련한 상업 활동이 활발하게 이루어졌다. 17세기 후반에 이르면 한양으로의 인구 집중과 더불어 한강 뱃길을 이용한 상품 유통의 발달로 남대문 밖과 서소문 밖을 중심으로 곡물과 어물을 주로 취급하는 상업 활동이 크게 일어났다. 18세기 후반에 이르면 종루시장, 남대문 밖의 칠패(七牌) 시장,[4] 동대문 안의 이현(梨峴, 배오개) 시장이 조선 후기 서울의 3대 시장으로 발전하였다. 칠패시장에서는 서남해안의 어물이, 이현시장에서는 도성 동쪽 일대의 채소밭에서 생산된 채소류가 주로 거래되었다(전우용, 1999).

1840년대 김정호가 만든 청구도의 남대문 일대 지도에 보면 선혜청 근처의 남대문로에는 두 개의 시전이 그려져 있는데, 미전(米廛)과 상전(床廛)이다. 미전은 미곡을 판매하던 곳이고, 상전은 잡화를 판매하던 곳이다. 이처럼 조선 후기 남대문 지역 일대에는 칠패장과 서소문 앞 시장, 그리고 남대문 안 새벽시장(朝市) 등 세 곳에 주요 상업 중심지가 형성되어 있었으며, 이들 지역은 서울 서부 지역 시민들에게 생필품을 공급했다(김용창 외, 2013).

1896년 조선은 서울 도시개조사업의 일환으로 도로 정비사업을 시행하면서 종로와 남대문로의 가가(假家), 즉 임시 건물들을 철거하였다. 이때 대로변의 가가는 대부분 상인들이 운영하던 상점이었다.

---

4 조선시대에는 한 무리를 지칭할 때 패(牌)라는 단위를 썼다. 조선시대 한양도성은 지금의 수도경비사령부와 같은 훈련도감·어영청·금위영의 3군부가 8패로 나누어 순찰하였다. 이 가운데 7패는 어영청 소속 군인들이었다. 7패는 남대문 밖에서 청파, 서빙고, 마포, 용산 지역을 순찰하였다. 남대문 밖에 칠패의 초소가 있어서 이곳에 형성된 시장을 칠패라고 불렀다(박은숙, 2008).

1897년 1월 이들 철거된 상점을 수용하여 선혜청 창내장(倉內場)을 설립했다. 선혜청 창내장은 이후 선혜청 앞의 노점상과 칠패의 상인들까지 받아들이면서 그 규모를 확대하였다. 선혜청 창내장은 설립 장소의 지리적 위치와 한시적으로 열리던 새벽시장인 조시와는 다른 근대적 상설시장이라는 의미에서 오늘날 남대문시장의 직접적인 기원이라고 할 수 있다. 이 시장은 상설 점포가 밀집되어 있고 매일 열린다는 점에서 5일장과 다르며, 노점과 행상도 함께한다는 점에서 대형 유통기구와도 다른 형태이다. 아울러 관공서 물품을 주로 취급했던 종로 시전구역과는 달리 전적으로 일반 시민의 일상생활 용품을 취급했다는 점에서도 오늘날 남대문시장과 맞닿아 있다고 볼 수 있다(전우용, 1999).

일제강점기에는 〈시장규칙〉(1914), 〈중앙도매시장법〉(1923)과 같은 시장 관련 법제를 도입하면서 식민지배체제와 일본인 및 친일상인의 상권을 강화하는 방향으로 상업유통구조 개편이 이루어졌다. 남대문시장은 1911년 큰 화재를 겪은 후 시장 관리권이 친일파인 송병준이 사장으로 있던 조선농업주식회사로 넘어갔다. 그러나 1921년 가을 또 화재를 당하면서 경영상의 어려움을 겪자 남대문시장 경영권은 일본인에게 넘어갔다. 1923년 핫토리 토요키치(服部豊吉)가 사장으로 있던 중앙물산주식회사가 남대문시장을 인수하고, 현재의 남창동에 있던 남미창정시장(南米倉町, 남대문 제2시장)을 흡수하여 남대문 일대의 거대 상권을 장악하였다. 이 당시 주로 거래하던 품목은 과일, 미곡, 잡화, 해산물, 정육 등이었다.

광복과 한국전쟁의 혼란기에는 조직폭력배를 배경으로 성장한 엄복만이 남대문시장을 한동안 장악하기도 하였다. 남대문시장은 1961년 새로이 만들어진 〈시장법〉의 조건을 갖추지 못해 시장개설허가가 취소되었다. 그러나 시장의 역사가 깊고, 많은 서민들이 이용하고 있었기 때문에 1964년 서울시는 5년짜리 개설허가를 내주었고, 이후 계속 연장되어 오늘에 이르렀다. 1968년 대화재 이후 C, D, E동을 현대적인 상가로 새로 건설하면서 현재의 남대문시장 공간구조와 경관을 이루게 되었다.

1980년대에 남대문시장 재개발 계획이 발표되지만 실제로 추진되지는 못하고, 대신에 남대문시장 인접 지역에 커먼프라자, 삼익프라자, 남정상가 등 대기업이 주도하는 상가들이 건설되었다. 물리적 공간의 현대화는 지지부진했지만 1980년부터는 여러 품목이 뒤섞여 있던 남대문시장이 주방용품, 액세서리, 의류, 주단포목과 한복 등의 전문상가로 변신을 꾀하였다. 1990년대 들어서는 생산도매상가가 대부분이었던 남대문의 의류상가들이 소매 판매의 비중을 높이다가 아예 소매 점포로 바뀌는 현상이 나타났다. 농·축·수산물 도매 기능의 이전, IMF 외환위기와 더불어 남대문시장을 떠받치고 있던 의류 업종이 동대문시장과 치열한 경쟁에서 지면서 남대문시장은 상대적으로 위축되었다. 이후 동대문시장이 10~20대의 캐주얼 패션과 유행에 민감한 의류시장을 장악하였고, 남대문시장은 중장년층 의류, 액세서리, 수입 상가를 중심으로 유지되는 구조가 고착되었다. 특히 액세서리 상가는 세계적 생산 및 판매 네트워크를 형성하면서 남대문시장의 주축으로 부상하였다.

한편, 동대문 일대의 역사는 조선왕조가 도읍을 한양으로 정하고 1396년(태조 5년)에 흥인문(동대문)과 광희문을 세우면서 시작되었다. 조선시대 동대문 일대는 청계천이 흐르고 있어 수해가 잦았던 지역이었다. 아울러 이 지역은 훈련원(방산동), 하도감(구 동대문운동장), 염

초청(방산동과 동대문운동장) 등 조선시대 군영 관련 시설들이 입지해 있었고, 군인들이 많이 살던 지역이었다. 지금의 동대문시장은 조선시대의 이현시장에서 출발하여 광장시장, 평화시장 시대를 거쳐 현재의 종합 쇼핑몰 시대로 면면히 이어져 왔다.

1760년 무렵 정조는 현재의 광장시장 자리에 해당하는 이현지역 일대에 민가를 많이 입주시키고자 시전을 설치하였다. 이 시전이 이현시장의 효시로 추정된다. 조선 후기에 이르면 시전을 중심으로 이루어지던 상업 활동이 정부의 허가 없이 개인적 상업행위를 하는 사상(私商)의 활동으로 확대되었다. 허가받지 않은 개인들의 상업 활동인 난전을 금지하고, 취급상품을 독점적으로 사고팔 수 있는 시전상인의 특권인 금난전권(禁亂廛權)이 1791년 폐지되면서 봉건적인 특권상업구조가 변화하기 시작하였다. 이에 따라 민영 수공업이 발달하면서 청계천과 종로 사이의 행랑 배후에 형성되어 있던 상인들의 주택지가 상인들을 위한 작업 공간이나 상가로 변하였다. 동대문 일대 지역도 이현시장을 중심으로 시장 활동이 활발하게 이루어졌다(고동환, 2000).

일제의 상권 장악이 더욱 심해지자 이현시장이 있던 동대문 일대에서 1905년 박승직, 장두현, 최인성 등 26명이 광장주식회사를 설립하였다. 오늘날 동대문시장의 출발이었다. 초기의 동대문시장(광장시장)은 포목류를 포함하여 미곡, 어류, 잡화 등 생필품을 판매하는 전형적인 재래시장이었다. 일제강점기 때 남대문시장의 운영권이 친일파와 일본인에게 넘어간 것과는 달리 동대문시장은 조선인이 운영권을 지킨 민족 재래시장으로서 명맥을 유지한 셈이다.

광복과 한국전쟁을 거치면서 청계천 주변에 빈민촌이 형성되고, 공장과 점포를 겸용하는 무허가 판잣집이 빠르게 늘어났다. 여기서 재봉

틀 한두 대로 몸뻬(もんぺ, 일바지), 핫바지 등 옷을 만들거나 미군복을 염색·탈색하여 내다 팔던 것이 초기 평화시장의 모태였다. 청계천 복개에 따라 1960년대 말에서 1970년대 초에 뚝방 부지, 전차 차고 부지, 학교 이전 부지 등의 커다란 개발부지에 주상복합형태의 현대식 상가 건물들이 들어서면서 기존 광장시장에서 출발한 동대문시장이 청계천 변을 따라 동대문운동장 방향으로 확장되었다. 1960년대부터 1979년 청계7가 재개발이 완료되면서 평화시장, 동평화시장, 청평화시장, 신평화시장, 남평화시장, 동화시장, 동대문종합시장, 광희시장 등이 설립되었다.

1990년대 이후에는 상업용 부동산 개발과 새로운 쇼핑문화가 결합해 거대 쇼핑몰이 등장하면서 동대문 일대가 의류패션산업의 메카이자 혁신의 중심지로 떠올랐다. 이때 프레야타운, 아트프라자, 디자이너 클럽, 우노꼬레, 팀 204, 뉴존, 밀리오레, 두산타워 등이 개장했다. 특히 1990년 아트프라자, 그리고 IMF 외환위기 속에서도 개장한 밀리오레와 두산타워는 동대문시장뿐만 아니라 의류 유통과 패션산업에 일대 혁신의 신호탄이 되었다. 두타를 개장한 두산그룹은 1896년 박승직이 서울 종로4가(배오개)에 포목을 취급하는 '박승직상점'을 세운 것이 그 출발이다. 박승직은 오늘날 동대문시장의 출발을 알린 1905년 광장주식회사를 설립하고 임원을 맡았다. 그로부터 약 100여 년 후인 1999년 두산그룹 역시 동대문시장 지역에 의류패션업계의 일대 혁신을 가져온 두산타워를 세웠다. 2016년 두타몰로 이름을 바꾼 이 공간은 연간 2천만 명이 다녀가는 세계적인 쇼핑문화 공간이 되었다.

이들의 개장은 조기 개장과 영업시간 유연화, 지방에서 올라오는 전세버스 유치와 같은 마케팅 개념 도입, 소비자의 취향에 맞는 패션 아이템과 이벤트 마케팅, 도소매 병행, 중저가 패스트패션(SPA), [5] 소매 중심 패션쇼핑몰 개념, 플로어 매니저, 신진 디자이너 전문 매장 도입 등, 가히 우리나라 의류 생산유통에 일대 혁명을 일으켰고 할 수 있다 (동대문패션타운 관광특구협의회, 2014).

2. 재래시장 공간, 현대적 패션 쇼핑몰 공간

전국의 전통시장은 2015년 기준으로 총 1, 439개이며, 전통시장 내 점 포수는 총 20만 7, 083개, 전통시장 내 총 시장상인 수(노점상인 포함) 는 35만 6, 176명, 전통시장 전체 매출액은 21. 1조원이다(소상공인시장 진흥공단, 2016).

전형적인 전통시장 가운데 으뜸은 남대문시장이라고 할 수 있다. 남 대문시장은 2000년 명동, 북창동 일대와 함께 관광특구로 지정되었다. 남대문시장의 면적은 신세계백화점 일대를 포함하는 남대문시장 관광 특구 기준으로 10만 6천 제곱미터(약 3만 2천 평)이며, 통상적인 남대문 시장을 뜻하는 등록시장구역 기준으로는 6만 6천 제곱미터(약 2만 평) 이다. 남대문시장 상인회 소속 37개 상가를 중심으로 아동·남성·여 성복 등 각종 의류를 비롯해 액세서리, 주방용품, 민속공예, 식품, 잡

---

5 의류 기획에서 디자인, 생산, 유통, 판매 등을 모두 한 회사에서 담당하고 생산된 제 품을 회사의 자체 브랜드 이름으로 판매하는 소매점을 말한다. 스페인의 '자라', 일본 의 '유니클로', 미국의 '갭' 등이 대표적이다. 유통 비용을 절감하여 싼 가격에 제품을 공급하고, 소비자의 요구를 빠르게 반영하며, 다품종 대량공급도 가능한 것이 특징 이다. 동대문시장의 의류 생산과 유통 시스템이 이러한 특성을 잘 보여 준다.

화, 농수산물 등 일상생활에 필요한 1,700여 종에 달하는 아주 다양한 상품을 판매한다. 그래서 남대문시장에는 고양이 뿔 빼고 다 있다는 말이 있을 정도이다. 점포수 약 1만 172개, 상인 포함 시장 종사자 수 약 5만 명, 1일 방문객 30~40만여 명, 1일 외국인 방문객 1만여 명이 찾는 서울의 대표적인 재래시장이다(중구, 2015; 남대문관광특구, 2017).

동대문시장은 정부가 2002년 '동대문패션타운 관광특구'로 지정할 만큼 우리나라의 대표적인 의류시장이자 패션을 선도하는 지역이다. 동대문시장은 전통 재래시장과 현대식 대형 쇼핑몰이 혼재된 지역이다. 동대문시장은 약 58.6만 제곱미터(약 17.7만 평)의 면적에 상가 40여 개가 자리한다. 이들 상가는 전통 재래시장, 신흥도매상가, 복합 쇼핑몰, 기타(지하상가, 신발상가 등) 유형으로 구분할 수 있다. 점포 수는 약 3만 5천여 개, 종사자는 약 15만 명, 하루 유동인구 100만 명, 연간 외국인 관광객 수 250만 명, 1일 매출액 약 500억 원(연간 약 15조 원), 연간 수출액 약 30억 달러에 달하는 세계 최대의 의류패션시장이자 쇼핑관광 명소이다(동대문패션타운관광특구, 2017).

문화체육관광부의 〈외래관광객 실태조사〉에 따르면 쇼핑장소로서 매력도는 동대문시장이 안정적인 순위를 유지하는 데 비해 남대문시장은 계속 떨어지는 추세이다. 남대문시장은 주차 공간, 쉼터, 극장, 호텔, 전시장, 기타 편의시설 등 쇼핑 하부구조가 동대문시장에 비해 많이 떨어지기 때문이다.

남대문시장과 동대문시장은 우리나라의 대표적인 두 시장이지만 공간구조와 물리적 시장 공간은 극명한 대조를 보인다. 남대문시장은 행정구역상으로는 서울특별시 중구 남창동에 해당한다. 남쪽의 퇴계로와 북쪽의 남대문로, 서쪽으로는 숭례문에서 남산터널로 이어지는 소

그림 11-1 남대문시장의 공간과 상가

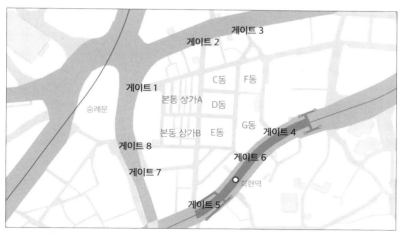

자료: 남대문관광특구(2017)에서 재구성.

월로를 경계로 한 동서 500여 미터, 남북 300여 미터 남짓한 넓지 않은 지역을 일반적으로 남대문시장이라 부른다. 남대문시장에는 시장 내 주요 상가들이 연합하여 설립한 '남대문시장주식회사'라는 시장 관리 회사가 있다. 남대문시장주식회사는 A, B동으로 이루어진 본동부터 C동(중앙상가), D동(대도상가), E동(E-월드), F동(대도종합상가) 등 남대문시장의 주요 지역을 관할한다. 1980년대 이후 개발된 삼익패션 타운 등은 별도의 시장으로 등록되어 있다. 시장 내에는 지하철 4호선 회현역 5번 출구에서부터 E동을 거쳐 C동으로 이어지는 가로(街路)를 일명 '중앙통'이라고 하여 현재 남대문시장의 중심축을 형성한다. 이와 비교해 C동과 F동의 사이에서 시작해 남대문시장 6번 출입문으로 이어지는 가로를 '후면통'이라고 부르기도 한다(⟨그림 11-1⟩ 참조, 김용창 외, 2013).

남대문시장 건축물은 광복 이전에 지은 3개 동을 포함하여 전체의 45% 이상이 50년이 넘는 노후 건축물이며, 그동안 여러 차례 큰 화재가 있던 것처럼 화재에도 취약하다. 남대문시장은 아주 복잡다단한 필지구조를 갖고 있다. 남대문시장 지구단위 계획구역(면적 3만 8,129제곱미터, 720개 필지) 기준으로 90제곱미터(27.3평) 미만 소형 필지가 전체의 89.8%를 차지하며, 1천 제곱미터(303평) 이상 비교적 큰 필지는 5개 필지로 0.7%에 불과하다. 전체 토지 소유자는 2,565명으로 건물 동별로 다수의 소유자들이 있기 때문에 이해관계가 복잡할 수밖에 없으며, 개발 방식 등에 대한 동의를 구하기가 어렵다. 건축물은 415개 동에 소유자는 3,604명에 이른다. 이러한 복잡한 필지구조 때문에 동대문시장과 달리 현대적인 쇼핑 공간으로 변신하는 데 어려움을 겪었다(중구, 2015).

반면에 동대문 지역 일대는 1920년대 중반 이후 경기장, 공공시설, 학교 등 큰 부지가 필요한 근대시설이 입지하여 작은 필지로 더 이상 나뉘지 않았다. 이후에도 동대문 상권의 시장들이 그 형태를 유지하였고, 대형 쇼핑센터를 개발하는 데 유리하게 작용하였다.

동대문지역 일대의 쇼핑 공간구조 형성은 장소, 시기 및 공간 개발 방식에 따라 다음과 같이 네 유형으로 나뉜다. 1960년대에는 청계천 복개와 더불어 청계천변과 뚝방 부지, 전차 차고 등의 커다란 개발 부지가 발생했다. 이들 부지에 평화시장, 동화시장, 청평화·동평화·신평화시장, 동대문종합시장, 동대문상가 등이 들어섰다. 1980년대 초에는 청계7가 재개발사업을 계기로 개발업자들이 상가를 개발하여 흥인시장, 덕운시장, 제일평화시장, 광희시장 등이 들어섰다. 1990년대 후반에는 을지로6가 일대의 학교 이전 부지, 개별 건물 부지에 거평

그림 11-2 동대문시장의 공간과 상가

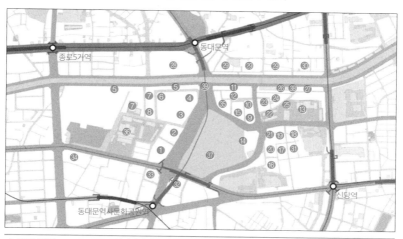

1. 굿모닝시티	11. 신평화패션타운	21. 팀 204	31. 실크로드
2. 헬로apm	12. 남평화시장	22. 혜양엘리시움	32. 라모도
3. 밀리오레	13. 디오트	23. W 패션몰	33. 롯데피트인 동대문점
4. 두산타워	14. 유어스	24. 아트프라자	34. 아카시아호텔
5. 평화시장	15. 제일평화시장	25. 테크노상가	35. 맥스타일
6. 현대시티아울렛	16. 뉴존	26. 동평화시장	36. 국립의료원
7. 통일상가 A, B, C동	17. 에이피엠럭스	27. 청평화시장	37. 동대문디자인플라자 &
8. 동화상가	18. apm	28. 동대문종합상가	파크
9. 벨포스트	19. 골든타운	29. 동대문신발상가	38. 서평화상가
10. 광희패션몰	20. 디자이너클럽	30. 신청계의류상가	39. 청계6가
		동대문 보세의류 도매시장	지하 쇼핑센터

프레야, 두타, 밀리오레 등이 개장하였다. 마찬가지로 1990년대 이래 동대문운동장 주변 지역은 개별 사유지를 매입하여 상가 부지를 조성한 다음 아트플라자, 디자이너스클럽, 우노꼬레, 뉴존 등 현대적 쇼핑몰을 개장하였다. 1990년대의 쇼핑몰 개장은 전문적인 부동산 개발업자들의 상업용 부동산 개발방식을 통해 이루어졌다.

현재의 동대문시장은 행정구역상으로 동대문디자인플라자 좌측의 중구 광희동, 우측의 신당1동을 주축으로 종로구 종로5·6가동을 포함한다. 시장의 역사적 출발을 고려한 넓은 의미에서는 종로1·2·3

・4가동을 아우르는 지역이다. 기본적인 공간구조를 보면 청계천변을 따라서 길게 선형으로는 주로 1990년대 이전에 개장한 재래시장이 분포하고, 청계천 아래의 내부지역으로는 1990년대 이후 개장한 대규모 쇼핑몰들이 입지해 있다. 동대문시장 내의 각 상가들은 각자 고유의 특색과 기능을 바탕으로 차별적인 하위시장을 형성한다. 이들 시장은 동대문디자인플라자와 장충단로를 기준으로 서북부의 도매시장(원부자재 도매시장, 평화시장, 동화상가, 통일상가 지역), 장충단로 가로변의 현대적 쇼핑몰 중심의 서부 신흥소매시장(두타, 밀리오레, 굿모닝시티 지역), 동북부의 전통도매시장(재고 처리시장, 신평화·남평화·청평화시장 지역), 동남부의 신흥도매시장(유어스, 디자이너클럽, 뉴존 지역)으로 크게 구분할 수 있다(〈그림 11-2〉참조).

3. 남대문시장의 전문상가 시스템과 협동적 경쟁

의류패션이 주축을 이루는 동대문시장과 달리 남대문시장은 다양한 품목을 취급한다. 2013년 6월 기준 남대문시장 점포에 대한 전수조사 결과를 보면 전체 점포수는 11,886개이다. 액세서리 품목을 취급하는 점포가 가장 많아서 3,501개이며, 전체 점포의 29.5%에 해당한다. 이외의 주요 품목을 보면, 아동복 제외 의류와 패션잡화가 3,475개(29.2%), 주방용품 등 생활잡화 973개(8.2%), 음식료 913개(7.7%), 아동복 909개(7.6%), 안경과 시계, 카메라 품목은 580개(4.9%)가 입지해 있다. 현재 남대문시장의 대표적인 업종은 의류 및 패션잡화, 액세서리, 아동복이고 전문상가 시스템을 유지하고 있다. 이들 대표 업

표 11-1 남대문시장의 층별 업종 분포

구분	전체	액세서리	아동복	의류/패션잡화	안경/시계/카메라	식당/식품	잡화/주방용품	창고	사무실	기타	폐업/공실
전체	11,886 (100.0)	3,501 (29.5)	909 (7.6)	3,475 (29.2)	580 (4.9)	913 (7.7)	973 (8.2)	330 (2.8)	226 (1.9)	706 (5.9)	273 (2.3)
지하 1층	2,226 (100.0)	222 (10.0)	30 (1.3)	830 (37.3)	288 (12.9)	334 (15.0)	359 (16.1)	2 (0.1)	2 (0.1)	95 (4.3)	64 (2.9)
1층	4,015 (100.0)	1,509 (37.6)	210 (5.2)	1,543 (38.4)	143 (3.6)	268 (6.7)	139 (3.5)	19 (0.5)	3 (0.1)	113 (2.8)	68 (1.7)
2층	3,147 (100.0)	1,394 (44.3)	566 (18.0)	526 (16.7)	111 (3.5)	93 (3.0)	204 (6.5)	77 (2.4)	10 (0.3)	73 (2.3)	93 (3.0)
3층	1,088 (100.0)	183 (16.8)	100 (9.2)	145 (13.3)	21 (1.9)	27 (2.5)	117 (10.8)	149 (13.7)	38 (3.5)	300 (27.6)	8 (0.7)
기타	1,410 (100.0)	193 (13.7)	3 (0.2)	431 (30.6)	17 (1.2)	191 (13.5)	154 (10.9)	83 (5.9)	173 (12.3)	125 (8.9)	40 (2.8)

주 1) 점포 수 기준, 괄호 안은 비율.
  2) 음영 표시된 셀은 각 층에서 가장 큰 비중을 차지하는 업종.
자료: 김용창 외(2013).

종은 여전히 생산도매 기능을 유지하고, 전국 또는 세계적인 유통 구조의 상위에 위치하면서 명성과 지배력을 갖고 있다(〈표 11-1〉 참조, 김용창 외, 2013). [6]

과거보다 상당히 위축되었다고는 하나 의류는 여전히 남대문시장의 주요 품목이다. 현재 남대문시장의 의류시장은 50~60대 이상의 중장년 여성의류(일명 '마담복')을 중심으로 한 여성복 시장이다. 20여 년 전 남대문의 여성복 시장은 30~40대 고객 대상이었다. 그러나 1990년대 동대문시장과 치열한 경쟁을 거치면서 의류시장의 주도권을 상실하고 현재의 '마담복' 중심으로 재편되었다. 남대문시장의 의류 생산유통은

---

6 이하의 내용은 김용창 외(2013)의 연구결과를 토대로 작성한 것이다.

직접 제품을 생산하는 경우와 공장에서 생산된 물건을 구입하여 판매만 하는 경우로 구분할 수 있는데, 후자의 경우가 늘어나는 추세이다. 여성복의 경우 상인이 디자인과 생산시스템을 주도하며, 남대문 주변과 수도권 일대의 생산 공장으로 넘겨 제작된다. 제품의 생산은 보통 디자인별로 시제품을 100벌 정도만 생산한 후, 판매 추이를 지켜보면서 추가 생산 여부를 결정한다. 생산 기간은 원단이나 부자재 확보 상황에 따라 달라진다. 모든 조건이 원활할 경우, 전날 저녁에 넘긴 디자인이 당일 오전에 시제품으로 만들어져 나오기도 한다. 일반적으로 시제품 제작이 완료되기까지 보통 2~3일 정도가 소요되며, 원단의 수급이나 다른 문제가 발생할 경우에는 일주일에서 열흘 이상이 소요되기도 한다.

원단은 주로 동대문종합시장을 중심으로 광장시장 등 동대문시장 근처의 원단상인들을 통해 조달한다. 유통 측면에서 대부분의 남대문시장 여성복 상가들은 밤 장사인 도매와 낮 장사인 소매 영업을 모두 한다. 과거에는 도매시장이 중심이었다면 지금은 낮 시간의 소매시장이 오히려 더 큰 비중을 차지하고 있다. 도매시장은 동대문시장에게 주도권을 뺏긴 탓이다.

아동복은 남대문시장이 여전히 시장을 주도하고 경쟁력을 유지하고 있는 품목이다. 동대문시장이 의류시장을 장악한 지금도 아동복만큼은 남대문이 중심이다. 남대문시장의 아동복 상가는 크게 부르뎅아동복, 포키아동복, 크레용아동복 등 8개로 구성되어 있다. 아동복 상가는 옷만이 아니라 아동용 신발, 양말, 가방, 모자에 이르는 아동용 종합패션상가로서의 성격을 가진다. 아동복 디자인은 사장이 하는 경우도 있고, 규모가 큰 곳은 전속 디자이너를 포함하여 여러 명의 디자이너를 고용한다. 디자인이 완성된 후 아동복의 제조 과정은 일반 의류와 큰 차이는 없다. 다만 아동복은 원단의 종류나 품질에 민감하게 반응한다는 특성으로 인해 국내 공장에서 생산을 고수한다. 아동복 상가연합회 차원에서도 남대문시장의 명성 관리를 위해 중국 생산품을 위장하는 업체가 있으면 시장에서 퇴출시키도록 합의하기도 하였다. 남대문 아동복의 큰 장점은 빠른 디자인과 제조 공정이다. 대기업 아동복은 기획에서 시장 출시까지 6개월에서 1년 정도의 시간이 필요하지만 남대문은 일주일에서 한 달 단위로 신상품을 내놓는다. 생산 공장은 신속한 생산과 배송을 위해 원단시장이 위치한 동대문종합상가 주변에 주로 위치한다.

아동복 상가들도 도·소매를 같이 하지만 여전히 경쟁력이 있기 때문에 도매가 보조 역할로 바뀐 여성복과는 달리 도매 기능이 중심이며, 소매는 재고 처리나 패션 유행을 읽기 위한 지원 역할을 한다. 외국인 바이어는 중국이 많고, 일본, 대만, 러시아에서도 많은 수가 방문한다. 아동복의 경우 경쟁력과 명성 유지를 위해 남대문시장 내에서는 다른 상가에 이중입점을 금지한다. 시장 상인의 자녀가 새로 점포를 내더라도 동일한 품목으로는 낼 수 없다. 동대문시장에 시장의 주도권을 뺏긴 여성복 시장을 반면교사로 삼아 동대문시장과의 이중영업도 철저하게 관리한다.

액세서리는 남대문시장에서 최근 들어 빠르게 성장하였으며, 남대문시장에서 사실상 유일하게 성장하는 업종이자 시장을 대표하는 업종이다. 남대문시장의 액세서리 업종에서 주로 취급하는 품목은 목걸이, 귀걸이, 브로치, 헤어밴드 등 모조장신구 종류로서 금, 보석 등의 귀금속을 제외한 장신구류이다. 남대문시장에서 최초의 액세서리 전문상가가 들어선 것은 1966년 삼호빌딩 1층에 들어선 액세서리 전문상가이다. 1990년대 이후 빠르게 성장하여 현재는 16개의 남대문 액세서리 전문상가가 우리나라 액세서리의 제조와 도매를 사실상 거의 전담하고 있다. 디자인은 대부분 점포 주인이 여러 명의 프리랜서 디자이너들과 필요에 따라 일을 진행한다. 산업 자체가 활성화되어 있기 때문에 대학 졸업자를 비롯한 전문 디자인 인력의 배출이 늘어서 젊은 인력의 유입이 많은 편이다.

생산 공정은 액세서리의 유형과 재료만큼 다양하고 복잡하다. 대부분의 점포는 직접 공장을 소유하기보다는 공정별로 주로 거래하는 하청공장을 가지고 있다. 의류와 달리 액세서리는 금속 등의 재료를 다루는 관계로 도금 등 공해가 유발되는 공정이 많기 때문에 공장은 대부분 인천의 남동공단, 부평공단, 성남, 화성 등 수도권 지역에 위치한다. 액세서리의 생산 과정에서 특이한 점은 공정 간에 하청공장들끼리 직접 물건을 넘겨서 작업을 진행하는 것이 아니라, 한 공정이 끝날 때마다 남대문시장의 액세서리 점포로 가져와 검수를 하고 다시 다음 공정의 공장으로 넘긴다. 최종 마무리 작업은 남대문시장의 점포에서 하는 경우가 많다. 남대문 액세서리 산업은 시장 크기에 비해 도매업체 수가 많은데, 해외 수출이 활발하기 때문이다. 수출 전문 상가의 경우는 수출과 내수의 비율이 9:1에 달하기도 하며, 주요 수출 지역은 유럽이나 일본, 미주, 중동, 동남아 지역이다. 점포 수가 급격하게 증가면서 규제의 실효성이 없기 때문에 아동복 상가와는 달리 이중영업을 허용한다.

이상과 같은 대표 업종 외에도 남대문시장의 다양성을 높여 주면서 재래시장으로서 특성을 잘 보여 주는 다양한 품목 또한 밀집해 있다.

여기에 속하는 것들로는 안경, 시계, 카메라, 귀금속, 그릇, 주방용품, 본동시장과 수입상가의 여러 품목, 노점상 토산품과 건강식품, 화장품 등을 꼽을 수 있다.

남대문시장의 전문상가 내 소속 점포들은 물건을 팔기 위해서 바로 옆의 점포들과 경쟁하지만, 동일 품목을 취급하는 만큼 상호 간의 규제와 귀찮음을 감수하면서 상가 전체의 공동 브랜드시스템을 유지한다. 물건을 팔기 위해서는 상가에 들어온 고객을 자신의 점포로 끌어들이는 것도 중요하지만, 일단 전문상가에 들어오게 만들어야 하기 때문이다. 동일한 품목을 취급하는 수십 개의 점포들이 공통의 브랜드를 공유하고 있는 전문상가라는 독특한 물질적 형태가 대내적 협동을 유도하는 일종의 '협동적 경쟁' 시스템을 만든다. 이것이 전문상가의 대외경쟁력 토대이다.

남대문시장의 행위주체 구성에서 독특한 것이 지주회와 남대문시장 상인회이다. 남대문시장은 필지구조와 토지 소유구조가 매우 복잡한 관계로 개별 소유자 단위로 권리 행사가 어렵다. 따라서 토지소유자들이 대형 건물 전체를 일괄적으로 관리하기 위해 '지주회'를 만들었다. 그러나 지주회는 토지 소유지분 비율에 차이가 있고, 건물 층별로 지분을 분산시킨 관계로 통일된 의사결정을 내리기 어려우며, 항상 갈등의 소지를 안고 있다. 하나의 점포를 다수가 소유하는 극도로 쪼개진 소유구조와 지주회의 한계 때문에, 상가의 경제적 관리에는 임대분양 상인 중심의 전문상가 운영회가 주도권을 가진다. 대부분의 일반 상가들이 친목 도모 차원의 상가번영회를 유지하는 것과는 전혀 다른 상가운영회가 남대문시장의 특징이다. 상가운영회는 품목, 즉 브랜드마다 따로 만들어지기 때문에 전문상가의 층마다 서로 다른 상가운영회가 존재한

다. 특정 층의 상가운영회는 자신의 층에 있는 점포들만을 관리할 뿐
다른 층의 일에는 전혀 관여를 하지 않는다. 이들은 점포 운영에 관한
거의 모든 것을 일괄적으로 관리한다. 소유자의 고유 영역이라고 할 수
있는 입점 여부 결정, 권리금 거래, 품질 관리, 영업방식 통제, 영업
활동 규정위반 감시, 상가의 리모델링, 고객 불만 처리 등이 모두 상가
운영회의 업무이다. 상가운영회는 전문상가 브랜드의 경쟁력을 유지
하기 위한 수단이면서 협동적 경쟁의 거버넌스 역할을 수행한다.

4. 동대문시장의 지역기반 자기완결 생태계

동대문시장의 특징으로는 단일 지역으로 세계 최대의 의류 판매 시장
이고, 전국의 의류 판매상을 대상으로 하는 중앙 도매 장소이며, 기획,
디자인, 원부자재 조달, 생산, 판매의 모든 과정을 반경 1킬로미터 내
에서 모두 해결하는 일괄생산 시스템이 작동하는 지역이라는 것이다.
세계에서 이러한 특징들 중 한두 개를 갖춘 곳은 많지만 세 가지 모두
갖춘 곳은 동대문을 제외하고는 그 예를 찾기 어렵다(김양희·아베 마코
토, 2001).

　의류패션 중심지로서 동대문시장은 1960년대 기성복 수요가 빠르게
증가하면서 시작되었다. 판자촌을 허물고 지은 평화시장을 중심으로
생산 공장이 1960년대부터 모여들기 시작하였고, 원단을 전문으로 하
는 동대문종합시장이 1970년 개장하였다. 그리고 1980년대에 이르면
부자재와 재봉틀을 판매하는 동화상가와 통일상가가 들어서면서 동대
문 일대에서 의류 제조 생태계가 갖춰지기 시작하였다. 2~3층에서 제

품을 만들어 1층의 판매장으로 바로 옮겨 판매하는 일종의 생산 - 유통의 일관체계가 단순하지만 형성되었다. 이 당시 대부분의 공장은 점포주 소유였고, 이들이 직접 봉제 작업을 하고 가족노동에 의존하는 경우도 많았다.

1970년 평화시장 재단사 전태일의 분신사건을 계기로 상인과 노동자의 분리가 빠르게 이루어졌다. 그리고 동대문시장 점포의 수요 증가 및 임대료 상승으로 기존에 같은 건물에서 통합적으로 이루어지던 생산과 유통 공간이 분리되기 시작하였다. 제조 기능을 담당하는 봉제공장들은 동대문시장 안에 입지하기 어려워졌다. 그러나 동대문 의류생산과 유통에서 적기 공급시스템을 유지하기 위해서는 시장과 비교적 가까운 지역에 입지할 필요가 있었다. 그 결과 창신동, 충신동, 숭인동, 이화동, 신당동 일대가 봉제공장 밀집 지역으로 변모하였다(김용창 외, 2011).

이러한 공간 분리는 의류산업 생태계의 변화를 낳았다. 공장주 역할을 겸하던 상인들은 공장 운영을 접고 생산 기능을 하청으로 돌리고, 도매 기능에 집중하게 되었다.[7] 동대문시장은 1990년대에 접어들면서 확고하게 판매와 유통 기능 중심으로 재편되었다. 그리고 '디자인 - 패턴 - 재단 - 봉제 - 다림질(시아게)'의 의류 제조공정 각각이 다른 사업장에서 이루어지는 부분 하청이 성행하게 되면서 영세 하청업체들이 더욱 증가하게 되었다. 이로써 과거 평화시장과 상가 중심으로 이루어지

---

7 〈서울시 의류 제조 집적지 실태분석 보고서〉(2013)의 서울시 봉제업체 조사에 따르면 의류 제조업체의 판로는 자신의 고유 브랜드 없이 발주자의 주문에 따른 직접 납품이 82.1%, 프로모션업체 8.3%, 고유 브랜드 판매 5.7%로 나타나 하청 제작이 지배적이라는 것을 알 수 있다.

던 통합 의류산업 생태계가 동대문시장과 그 주변 지역 일대로 확장되었다. 동대문시장 지역 일대를 기반으로 하는 의류 생산유통의 자기완결 시스템이 본격적으로 형성되기 시작하였다.

전통적인 재래시장 이미지를 넘어서 동대문시장의 의류산업 생태계에 획기적 전환점을 마련한 것은 1990년 5월 개장한 '아트프라자'였다. 아트프라자는 의류소비층이 전 연령대로 확장되는 추세와 정장 선호에서 캐주얼 선호로 바뀌는 패션 흐름을 적극 수용하여 동대문 신화를 일으킨 현대식 패션몰의 시초가 되었다. 동대문 업계 처음으로 개장시간을 두 시간 앞당기고 지방 소매상을 위한 전세버스 유치 등 과거와 다른 마케팅 전략을 구사하였다. 가격 또한 남대문시장보다 싸게 하는 데 성공하였다. 아트프라자의 성공은 당시까지 계속되었던 남대문 우위의 질서를 무너뜨리고, 동대문이 우위를 점하는 데 결정적인 계기가 되었다. 그리고 IMF 외환위기 국면에서 1998년 개장한 밀리오레 또한 다시 한 번 동대문시장에 새로운 전기를 마련했다. 밀리오레는 전 세계 패션업계에서 한 번도 시행한 적이 없는, 하루 18시간 영업 체제라는 영업시간 파괴 전략으로 주목을 끌었다. [8] 이외에도 젊은 감각의 매장 인테리어, 광고와 이벤트 마케팅의 차별화, 소매상이 아니라 직접 소비자를 대상으로 하는 마케팅, 청소년 입소문 마케팅 등 새로운 패션 유통모델을 제시하였다. 밀리오레의 성공으로 동대문시장에 새로운 쇼핑몰 비즈니스가 세워진 것은 물론, 전국과 해외로 새로운 패션 유통

---

8 그 당시 야간에 문을 열고 지방 도·소매상을 상대로 영업을 해 온 남대문, 동대문시장 상가와는 달리 밀리오레는 영업시간을 오전 11시부터 다음날 오전 5시까지로 정해 도매상인보다는 일반 소비자들을 대거 끌어들이는 전략을 구사하였다.

모델이 삽시간에 퍼져 나갔다(동대문패션타운 관광특구협의회, 2014).

동대문의 최대 강점은 의류 디자인에서부터 원부자재 조달, 패턴과 재단, 샘플 제작, 제조(봉제), 유통과 판매, 물류와 구매 대행 등 모든 공정과 지원 서비스가 동대문시장 일대의 단일 공간에서 일괄 처리된다는 데 있다. 이러한 의미에서 동대문시장은 하나의 거대한 통합 의류산업 생태계를 구현하는 공장시스템이자 유통센터이다(〈그림 11-3〉참조).

동대문시장은 반경 1킬로미터 이내에 원부자재 매장과 의류 판매점포 3만 5천 개 이상, 그리고 인접 지역에 봉제공장 6,400여 개에 약 3만여 명이 종사하고 있다. 특히 창신동은 전국 최대의 봉제업체 밀집 지역이다. 창신2동에만 640여 개의 업체가 입지해 있어 단일 동으로는 전국 1위의 밀집 지역이다. 창신동 지역은 의류 제조가 활발했던 1960~1970년대 평화시장 공장 근로자들의 주거지역이었다. 1980년 전후로 동대문시장 내 의류공장들이 분리되어 창신동 주거지역으로 입지하였고, 1990년대 이후 생산 외주가 활발해짐에 따라 동대문 의류산업의 배후 생산기지로 바뀌어 오늘에 이른다. 이곳의 생산 시스템은 간단하다. 동대문시장에서 주문을 받아 근처 동대문종합시장이나 방산시장, 광장시장에서 원단, 단추, 지퍼 등을 구입해 완제품을 납품한다. 이들 동대문시장 인접 지역이 의류 제조 부문의 글로벌 소싱(*sourcing*) 지역의 역할을 수행한다. [9]

---

9 2013년 최초로 시행한 봉제공장 실태조사 결과에 따르면 서울에는 10,676개 업체에 56,596명이 종사하고 있다. 서울의 업체는 동대문시장에 인접해 있는 5개 구 지역에 6,423개 업체가 있고, 29,519명이 일하고 있다. 각각 서울시 전체의 60.2%, 52.2%를 차지한다(한국의류산업협회, 2013; 동대문패션타운 관광특구협의회, 2014).

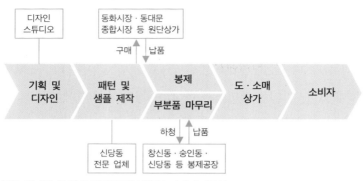

그림 11-3 동대문 디자이너 브랜드의 의류제품 생산 과정

자료: 동대문패션타운 관광특구협의회(2014)에서 재구성.

이처럼 1990년대 이후 동대문시장은 기존 패션시장의 패권을 쥐고 있던 남대문시장과 백화점 체계를 넘어 세계 속의 의류패션 메카로 발돋움하였다. 지역기반 일관 산업생태계를 구축함으로써 치열한 신제품 경쟁과 시장 정보 네트워크를 바탕으로 하는 '속도경제' 체제를 확립하였다. 의류패션의 중심에서 밀려나 재래시장으로 안주하던 동대문시장이 일대 혁신을 통해 대형 패션쇼핑몰 산업의 전성시대와 패션의 대중화를 이끌고 있다.

5. 의류패션시장의 혈투와 혁신, 그리고 글로벌 소싱

수출 주도 경제성장 정책을 본격적으로 추진하던 1960년대 남대문시장의 주력 상품은 의류였다. 이 당시 주요 수출 분야가 노동집약적인 섬유·의류산업이었고, 남대문시장이 국내 최대 시장으로서 의류의 생산과 유통을 담당한다. 이처럼 1990년대 이전까지 전국 의류시장을 지배하는 중심 도매시장은 남대문시장이었다. 동대문시장은 저가의 재고 의류나 보세 의류를 처리하는 역할에 그쳤다. 광장시장의 원단상인들도 새로운 원단은 남대문시장의 상인들에게 먼저 판 뒤에 동대문시장에는 재고 원단을 할인 판매하였다. 지방의 소매상들도 우선적인 거래시장은 남대문시장이었다(김용창 외, 2011). 그러나 1990년대 들어서는 남대문시장과 동대문시장이 의류패션 시장의 주도권을 놓고 혈투를 벌인다. 이러한 역학관계에 전환점을 마련한 것이 앞서 말한 대로 1990년 '아트프라자'의 개장이다. 아트프라자는 동대문시장에서 처음으로 남대문시장보다 개장시간을 두 시간 앞당기면서 개장시간 전쟁을 시작하였다. 이에 남대문시장이 2시로 앞당기자 아트프라자는 또 다시 12시, 그리고 다시 10시로 앞당기는 전략을 쓰면서 남대문시장에 완승을 거둔다.

시간 전쟁과 더불어 주도권 쟁탈전의 대상이 된 것은 지방 소매상의 유치였다. 1982년 야간통행금지가 해제되기 전에는 지방 상인들은 서울에서 물건을 구매하기 위해 하루 숙박을 하였다. 통행금지가 해제되자 숙박을 하지 않고 관광버스를 대절하여 동대문시장과 남대문시장에서 옷을 대량으로 구매했다. 동대문시장의 아트프라자는 지방에서 올라오는 전세버스의 1차 기착지를 유치하는 전략을 구사하여 성공을 거두었다(동대문패션타운 관광특구협의회, 2014).

이후 두 시장 사이 혈투는 다방면에서 더욱 심해졌다. 특히 갈등이 겉으로 드러난 것은 1996년 우노꼬레(현 스튜디오 W)의 개장이었다. 동대문시장에 개장하면서 남대문시장의 남성복 시티보이상가 상인 1백여 명이 집단으로 옮긴 것이 발단이 되었다. 이후 동대문에 들어설 상가의 분양사무소를 남대문시장에 설치하면서 몸싸움을 벌이고 쫓겨

나기도 했다. 남대문시장의 아동복 상가들이 동대문시장과 개장시간
을 통일하자는 제안을 하였지만 결렬되었다. 또한 동대문의 한 상가는
'남대문시장 상인들 대거 이탈'이라는 전면광고를 신문에 게재하여 갈
등을 촉발하기도 하였다(〈연합뉴스〉, 1996). 아트프라자의 성공으로
동대문시장에 새로운 상가들이 속속 개장하면서 남대문시장의 상인들
이 동대문으로 이전하거나 동대문시장에 또 다른 점포를 내 '이중영업'
을 하는 상황도 나타났다. 상권 이동 조짐에 불안감을 느낀 남대문시장
상인들은 남대문시장과 동대문시장에 모두 점포를 운영하는 이중영업
으로 안전판을 확보하고자 했다.

1970~1980년대 여성복 도매시장을 석권하던 남대문시장은 1990년
대의 이러한 환경과 경향 변화에 선제적, 효과적으로 대응하지 못하였
다. 남대문시장의 여성복 전문상가 운영회에서 뒤늦게 동대문시장 상
품들을 판매하지 못하도록 단속에 나섰지만 실패하였다. 지방 소매상
들이 편리한 심야시간 영업과 넓은 주차장을 갖춘 동대문시장으로 몰리
면서, 이중영업으로 상권의 흐름을 관망하고 있던 상인들이 아예 남대
문시장의 점포를 정리하고 완전히 동대문시장으로 넘어갔기 때문이다.

반면 남대문시장 아동복 상가들은 상가운영회의 철저한 이중영업
규제를 발판으로 여성복 상가의 전철을 밟지 않으려고 노력하였다.
동대문시장에서는 의류패션시장에서 아동복이 차지하는 비중이 작기
때문에 1990년대 후반에 들어서야 남대문시장의 아동복 상인들을 유
치하기 시작하였다. 여성복 상가의 실패를 본 아동복 상가들은 철저
하게 이중영업을 막았다. 이중영업을 하는 상인들을 색출하고, 남대
문시장의 아동복 상인들이 동대문시장에 아예 물건을 공급하지 못하
도록 하였다. 결국 제때에 고객, 상인, 상품을 공급받지 못한 동대문

시장은 아동복 도매상권을 확고하게 구축하지 못했다. 현재 동대문시장에 있는 아동복 점포는 대부분 소매점이며, 남대문시장에서 물건을 가져온다.

이러한 전쟁을 거쳐 앞서 살펴본 대로 남대문시장은 아동복, 액세서리를 주로 취급하는 시장으로 전문화되었고, 동대문시장은 캐주얼, 여성복, 패션의류 부문에서 주도권을 쥐게 되었다. 그리고 동대문시장은 남대문시장과 상호견제와 치열한 경쟁을 치르면서 패션의류 분야에서 세계적인 도·소매의 중심지로 부상하였다. 아울러 패션상품, 생산유통에 필요한 서비스와 기능들의 탁월한 외부 조달처, 이른바 소싱(sourcing)의 중심 지역으로서 역할을 수행한다. 오늘날 의류패션 유행에서 핵심적인 경쟁 수단은 구매자들이 원하는 디자인, 가격, 품질의 제품을 원하는 시기와 장소에서 판매하는 것이다. 이러한 요구사항을 적기에 맞추기 위해서는 가격, 품질, 속도를 충족시키는 조달 지역의 확보가 관건이다. 그리고 개성이 강하고 취향이 다양한 소비자의 입맛을 맞추기 위해 여러 브랜드를 한 장소에 모아놓고 판매하는 매장 형태인 편집숍(멀티숍, 셀렉트숍)이 확대되고 있다. 이처럼 제조·소매 일괄방식(SPA, 제조 소매업), 편집숍이 주도권을 잡은 의류패션시장은 인터넷 쇼핑몰의 확대와 더불어 기존의 메이커 비즈니스에서 어떻게 잘 유통시킬 것인가를 중심으로 하는 판매(retail) 비즈니스로 패러다임이 바뀌고 있다. 잘 만드는 개념을 넘어 잘 파는 개념이 중요해졌다. 동대문시장은 가격, 품질, 속도 측면에서 다양한 유통 경로와 매우 빠른 상품 주기를 소화할 수 있는 지역이기 때문에 완제품 소싱의 중심 지역으로 떠올랐다. 이처럼 최근 의류패션 소비유통 경향의 변화에서 동대문시장은 전통적인 의류 제조공정의 원부자재의 외부 조달

처를 넘어 유통방법과 경로를 가리지 않고 완제품의 글로벌 소싱 지역
으로서 새로운 패러다임을 선도하고 있다(동대문패션타운 관광특구협의
회, 2014).

6. 결론: 재래시장으로서 실리콘밸리를 꿈꾸는가?

최소한 600년 이상에 걸친 역사적 시공간 층위가 누적되어 현재의 남대
문시장과 동대문시장을 만들었다. 사람들의 뇌리에 재래시장은 통상
혁신과 경쟁, 속도에는 매우 둔감한 것으로 인식된다. 이렇게 인식한
다는 것은 재래시장을 자본주의 경제 원리의 철저한 작동과는 다소간
거리가 있는 공간으로 받아들인다는 것을 의미한다. 자연히 전통적인
재래시장은 시장의 본래적 이미지와는 달리 퇴보하는 경제 공간, 느린
사회경제 생활의 상징이었다. 남대문시장과 동대문시장은 이러한 통
념적 인식을 송두리째 바꾼 시장 공간이다.

오랫동안 대도시 서울의 도심부에서 매우 비싼 땅값을 견디면서 지
속적인 변신을 통해 때로는 세계의 주목을 받으면서 혁신을 이끄는 공
간이 되었다. 세계적인 패스트패션 브랜드 '자라'(ZARA)의 관계자들
이 2008년 시장조사로 한국 동대문시장을 방문했다. 그때 하루 만에
신상품이 나오는, 말 그대로의 패스트 시스템을 보고는 '자라'의 원조
가 동대문시장이라며 감탄했던 바도 있다(〈조선일보〉, 2014). 그동안
남대문시장과 동대문시장은 '나드리', '레드아이', '못된 고양이', '네이
처리퍼블릭', '블랙야크', '형지그룹', '뱅뱅어패럴' 등의 브랜드와 세계
적 디자이너를 배출하는 등 많은 성공 신화를 낳았다.

지금까지는 두 시장 사이 혈투가 중심이었다면 이제는 디지털 글로벌 통합경제의 한복판에 노출되어 경쟁하는 상황에 직면해 있다. 경쟁력과 그 환경은 늘 변하며, 앞으로는 더욱더 치열해질 것이다. 한때 일본 도쿄의 유명한 의류생산지였던 스미다 지역은 공교롭게도 동대문시장과 마찬가지로 에도 시대 하급무사들이 살던 지역에서 출발했다. 1960년대 공전의 호황을 맞이하였지만 엔고, 해외 이전, 공장의 지방 분산 정책 국면에서 경쟁력을 상실하고 한순간에 침체해 버렸다. 동대문시장은 이 효과를 톡톡히 보았다. 오늘날 일본 자체의 봉제가공 능력이 총수요의 10% 이하로 떨어져 동대문시장의 의존도가 더욱 높아진 것이다(김양희·아베 마코토, 2001).

중국에서는 한국 상품과 그 스타일이 광범위한 인기를 끌면서 '한판'(韓版)이라는 신조어가 만들어졌다. 중국에서 한국 생산 한판 패션상품이란 한국에서 생산된 모든 패션상품을 의미하지만, 주로 동대문시장과 남대문시장에서 생산된 패션 상품이 중국에 수출·유통되는 것을 말한다. 동대문시장에서는 여성의류, 남대문시장에는 액세서리와 아동복을 중심으로 중국으로 수출·유통되고 있다(동대문패션타운 관광특구협의회, 2014).

당연히 이와 같은 경쟁력과 경쟁 환경이 지속되지는 않을 것이다. 지금까지 두 시장 모두 통상적인 재래시장을 뛰어넘어 새로운 지향성을 추구했고, 앞으로도 그래야 할 것이다. 아마도 재래시장으로서 실리콘밸리를 상상할 수도 있다. 그렇기 위해서는 극복해야 할 큰 과제가 있다. 두 시장 모두 지역을 기반으로 상품 구성 및 생산유통 시스템에서 종합대학교형 시스템을 구축하고 있다. 그러나 상가와 상가, 상인과 상인, 상인과 산업생태계 구성원 사이 신뢰와 협력에 기반 한 수평 네트워크 체계는 잘 구축되어 있지 않으며, 그 밀도도 엷다. 생산유통 공정상의 수직 연계 체계는 잘 발달해 있으나 수평 네트워크가 약한 것이다. 또한 전문상가와 개별상가 내의 네트워크 이점이 지역 총체 차원에서는 종합적으로 구현되지 않고 있다. 비유하자면 종합대학교로서 잠재력을 단순히 단과대학 또는 학과 단위 정도의 이점으로만 활용하고 있는 것이다. 이를 극복하기 위한 새로운 시스템과 거버넌스 구축이 필요하다.

협동경제와 치열한 경쟁 기반의 정글경제 성격을 공통적으로 유지하면서 지속가능한 혁신생태계를 발달시키는 것이 관건이 될 것이다. 그리고 제품을 신속하게 잘 만드는 것을 넘어 소비자 지향성을 더욱 강화하고, 새로운 지향성을 창조하는 것이 중요하다. 시장의 구성원들은 자신들이 사업자가 아니라 고객의 스타일리스트라는 자세가 이러한 변화를 잘 보여 준다. 아울러 시장 공간은 물건을 단순히 전시·진열하고 판매하는 물리적 공간이 아니다. 문화로서 시장 공간 자체를 소비할 수 있도록 두 지역에서 모두 공간문화의 혁신을 추구하여야 한다.

참고문헌

고동환 (2000). "18세기 서울의 상업구조 변동". 《서울상업사연구》. 서울학연구소, 116~151.

김양희·아베 마코토 (2001). 〈한국 동대문시장의 발전과 새로운 한일 의류 산업 네트워크의 형성(특별 해외 공동 연구 보고서 시리즈 No. 130)〉. 아시아경제연구소.

김용창 외 (2011). 《동대문시장》. 서울역사박물관.

김용창 외 (2013). 《남대문시장》. 서울역사박물관.

동대문패션타운 관광특구협의회 (2014). 《동대문백서 2014》.

박은숙 (2008). 《시장의 역사》. 역사비평사.

소상공인시장진흥공단 (2016). 〈2015년 전통시장·상점가 및 점포경영 실태조사 결과 보고서〉.

심경미·김기호 (2009). "시전행랑의 건설로 형성된 종로변 도시조직의 특성". 〈도시설계〉, 10권 4호, 21~36. 한국도시설계학회.

〈연합뉴스〉 (1996. 5. 10.). "남대문·동대문시장 곳곳에서 마찰".

전우용 (1999). "대한제국기~일제초기 宣惠廳 倉內場의 형성과 전개: 서울 남대문시장의 성립 경위". 〈서울학연구〉, 12호, 63~99.

〈조선일보〉 (2014. 1. 8.). "잠들지 않는 동대문".

중구 (2015). 〈남대문시장 정비방안 마스터플랜〉.

한국의류산업협회 (2013). 〈서울시 의류 제조 집적지 실태분석 보고서〉.

남대문관광특구 남대문시장. http://namdaemunmarket.co.kr/.

동대문패션타운관광특구 동대문 관광특구 현황. http://dft.co.kr/info/info3.php.

한국민족문화대백과사전 (2012). "시전(市廛)". 한국학중앙연구원.

제 12 장

도심부 시장들, 광장 · 방산 · 중부시장* 이후빈

1. 들어가며

광장시장, 방산시장 그리고 중부시장은 서울의 도심지역 한복판에 일
렬로 나란히 위치해 있다. 위에서 아래로 길을 따라서 걷다 보면 시장
입구인 커다란 문들이 나타난다. 이 문들을 지나갈 때마다 새로운 경
관들이 펼쳐진다. 다양한 볼거리와 먹거리로 전통시장의 특징을 가장
잘 보여 주는 광장시장, 손님은 별로 없고 커다란 기계들만 잔뜩 있어
서 왠지 시장 같지 않은 방산시장, 새벽부터 수십 개의 건어물 박스를
나르는 사람들로 정신이 없는 중부시장. 이들 세 시장들은 도심 한복

---

* 이 장은 서울역사박물관의 서울생활문화 자료조사 연구용역《동대문시장: 광장, 중
  부, 방산》(2012) 의 원자료를 일부 활용하여 작성하였다.

그림 12-1 도심 한복판에 모여 있는 서로 다른 시장들

판에 모여 있지만 취급하는 상품과 그 상품을 판매하는 상인에서 서로 다른 모습이 보인다. 광장·방산·중부시장의 이질적인 모습들을 통해서 우리는 단편적이지만 서울의 도심부 시장들이 어떻게 작동하는지 그리고 이런 작동원리가 시간에 따라 어떻게 변하는지를 살펴볼 수 있다.

2. 종합시장을 넘어서 관광시장으로 발전하는 광장시장

광장시장은 광장주식회사를 기준으로 내부 시장과 외부 시장으로 구분할 수 있다. 광장주식회사는 1961년에 완공한 지상 3층의 대형 건물(연면적 1만 8,975제곱미터)을 소유하고 있다. 내부 시장은 광장주식회사가 일괄적으로 임대하고 관리하는 대형 건물 내 점포들을 가리킨다. 외부 시장은 대형 건물을 둘러싼 소형 건물들에 있는 점포들을 가리킨다. 외부 시장의 소형 건물들은 개별 건물로 소유자가 각기 다르다. 내부

그림 12-2 **광장시장의 공간적 구분**

종로5가

종로4가

청계천로

청계천로

■ 광장시장연합회 소속 상가   ■ 종로광장연합회 소속 상가   □ 광장패션타운

자료: 김용창 외(2012)에서 재구성.

시장과 외부 시장의 구분은 상인연합회 소속에서 명확하게 드러난다.
광장주식회사 건물에 있는 점포들은 거의 다 '광장시장 상인총연합회'
(광장시장연합회)에 소속되어 있다. 광장시장연합회에 들어갈 수 없는
외부 시장의 점포들은 '종로광장전통시장 상인총연합회'(종로광장연합
회)의 소속이다. 〈그림 12-2〉 왼쪽 아래에 구역으로 표시된 광장패션
타운은 종로광장연합회에 가입하지 않고 자신만의 상인연합회를 구성
하고 있다. 광장패션타운은 여성복 야간 도매시장으로 오후 10시부터
다음날 오전 10시까지 영업한다. 광장시장 내 업체들이 대체로 오전 9
시부터 오후 8시까지 문을 연다는 점을 고려할 때 광장패션타운은 시간
적으로 광장시장과 거의 관련이 없다.

1) 오래된 만큼 다양한 상품들을 갖추고 있는 광장시장

광장시장은 약 110년의 오래된 역사에 걸맞게 다양한 품목을 갖춘 종합시장이다. 일제의 경제침략이 본격화된 1905년에 조선 상인들은 일본 상인들의 상권 장악에 저항하기 위해 광장주식회사를 설립해서 시장 건설을 추진하였다. 우리나라 최초의 상설시장인 광장시장은 1905년에 개장했던 바로 그 위치에서 지금까지 이어진다. 광장시장은 1910년 한일강제병합, 1953년 '정치 깡패' 이정재의 상인연합회 회장 취임, 1970년 동대문종합시장의 개장,[1] 1980년대 수입자유화 조치 등을 거치면서 끊임없이 변했고 이에 따라 광장시장에서 판매하는 상품들도 변했다. 시간의 흐름과 함께 여러 가지의 상품 경로들이 누적되면서 광장시장은 종합시장의 면모를 갖추게 되었다. 현재 광장시장에서 주로 판매하는 원단, 한복, 수입물품, 수입구제는 광장시장의 오래된 역사를 압축적으로 보여 준다.

광장시장에서 가장 눈에 띄는 상품은 의류 제작의 원료로 사용하는 원단이다.[2] 전체 점포수 3,268개 중에서 원단 관련 업체들이 1,476개로 약 45%를 차지한다(김용창 외, 2012, p. 97). 예전에는 광장시장에 가는 것을 '포목하러 가자'라고 표현할 정도로 광장시장은 전국구 원단 도매시장으로 유명했다. 하지만 동대문종합시장이라는 강력한 경쟁자

---

[1] 광장시장은 1960년대까지 '동대문시장'이라는 이름으로 불렸지만 1970년대 종로5·6가에 동대문종합시장을 포함해서 대형 상가건물들이 들어서면서 '광장시장'이라는 이름으로 불렸다. 종로5·6가 일대가 광장시장보다 동대문에 더 가까이 있기 때문에 사람들은 종로5·6가 일대의 시장을 '동대문시장'으로 불렀다.

[2] 광장시장에서 '직물', '포목'이라는 용어들은 의류 제작의 원료가 되는 천이라는 의미로 '원단'과 거의 동일하게 사용된다.

의 등장으로 광장시장의 원단 도매는 이전에 비해서 그 규모가 많이 줄어들었다. 1970년에 지하 1층, 지상 10층짜리 동대문종합시장이 개장하면서 광장시장에 있던 다수의 원단 상인들이 넓은 주차장과 편리한 내부시설을 갖춘 동대문종합시장으로 이전했다.

광장시장에 가면 원단만 살 수 있는 것은 아니다. 주단집에 가면 한복 원단인 주단을 구입할 수 있을 뿐만 아니라 맞춤한복을 제작할 수 있다. 일상생활에서 한복을 입는 경우들이 적어졌고 거기에 한복 대여업체까지 생기면서 한복과 주단 수요가 점차 감소했다. 이런 상황에서 많은 수의 주단집들이 살아남기 위해서 자신의 가게명이 새겨진 맞춤한복을 판매하는 한복 소매상점들로 변신했다. 이렇기 때문에 주단집들이 몰려 있는 광장시장 2층에 가면 주단을 구입하려는 지방 한복소매상뿐만 아니라 혼수용 한복을 맞추려는 신혼부부들을 심심찮게 볼 수 있다.

수입물품과 수입구제는 광장시장에서 시대의 변화에 따라 어떤 상품들이 번성하고 쇠퇴했는지를 보여 준다. 광장시장은 1950~1960년대 미군부대에서 음성적인 방법으로 흘러나온 물품들을 판매하는 깡통시장으로 유명했다. 수입물품을 구하기 쉽지 않았던 1970~1980년대에 수입물품 상점들은 오퍼상[3]을 통해 세계 각지의 수입물품을 구매해 전국 곳곳에 있는 수입상점에 공급했다. 그 당시 광장시장의 수입물품 골목은 수입물품을 사러 온 지방의 소매상들로 항상 붐볐다. 하지만 단계적으로 수입자유화 조치들이 시행되면서 광장시장의 수입물품 상점들은 점차적으로 쇠퇴했고 현재 수입물품 골목에는 십여 개의 소규모 상

---

3 '오퍼(offer) 상(商)'은 무역대리업자 또는 무역중개상을 가리킨다.

점들이 있을 뿐이다.

수입물품이 1900년대 중·후반에 번성했지만 지금은 쇠퇴한 상품이라면 수입구제는 요즈음 뜨고 있는 상품이다. 수입구제 상점들은 원단 상점들이 동대문종합시장으로 이전해서 생긴 빈 점포들에 들어섰다. 광장시장 내 수입구제 골목에 가면 싼 가격과 젊은 상인들에 놀란다. 수입구제 상인들은 캐나다, 일본, 미국, 이탈리아에서 그 나라 시민단체들이 기부로 수거한 옷을 아주 저렴한 가격에 구입한다. 이때 구입가격은 옷의 종류와는 상관없이 무게에 따라 결정된다. 가격이 싼만큼 수입구제의 주요 고객은 주머니 사정이 좋지 않은 어린 학생들이다. 어린 학생들이 좋아할 만한 옷들을 선별해서 구입해야 하기 때문에 수입구제의 상인들은 광장시장 내 다른 업종 상인들에 비해서 상당히 젊은 편이다.

2) 먹자골목에 온 김에 둘러보는 광장시장

최근 광장시장에서 가장 붐비는 장소는 노점과 식당으로 이루어진 먹자골목이다. 먹자골목에는 김밥, 각종 전, 빈대떡, 보리비빔밥, 족발, 순대 등을 판매한다. 가장 유명한 먹거리는 한 번 맛보면 너무 맛있어서 마약처럼 계속 찾게 된다는 '마약김밥'이다. 먹자골목이 유명해지면서 광장시장에 오는 주요 목적이 물건의 구입보다 먹고 구경하는 것으로 변한 경우가 많아졌다. 이전에는 한복을 보러 주단집에 와서 시간이 잠깐 남았을 때 먹자골목에 들러서 식사를 했다면, 지금은 먹자골목에 온 김에 광장시장에서 한복과 수입구제 등을 쭉 둘러본다.

먹자골목의 호황은 크게 두 가지 측면에서 그 이유를 찾을 수 있다. 첫 번째 이유는 외국인의 도심 관광 증가이다. 외국인 관광객들, 특히

그림 12-3 광장시장의 1층 먹자골목과 2층 주단집 분포

자료: 김용창 외(2012)에서 재구성.

일본인 관광객들 사이에서 명동과 종로 등을 둘러보는 도심 관광이 인기를 끌면서 전통시장의 어머니라고 불리는 광장시장이 가볼 만한 관광명소로 떠올랐다. 일본인 관광객들은 2층 주단집에서 한복을 구경한 후 1층 노점에 앉아서 시장음식을 즐긴다. 두 번째는 이유는 청계천 복원이다. 2005년 청계천 복원 이후로 청계천을 찾는 국내 관광객들이 많아졌다. 국내 관광객들은 청계천 구경을 끝내고 바로 옆에 있는 광장시장의 먹자골목을 찾는다.

먹자골목의 하루는 도심부 시장으로서 광장시장이 가진 특징을 잘 보여 준다. 먹자골목을 가장 일찍 찾는 사람들은 광장시장의 상인들이다. 오전 8시에서 9시 사이에 광장시장 상인들은 먹자골목에서 아침을 해결한다. 빨리 가서 점포 문을 열어야 하기 때문에 대부분 서서 음식을 먹는다. 점심시간(오후 12시~1시)에는 직장인들로 먹자골목이 붐

빈다. 도심지역의 음식점들은 근처에 있는 회사들로 인해서 점심시간 특수를 누리는데, 광장시장의 먹자골목도 점심시간에는 직장인들 때문에 빈자리를 찾기 어렵다. 외국인 관광객들은 주로 오전 10시부터 오후 2시 사이에 먹자골목을 찾는다. 여름철에는 더운 날씨를 피해서 저녁시간에 광장시장을 방문하기도 한다. 마지막으로 오후 6시 이후에는 먹거리를 안주 삼아 술을 마시는 손님들이 많다. 먹자골목이 문을 닫는 시간은 오후 9시 정도이다. 도심지역에는 사는 사람들(상주인구)이 많지 않기 때문에 지나가는 사람들(유동인구)로 북적대는 낮과는 달리 밤에는 사람이 별로 없다. 그래서 먹자골목 상인들은 몇 명 되지 않는 술손님들이 행패를 부리기 전에 일찍 장사를 정리한다.

3. 포장자재를 직접 만들어서 판매하는 방산시장

청계천 바로 밑에 위치한 방산시장에는 포장자재 관련 업체들이 집적해 있다. 전체 점포 수 2,513개 중에서 약 40%에 해당하는 1,023개가 포장자재 관련 업체들이다. 포장자재 판매업체가 437개이고 포장자재를 제작하는 인쇄업체와 인쇄후가공업체가 각각 343개와 243개이다(김용창 외, 2012, p.113). 방산시장에서 주로 취급하는 포장자재는 비닐봉투와 박스이다. 포장자재 관련 업체들 이외에 방산종합시장을 중심으로 상당수 의류 관련 업체들이 방산시장에 존재한다. 의류 관련 업체들의 입지는 방산종합시장의 분양 방식과 관련이 있다. 1976년 진흥기업은 교외로 이전한 방산초등학교의 옛 부지를 매입해서 지상 3층의 대형건물 A동과 B동을 건설했다. 건물 내 개별 점포를 분양할 때 층별

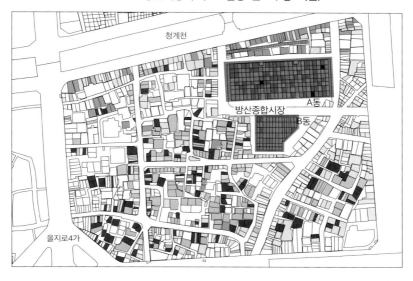

그림 12-4 방산시장의 주요 업종 분포(1층 기준)

청계천

방산종합시장

A동

B동

을지로4가

■ 포장자재 판매업체 ■ 인쇄업체 ■ 인쇄후가공업체 ■ 의류·섬유·부자재 업체

자료: 김용창 외(2012)에서 재구성.

업종을 일정하게 제한했다. A동 1층과 2층에는 의류와 원단을, B동에
는 재봉틀과 지류를 취급하도록 하였다.

1) 하나의 지역공장처럼 작동하는 방산시장

방산시장은 고객의 주문에 따라 포장자재를 바로 제작해서 판매하는
제조 시장이다. 방산시장에서 고객들은 이미 만들어진 기성품과는 다
른, 즉 자신이 원하는 독특한 무늬와 모양을 갖춘 포장자재를 주문할
수 있다. 고객의 주문을 받은 방산시장 상인들은 특수인쇄와 후가공
(*after treatment*) 작업을 통해서 세상에 하나밖에 없는 포장자재를 만든
다. 특수인쇄는 종이 이외의 소재에 무늬를 새기는 작업이고, 후가공

은 특수인쇄된 포장자재에 투명한 표면, 볼록한 모양 등의 다양한 효과들을 덧입히는 작업이다. 아무런 무늬와 모양이 없는 비닐과 원지는 방산시장 내에서 이루어지는 특수인쇄와 후가공 작업을 거쳐서 고객이 주문한 독특한 무늬와 모양을 갖춘 비닐봉투와 박스로 바뀐다. 원재료인 비닐과 원지는 방산시장 외부에 있는 전국의 대형 공장들에서 생산되지만, 원재료 구입 이후 거의 모든 제작 과정은 방산시장 내에서 이루어진다.

방산시장은 분업 체계와 하청 관계를 통해서 하나의 거대한 지역공장으로 기능한다. 임대료가 높은 도심부에서 주문제작의 모든 과정을 한 곳에서 처리할 수 있는 대형 공장을 설립하기 위해서는 많은 자금이 필요하다. 이에 따라 영세한 규모의 방산시장 업체들은 기계 한 대를 갖추고 전체 제작 과정에서 하나의 공정만을 처리하는 소규모 작업장인 경우가 많다. 혼자서는 특정 공정만을 수행할 수 있기 때문에 이런 소규모 작업장들은 태생적으로 다른 공정들을 담당하는 다른 작업장과의 협력을 필요로 한다. 도심부의 높은 임대료와 소규모 작업장은 방산시장에 공정에 따른 분업 체계를 형성했다. 그리고 이 분업 체계를 실제로 작동시키는 것은 소규모 작업장들 사이의 하청 관계이다. 고객에게서 직접 주문을 의뢰받은 작업장(원청업체)은 전체 제작 과정에서 자신이 처리할 수 있는 공정 이외의 공정들을 다른 작업장들(하청업체)에게 맡긴다.

여기서 재미있는 사실은 이 하청 관계가 일시적인 동시에 지속적이라는 점이다. 고객의 주문 내용에 따라 제작 과정에 활용되는 특수인쇄와 후가공의 세부 공정들이 달라지기 때문에 하청 관계의 구성은 고객이 어떤 주문을 하느냐에 따라서 매번 달라진다. 원청업체는 고객의 주문 내용을 처리할 수 있는 업체들로 하청 관계를 일시적으로 구축한다. 반면에 원청업체는 특정 공정, 예를 들어 그라비아 인쇄[4]를 원래 같이 일을 하던 업체에게 지속적으로 맡기는 경향이 있다. 고객과 약속한 시간 내에 일정한 품질을 갖춘 포장자재를 제작하기 위해서는 믿고 맡길 수 있는, 즉 지속적인 거래 관계를 통해서 신뢰할 수 있는 업체가 필요하기 때문이다.

〈그림 12-5〉는 방산시장의 프린트봉투 제작 과정을 보여 준다. 제작 과정의 각 공정들을 수행하는 비닐봉투 전문 판매업체, 기획실, 제판집, 인쇄소, 가공소는 모두 서로 다른 업체들이다. 프린트봉투는 그라비아 인쇄로 고객이 원하는 무늬를 새긴 비닐봉투이다. 소비자로부터 주문을 받은 전문 판매업체는 비닐공장으로부터 아무런 무늬와 모양이 없는 무지 비닐원단을 구입해서 인쇄소로 보낸다. 그리고 기획실에 고객이 원하는 무늬를 인쇄하기 위한 필름 제작을 의뢰한다. 기획실 사장은 완성된 필름을 제판집에 갖다 준다. 제판집 사장은 필름대로 동판을 만들어서 인쇄소 사장에게 넘긴다. 그러면 인쇄소 사장은 이 동판을 가지고 원청업체에서 받은 비닐원단에 인쇄를 한다. 마지막으로 가공소는 인쇄가 끝난 비닐원단을 크기에 맞게 자른 다음 완성된 프린트봉투를 원청업체인 전문 판매업체에 납품한다.

이와 같은 제작 과정은 대부분 원청업체의 중간점검 없이 공정 순서에 따라 자동적으로 이루어진다. 제판집 사장은 동판이 완성되면 전문 판매업체에 군이 묻지 않고 바로 인쇄소에 동판을 갖다 준다. 지속적인

---

4 그라비아 인쇄는 특수인쇄의 한 종류로 롤러를 활용해서 비닐에 특정 무늬를 인쇄하는 방식이다.

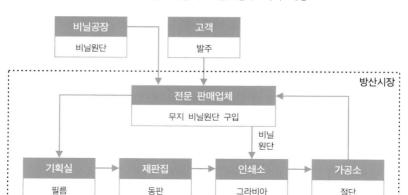

그림 12-5 방산시장의 프린트봉투 제작 과정

거래를 통해서 하나의 원청업체에 고용된 하청업체들은 원청업체를 통하지 않고서도 서로를 잘 알고 있기 때문에 이처럼 하청업체들끼리 알아서 주고받는 것이 가능하다.[5] 동일한 비닐봉투 전문 판매업체가 원청을 하더라도 프린트봉투가 아닌 다른 제품을 만들 때는 〈그림 12-5〉와는 다른 제작 과정이 이루어지고 이에 따라 다른 업체들이 하청 관계를 구성한다. 이 하청업체들은 프린트봉투 하청업체들과는 관련이 없지만 자기들끼리는 오랫동안 같이 작업했기 때문에 서로를 잘 알고 있다.

---

5 "회사는 다 다르지만 지네들(하청업체들)끼리 일하면서 다 알아서 보내주고 받고 하는 거지. 그 사람들은 다 알고 있어 어디를 보내야 하는지. 다 지네들이 알고 있는 거야."
　　　　　　　　　　　　　　　　　　　　　　　－60대 남성, 기획실 사장.

2) 다품종 소량생산을 빠르게 처리하는 방산시장

방산시장의 강점은 다양한 제품들에 대한 소량의 주문을 빠르게 처리할 수 있는 속도에 있다. 포장자재의 주문제작이 방산시장에서만 가능한 것은 아니다. 파주, 일산 등과 같이 임대료가 저렴한 외곽지역에 위치한 대규모 공장들은 최신식 대형 설비를 활용해서 방산시장보다 더 싼 가격에 포장자재를 제작할 수 있다. 하지만 이런 공장들은 설비 운영비용이 높은 만큼 최소 주문량이 상당히 크기 때문에 소량의 주문제작을 취급하지 않는다. 이에 비해서 방산시장의 기계 한 대를 갖춘 소규모 작업장들은 설비 운영비용이 낮은 만큼 소량의 주문제작에서도 이익을 남길 수 있다.

그리고 방산시장 내 수많은 소규모 작업장들은 한 곳에서 다양한 종류의 제품들을 제작할 수 있도록 해 준다. 고객의 요구가 다양한 만큼 포장자재의 제작 과정에 활용되는 세부공정들의 종류는 무수히 많다. 고객의 요구가 변하면 그에 맞춰서 새로운 세부공정들이 생겨난다. 방산시장은 고객의 갖가지 요구들을 충족할 수 있는 다양성을 소규모 작업장의 집적으로 확보한다. 방산시장의 개별 작업장은 하나의 공정만을 처리하지만, 방산시장에는 서로 다른 공정들을 수행하는 작업장들이 몰려 있다.

또한 소규모 작업장들의 공간적 집적은 다수의 공정들로 이루어진 제작 과정을 신속하게 진행할 수 있도록 해 준다. 거의 모든 공정들이 방산시장 내에서 이루어지기 때문에 한 공정의 완성품을 다음 공정의 원재료로 넘기는 데 걸리는 운송시간을 줄일 수 있다. 하지만 하청 관계를 통한 소규모 작업장들의 협력생산은 대규모 공장에서의 일괄생산보다는 제작 기간이 길어질 수 있다. 한 작업장에서 다른 작업장으로 넘어갈 때마다 제품의 하자에 대한 책임소재를 명확히 하기 위해서 원청업체의 중간점검이 필요하기 때문이다. 방산시장의 소규모 작업장들은 다년간의 거래를 통한 상호신뢰를 바탕으로 중간점검 없이 하나의 공장처럼 공정의 순서에 따라 하나의 공정이 끝나면 바로 다음 공정을 진행해서 제작 기간을 단축시킬 수 있다.

이와 같은 방산시장의 강점들은 접근성이 높은 도심지역이기 때문에 가능했다. 소규모 작업장이 소량의 주문생산을 지속하기 위해서는 많은 수의 주문을 받아야 한다. 대규모 공장에 비해서 설비 운영비용이 낮다고 하더라도 소량생산에서 남길 수 있는 이익이 크지 않기 때문이다. 소규모 작업장은 주문 수를 늘려 소량생산의 낮은 이익을 극복하고자 한다. 주문을 많이 받으려면 고객들이 잘 알고 쉽게 찾아올 수 있는 곳이 유리한데, 서울 어디에서도 접근성이 좋은 도심에서 포장자재로 유명한 방산시장은 이런 측면에서 좋은 입지조건을 제공한다.

그리고 방산시장은 오래된 포장자재 집적지인만큼 제작 과정의 거의 모든 세부공정들을 보유하고 있다. 1950년대부터 포장자재 업체들이 방산시장에 모여들었기 때문에 방산시장은 자주 사용하는 세부공정들뿐만 아니라 가끔 사용하는 세부공정들까지 갖추게 되었다. 방산시장에 있던 업체가 성장해서 대규모 공장을 세우기 위해 외곽지역으로 이전할 때 이 업체의 이전과 함께 일부 공정들도 방산시장에서 외곽지역으로 빠져 나갔다. 하지만 가끔 사용하는 세부공정들을 처리하는 소규모 업체들은 여전히 방산시장에서 남아 있다. 외곽지역에 대규모 공장을 설립하려면 대규모 자금이 필요한데, 가끔 사용해서 수요가 불규칙적인 세부공정들로는 그만큼의 자금을 확보하기가 어렵기 때문이다. 이렇기 때문에 주문제작에서 매번 활용하지 않은 세부공정들까지 처리할 수 있는, 즉 고객의 갖가지 요구들을 충족시킬 수 있는 다양성을 확보할 수 있는 곳은 오래된 집적지인 방산시장뿐이다.

마지막으로 방산시장의 긴 역사는 원청-하청 관계에서 나타나는 상호신뢰의 밑거름이 되기도 한다. 방산시장 상인들은 대부분 젊은 시절에 방산시장 내 다른 업체에서 종업원으로 일한 경험이 있는데, 이때 같이 일했던 경험이 원청-하청 관계의 출발점이 되는 경우가 많다. 오랜 시간 동안 서로 알고 지낸 사이이기 때문에 종업원 경험을 통해서 구축한 원청-하청 관계는 중간점검 없이 그냥 곧바로 일을 처리하는 신뢰의 거래 관계가 되기 쉽다.

4. 건어물 전문 도매시장의 성격을 유지하는 중부시장

중부시장에는 신흥거리와 원조거리를 중심으로 건어물 상점들이 밀집해 있다. 이 상점들은 김, 미역, 멸치, 오징어, 조기, 명태, 노가리 등의 생물을 말린 다양한 건어물을 판매한다. 유동인구가 가장 많은 신흥거리에는 건어물을 판매하는 노점들이 일렬로 줄지어 있다. 보통 노점은 돈이 없는 사람들이 장사를 시작하기 위해서 어쩔 수 없이 선택하는 간이영업 형태이지만, 신흥거리의 노점상들은 대부분 근처에 별도의 창고를 가지고 있을 정도로 규모를 갖추고 있다. 중부시장에서 건어물 상점 이외에 과일, 호두, 잣, 대추, 밤 등을 판매하는 농산물 상점들을 상당수 발견할 수 있다. 지금은 없어졌지만 중부시장에는 경매가 열릴 정도로 큰 규모의 농산물 공판장이 있었다. 그리고 서쪽 대로변(창경궁로)에는 가구업체들이 몰려 있는 을지로 가구거리가 있다. 크고 무거

그림 12-6 중부시장의 주요 업종 분포(1층 기준)

건어물 업체 　　 농·축산물 업체 　　 가구 제조·판매업체

자료: 김용창 외(2012)에서 재구성.

운 가구를 수시로 운송해야 하기 때문에 가구업체들은 배달 트럭을 세우기 쉬운 대로변에 주로 입지한다.

1) 손해날 일 없는 장사가 가능한 중부시장

중부시장은 1960년대 남대문시장과 광장시장의 건어물 도매상인들이 이전해서 자리를 잡은 이후 현재까지 건어물 전문 도매시장이다. 1968년 대화재로 남대문시장의 중심부 점포들이 모두 불에 타서 없어지는 일이 발생했고, 서울시는 이를 계기로 남대문시장의 현대화 계획을 추진했다. 현대화 계획에 반대한 일부 상인들이 다른 시장들로 이전했는데, 이때 3~4명의 대형 건어물 도매상인들이 중부시장으로 옮겼다.

이들을 따라서 중소형 건어물 도매상인들이 중부시장에 모여들면서 중부시장은 건어물 전문 도매시장으로 두각을 나타냈다.

1970~1980년대 중부시장은 건어물 유통에 관해서 우리나라 최고의 중심지였다. 건어물 전국 생산량의 50% 정도가 중부시장을 통해서 유통됐다(〈동아일보〉, 1984. 2. 13.). 이와 같은 전국구 유통망에서 중부시장의 원도매상이 결정적인 역할을 수행했다. 도매상인은 생산지에서 직접 물건을 받는지에 따라 원도매상과 중도매상으로 구분된다. 원도매상은 생산지에서 직접 물건을 받고, 중도매상은 원도매상으로부터 물건을 구입한다. 중부시장의 원도매상은 전국 각지의 생산지에서 공급받은 물건을 전국에 있는 중도매상에게 넘긴다. 그러면 중도매상들은 이 물건을 자신이 활동하는 지역의 소매상에게 판매한다. 이렇게 전국의 건어물들이 중부시장에 모였다가 다시 전국 각지로 뿌려진다.

유통망의 결절로서 중부시장의 위상은 원도매상의 위탁판매에서 명확하게 드러난다. 건어물 생산업자는 중부시장의 특정 원도매상에게 전화를 걸어서 물건의 판매를 위탁한다. 원도매상은 물건을 대신 팔아주는 대가로 수수료를 받는다. 생산업자와 원도매상 사이에 물건의 예상 가격과 위탁수수료에 대한 합의가 이루어지면 생산업자는 물건을 중부시장으로 배송한다. 보통 밤 12시쯤 물건이 중부시장에 도착하고 새벽 2~6시에 중부시장에서 원도매가 이루어진다. 판매자는 생산업자로부터 판매를 위탁받은 원도매상들이고, 구매자는 중부시장을 포함해서 전국 각지의 중도매상들이다. 이때 원도매상은 중부시장 내 중도매상에게 외상으로 물건을 판매한다. 그리고 오전 10~11시에 중부시장의 중도매상점을 돌아다니면서 수금을 한다. 중부시장의 중도매상은 새벽에 원도매상에게 외상으로 물건을 받아서 아침에 소매상에게

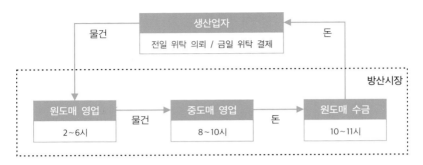

그림 12-7 중부시장 원도매상의 위탁판매

그 물건을 판매하고 소매상에게 받은 돈으로 원도매상에게 외상값을 갚는다. 중부시장 내 수금이 끝난 점심 12~1시에 원도매상은 자신의 몫인 수수료를 제외하고 나머지 금액을 전날 오후에 물건의 판매를 위탁한 생산업자에게 보내 준다.

대부분 12시간 내에서 이루어지는 이 모든 과정에서 원도매상은 자신의 돈을 한 푼도 집어넣지 않고 물건과 대금을 중개한 대가로 수수료를 챙길 수 있는, '손해날 일이 없는 참 재미있는' 장사를 한다.[6] 이런 장사는 생산업자가 돈을 받지 않고 일단 물건을 중부시장으로 올려 보내면서 시작된다. 생산업자가 중부시장의 원도매상에게 위탁판매를 의뢰하는 이유는 중부시장의 원도매상이 새벽 판매를 통해서 대규모 물량을 순식간에 처리할 수 있기 때문이다. 결국 중부시장 원도매상의

---

6 "산지에서 물건을 보내 와요. 물건을 팔아주십쇼 하고, 그날 시세가 한 마리에 10,000원이에요. 그럼 수수료를 우리가 받는 거죠. 위탁수수료를 5%로 책정을 하죠. 10,000원짜리 5%로 하면 500원이 우리 것이죠. 9,500원을 산지에 보내 주면 되는 거예요. 운임도 그쪽에서 부담하고. 그러다 보니, 장사가 참 재미있죠. 우리는 손해날 일이 없는 거야 …." ─ 50대 남성, 건어물 원도매상.

위탁판매는 전국의 모든 건어물들이 모였다가 다시 전국 각지로 뿌려지는 중부시장의 유통망 장악력에 의해서 가능했다.

2) 예전 같지 않지만 여전히 도매시장인 중부시장

1990년대 대형 마트가 등장하면서 중부시장의 도매 유통망은 크게 위축되었다. 먼저 대형 마트는 자신만의 별도 유통망을 갖추고 생산지에서 현금으로 물건을 직접 구매했다. 별도 유통망의 구축으로 생산업자와 대형 마트 사이에 도매상이 끼어들 여지가 없어졌고, 생산업자는 기존의 위탁판매 이외에 대형 마트의 현금거래라는 대안적 유통망을 선택할 수 있게 되었다. 그리고 대형 마트로 소비자가 몰리면서 기존의 재래시장 소매상들이 쇠퇴했다. 소매상의 영업 악화는 직접적으로 중부시장의 도매상에게 영향을 끼쳤다. 소매상이 소비자에게 물건을 판매하지 못하며 도매상도 소매상에게 물건을 팔 수 없다.

이처럼 유통체계가 다변화되면서 중부시장의 위탁판매는 감소하였다. 대안적인 유통망을 선택할 수 있게 된 생산업자들은 굳이 돈을 나중에 받으면서까지 중부시장에 판매를 위탁할 필요가 없어졌다. 게다가 중부시장의 원도매상들도 이전과 같이 대규모 물량을 빠르게 처리할 수 없었다. 새벽에 원도매상들로부터 물건을 가져간 중도매상들이 아침에 물건을 못 팔아서 원도매상들이 수금을 제대로 하지 못하는 경우가 많아졌고, 이에 따라 원도매상과 생산업자 사이의 결제에도 문제가 생겼다. 결국 생산업자들은 중부시장의 원도매상들에게도 다른 업체들과 동일하게 현금을 주고 물건을 구입하는 현금거래를 요구했고, 유통망의 장악력이 약화된 중부시장의 원도매상은 기존의 위탁판매를 고집할 수 없었고 현금거래를 받아들였다.

그래도 예전만큼은 아니지만 중부시장은 서울의 도심부에 남아 있는 몇 안 되는 전문 도매시장들 중의 하나이다. 생산업자와의 관계에서 현금거래의 비중이 매우 높아졌지만 중부시장에서는 여전히 원도매상의 위탁판매가 이루어지고 있다. 특히 멸치는 새벽 경매가 이루어질 정도로 위탁판매가 여전히 활발하다. 위탁판매를 하는 원도매상을 위탁상회라고 부르는데, 현재 중부시장에는 10여 곳의 멸치 위탁상회가 있다. 이 위탁상회들은 새벽에 각자의 점포에서 영업을 하는 대신 길 한가운데 모여서 공동경매를 실시한다. 그리고 유통망의 범위가 전국에서 수도권으로 축소되었지만, 수도권 전통시장, 즉 서울의 경동시장, 수원의 영동시장, 안양의 남부시장, 인천의 중앙시장 등지에서 장사하는 건어물 소매상들은 아침에 중부시장에 와서 물건을 사 간다.

5. 나가며

광장·방산·중부시장은 도심지역 내 오래된 집적지로서 물건의 도매, 소매, 제작이 모두 이루어지는 도심부 시장의 특징을 명확하게 보여 준다. 1905년 우리나라 최초의 상설시장으로 개장한 광장시장은 긴 시간만큼이나 여러 가지 일들을 겪으면서 다양한 상품들을 갖춘 종합시장의 모습을 갖췄다. 시대에 따라 주요 품목들이 변했기 때문에 특정 상품의 집적지라는 의미는 약하지만, 110년 넘게 같은 자리를 지켜 온 광장시장은 상품과 상인이 모여 있는 장소로서 전통시장의 어머니라고 불린다. 방산시장은 1950년대부터 포장자재의 판매업체와 제작업체들이 입지하기 시작한 포장자재 집적지다. 방산시장 내 서로 다른 공정들을 처리하는 소규모 작업장들은 분업 체계와 하청 관계를 통해서 고객들이 원하는 포장자재를 신속하게 제작한다. 1960년대 남대문시장과 광장시장의 건어물 도매상인들이 이전해서 자리를 잡은 중부시장은 1970~1980년대 전국구 건어물 도매시장이었다. 대규모 물량을 하룻밤 새에 처리할 수 있는 중부시장의 원도매상은 위탁판매를 통해서 자신의 돈을 한 푼도 집어넣지 않고 장사를 할 수 있었다.

광장·방산·중부시장의 미래는 상업 공간으로서 도심지역의 쇠퇴에 이 시장들이 어떻게 적응하는지에 달려 있다. 유통망이 지금처럼 다양하지 않았던 1960~1970년대 도심지역은 전국의 모든 상품들이 모였다가 다시 전국 각지로 뿌려지는 결절로서 기능했다. 하지만 1970년대 후반과 1980년대 초반 도심지역에 고차서비스업을 유치하기 위해서 기존의 상업 공간을 외곽지역으로 이전하려는 시도들이 있었다.[7] 유통망의 다변화가 이루어진 현재 우리는 도심지역에 있는 시장들을 언제 사라질지 모르는 역사적 대상으로 인식하고 있다. 이와 같은 상업 공간으로서 도심지역의 쇠퇴를 가장 명확하게 보여 주는 사건이 중부시장의 위탁판매 감소이다. 반면에 방산시장의 다품종 소량생산은 도심부 시장이 틈새시장을 공략해서 여전히 상업 공간으로서 생존할 수 있다는 가능성을 보여 준다. 방산시장에서 도심지역의 오래된 집적지라는 위상은 단순히 상징적인 의미만을 가진 것은 아니다. 방산시장은 도심지역의 오래된 집적지이기 때문에 다품종 소량생산을 빠르게 처리할 수 있었고 더 나아가서 싼 가격에 포장자재를 공급하는 외곽지역의

---

7 1978년 광장시장 섬유업체 이전, 1980년 중부시장 봉제공장 이전과 폐쇄, 1985년 가락동 농수산물 도매시장 개장 등이 있었다.

대규모 공장에 대항해서 살아남을 수 있었다. 그리고 광장시장의 먹자골목은 도심지역의 상업 공간이 관광을 통해서 새로운 모습으로 발전할 수 있다는 가능성을 제시한다. 먹고 구경하는 것(먹자골목)이 하나의 상품이 될 수 있고, 이와 같은 새로운 상품을 통해서 광장시장의 기존 상품(한복)의 판매가 더 활발해질 수 있다.

참고문헌

김용창 외 (2012). 《동대문시장: 광장, 중부, 방산》. 서울역사박물관.
김종광 (2012). 《광장시장 이야기: 우리나라 최초의 사설 상설시장 광장시장의 100년사!》. 샘터.
〈경향신문〉(1980. 4. 3.). "중부시장 봉제공장 모두 이전·폐쇄키로".
〈동아일보〉(1960. 11. 8.). "4·19의 음지, (3) 이정재 왕국".
_____ (1978. 5. 17.). "평화, 광장시장 섬유류 업체, 내년에 강남 이전".
_____ (1984. 2. 13.). "중부건어물시장 이전 확정 가락동 농수산물시장으로".
_____ (1993. 6. 12.). "배오개시장".
〈매일경제〉(1968. 6. 25.). "달라질 시장판도".
_____ (1968. 11. 27.). "문제점 많은 '현대화'".
_____ (1969. 9. 6.). "단골고객 뺏겨 울상".
_____ (1969. 7. 26.). "시장순방, (8) 방산".
_____ (1976. 4. 12.). "방산종합시장 개장".
_____ (1993. 1. 14.). "한복지 도매상 계약생산 참여".
전은선 (2013). "광장시장의 관광자원성에 대한 주체별 인식 차이에 관한 연구". 서울대학교 환경대학원 석사학위논문.

제 13 장

냄새는 계속 기억될 수 있을까?

경동시장과 서울약령시

지상현

1. 들어가며: 냄새로 기억되는 공간 경동시장과 서울약령시

서울 지하철 1호선 제기동역 2번 출구 앞으로 끝이 보이지 않게 길게 늘어선 상점이 보인다. 사람과 점포, 물건이 뒤섞인 이곳은 경동시장이라는 이름으로 더 잘 알려진 서울약령시의 시작 지점이다. 한쪽에서는 중국산 미꾸라지와 국산 가물치를 팔고, 상점에는 인삼과 다른 한약재들이 쌓여 있다. 노점상에서는 '메리골드', '보스웰리아', '핑거루트', '모링가'와 같은 낯선 외국어들이 적힌 약재들이 전통시장의 한쪽 공간을 차지하고 있다. 지리학자는 오랫동안 도시의 경관을 관찰하고 서술하며 분석해 왔다. 그러나 경동시장과 서울약령시의 경관을 묘사하기란 난감한 일이다. 이 지역의 경관을 저자의 문장으로 설명하기에는 너무도 복잡하기 때문이기도 하지만 눈보다 코가 먼저 이 공간을 인식하기 때문이다. 만약 눈보다 코가 이 지역을 먼저 인식한다면 이 지역에 대한 서술은 냄새를 중심으로 시작해야 할 것이다. 한약과 인삼, 온갖 약재가 풍기는 냄새로 가득 찬 이 공간은 아마도 많은 사람들에게 냄새로 기억되는 공간일 것이며, 이 지역의 미래에 대한 예측 또한 이 냄새가 얼마나 더 지속될 수 있는가, 혹은 다른 냄새가 이 공간을 채울 수 있는가라는 질문으로 대체될 수 있을 것이다. 경동시장과 서울약령시에 대한 이 장은 냄새의 기원과 변화 그리고 미래에 관한 것이 될 것이다.

2. 경동시장은 어디인가?

경동시장을 모르는 사람은 없지만 경동시장이 어디인지 정확히 알기도 어렵다. 지하철 제기역과 청량리역 사이에 보이는 수많은 재래시장의 경관 속에서 방문객은 자신이 경동시장에 왔는지 아니면 경동시장이 아닌 다른 어떤 시장에 와 있는지 혼란스러워 한다. 가끔 보이는 무슨 시장이라는 간판은 이곳의 방문자들을 더욱 혼란스럽게 한다. 경동시장의 공간적 범위를 규정하기 어렵다는 점은 경동시장의 장소적 자산이면서 동시에 한계를 보여 준다. 좁은 의미에서 경동시장은 동대문구 제기동에 위치한 경동시장, 경동시장 신관, 경동시장 별관으로 이루어진 (주)경동시장으로 한약재, 인삼 및 농·축·수산물을 주로 판매하는 전통시장의 명칭이다. 그러나 경동시장을 단순히 한약재를 판매하거나 한의원이 밀집되어 있는 시장으로 알고 있는 경우도 많다.

　사람들이 떠올리는 한의원이 다수 밀집되어 있는 지역은 대체적으로 경동시장이 아닌 서울약령시에 해당되는 지역이다. 어떤 사람들은 경

그림 13-1 서울약령시와 경동시장 주변 전통시장의 위치

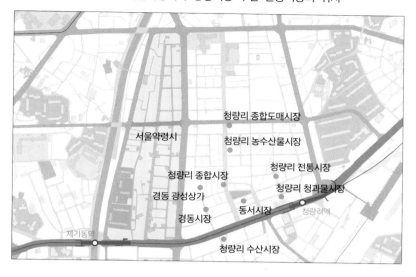

동시장과 서울약령시를 구분하기도 하고 또 뭉뚱그려 경동시장으로 이 야기하기도 한다. 시장의 등록과 행정적 절차로만 따지면 경동시장과 서울약령시는 별도의 시장이다. 그러나 한약을 지으러 경동시장에 간 다고 하는 사람들이 서울약령시가 아닌 경동시장에 갈 확률은 매우 적 다. 따라서 사람들이 경동시장으로 부르는 지역은 행정적으로 등록된 경동시장만을 의미하는 경우는 매우 드물다. 서울약령시와 경동시장 에 대한 언급은 반드시 대화의 맥락 속에서만 파악할 수 있다. 그러나 경동시장을 어떠한 지리적 범위로 국한하는가 하는 것은 1호선 제기역 에 내리는 사람들에게는 중요한 의미를 가지지 못한다. 서울약령시와 경동시장 그리고 경동시장 주위의 시장들은 별개이면서 하나이고 또 하나이면서 별개의 공간을 형성하고 있기 때문이다.

경동시장이 있다고 여기는 제기동 일대는 엄밀히 말하면 열 개의 전

서울약령시의 모습(사진: 저자 촬영).

경동시장의 모습. 왼쪽 위부터 시계방향으로 경동시장 신관, 약재상 밀집 지역, 서울약령시 방향에 생겨난 정육 및 수산물 업소, 경동시장에서 가장 유동인구가 많은 경동시장 사이 골목(사진: 저자 촬영).

통시장이 밀집되어 있는 일종의 '전통시장 클러스터'이다. 경동시장, 서울약령시장, 동서시장, 청량리 청과물시장, 청량리 종합시장, 경동 광성상가, 청량리 종합도매시장, 청량리 수산시장, 청량리 농수산물시장을 포함한 이 전통시장 클러스터는 2,500여 개의 점포가 밀집되어 있는 거대한 시장골목이다. 굳이 클러스터의 이름을 붙인다면 '경동시장 클러스터' 정도가 될 수 있을 것이다. 물론 이 중 규모가 큰 시장은 경동시장과 서울약령시장으로 두 시장의 점포 수만 약 1,700개에 이른다. 남대문, 동대문시장 등을 제외하면 광장시장과 마장 축산물시장과 더불어 서울에서는 가장 큰 전통시장에 해당된다. 이 지역의 시장은 서울약령시를 제외하고는 대부분 임대 점포로 구성되어 있으며, 도매 기능이 강한 시장은 종사자 수가 많고 소매 기능이 강한 시장은 종사자 수가 적다. 노점은 경동시장의 가장 붐비는 골목에 집중되어 있다.

서울약령시와 경동시장을 중심으로 한 재래시장 클러스터에서 서울약령시와 경동시장의 지위는 돋보인다. 두 시장의 규모와 인지도는 다른 시장을 훨씬 넘어선다. 판매하는 물건 또한 서울약령시와 경동시장, 경동 광성상가 등 제기역에 인접한 시장은 한약재나 인삼이 주를 이루는 반면 청량리역에 가까운 시장은 청과나 반찬이 주를 이룬다. 사람들은 흔히 제기역에 가까운 쪽을 경동시장, 청량리에 가까운 쪽을 청량리시장으로 부르기도 한다. 즉, 재래시장 클러스터를 두 부분으로 나눈다면 서쪽의 제기역 중심 시장과 동쪽의 청량리역 중심 시장으로 대별되며, 서쪽의 시장은 경동시장, 즉 한약재를 중심으로 한 시장의 정체성을 가지게 된다. 현재의 서울약령시가 과거 경동시장이라고 통칭되었던 지역의 일부였던 것을 감안하면 경동시장의 심리적 범위는 서울약령시와 경동시장, 경동 광성상가, 즉 시장 클러스터의 서쪽 정

표 13-1 경동시장 일대 전통시장 현황(2017년)

단위: 개, 명

구분	자기 점포	임차 점포	빈 점포	노점	총 점포 수	총 상인 수	점포당 종업원 수
서울약령시	120	909	15		1,129	5,145	5.7
청량리 종합도매장	16	35			51	158	4.5
경동 광성상가	2	74	5		76	256	3.5
청량리 종합시장	10	97			107	317	3.3
경동시장		580	45	40	620	1,570	2.5
청량리 전통시장	3	59			62	147	2.5
동서시장		51			51	126	2.5
청량리 수산시장		110		5	115	265	2.3
청량리 청과물시장	2	99			101	225	2.3

자료: 전통시장 통통.

도로 정의해 볼 수 있겠다. 이 글에서 과거의 경동시장은 현재의 서울
약령시와 경동시장, 경동 광성상가를 포함하는 범주로 정의하고 현재,
즉 1995년 서울약령시가 지정된 이후의 구분은 서울약령시와 경동시
장으로 나누기로 한다.

3. 서울의 도시화를 지켜보다: 경동시장의 형성

시장은 사람과 물자가 모이는 곳이다. 다시 말해 판매자와 판매할 물
건, 구매자와 장소가 모두 필요하다. 이는 곧 시장은 사람이 모일 수 있
는 여러 지리적 조건을 충족시켜야 한다는 것을 의미한다. 경동시장의
형성과 발전은 서울에서 사람이 모이는 이야기이며, 학술적으로 이야
기하자면 서울이 성장하고 확장해 온 이야기의 일부가 된다.

원래 경동시장이 자리한 곳은 한강 지류의 주기적 범람으로 형성된 저지대 습지였다. 또한 성곽도시 한양 외곽의 성저십리에 속하는 지역이다. 조선 초기 성저십리는 선농단과 같은 조선왕조의 제사가 이루어지는 공간이었으며, 소규모의 주거지역이 자리하고 있었고, 서울과 지방을 이어주는 주요 교통로가 지나는 곳이었다(이현군, 1997). 그러나 조선 후기에 들어서면 성저십리는 농업과 주거의 공간뿐 아니라 상업의 공간으로 성장하기 시작한다.

특히 왕십리, 뚝섬 등지에서 재배된 채소가 한양으로 유입되는 길목이었던 청량리 지역은 시장으로서의 잠재력이 풍부했다. 이러한 청량리 주변 지역은 전차노선의 개설로 서울 동부의 교통 중심지로 성장했고, 일제강점기 토지구획 정리가 이루어지면서 다수의 주택이 건설되고 인구가 유입되기 시작했다. 또한 청량리 지역의 성장은 새로운 교통수단의 도입으로 더욱 가속화되었다. 1914년 경원선이 개통되고, 1936년 중앙선이 개통되면서 경기 및 강원도 북부와 양평 등 경기 동부 지역의 농산물이 청량리로 모여들게 되고, 1930년대 말 경춘선이 개통되면서 경기 북동부와 강원도에서 생산되거나 채취된 농산물과 임산물의 집결지로 빠르게 성장했다. 교통의 발달에 따라 이 지역에는 1930년대부터 자연발생적으로 땔감이나 미곡을 거래하는 시장이 형성된 것으로 알려져 있으며, 해방 이후에도 서울 인구가 늘어나면서 이 지역의 상권은 지속적으로 성장했다.

1968년 마장동 시외버스터미널이 만들어지면서 경기 동부, 충북, 강원 등지에서의 접근성이 비약적으로 향상되었고, 1974년에는 지하철 1호선이 개통되었다. 대도시로 성장한 서울에서 경기도, 강원도, 충청도, 경상도를 잇는 교통의 중심지가 청량리가 된 것이다. 이로 인해 해방 이후 1970년대까지 이 지역은 새벽시장이 열리는 곳이었다. 열차와 버스를 통해 주변 지역의 농산물과 임산물이 때로는 대규모로, 때로는 소규모 보따리 형태로 모여들었고, 이러한 농산물과 임산물이 도매 형태로 다른 상인들에게 팔려나갔다. 사람과 물자가 모여들면서 1960년 경동시장이 준공되었고, 이로써 이 지역의 시장은 청량리 지역의 시장이 아닌 경동시장이라는 이름을 비로소 갖게 되었다.

4. 한약골목으로서의 경동시장의 성장

1970년대까지 경동시장은 미곡, 청과나 임산물 중심의 시장이었으나 1980년대 이후 경동시장의 정체성은 빠르게 변화했다. 1960년대 이후 종로 일대 한약상이 조금씩 이동하기 시작하였고, 1970년대가 되면 다수의 한약상이 경동시장 일대에 자리를 잡은 것으로 알려진다. 이 시기 경동시장 지역으로 옮겨 온 한약상들은 종로 일대의 높은 지가를 감당하기보다는 지가가 저렴한 경동시장으로 이전하기를 원했고, 서울 도심의 교통체증이 심해지면서 중간상인과 소비자는 교통이 편리한 경동시장을 더욱 선호하게 되었다(서울역사박물관, 2012). 또한 경동시장은 강원도 및 경기도 지역에서 공급되는 임산물을 빠르고 싸게 공급받을 수 있는 장소의 이점을 극대화할 수 있어서 한의원과 약재상이 밀집하는 공간으로 성장했다.

이러한 경동시장의 역사적 성장과정과는 별개로 최근 서울약령시와 경동시장의 장소마케팅은 약령시의 장소정체성을 역사적 장소와 연결하고 있다. 마을과 지역상권 등 장소의 콘텐츠를 찾아내어 서비스하는 서울약령시 스토리 아카이브는 약령시의 기원을 조선시대의 보제원에서 찾고 있다. "보제원은 조선시대의 대표적인 구휼기관으로서 가난한 백성들에게 식사와 무료 진료를 제공하였다"라고 기술하고 있으나, 보제원은 구휼기관이라기보다는 숙박시설로 받아들여진다. 다시 말해, 조선시대의 보제원을 중심으로 약재상들이 모여든 것을 서울 약령시의 기원으로 홍보하고 있으나 이에 대한 근거는 미약하다. 실제로 한약상이 점진적으로 증가하기 시작한 것은 1970년대 종로 주변의 한약상의 이전이라는 견해가 우세하다(고삼숙·이병기, 1979; 김혜숙, 2007).

1970년대 경동시장의 한약골목으로의 변화가 종로구 일대 한약상의 이전으로 촉발되었다면, 1980~1990년대의 변화는 한의학 관련 자격 제도의 영향이 컸다. 대학교육이 보편화되고 대학에서 배출되는 한의학 인력의 수가 늘어났다. 또한 정규 한의학 교육을 받지 않았지만 의료 서비스가 미치지 않는 지역에서 오랫동안 진료행위를 한 한지한의사의 공로를 인정해 많은 한지한의사들이 한의사 면허를 취득하게 되었다. 또한 1990년대 한의사와 약사 사이의 한약조제권을 둘러싼 분쟁을 통해 생긴 한약사 제도의 도입으로 한약 관련 종사자의 수가 늘어났다. 또한 1990년대에는 TV드라마 〈허준〉(1999년 방영)과 같이 방송을 통해 한의학 관련 콘텐츠가 방영되는 등 한의학에 대한 대중적 관심과 수요가 매우 높았다. 서울역사박물관(2012)에 따르면, 1991년 무렵 한의원·약업사·건재상의 점포는 700개로 늘어났으며, 1997년 IMF 외환위기 직전에는 1,200개의 업소가 입점했던 것으로 알려진다. 1995년 경동시장의 일부가 서울약령시로 지정되었으며, 이로 인해 경동시장의 정체성은 한의학 전문 특화시장으로 확고하게 자리 잡게 된다.

경동시장이 한의학 전문 특화시장으로 활황을 누리고 있던 시기에 경동시장은 다양한 경제주체들이 네트워크를 이루는 역동적인 경제 생태계를 구성하고 있었다. 한의원을 중심으로 한약재 무역상과 약업사, 한약방과 한약국, 건강원(탕제원)과 제분소(제환소) 등이 분업과 협력 체계로 긴밀한 네트워크를 구성했다. 한의원은 진료와 처방이 이루어지는 곳으로 한약시장 네트워크의 중심을 이루었다. 또한 첩약 형태의 한약이 레토르트파우치 형태로 바뀌면서 일부 한의원은 자체적으로 첩약을 다리기도 하였지만 일부는 탕제원에서 첩약을 다리기도 하였다. 또한 택배물류가 발달하면서 약재와 한약이 택배로 운송되기도 하였고, 외국에서 약재를 수입하는 약재상, 약재를 유통하기 위한 물류회사 등이 경동시장에 자리하게 되었다. 또한 일부 업체들은 대중적으로 수요가 높은 한약의 처방이나 약재를 바탕으로 섭취가 간편한 캡슐이나 알약 형태의 건강식품을 제조하기도 하였고, 이러한 제조업체에 제조 설

그림 13-2 **서울약령시 네트워크**

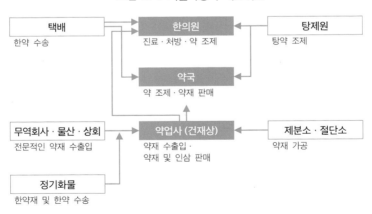

자료: 김혜숙(2007)에서 재구성.

비, 포장용기나 포장재를 공급하는 소규모 제조업도 경동시장의 한약 경제 생태계의 일원으로 성장하였다. 즉, 경동시장은 한약과 관련된 제조업과 서비스업의 모든 활동이 이루어지는 공간이었다.

이러한 경동시장의 한약거리로서의 성장과 호황은 2000년대 초반까지 이어졌는데, 화려한 성장의 이면에는 부정적인 그림자가 드리웠다. 경동시장에서 약재상을 하는 A씨는 경동시장 호황기에 이루어진 지나친 이익 추구의 문제를 제기했다.

> 1990년대 후반 경동시장 한의사의 월급이 한 450~500만 원이었지. 월급은 매달 고정적으로 받는 거고, 한의사가 한의원 통하지 않고 개인적으로 보약을 팔기도 했지. 그건 다 한의원 통하지 않고 개인 수익이 되는 구조였어. 보약 한 재에 녹용 넣어서 지어도 당시에 원가가 10만 원 정도였는데 보통 30만 원 이상은 받았거든. 그러면 20만 원 넘게 남는 거고 한 달에 10재만 팔아도 월급 말고 200만 원씩은 더 받았지. 지금 경동시장 한의원들이 어려워진 이유는 여러 가지가 있지만 사실 그때 너무 비쌌어. 중국산 약재에 대한 불신, 비아그라가 나오면서 중장년층 고객이 줄어들고, 홍삼이 인기가 있어지고 국가에서 홍삼 브랜드를 만들고 … 이런 것들도 영향이 있지만 기본적으로는 너무 비쌌어. 사람들이 속았다는 생각을 하는 거야. 그래서 경동시장을 안 믿고 안 찾는 거지 ….
>
> ─ 1980년대 후반부터 경동시장에서 사업을 한 한약재상 A씨.

한약의 가격이 지나치게 높다는 시각이 늘어나면서 경동시장의 한의원을 중심으로 한 네트워크는 점차 약화되었다. 한의원의 경영난과 폐업은 비단 경동시장만의 문제는 아니었지만 한의원의 대표적 밀집지역으로 여겨졌던 이 지역의 한의원 폐업은 그 상징적 의미가 크다. 2015

년 말 서울약령시와 경동시장 일대의 한의원은 81개로 조사되었다(동대문구 통계연보, 2016). 최근 한의원의 수가 증가하는 강남 지역의 신사동(64개), 역삼동(46개)과 비교해 보면 경동시장 일대의 한의원의 밀집도가 그리 높지 않다(강남구 통계연보, 2016). 최근에는 한의원 중심 상권에서 한의원의 중심적인 역할이 많이 약화된 것으로 나타난다. 이는 한약 관련 상점의 폐업 및 이전으로 이어지고 있다. 또한 경동시장과 경동 광성상가의 점포들의 변화도 나타났다. 인터뷰와 현지답사에 의하면 정육·청과·생선 점포가 약재상의 빈 자리를 채우고 있는 것으로 나타난다. 최근 한의원은 구매력이 높은 지역의 주거지역으로 이전하게 되고, 한의원의 전문화가 가속화되고 있다. 그러나 서울약령시의 변화는 이와는 거리를 두고 있다. 전반적인 한의원의 경영난 속에서 아토피 전문, 비염 전문, 다이어트 전문, 어린이 전문 한의원 등 난치성 질환이나 특정 연령을 대상으로 한 한의원이 등장하고 있지만 서울약령시의 한의원은 여전히 과거 전통적인 한의원의 형태를 보이고 있으며, 이에 더해 한의사의 노령화 현상도 나타나고 있다. 이는 노년층 등 기존의 고객 이외의 새로운 수요층 흡수에 실패하는 결과로 이어져 서울약령시의 경쟁력 저하로 나타나고 있다.

경동시장에서 지금 상권이 활발한 곳은 제기역 근처지. 결국은 노인들 중심으로 유동인구가 있는 곳이 그곳이거든. 그러다보니 지금 보면 정육점, 생선가게들이 많이 늘어나고 있어. 인삼 가게도 요새는 힘들어. 인삼은 노인들이 사기에는 비싸니까 …. 권리금도 제기역 근처만 있고 이쪽 북쪽으로는 권리금 다 없어졌어. 약령시가 1문에서 11문까지 있는데 북쪽으로는 약령시라고 부르기도 좀 그렇지 이제 ….
— 1980년대 후반부터 경동시장에서 사업을 한 한약재상 A씨.

308

이러한 서울약령시와 경동시장의 한의원 중심 상권의 쇠퇴에는 다양한 원인이 있었다. 앞서 언급한 한약 가격에 대한 불만과 신뢰 저하는 비단 높은 가격 때문만은 아니었다. 중국산 한약재에서 중금속 등이 검출되었다는 보도가 간헐적으로 이어지면서 한약재에 대한 전반적인 불신이 증가하였다. 또한 인삼이 건강식품으로서 인기를 끌면서 한약에 대한 수요는 오히려 줄어들었다. 약령시와 경동시장을 방문해 보면 상인들은 약재상과 인삼 도매상을 대립적으로 구분하고 있다. 인삼을 한약재의 일부로서가 아닌 한약재와 경쟁 관계에 있는 상품으로 인식한 것이다. 특히 한국인삼공사의 '정관장'은 이 지역 한의원에 큰 타격이 되었다. 정관장은 거대 공기업이 보증하는 제품으로 품질, 포장, 가격 등이 표준화되었으며, 백화점, 대형 마트, 면세점, 인터넷 쇼핑몰 등에서 쉽게 구입이 가능했다. 즉, 홍삼 제품은 재래시장의 한약이 제공해 줄 수 없는 특성을 상품화하여 소비자에게 제시했다. 또한 학계에서 홍삼의 약효에 대한 학술연구가 지속적으로 발표되고 식약청이 홍삼의 기능성을 공식적으로 인정하면서 홍삼은 믿을 만한 대표적인 건강식품으로 자리 잡았다. 또한 한국인삼공사의 기술개발 투자가 이루어지면서 성분이 다양화되고 섭취가 편리한 다양한 형태의 제품이 개발되고, 어린이용 홍삼 등 수요자 맞춤형 제품들이 등장하면서 한약에 대한 수요는 줄어들었다.

또한 서울약령시와 경동시장의 쇠퇴와 한의원의 경영난이 홍삼의 인기와 비아그라의 등장 때문이라는 주장은 언론에서도 자주 언급되는 이야기이다. 제품의 규격과 가격이 표준화된 홍삼의 공기업 브랜드가 등장하고 비아그라, 씨알리스 등의 양방 발기부전 치료제가 등장하면서 중장년층의 보약에 대한 수요는 급감했다. 이와 함께 식품의 세계화도 보약 수요 감소에 영향을 미쳤다. 이른바 '슈퍼푸드'라고 부르는 다양한 식품이 언론을 통해 보도되면서 한약재나 보약보다는 식품을 통해 건강을 유지하려는 움직임이 늘어났다. 이러한 슈퍼푸드의 인기는 언론의 노출에 따라 매우 짧은 시간에 부침을 거듭했다. 오메가 3, 식이섬유, 항산화 성분 등에 대한 식품 정보가 늘어나면서 이러한 성분을 포함한 식품들이 인기를 끌게 되었다. 렌틸콩, 귀리, 마카, 치아씨드, 차전자피, 블루베리, 아로니아, 홍화씨, 마테차, 카카오닙스, 바질, 다양한 견과류 등 건강에 좋다고 보도된 식품이 유행을 타고 기존의 보약시장을 조금씩 잠식했다. 세계화된 식품 시장이 건강식품의 세계화로 이어졌고 이 여파가 약령시와 경동시장에도 영향을 미치게 된 것이다.

한약재에 대한 불신과 양의학과의 경쟁, 건강식품 선호 패턴의 변화 등 사회경제적인 요인과 함께 약령시나 경동시장과 같은 골목형 전통시장이 공통적으로 직면한 문제점은 바로 시장의 물리적 환경에 관한 것이다. 주차의 불편함, 고객들이 이동하기에 불편한 노점과 점포 배치, 날씨에 영향을 받는 시장구조, 폐기물로 인한 냄새 등의 문제는 모든 전통시장이 겪고 있는 문제점이다. 이에 대처하기 위해 전통시장들은 근처의 주차장 확보 및 주차권 발급, 캐노피 및 비가림막 설치, 간판 교체 등의 이른바 시장 현대화 사업을 추진해 왔다. 서울약령시와 경동시장에 나타난 변화는 이와는 조금 달랐는데, 기존 시장의 현대화 사업이 아닌 대규모의 쇼핑타운 건축 프로젝트가 약령시와 경동시장 주변에 집중되었다. 한의학을 테마로 한 대규모의 건설 프로젝트가 2000년대 초반에 시작되면서 옛 미도파 백화점을 리모델링한 한솔동의보감을 비롯해 롯데불로장생타워, 한방천하, 동의보감타워 등이 제기역을 중심으로 건축되었다. 이러한 대규모 상가는 점포 수를 모두 합치면 3천 개가 넘는 엄청난 규모였다. 그러나 한의학 수요가 감소하고 2000년대 후반의 미국발 경제위기로 부동산시장이 침체기에 접어들자 대규모 건설 프로젝트는 심각한 타격을 입게 된다. 서울약령시 일대의 대규모 한방타운들은 입주업체를 구하는 데 어려움을 겪었으며, 입주한 업체들도 한방 관련 업종이 아닌 경우가 많다. 마치 대로변에 우뚝 솟은 대규모 한방타운의 실패가 현재 약령시와 경동시장이 겪고 있는 어려움을 상징적으로 나타내는 것처럼 보이기도 한다.

5. 나가며: 서울약령시와 경동시장의 고군분투와 미래

서울의 성장과 함께 경동시장은 1970년대 이후 한방 관련 업종이 밀집함으로써 거대한 한약전문시장으로 성장하였다. 또한 경동시장의 동쪽 청량리 방면으로는 청과와 도매 위주의 전통시장이 성장하였다. 그러나 2000년대 중반 이후 서울약령시와 경동시장은 안팎으로 여러 가지 도전에 직면했다. 양의학과의 경쟁, 한약재에 대한 불신, 한약 유통구조에 대한 불만, 건강식품의 세계화에 따른 경쟁 심화, 짧아진 건강관련 제품의 수명 주기, 대형 마트 등 현대화된 시장과의 경쟁, 인터넷 쇼핑몰의 등장, 불황을 타개하기 위한 대형 건축프로젝트의 실패 등이 서울약령시와 경동시장이 대처해야 하는 난관이었다. 또한 과거 한의원 중심의 클러스터가 만들어 냈던 활력과 확장성은 사라지고 있으며, 시장의 구성원도 노령화되고 있다. 제기역은 서울에서 노인 인구가 가장 많이 이용하는 지하철역의 대표가 되었다. 서울메트로 통계에 의하면, 제기역은 매일 1만 명 이상의 무임승차 승객이 이용한다. 이는 시장을 이용하는 손님들의 구매력이 저하되고 있음을 의미한다.

그러나 아직 서울약령시와 경동시장에는 많은 사람들이 방문하고 있으며, 시장의 활력이 예전만 못하지만 북적거림은 여전하다. 여기에 서울약령시와 경동시장의 생존 전략이 자리하고 있다. 무엇보다 서울약령시과 경동시장은 여전히 낮은 가격으로 소비자를 유인하여 다량의 판매를 시도하는 규모의 경제가 작동하고 있는 지역이다. 클러스터를 통해 관련 업종이 협력 보완하며 성장하는 범위의 경제의 효과는 줄어들고 있지만, 여전히 우리나라 한약재의 대부분이 서울약령시에서 거래되고 있기 때문에 거래량을 이용한 도매상들의 구매 경쟁력이 지속되고 있다. 구매 경쟁력이 있다면 도매와 소매를 함께 함으로써 마진율을 높일 수 있는 방법이 된다. 이는 시장 상인 인터뷰에서도 잘 나타난다. 단, 물건을 받아야 하는 이른 새벽부터 손님의 발길이 뜸해지는 저녁까지 고단한 노동이 뒷받침되어야 한다는 점을 생각한다면 도매와 소매를 같이하는 전략이 말처럼 쉬운 일은 아니다.

약령시 말고 이쪽 동쪽은 많이 상권이 죽었지만, 그래도 다른 곳보다 나을 거야. 일단 싸거든. 가락동보다 싼 것도 많아. 가격이라는 게 많이 팔리는 데가 가장 싼 법이거든. 약재는 여기가 제일 싸고, 마늘이나 채소도 가락동 경매 안 거치고 여기서 더 싸게 구입하는 도매상도 많아. 새벽에는 도매하고 낮에는 소매하면 마진이 좀 남아서 더 버틸 수 있고 ….

― 1980년대 후반부터 경동시장에서 사업을 한 한약재상 A씨.

또 하나의 생존전략은 방문하는 손님에 맞추어 시장이 변화하는 것이다. 특히 경동시장은 한약재 도매와 인삼 판매점이 줄어들고, 정육

· 청과 · 수산 등 일반적인 전통시장에서 찾아볼 수 있는 상점들이 늘어나고 있다. 이는 풍부한 유동인구, 특히 노년층을 대상으로 한 전략이지만 동시에 한의학 전문시장의 특성화에서 일반적인 전통시장으로, 즉 과거로의 회귀 혹은 퇴화인 것이다. 이에 동대문구청 등 관련 기관들은 경동시장의 활성화를 위해 나서고 있다. 서울약령시의 축제 개최, 경동시장의 활성화를 위한 콘텐츠 도입, 청년 상인 유치, 시장의 물리적 환경 개선 등이 이 정책의 근간을 이루고 있다. 물론 이러한 전략은 새로운 것이 아니며 거의 모든 전통시장에 내리는 일반적인 처방이다. 문제는 일부 시장에서 성공한 관광 중심 시장으로의 변화와 젊은 상인의 유치가 약령시와 경동시장에서 가능할 것인가의 문제이다. 현재 경동시장은 저녁이 없는 시장이다. 대부분 도매 위주의 상점으로 이루어진 경동시장은 오후가 되면 문을 닫거나, 일부 소매를 하는 점포만 남게 된다. 이는 관광시장으로서의 시장의 활성화와는 어울리지 않는 시장의 특성이다.

서울약령시와 경동시장의 문제는 상인 구성의 변화, 업종의 변화, 시장의 물리적 환경 개선, 문화콘텐츠의 도입만으로는 해결되기 어렵다. 그 이유는 시장의 규모가 매우 크고 도매상의 비율이 높기 때문이다. 또한 궁극적으로는 한의학과 한약재에 대한 수요가 가장 중요한 요인이 되기 때문이다. 한의약에 대한 논란, 양의학과 한의학의 대립과 경쟁은 대한민국정부 수립 시기 제헌의회의 의료법 제정을 둘러싼 논쟁에도 나타나는 오래된 갈등 구조이며, 우리나라의 의료의 기초에 관련된 중요한 사항이다(이현지, 2000). 결국 서울약령시와 경동시장의 미래는 한의학의 미래에 달려 있다는 점을 인정하지 않을 수 없다.

경동시장 클러스터의 일부분이었던 근처 동부 청과시장은 최근 도시

정비사업을 통해 사라지고 그 자리에는 대형 주상복합건물이 들어설 예정이다. 서울약령시와 경동시장이 동부 청과시장의 뒤를 따르게 될지, 아니면 이 골목에 여전히 한약 냄새를 맡을 수 있을지 지켜볼 일이지만 과거에 느꼈던 기억을 감각을 통해 다시 되살릴 수 없다는 것은 아쉬운 일이 될 것이라는 점은 분명하다.

참고문헌

강남구 (2016). 〈2016 강남통계연보〉.

고삼숙·이병기 (1979). "서울시 한의·약종상의 형성과정: 종로4·5·6가와 경동시장을 중심으로". 〈지리학총〉, 7호, 35~43.

김혜숙 (2007). "서울의 경동시장 한약상가의 경관 변화". 〈한국지역지리학회지〉, 13권 4호, 438~453.

동대문구 (2016). 〈2016 동대문 통계연보〉.

서울역사박물관 (2012). 〈청량리: 일탈과 일상〉. 서울생활문화 자료조사.

이현군 (1997). "조선전기 한성부 성저십리의 지리적 특성에 관한 연구". 〈지리학논총〉, 30권, 51~68.

이현지 (2000). "한국 한의학의 전문화 과정에 관한 연구". 계명대학교 대학원 사회학 박사학위논문.

서울약령시 스토리아카이브. http://www.yakstory.com.

소상공인진흥공단 전통시장 통통. http://www.sijangtong.or.kr.

제 14 장

경리단길의 변화와 젠트리피케이션 박은실

1. 들어가며

영국의 유명한 작가 윌리엄 워즈워드(William Wordsworth)가 살았던 레이크 디스트릭트는 영국의 하일랜드에서도 목초지와 호수가 많아 가장 아름다운 지역이다. 하일랜드를 여행하다 보면 산 위의 목초지에 끝없이 쌓아 놓은 돌담을 볼 수 있는데, 하일랜드 특유의 그로테스크한 기후와 어우러져 이국적 풍경을 자아낸다. 세계 어디에서도 볼 수 없는 이러한 풍광은 15세기 중엽 이후 광범위하게 이루어진 인클로저 (enclosure) 운동의 산물이다. 인클로저 운동은 모직물 공업의 발달 당시에 지주계급이 양을 방목하기 위해 개방경지나 공유지, 황무지에 울타리를 두르고 토지를 사유화한 것을 말한다. 이로 인해 농민들은 토지로부터 추방되었다. 역사적으로 거주 지역에서 원주민이 내몰린 사레는 많았으나 인클로저 운동은 젠트리(*gentry*) 계층에 의해 이루어진, 젠트리피케이션의 시초이다. 이후 영국에서 자본가와 노동자의 계급 분화와 자본의 본원적 축적이 이루어지는 계기가 되었다.

젠트리 계층이란 좁은 의미로는 지주농업과 상공업에 관여하는 귀족 아래의 계층을 의미하고 넓은 의미로는 산업혁명 이후 신흥 지주, 자본가 계급을 일컫는다. 젠트리피케이션(*gentrification*)은 이 말에서 유래된 용어로 빈민가나 낙후 지역을 재건하고 복구하면서 중상류층이 거주하는 고급 지역으로 바뀌는 것을 의미한다. 이 과정에서 원주민들이 비자발적으로 내몰리고(*displacement*) 새로운 거주자로 대체된다(Smith & Williams, 1986).

젠트리피케이션이라는 용어가 마르크스주의자였던 루스 글래스(Ruth Glass)에 의해 처음 사용되었을 때는 주택과 계급의 연계를 통한 비판적 함의를 담아 사용했다. 그러나 그 이후 서구에서는 도시재생이나 도시재활성화의 긍정적 의미로도 사용되면서 탈이념화 현상이 발생했다. 이는 1970~1980년대 미국에서 젠트리피케이션 과정에 공공이 적극적으로 개입해 쇠퇴한 도심을 살려내기 위한 도시재생사업을 펼친 결과로 해석하기도 한다. 따라서 젠트리피케이션의 결과는 긍정적 측면과 부정적 측면이 함께 존재한다. 반면에 한국에서 젠트리피케이션은 도심 쇠퇴에 의한 도시재생에서 발생하는 과정이라기보다 소비주체의 변화와 자본의 이동 및 유입에 따른 '둥지 내몰림' 현상으로 이해하는 것이 더 설득력을 얻고 있다.

경리단길이 있는 이태원은 서울의 중심에 위치하며 남산과 한강의 사이에 있는 배산임수의 명당이다. 경관적 측면에서는 골목이 많고 경사가 심해 낮과 밤의 풍경이 다채롭고 자연지형도 특이하다. 한국 최고의 고급 주택과 가장 밀도가 높은 달동네도 있으며 이슬람인과 다국적 이주노동자들이 찾는 곳이다. 또한 계층, 인종, 문화적 소비성향도 다양해서 다양한 문화와 활동이 만나는 곳이다. 그리고 최고의 유행을 선도하지만 서울에서 가장 개발이 더디다는 물리적 특성도 지니고 있다. 경리단길은 최근 몇 년 새에 가장 중요한 서울의 상권으로서 '핫플레이스'라고 불리고 SNS와 언론을 통해 집중적인 관심과 조명을 받는 곳이다. 그러나 최근 이렇게 잘나가던 경리단길에 젠트리피케이션 문제에 대한 우려의 목소리가 커지고 있다. 경리단길에 있었던 변화의 실체와 요인은 무엇이고, 경리단길의 장소정체성은 무엇인지 살펴볼 필요가 있다.

2. 용산 미군기지와 남산을 잇는 사이길: 탈영토적 공간의 형성

경리단길의 공식도로명은 '회나무로'이지만, 육군 예하부대에 대한 예산 집행, 결산, 급여 등의 업무를 수행하던 육군중앙경리단이 길 초입에 자리 잡아 경리단길로 명명한 것이 지금에 이른다. 1957년 창설된 육군중앙경리단은 2012년 해군 및 공군중앙경리단을 통합해 국군재정관리단이 되었다. 경리단길의 형성 과정과 변화 요인은 용산 미군기지 및 남산의 변화와 맥락을 같이한다.

용산 미군기지는 역사적으로 외부의 침입이 있을 때마다 주요한 군 주둔지로 활용되었다. 13세기에 침입한 몽고군이 병참기지로 활용하였고 1882년 임오군란 때는 청나라가 주둔한 데 이어 러·일 전쟁을 앞둔 1904년 일본이 병영을 건설한 것이 용산기지의 기반이 되었다.

1945년 해방 이후와 1953년 7월 휴전 이후 미군이 주둔하면서 현재까지 미군기지로 사용되었다. 근처에는 미군을 고객으로 하는 서비스 공간이 생겨나기 시작했다. 미군 대상으로 초상화를 그려 주던 삼각지 화랑거리를 비롯해 용산 미군기지와 인접한 이태원에는 기지촌이 형성되었다. 1960년대에는 이태원동과 한남동에 외국 공관이 하나둘씩 들어서고, 1963년 사격장터에 미군 아파트가 건설되는 등 외국인 집단 거주지가 건설되었다. 이와 더불어 외국인 레스토랑, 옷가게, 바 등 미군들의 위락지대가 생겨나면서 이태원동은 탈영토화된 외국인 공간으로 빠르게 변모해 갔다. 경리단길은 배밭과 복숭아밭으로 이루어진 농지의 농도(農道)였으나 1978년 그랜드하얏트호텔이 개장하면서 용산 미군기지를 가로질러 남산 순환도로를 잇는 도로로 활용하게 되었다.

남산 순환도로는 일제가 남산에 조선신궁을 세우며 참배객들을 위해 사방으로 도로를 만들면서 건설되었다. 아울러 이때 남산 일대를 공원으로 조성하면서 남산 파괴가 시작되었다. 갑신정변으로 체결된 한성조약 제4조에 의해 남산 기슭 녹천정(綠天亭) 자리를 일본 공사관 부지로 제공하였다. 이어서 이웃한 진고개 일대, 즉 오늘날의 중구 예장동, 주자동에서 충무로1가에 이르는 지역을 일본인 거류구역으로 정했다. 조선정부 측에서는 남촌의 끝이면서 진흙지대였던 그곳의 거주 환경을 낮게 평가해 쉽게 응낙했던 것이라 추측된다(손정목, 2003). 1885년 봄에 진고개 일대가 일본인 거류구역으로 지정되자 일본인들의 집단적인 이주가 시작되었다. 진흙이 흘러내려 진고개 또는 이현(泥峴, 진흙고개)으로 불리던 곳에 하수도 공사를 하고, 혼마치도리(本町通)로 개명한 후에 전기를 끌어 들여 불야성의 거리로 변모시켰다. 모던 경성의 대표적인 핫플레이스였던 혼마치의 풍경은 다음과 같은 정수일의 글에서도 잘 나타난다. 글 자체로는 진고개의 화려함에 감탄을 금하지 못하는 듯 보이나 조선의 상권을 장악하고 조선인들을 현혹하는 일본인의 상술과 화려한 거리에 대한 비탄한 심정을 토로한 글이다.

> 진고개라는 이름은 본정(本町)으로 변하고 솟을대문 줄행랑이 변하여 이층 삼층집으로 변작이 되며, 따라서 청사초롱 재명등은 천백촉의 전등으로 바뀌고 보니 그야말로 불야성의 별천지로 변해 버렸다. 지금 그곳을 들어서면 조선을 떠나 일본에 여행이나 온 느낌이다. (중략) 휘황찬란하고 으리으리하여 조선 사람들이 몇백 년을 두고 만들어 놓았다는 북촌에 비할 바가 못 된다.
> — 정수일(1929), 〈진고개〉 중.

이처럼 1930년대의 경성은 이미 도시 산책이 대중의 일상 가운데 하나가 되었다. 쇼윈도, 네온사인과 일루미네이션, 그리고 그곳에 모이는 군중 자체가 사람을 끌어당기는 경관을 이루었다(이성욱, 2004). 게다가 일본인 거류지는 진고개를 중심으로 동서남북으로 확장되어 조선왕조 500년간 주민의 앞산이었던 남산을 남촌에 자리 잡은 일본인들에게 내주게 되었다. 당시 남산의 북쪽 기슭은 거의 훼손되지 않았으나 남서쪽 기슭은 크게 훼손되었다. 일본군 사격장이던 용산동2가 일대에, 광복 이후부터 해외 동포와 월남 동포 등이 귀환해 정착해 그 규모가 점점 커졌고, 한국 최초의 대규모 판자촌이 건설되면서 신흥동이라는 행정동이 창설되었다. 한국전쟁 이후에는 새로운 피란민들이 들어와서 수만 명이 거주하는 고밀도 저질의 환경이 만들어졌다(손정목, 2003). 이곳이 8·15 광복 이후 생겼다 해서 해방촌으로 부르는 마을이다. 이와 같이 용산 미군기지와 남산 일대 외지인의 영토 점유에 대한

역사가 경리단길을 포함한 이태원동의 탈영토적 장소정체성에 지대한
영향을 미치게 되었다.

3. 새로운 다문화적 영토성의 공간 이태원

1960년대와 1970년대 이태원은 미군과 미국인들에게는 서울 안의 미
국으로서 일종의 치외법권 지대와 같은 탈영토성 지대로 인식되었다.
한편 한국인들에게는 '잘사는 나라' 미국 본토의 소비문화를 간접적으
로 맛볼 수 있는 선망의 공간으로 인식되며 이용되기도 했다. 그러나
지구화 과정과 함께 초국가적 현상들이 일상화되면서 이방 문화지역인
이태원의 독보적인 지위 역시 변화했다. 1990년대 이후 전국이 외국인
과 외국물건으로 넘치게 되자 외인지대로서의 이태원이 가진 특수성은
더 이상 고유한 부가가치를 갖기 어렵게 되었다(김은실, 2004). 대신,
미군기지가 자리 잡아 형성된 20세기 후반 용산구 이태원 일대의 사회
경제적 속성과 문화적 특성이 이제는 미국문화와 직접 관련이 없는 다
른 외래 문화적 요소의 네트워크를 발전시킬 수 있는 여지를 만들었다
(송도영, 2007).
　이러한 현상은 이태원 일대에 거주하는 외국인들의 구성 성격이 변
화된 것과도 관련된다. 용산기지로 출퇴근하는 미군과 외국계 회사 서
울지점에 근무하는 외국인들이 살던 이 일대에 젊은 영어학원 강사들
이 대거 몰리면서 새로운 음식 수요가 생겨났다(김은실, 2004). 길을 오
가는 외국인이 늘어나면서 외국 각지 본토의 맛에 가까운 샌드위치와
햄버거, 타코 등을 파는 음식점들도 다수 등장하였다. 이에 따라 이태

원은 세계 각국의 다양한 음식들을 그 나라 사람들이 직접 해 먹는 맛에 가깝게 맛볼 수 있는 음식점이 집합된, 일종의 세계음식 천국으로 발전하는 양상을 보였다. 다시 말해 서울 내에 있던 탈영토적 공간이 그 안에서 또다시 스스로에 대해 새로운 타문화적 영토성을 만나 상호작용하게 된 것이다(송도영, 2007). 육군중앙경리단과 6호선 녹사평역 사이의 통로로 쓰이던 짧은 구간에 2004년 이후 생긴 멕시코 음식점 '칠리칠리', 수제버거 전문점 '썬더버거' 등 작은 식당들이 대표적 사례이다.

지하철 6호선이 개통된 2000년을 기점으로 이태원 일대 상권이 활성화되고 관광특구로 지정되는 등 이태원의 변화가 시작되었다. 2004년 리움미술관이 남산에 개관하고 2010년 '꼼데가르송 플래그십 스토어(flagship store)'가 문을 열면서 하위문화에서부터 고급문화에 이르기까지 다양한 문화소비계층이 유입되고 다문화 현상이 시너지를 이루며 상권이 빠르게 성장하였다. 이태원이 뜨면서 높은 임대료를 피해 신사동 가로수길에서 이주해 몰리고, 대기업 문화 공간과 유명 주방장의 식당도 지속적으로 유입되었다. 본래 남산 소월길 그랜드하얏트호텔 주변에는 '서정기컬렉션', '이광희뷰티크'를 비롯해 '표화랑', '라쿠치나', '명보랑' 등 고급 디자이너숍, 갤러리, 보석숍, 고급 양식당 등이 밀집해 있다. 그리고 그랜드하얏트호텔 아래쪽에서 한강을 바라보는 지역에는 고급 주택과 UN 빌리지 등 한국 최고 부유층들이 거주한다. 이 지역 근방에 외국 공관들도 많이 볼 수 있는데 외국 공관이 자리 잡은 곳에는 그 사회의 지배층 주거지가 함께 자리한다는 현상이 우리나라에도 이태원 지역에 반영된 것으로 볼 수 있다(송도영, 2009).

도시에 대형 시장들이 들어서기 전, 고급 음식은 귀족들의 오락거리였다. 귀족들은 개인 요리사와 예술가에게 돈을 지불할 수 있을 정도로 충분히 부유한 고객들이었다. 도시의 발달로 예술과 요리가 개인적 즐거움이 아닌 대중적 즐거움이 되면서 개별적 혁신과 관련된 지식은 보다 손쉽게 퍼져나갔다. 이는 도시인들이 좁은 아파트에 갇혀 있지 않기 위해 공동의 공간을 소유하는 하나의 방법이다. 따라서 도시는 사람들을 사적 공간에서 공적 공간으로 끌어내고 이는 공적 공간을 사회화와 과시적 소비의 중심지로 만드는 데 도움을 준다. 한편으로 도시는 대륙 간 요리 지식을 전달하는 통로 역할을 해 왔다. 우리가 사는 세상이 점점 더 부유해지고 불평등해질수록, 대도시에서 가장 쉽게 얻을 수 있는 새롭고도 고급스러운 경험을 계속 느끼기 위해 돈을 지불할 용의가 있는 사람들의 숫자도 늘어난다(Glaeser, 2011). 세계 각국의 다양한 음식과 문화를 체험하기 위해 이태원에 모여드는 사람들은 각자가 내재된 문화적 속도와 취향에 따라 이태원의 다양성을 체험하고 공유된 경험을 축적한다. 이태원에서도 다양한 문화의 시도는 앞으로도 지속될 것이며 이태원이 끊이지 않고 유행을 선도하고 새로운 공간으로 진화하는 이유이다.

송도영(2009)은 이태원이 서울에서 가장 물리적인 변화가 느리고 문화적인 흐름은 가장 빨리 받아들이는 곳이라고 언급했다. 이태원은 주변에 용산 미군기지 등 군사시설과 남산 개발 제한 때문에 서울에서 유일하게 개발의 속도가 느린 곳이다. 하지만 제3세계를 포함한 다양한 국적의 인종이 점유하고 공존해 왔던 곳이어서 지역의 개방성과 문화적 관용은 가장 높은 곳이다. 서구에서도 개발의 속도가 더디게 진행된 낙후된 지역이 오히려 다인종의 용광로이자 예술가를 유인하는 요인으로 작용하면서 세계적 문화의 중심지로 발전한 사례가 많다. 우리가 대중문화의 한 분야로 쉽게 접하는 문화상품인 랩이나 힙합은 미국 대도시 슬럼가의 게토 문화를 모태로 하였다. 즉, 과거에는 도시재생에서 변두리 슬럼가는 완전히 전치(치유)해야 하는 제거의 대상이었지만 글로벌한 문화경제에서는 개발이 필요한 낙후된 지역의 하위문화를 주류사회의 문화상품으로 자리 잡을 수 있게 한다. 아이러니하게도 이 과정에서 청산되어야 할 도시 속의 그늘진 슬럼가가 엄청난 부가가치를 만들어 내는 문화 생산의 전진기지가 되기도 한다.

4. 서울의 핫플레이스 경리단길

경리단길은 용산 미군기지와 남산의 영향으로 최고고도 제한 구역으로 지정되어 있다. 대부분 2종 일반주거지역이며 언덕과 경사가 심해 대규모 개발이 어려운 곳이다. 녹사평대로에서 남산 소월길에 이르기까지 불과 1킬로미터인 경리단길의 주요 기능은 남산과 대로를 잇는 통로 역할 뿐이었다. 2008년부터 근린상권에 불과했던 경리단길의 상업화가 이루어지기 시작했다. 경리단 지역과 그 외 지역의 표준공시 지가는 2008년을 기점으로 그 상승 속도가 유사해졌다. 이태원1동의 상업지역 활성화로 상승한 주변 지역의 지대와 지하철역의 열악한 접근성 때문에 초기 상권 형성이 어려웠던 경리단길의 입지가 지대격차(*rent gap*)를 확대시키면서 자본 유입의 요인으로 작용한 것으로 해석할 수 있다(허자연 외, 2015). 2012년 이후 경리단길은 꾸준히 SNS와 입소문을 타면서 이른바 '뜨는 동네'인 핫플레이스로 부상하였다. 2014년에는 특정 인물 J 씨가 언론에 등장하였고 다양한 매체에서 다루어졌는데, 경리단길 뒷골목에 3년간 총 9개의 음식점을 개업하면서 회나무로13가길은 J 거리로 불리게 되었다. 2015년에는 특정 연예인들이 경리단길에 건물을 매입하거나 펍(*pub*)을 오픈하면서 유명세가 더해졌고 연예인, 유명 주방장 등 트렌드세터(*trend setter*)들의 영향력으로 인해 바이럴마케팅(*viral marketing*)이 확대되었다.

이러한 결과는 2012년에서 2014년까지 조사된 빅데이터 연구(황준기·오동훈, 2015)를 통해서도 알 수 있다. 경리단길의 버즈량[1]은 2012년 11월 이후부터 꾸준히 증가하여 2014년 2월 이후에는 폭발적인 증가세를 보인다. 이용자 행태 분석을 살펴볼 때, 경리단길은 홍대, 가로수길, 이태원 등 다른 지역과 비교하여 '음식'이라는 단어가 가장 많았고 이태원과 비교하면 '카페'의 단어 비중이 높은 것으로 나타났다. 특히 피자, 맥주, 추로스 등의 '음식 관련 연관어'와 '정감 어린', '평화로운' 등의 단어가 많았다. 이는 개발이 멈춘 듯한 골목길 풍경과 저층 주거지를 중심으로 개성 있는 소규모 가게들이 주는 이색적 공간 분위기가 긍정적으로 작용한 결과이다. 경리단길의 상권은 새로운 공간의 탄생이라기보다는 기존 상권의 확산으로 볼 수 있다. 이태원이 지녔던 문화적 특징과 위상을 계승하면서 골목길이 주는 새로운 공간적 정체성이 결합된 결과이다. 이태원에서 확장된 상권은 이면 상권인 경리단길을 지나 해방촌까지 영향을 미치게 되었으며 이태원 지역 상권의 세대교체가 이루어지고 있음을 알 수 있다. 신한카드 트렌드 연구소의 '2017년 트렌드 키워드'에 의하면, 서울시 주요 상권의 성장률은 2013년 45.4%에서 2015년 74.9%로 급등하였다. 서울시 주요 상권 중에

---

[1] '버즈(*buzz*) 량'이란 SNS 등 온라인 공간에서 한 주제나 용어가 언급된 횟수를 뜻한다. 빅데이터를 활용한 버즈량 분석 기법은 기업의 마케팅 등에서 활용된다.

서 2030 요식업 창업자 비율이 가장 높은 곳은 경리단길이다. 경리단
길의 2030 요식업 창업자 비율은 2016년 52.8%에 이른다. 이는 같은
해 서울시 2030 요식업 창업자 비율 평균 수준(19.6%)를 크게 웃도는
수치이다. 음식점과 카페, 펍 등의 요식업을 창업하는 젊은 점주들이
경리단길에 지속적으로 유입되고 있음을 알 수 있다.

최근의 카페문화와 관련한 트렌드 키워드는 루프톱(rooftop, 옥상)이
라고 해도 과언이 아니다. '루프톱 경제학'이라는 용어까지 등장하였
다. 임채우 KB국민은행 부동산전문위원은 "도심이 발전할수록 조망
프리미엄을 따지는 수요가 늘면서 자투리 공간이었던 건물 루프톱에
대한 관심이 커지고 있다"고 분석했다(〈중앙일보〉, 2017. 9. 17.). 경
리단길을 포함해 이태원, 해방촌 지역의 가장 큰 물리적 특성은 남산을
바라볼 수 있는 조망 경관이 확보된다는 점이다. 장애 요인으로 지적받
던 높은 언덕과 경사진 골목길이 남산의 풍경과 어우러져 독특한 경관
을 창출한다. 이색적 장소의 분위기를 체험하려는 트렌드세터들에게
루프톱에서의 경험은 새로운 문화소비 경향으로 인식되면서 빠르게 번
져 나갔다.

신한카드 트렌드 연구소의 '2017년 트렌드 키워드'에 의하면, 경리
단길의 점포당 결제액은 SNS와 입소문을 통해 뜨기 시작했던 2011년
4/4분기의 513만 원에서 2014년 4/4분기 1,076만 원으로 두 배 이상
증가하면서 최고조를 보였다. 그러나 2016년 4/4분기에는 803만 원으
로 25.4%나 하락하면서 주요 상권 중에서 가장 큰 감소세를 보였다.
유행을 주도하는 2030세대의 결제 비중도 2011년 4/4분기 58.2%에서
2015년 4/4분기 73.3%까지 올랐다가 2016년 4/4분기에는 72.7%로
감소하였다. 그 중에서 여성 결제 비중도 2014년 4/4분기에 51%까지

올랐다가 2016년 4/4분기에는 50.8%로 감소했다. 같은 기간에 익선동, 성수동, 망원동, 연남동이 증가세를 보인 것과 대조적이다. 경리단길의 구매력과 소비력은 2015년을 기점으로 하향 추세임을 알 수 있다. 이는 '가장 눈길 끄는 서울 10대 골목길' 설문조사(〈매경 이코노미〉, 2015)에서 경리단길이 14.3% 득표를 얻어 1위에 올랐던 2015년 조사와 비교해도 알 수 있다.

5. 경리단길의 상권과 젠트리피케이션

젠트리피케이션의 원인을 한마디로 설명하기는 어려우나 몇 가지 유형으로 나눌 수 있다. 주거지 젠트리피케이션(*residential gentrificaion*)은 주택의 고급화로 인한 원주민의 이주 현상을 말한다. 상업 젠트리피케이션(*commercial gentrification*)은 새로 유입되는 중상계층의 선호에 맞는 상업시설들이 들어서면서 거리의 분위기가 바뀌고 자본 유입에 따라 상점들이 고급화되면서 기존 상권이 내몰리는 것이다. 관광 젠트리피케이션(*tourism gentrification*)은 장소가 발달하고 관광객이 증가하면서 기존 주민이나 예술인들이 비자발적으로 이주하는 것이다. 최근 우리나라에서 급격하게 증가하고 있는 젠트리피케이션은 주로 2000년대 후반 이후 발생하는 현상으로 서구의 상업 젠트리피케이션과 유사하다. 특히 경리단길의 젠트리피케이션에 대한 우려와 경고는 최근에 급속하게 증가하고 있다.

경리단길의 상권은 크게 세 가지 유형을 띤다. 첫째, 이태원2동에 거주하는 주민들의 생활서비스를 지원하는 쌀집, 세탁소, 지물포, 철물점, 양장점, 미장원, 꽃집, 서점, 정육점, 의원 등의 동네 상권이 있다. 경리단길에는 동네 사랑방인 38년 된 꽃집과 1970년대 풍의 맞춤 양장점 앞에서 한가로이 수다를 떠는 동네 주민들과 경리단길을 찾아 사진을 찍는 관광객의 모습이 뒤섞여 있다. 실제로 회나무로 뒷골목길 평상의 동네주민들에게 경리단길을 묻자 시장길을 찾느냐고 반문하였다. 재래시장 제일시장이 있는 회나무로13길 초입에는 이태원2동 주민 체육대회를 개최한다는 플래카드가 붙어 있어 이 지역이 주거지역임을 알려준다. 남산을 향해서 경리단길 우측의 회나무로6길과 12길은 심한 경사지와 비좁은 계단을 많이 올라야 하는 골목길인데, 다수의 음식점이 골목 뒤쪽까지 확산되고 있다.

둘째, 동네상권과 더불어 외국인 공관지와 거주지 배후 수요 역할을 해 온 외국인 대상 상권도 잔존한다. 필리핀대사관 주변 필리핀 식료품 전문점, 고급 한정식집 '가야랑', 40년 동안 운영 중인 '이태원 외국서점', 일본, 태국, 중국 등 에스닉 푸드(ehthnic food) 전문점, 부동산 등 외국인 대상 생활상권이 들어서 있다.

셋째, 새로 진입한 상권을 들 수 있다. 대개는 2008년 이후 개점한 것으로 대부분 요식업에 집중되어 있다. 이 지역의 음식점은 2009년 13개 점포에서 2014년 51개, 2015년 8월에는 164개로 12배 증가했다 (김상일·허자인, 2015). 상업화의 초기에는 수제맥주 전문점, 드립커피 전문점, 펍 등 이었으나 관광객과 방문객이 증가하면서 양식당, 카페, 디저트 전문점이 주를 이루고 있다. 남산과 인접할수록 고급 한우 전문점, 북유럽가구 전문점, 스포츠용품 매장 등이 있으며 유명 셰프가 개업한 레스토랑도 있다. 그 외에도 프랜차이즈 제과점, 커피 전문점, 통신사 및 휴대폰 판매점 등의 대기업 자본이 유입되기 시작했다.

이러한 과정에서 업종의 변화와 교체가 진행 중인데 생활상권인 세탁소, 철물점, 약국 등이 문을 닫기 시작했다. 이미 J 거리를 비롯해 회나무로13길 골목길을 따라 보석숍, 향수숍, 디자이너숍, 공방, 디저트 카페, 생과일주스 전문점 등의 소호 점포가 하나둘씩 주거지역으로 침투하고 있다.

경리단길의 구매력은 앞서 살펴본 바와 같이 2015년을 기점으로 하향세를 그리는 반면에 임대료는 지속적으로 올라 서울시 주요 상권 중에서 가장 높은 상승률을 보이고 있다. 한국감정원이 젠트리피케이션 발생으로 이슈가 되는 상권을 선정해 지난 2015년부터 2017년까지 2년 간 임대료 추이를 분석한 결과에 따르면, 이 기간 동안 경리단길 상권의 임대료는 10.16% 올랐다. 같은 기간 서울 상권 임대료 상승 평균이 1.73%인 것과 비교해 약 10배 정도 높은 수치이다. 이는 서울의 다른 핫플레이스인 홍대(4.15%)나 가로수길(2.15%)과 비교해도 월등히 높은 수치이다. 경리단길은 2015~2016년 임대료 상승률(4.83%)보다 2016~2017년 상승률(5.33%)이 높아 젠트리피케이션이 진행되고 있음을 알 수 있다(한국감정원, 2017). 부동산114에 의하면, 2017년 1/4분기 서울 이태원 상권의 월평균 임대료는 전 분기 대비 6.2% 상승하여 같은 기간 주요 상권의 대부분이 하락한 것과 대조를 이룬다. 같은 기간 서울 전체 평균 임대료는 3.0% 하락했다.

실제로 경리단길 대로변의 점포들 증에서 폐업을 알리는 팻말을 놓고 문을 닫거나 새로 개장하는 상점을 많이 볼 수 있다. 근처 부동산에는 권리금을 낮춘 급매물과 무권리 점포임을 알리는 정보지도 많이 눈에 띈다. 임대료 급등에 부담을 느낀 임차인들이 가까운 후암동이나 해방촌, 주변 주택가로 옮겨 가는 중이다. 벌써 '서울역 7017' 고가 보행

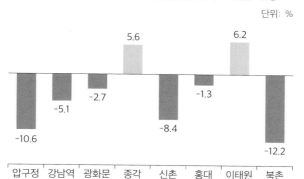

그림 15-1 서울 주요 상권의 월평균 임대료 변동 현황

단위: %

5.6   6.2
-5.1   -2.7   -1.3
-10.6   -8.4
-12.2

압구정 강남역 광화문 종각 신촌 홍대 이태원 북촌

주: 2016년 4분기 대비 2017년 1분기 수치.
자료: 부동산114 자료에서 재구성.

로 사업과 용산 일대 개발이 맞물리면서 오래된 주택을 개조한 상권이 형성되고 있다. 부동산에서는 주변 지역이 제2의 경리단길로 부상할 것이라고 기대하고 있다.

한국형 젠트리피케이션의 가장 큰 문제점은 임차 상인들을 대상으로 젠트리피케이션이 일어난다는 점이다. 쇠퇴한 지역을 특색 있는 상권으로 만들어 활성화시킨 이후 상권을 만든 주체들이 임대료 상승을 버티지 못해 내몰리는 현상이 발생했다. 임대료 상승이 급속도로 일어나면서 상권 활성화에 기여하지 않은 외부 투자자들이 개발 이익을 가져간다는 문제점이 사회문제로 대두되었다. 또 다른 문제점은 주거지의 상업화 현상을 들 수 있다. 서민들의 주거지에 상업시설이 침투하면서 주민들의 일상생활에 필요한 서비스 기능인 동네가게들이 사라지고 관광이나 방문을 위해 거쳐 가는 동네로 변모한다. 상업화된 동네는 공동체가 붕괴되고 임대료가 상승하면서 주거 세입자들이 쫓겨나는 문제가 발생한다. 지역 상권이 방문객들을 위한 서비스 업종으로 재편되면서 동네 고유의 정체성이 사라지고 개성 없는 거리로 전락하면 장소매력도가 떨어져 또 다시 쇠퇴하는 현상을 반복하게 된다.

스미스(Smith, 1979)는 젠트리피케이션이 토지와 주택시장의 구조적 산물이라고 주장했다. 잠재적 지대와 현 시가로 평가된 지대 사이의 격차를 지대격차(*rent gap*)라고 정의하고, 근교의 자본이 임대료가 낮은 도시 내부로 역류해 들어온다고 주장했다. 그러나 클라크(Clark, 1992)는 스미스의 주장이 부분적이며 젠트리피케이션이 일어나기 위해서는 지역의 공급, 주체의 생성, 매력 있는 도시 내부 환경, 문화적 서비스 계층의 존재 등 네 가지 조건이 필요하다고 강조하였다(박태원 외, 2016). 상업 젠트리피케이션의 발생 요인은 그간 건물주와 업주의 임대료 대립이 쟁점인 것으로 인식되어 왔으나 보다 복합적인 요인이 작용한다. 주킨 등(Zukin et al., 2015)은 상업생태계를 구성하는 주요 집단을 업주(*store owners*), 건물주(*building owners*), 소비자(*shoppers*)로 구분하고 주거근린, 미디어, 공급망, 지자체가 이에 영향을 미친다고 설명한다. 상업가로의 변화를 살펴보면, 상업화의 초기 단계에서 소비자와의 네트워크를 통해 업주들과 소비자가 가진 상권 형성의 주도권은 상업화의 심화에 따라 임대료가 상승하면서 건물주에게 이전된다. 그 과정에서 소비자계층의 하위문화, 부티킹(*boutiquing*), 경제학적 관점에서의 지대격차, 미디어의 구전 효과, 대자본의 유입 등이 유의미한 영향을 미치며 상권을 변화시킨다(허자연, 2016).

한국형 젠트리피케이션이 상업지역에 특히 빈번히 발생하는 원인은 첫째, '부동산 시장의 변화'에 있다. 외환위기를 겪으면서 부동산에 대한 투자가 아파트에서 상가로 옮겨 가고 낮은 금리와 노후 대책 등으로 인해 건물을 소유하고자 하는 수요가 늘어났다. 상권이 과열되고 투기

자본이 유입되면서 지가 상승에 따른 부동산 시세차익에 대한 기대감이 특정 지역의 부동산 가격을 폭등시켜 왔다. 건물주의 투자비 회수, 건물주의 손바뀜, 기획부동산 등이 급격한 임대료 상승을 부추긴다.

둘째, '권리금 장사 행위'가 상권을 교란시키는 문제이다. 권리금을 가로채는 임대인이나, 처음부터 권리금을 투자 목적으로 생각하고 들어와 계약기간이 끝나면 권리금을 배로 파는 임차인이 있다. 소비 공간의 공급자인 상업시설의 사업주에게 계속되는 상업화에 동참할 의지를 결정하는 요인을 조사한 연구(허자연 외, 2015)에서 지대격차, 권리금, 폭등하는 임대료 부담에도 불구하고 사업주들은 경리단길에서 영업을 계속하고자 하는 의지를 보였다. 이 연구 결과에 의하면, 상업화를 계속적으로 이끌어가는 원동력은 결국 권리금에 대한 기대 등의 투기심리 및 상권 활성화에 대한 기대심리임을 확인하였다. 이는 결국 임대료 폭등에도 불구하고 신규 상점이 지속적으로 확장하는 원인을 규명한 사례이고, 새로운 점포의 진입에는 특정 업종에 대한 상업 환경의 조성보다 지대격차 및 의제 자본 등 경제적 요인이 작용한 것으로 분석된다.

마지막으로 '장소의 소비'를 부추기는 미디어와 대규모 자본의 유입, 유사 업종의 과다 경쟁이 원인이 될 수 있다. 상권 형성의 주된 요인인 소비 주체는 2030 여성이 주를 이루는데 이들은 주로 SNS를 통해 정보를 공유하고 새로운 정보를 확산시킨다. 디지털 세대의 새로운 소통방식과 생산, 소비 유형의 변화가 새로운 핫플레이스를 양산하는 추세이다. 한편으로는 대중매체의 영향력이 증가하면서 언론이나 매체를 통한 소개, 취재 등이 대중의 호기심을 자극하여 장소의 소비화가 급격히 진행된다. 경리단길의 경우도 언론의 집중적인 조명을 받던 시기인

2013년 이후 상권의 성장이 가속화되었다. 대중에게 노출되고 유동인구가 늘어나면 대규모 자본이 유입되기 시작되는데 상점의 지나친 대형화, 상업화는 장소정체성을 상실할 우려가 있다.

6. 나가며

장소정체성은 물리적 환경뿐만 아니라 지역 내 공유되는 삶의 스타일, 사회적 관계, 그리고 공동체 등 지역의 고유한 사람과 활동, 상품 및 공간으로 이루어진다. 어떤 장소가 고유의 특성을 가지는 데는 이어져 내려온 시간의 흔적과 중첩된 공간이 상호작용한 결과이다. 경리단길의 상권이 독특한 이유는 이렇게 복합적인 원인이 작용한다. 경리단길은 외국 공관이 많이 자리하고 있는 지역이면서 한국에서 가장 부유한 고급 주택 지역이 면해 있다. 한편 1970년대부터 조성된 주거지역 연립주택에는 여전히 서민들이 거주하며 달동네인 해방촌과도 인접해 있다. 이태원로가 지닌 다국적 성격과 일본의 잔재, 미군기지 배후지의 특성도 가지고 있어 다인종의 점유지면서 외세 침탈의 역사도 고스란히 남아 있는 곳이다. 서울에서 가장 이색적인 공간인 이태원에서도 경리단길은 이러한 지역 특성의 영향을 가장 압축적으로 보여 주는 장소이다. 경리단길의 오늘의 모습은 보존될 수도 있고 변화할 수도 있을 것이다.

　최근 몇 년 동안 경리단길의 변화와 젠트리피케이션은 지속적으로 이루어졌지만 주변 지역으로 확산되는 상권 전이 현상과 용산 미군기지의 공원화 영향으로 새로운 동력과 문화가 생성될 것이라 기대하고 있다. 지역의 발전은 지속되어야 하지만 그 과정에서 거주민들이 생활의 터전을 잃는다거나 영세사업자들이 생업의 현장에서 밀려난다면 장소의 생명력도 이어갈 수 없을 것이다. 따라서 현재 다양하게 구사될 수 있는 정책적 고려와 제도적 뒷받침으로 급속한 젠트리피케이션 현상을 극복할 수 있는 지혜를 모아야 할 것이다. 무엇보다 중요한 것은 지역생태계를 구성하는 다양한 주체들의 공동체 의식 함양과 상생을 위한 사회적 합의가 필요할 때이다.

참고문헌

김상일 · 허자연 (2015). 〈서울시 상업 젠트리피케이션 실태와 정책적 쟁점〉. 서울연구원.

김은실 (2004). "지구화시대 근대의 탈영토화된 공간으로서 이태원에 대한 민족지적 연구". 한국여성연구회 편, 《변화하는 여성문화 움직이는 지구촌》. 서울: 푸른사상.

박태원 · 김연진 · 이선영 · 김준형 (2016). "한국의 젠트리피케이션". 〈도시정보〉, 413호, 3~14.

손정목 (2003). 《서울 도시계획 이야기 5》. 한울.

송도영 (2007). "종교와 음식을 통한 도시공간의 문화적 네트워크". 〈비교문화연구〉, 13권 1호, 98~136.

_____ (2009). 〈음식을 통해 본 이태원의 영토성과 소통양식〉. 서울문화포럼.

이성욱 (2004). 《한국 근대문학과 도시문화》. 문학과학사.

허자연 (2016). "상가 권리금의 리스크 요인과 젠트리피케이션의 부작용 완화를 위한 정책과제". 〈부동산포커스〉, 97호, 14~24.

허자연 · 정연주 · 정창무 (2015). "상업공간의 젠트리피케이션 과정 및 사업자 변화에 관한 연구: 경리단길 사례". 〈서울도시연구〉, 16권 2호, 19~33.

황준기 · 오동훈 (2015). "문화주도적 젠트리피케이션 현상에 의한 장소성 변화 연구: 홍대, 이태원, 신사동 지역에 대한 소셜미디어 빅데이터 분석을 중심으로". 〈한국도시행정학회 공동학술대회 논문집〉, 2015년 5월, 197~213.

Clark, E. (1992). "On blindness, centrepieces and complementarity in gentrification theory". *Transactions of the Institute of British Geographers*, *17*(3), 358~362.

Glaeser, E. (2011). *Triumph of the City*. Tantor Media Inc. 이진원 옮김 (2011), 《도시의 승리》. 해냄.

Glass, R., et al., Centre for Urban Studies(ed.) (1964). *London: Aspects of Change*. University College, London, Centre for Urban Studies.

Smith, N. (1979). "Toward a theory of gentrification a back to the city movement by capital, not people". *Journal of the American Planning Association*, *45*(4).

Smith, N. & Williams, P. (eds.) (1986). *Gentrification of the City*, Harper Collins Publishers Ltd.

Zukin, S., Kasinitz, P., & Chen, X. (2015). *Global Cities, Local Streets: Everyday Diversity from New York to Shanhai*. Routledge.

제 15 장

홍대앞 문화와 젠트리피케이션

이병민

1. 홍대앞, 놀이터, 장소성

이른바 '홍대앞'[1]이라고 이야기되는 홍대 지역은 시대에 따라 많은 변화를 겪어 온 곳이다. 문화를 기반으로 한 장소성 변화가 최근 젠트리피케이션 현상과 더불어 두드러지게 관찰되는 곳이다. 누군가의 이야기처럼 명동이 관광객들의 점유지이고, 강남의 아파트촌이 부를 상징한다면, 홍대는 다양한 '취향' 공간으로서 다양한 이해당사자들의 욕망과 문화 표출이 나타나는 지역이다. 현재 홍대 부근 거리가 거대 자본

---

[1] 대학을 중심으로 그 앞에 있는 거리를 뜻하는 것이 아니라 장소성을 담은 지역 특성을 나타내고자 '홍대앞'을 띄어쓰지 않는 전문가들이 있다. 이러한 특성을 바탕으로 이 글에서도 '홍대앞'을 띄어쓰지 않고자 한다.

에 잠식당하면서 소비 공간이 되어버렸지만, 현대사의 굴곡에 따라 화방과 출판사, 소규모 공연장과 클럽 등 다양하고 색다른 취향의 문화 공간 특성을 그대로 담고 있기 때문이다(조연정, 2016).

근대사를 따라가 보면, 홍대 지역은 1950~1960년대 일반 주거지역에서 1970~1980년대 미술문화지역으로 발전해왔다. 이때는 1961년 홍익대학교의 미술대학 설립을 기점으로 주거지역이 문화 특성을 나타내면서 소규모 작업실과 갤러리 등이 넘쳐 나던 시기였다. 1980년대 홍대 일대의 본격적인 상업화 과정은 '철도와 지하철의 기능'과 '미술 전문 거리로의 정체성 획득'이라는 관점에서 볼 수 있다. 서울화력발전소로 석탄과 화물을 실어 나르던 철로는 1976년 폐지를 결정하였다. 1980년대 철로가 폐쇄된 후 철로 부지에 무허가 건물들이 들어서면서 주변에 시장, 상업시설과 주거지역이 섞인 특성을 보였다. 철로 부지에 조성된 먹자골목과 시장골목에 민속주점, 분식집, 포장마차, 고깃집 등이 분포(홍대 걷고 싶은 거리/서교 365)했고, 홍대 일대는 본격적인 상업화의 양상을 보이기 시작하였다. 특히 1984년 지하철 2호선 개통 이후 상업시설이 주거지역까지로 급속히 확장되면서 홍대 일대는 신촌과 더불어 지역 내 중심 상업지구의 역할을 하기 시작하였다.

또한 미술 전문 거리로서 '홍대앞'의 정체성을 획득하기 시작했는데, 1970년대부터 미술 작가들이 홍대앞으로 모이기 시작했다. 홍대앞에 진출한 미술작가나 미대생들은 개인 화실에서 자신의 작업을 하는 동시에 학생들에게 그림을 가르치며 상업 활동을 하기 시작하였다. 1986년 산울림소극장이 들어서고 일대 와우산길 양쪽으로 미술학원 거리가 형성되었다. 이후 1980년대 홍대 정문을 중심으로 수많은 공방, 미술학원, 미술 전문 서점, 작가스튜디오, 갤러리 등 미술 관련 공간이 포진하게 된다. 이 과정에서 서교동 일대는 '홍대앞'이라는 독특한 정체성을 획득하였다.

1990년대 들어 초반에는 고급 카페문화지역으로의 변화가 나타났다. 준주거지역이 고급화되고 카페가 많아지면서 록카페가 부상하고 단속이 이루어지던 시기였다. 언더그라운드 클럽문화 형성과 문화 관련 전문직종 집적이라는 현상이 나타났다. '피카소 거리'를 중심으로 한 고급 카페문화가 형성됐는데, 1990년대 초반 홍대 일대에 '벽돌 거리'의 도로변을 중심으로 '카페골목'이 형성되었다. 오렌지족의 문화가 압구정동에서 홍대 지역으로 이전하였고, '피카소 거리'는 여피(yuppie) 미학의 이미지 소비 공간을 대표하게 되었다. 또한 홍대 미대 학생들이 벽화작업을 중심으로 매년 거리미술전을 시작하면서 '벽화거리'가 형성되었고, 홍대 정문 앞 피카소 거리 입구에서는 2002년부터 프리마켓도 열리기 시작하였다.

1990년대 중·후반은 클럽문화 지역으로서 특성이 두드러지게 나타났다. 홍대입구역 부근에 근린상업지구 특성이 두드러지면서 라이브클럽, 댄스클럽 등이 증가하였다. 구체적으로 이 라이브클럽과 댄스클럽의 형성으로 언더그라운드 클럽문화가 장소성 형성에 핵심 역할을 하였다. 댄스클럽은 미술작가들의 작업실이 클럽 형성의 모태가 되었다.

2000년대에는 기능이 복합적으로 얽힌 복합 문화지역으로 발전하면서 다양한 양상을 드러냈다. 2002년 월드컵을 맞이해 문화특구로 지정하려던 시도가 있었는데, 이에 따라 상업지역과 준주거지역 분화의 특성이 나타났다. 문화 관련 전문직종 집적과 관광지화의 특징도 두드러지면서 1990년대 이후 문화 관련 전문직종의 사무실들이 집중되었다. 미술 관련 작업실과 갤러리, 소극장과 더불어 특히 디자인, 광고, 영화, 방송, 사진, 출판, 만화, 패션, 연극, 공연, 인터넷콘텐츠 관련 업종들이 서서히 증가하였다. 관광객들의 관심과 방문이 늘어나면서 2000년대 이후에는 상업지역 주변으로 게스트하우스와 같은 숙박시설이 증가하였다(최준란, 2016). 이와 함께 2000년대에는 한류를 중심으로 외국인 관광객 유치를 위한 정부 주도 문화정책이 시행되었다. 특히 2015년 경의선 부지 공원화 및 공항철도역 개통 등은 홍대 일대 상업지역의 관광지화를 가속화시켰다.

2000년대 이후는 도심 재개발사업 활성화 이슈가 크게 불거졌다. 상업화와 젠트리피케이션으로 인해 인디문화와 젊은이를 대변하는 문화예술 활동가들이 점차 사라지는 한편, 상업 활동의 프랜차이즈화 및 고급화 문제가 불거졌다. 이런 갈등과 함께 두리반 투쟁, 자립음악생산자조합 등 다양한 문제가 얽혀 나타났다.

이러한 장소성 변화는 하나의 수명주기 모델 변환 과정으로 나타나 홍대앞 문화 특성과 공간경제적 특성을 보여 준다. 예를 들어 1990년대는 홍익대학교를 중심으로 하여 인디음악 메카와 클럽문화 조성을 토대로 한 다양한 변화가 이루어지면서 하나의 '영토화'가 진행되었다. 2010년대까지는 문화정책의 변화와 상업 활동 등을 통해 '탈영토화' 과정이 일어났고, 새로운 문화콘텐츠산업의 발전가능성이 높아지면서 주체들의 변화가 나타나 '재영토화' 과정이 기대됐다. 이와 함께 경의선 숲길 조성, 공항철도 및 경의중앙선 개통 등으로 인해 홍대앞 상권이 변하면서 젠트리피케이션 등 문화와 상업화의 갈등 요소도 나타나는 등 다양한 특성이 섞여 발생했다. 이때 '영토화'의 과정이 홍대앞이라는 지역성 인식, 정체성 확립과 관련하여 클럽문화를 중요한 자산으로 확인하는 단계라면, '탈영토화'의 과정은 신자유주의의 등장, 공간 확장과 장소성에 새로운 의미를 주입시키는 단계로 나타난다. 지역 내 공동체와의 밀착 현상에 힘입어 '재영토화' 과정은 새로운 경관의 변화를 야기하는데, 창조산업 등이 출현하면서 새로운 공간경제의 특성과 장소성의 확립, 경관의 재창조라는 형태로 나타나게 된다(Xie, 2015).

구체적으로, 홍대입구역과 홍대 일대 문화예술 공간은 클럽과 레스토랑, 카페 등 다양한 경관이 공존하면서 이른바 인디문화에 대한 새로운 장소성을 창출하였다. 여기에는 홍익대학교와 라이브클럽 운영자, 댄스클럽, 원주민, 문화기획자, 외부인, 방문객, 관광객, 그리고 디자인과 출판 관련 업종 종사자, 상인 등이 관련되어 있다. 또한 일상생활 속에 나타나는 상업과 산업 활동, 그리고 이들이 만들어 내는 장소에 대한 기억 등이 한데 어우러지면서 독특한 경관을 창출하고 있다. 이는 홍대앞의 사회사만이 아니라 다양한 도시 특성을 지닌 서울 사회공간사의 축약으로서 대표적인 경관의 특성을 보인다.

예를 들어 대학교 앞 놀이터 주변에서 시작된 홍대앞이라는 단순한 물리적 공간은 그 장소에 모여든 사람들이 만드는 지속적이고 차별화된 특성이 맞물려 '홍대앞'이라는 정체성을 가진 공간으로 재탄생되었다(변미리, 2016). 버스킹과 벼룩시장 등 이런 저런 이벤트가 많이 일어나며, 주변 건물에는 예술가들의 그래피티(*graffiti*)[2]가 넘쳐나는 개성 공간이 된다. 문화와 장소성의 특징은 공간경제의 유사성을 복사하기도 한다. 일본 오사카 아메리카무라의 랜드마크로 알려진 삼각공원

---

2 그래피티의 어원은 '긁다, 긁어서 새기다'라는 뜻의 이탈리아어 'graffito'와 그리스어 'sgraffito'이다. 그래피티는 벽 등에 낙서처럼 긁거나 스프레이 페인트 등을 이용하여 그리는 그림을 지칭한다(두산백과, 시사상식사전).

자유로운 참여가 가능한 소통과 축제의 장으로서의 홍대앞 놀이터(사진: 저자 촬영).

의 경우도 홍대앞과 유사하게, 물리적 공간은 크지 않지만 만남의 광장 같은 곳으로 모든 약속의 시작이 되는 곳이자 인디뮤지션들의 버스킹을 볼 수 있는 곳으로 유명하다.

벤야민(W. Benjamin)은 "살아가는 건 흔적을 남기는 것이다"라고 말하였다. 인간은 도시의 건물, 건물의 내부 환경과 같은 틀 속에 인간 실존 양식의 실마리이자 지나 온 경과의 표시인 '흔적'을 남긴다. 도시는 기억의 저장고로서 이러한 흔적을 보전한다고 볼 수 있다(김수아, 2013). 이러한 흔적을 읽는 것은 도시의 공간경제를 연구하는 주요 방법론에 해당한다. 도시공간의 텍스트로서 홍대앞 문화예술 공간에 대한 흔적 찾기, 과거의 흔적과 현재의 연결고리로서의 거리와 경관(인디 문화 등), 그리고 주체의 미적 체험 대상으로서 홍대앞 문화예술 공간 등이 젠트리피케이션과 어떻게 연결되는가가 공간경제에서 중요한 이유이다.

2. 클럽을 허하라!

홍대앞의 공간경제학적 특징은 인디문화를 중심으로 하는 자생적 하위문화의 중심지라는 특성과 연결되어 있다. 특히 클럽을 중심으로 하여 한국 내 거주 외국인의 문화 중심지로 알려져 왔다. 또한 2000년대 들어 한류를 중심으로 외국인 관광객 유치를 위한 정부 주도 문화정책이 시행되어 오면서 상징적 브랜드가 된 지역이다.

이와 같은 홍대앞의 문화 소비 공간의 확산은 주변 지역을 재활성화시키는 긍정적 영향을 미치지만, 재활성화 현상이 가속화되면서 문제를 나타내기도 한다. 높아진 임대료를 감당하지 못하고 초기 변화의 주체들과 거주민은 논의에서 제외되고 공간정체성을 상실하는 과정이 반복되는 문제를 야기하면서 젠트리피케이션 문제가 발생하는 지역으로 대두되었기 때문이다(Zukin et al., 2009). 홍대앞 지역은 기존의 문화 소비 공간이 확산되면서 주변 저층 주거지가 어떻게 변화되어 가는지에 따라 다양한 이해관계자들의 변화가 역동적으로 나타나는 곳이다. 이러한 특징들 때문에 거주민들에게는 제3의 공간으로 기능하면서 삶의 공간을 변화시키고 있다.

홍대앞을 대표적으로 상징했던 클럽을 예로 들면 다음과 같다. 1960년 이전 일반 주거지역으로 시작하여 1980년 이전까지 일반 대학가 미술 관련 업종의 집적지로 태동했다가, 사람들이 모여들면서 1990년 초반까지는 고급 카페거리가 형성되었다. 1990년 중반까지 클럽문화가 태동하고 집적되는 양상을 보였다. 물론 이러한 현상의 이면에는 88올림픽 등 외적 변수가 작용한 영향력도 크다고 할 수 있다. 이러한 과정을 거치면서 1990년 후반까지는 문화생태계 특징이 복합문화지역으로 형성되는 모습을 보이기도 했는데, 이러한 움직임이 2000년대 초반까지 클럽문화경제 형성과 예술콘텐츠 강화로 나타나기도 하였다. 이어 2000년대 후반에는 클럽 공간의 급증 및 변화, 상권 확대, 작업실과 카페의 융합 그리고 전문 카페의 증가 등과 같이 다른 양상을 보였다.

구체적으로 홍대 지역에서 클럽과 관련 장소성이 드러나기 시작한 시기는 앞에서 언급한 대로 대략 1990년대 중반으로 볼 수 있다. 1994년 라이브클럽 '드럭'이 문을 열었고, 비슷한 시기를 앞뒤로 해서 이른바 '댄스클럽'들도 대로가 아닌 뒷골목 공간에 생겨나기 시작했다. 이어 예술작업 아지트와 작업실로 연결되면서 새로운 문화 토양이 형성되었다. 최근에는 이러한 클럽의 해체와 함께 새로운 경관이 출현하고 있다.

클럽문화는 청년 하위문화의 특징을 많이 가지며 주류문화의 범주에서 벗어나 자신들만의 정체성을 확립하려는 특징이 강하다. 그와 함께 자신들만의 집단성을 공유하고, 기존 공간 및 문화와는 차별화하려는 특성 때문에 클럽문화 공간을 따로 구분하려는 특징이 있다. 이는 소수의 매니아들에게는 비상업적이고, 비타협적인 인디문화의 맥락과 부합되면서 언더그라운드 문화를 홍대앞의 문화 특성으로 규정지을 수 있었던 것으로 판단된다. 초창기 홍대 클럽 공간에 모여든 사람들은 자신만의 문화를 홍대앞이라는 공간에서 기획하고, 실험하고, 새롭게 알리려는 의도가 강했다. 이는 실제 음악과 디자인, 미술 등 다양한 분야의 사람들이 모여들면서 다양한 실험이 가능했기 때문이다. 또한 이는 근처의 상업화된 이대 앞이나 신촌 공간과는 달리 비교적 저렴한 지가 수준을 보이던 홍대 지역의 집적 요인과도 연관된다.

초창기의 이러한 클럽문화 집적과는 다르게 2000년대에 들어 댄스클럽의 주도가 두드러진다. 이는 라이브클럽과 댄스클럽의 입지조건에 차이가 있다는 점에서 그 이유를 찾을 수 있다(최정한, 2011). 보다 가난하며 비교적 자유입지형 특성을 보이는 라이브클럽은 임대료를 감당할 수 있는 지하 공간, 주택가의 지하나 대로변 상가지하를 중심으로 특별한 입지조건에 구애 없이 공간을 임대하는 경향을 보이기 때문에 다양한 지역으로 산재되면서 개별화된 특성을 보인다. 반면 댄스클럽은 상업시설과 연관된 장소집적형 특징을 보이기 때문에 작업실과 바, 클럽으로 형성되면서 이른바 피카소 거리의 형성과 궤를 같이하고 있다.

이러한 공간경제의 특징은 라이브클럽과 댄스클럽의 기계적 통합 실패에 따라 양자 모두 정체성 상실과 경쟁력이 약화되는 결과를 초래하였고, 클럽데이의 중단, 상업화 가속화, 거버넌스의 복잡성, 핵심 콘텐츠 부재 등으로 인한 어려움을 겪고 있다. 물론 클럽문화를 통해 시작된 이러한 발전 토양을 통해 2000년대에는 상업과 문화의 다양한 융합이 이루어지고 최근에는 클럽과 카페뿐만 아니라 문화 공간, 상업 공간의 영역 자체가 재구성되는 공간의 진화양상을 보인다는 주장도 참조할 수 있다(최정한, 2011).

3. 실험, 창출, 소비, 변화의 공간경제학

2000년대 후반부터 현재까지 홍대앞은 클럽 공간의 급증 및 부문 변화, 상권 확대, 작업실과 카페의 융합 및 전문 카페 증가, 젠트리피케이션의 부정적 영향 확대 등 복잡한 양상으로 변화해 왔다. 특히 최근 문제가 되고 있는 홍대앞 공간의 젠트리피케이션과 관련해 문화와 상업화에 대한 삶의 공간과의 연관성을 문화예술을 중심으로 볼 수 있다. 예술가와 아티스트 등과 같은 젠트리파이어(*gentrifier*)들이 존재하고, 이들이 정부와 매체가 주목하기 이전에 홍대앞의 문화 변화를 주도해 왔다. 그러나 지역의 지가 상승으로 인해 이들이 다른 곳으로 이동해야 하는 피해자가 되는 모습 등은 문제가 된다고 할 수 있다. 공간경제학과 홍대문화 이해관계자들의 입장에서 지역브랜드의 형성 과정을 살펴보면 다음과 같다. 1980년대 이전에는 주로 미술작가들 작업실과 미술학원들이 밀집해 미술 특성의 브랜드가 강했다. 1980년대 후반 들어 먹자골목이 형성되었으며, 1990년대 초반에는 미술 색채가 짙은 일명 피카소 거리와 카페골목이 형성되어 상업화와 관련된 초기 브랜드가 제고되었다. 이에 따라 홍대앞 지역문화가 형성되고, 장소성이 드러나기 시작한 시기는 대략 1990년대 중반이며, 라이브클럽과 댄스클럽들이 생성되면서 클럽문화의 산실이라는 브랜드가 각인되었다. 1990년대 후반으로 갈수록 홍대앞에는 미술, 음악, 디자인, 광고, 영화, 방송, 사진, 출판, 만화, 패션, 인터넷콘텐츠와 관련된 중소규모의 전문업종들이 집적되었다. 이러한 과정을 거쳐 새로운 젊음의 문화가 새롭게 실험, 창출, 소비되고 변화되면서 '청년문화'와 '창조산업'과 관련된 서울의 새로운 문화를 만들어 내는 문화예술 공간으로 브랜드가 만들어져 왔다.

이러한 변화와 관련된 사례들을 살펴볼 수 있다. 〈스트리트 H〉는 이러한 변화의 공간을 담아대는 대표적 매체이다. '홍대앞 동네잡지'를 표방하는 〈스트리트 H〉는 홍대앞의 사람, 가게, 페스티벌 등 홍대문화의 아카이브 역할을 하는 동네잡지이다. 우리나라에서는 보기 드물

344

홍대앞 문화 지형의 변화와 흔적을 지속적으로 담아내는 〈스트리트 H〉
(사진 출처: 〈스트리트 H〉 페이스북).

게 특정 지역, 즉 홍대앞 이야기만을 다루는 매거진으로 2009년 6월 창
간되었다. 〈스트리트 H〉는 홍대앞의 다양한 변화와 홍대만의 개성 있
는 문화예술 활동, 그리고 홍대 사람들의 이야기를 담는 것에 몰두한
다. 따라서 〈스트리트 H〉에는 비주류 아티스트와 홍대앞에서 상점을
운영하는 사장 등 홍대앞 사람들의 이야기는 물론, 지역에서 일어나는
크고 작은 공연과 전시에 관한 정보가 담겨 있다. 이러한 특성 때문에
〈스트리트 H〉는 홍대앞만의 고유한 지역문화 특성을 이야기하고 시
간의 흐름 속에서 사라진 공간들의 역사를 기록해 왔으며 정체성도 뚜
렷하다.

　예를 들면 〈스트리트 H〉는 새로 생긴 프랜차이즈 카페가 아니라 사

라진 씨어터제로에 주목하는 식이다. 씨어터제로는 1998년에 개관한 예술전용관으로서 홍대에서 대기업 문화자본으로 인해 거점을 빼앗긴 최초의 사례이다. 또한 〈스트리트 H〉는 관광객이 아니라 홍대에서 오래 활동한 지역 토박이 사장님의 이야기도 담는다. 잡지의 특징은 이와 같이 지역대표성을 담고, 사람의 이야기를 담고자 했던 모토에 기반을 둔다. 〈스트리트 H〉는 발품을 팔아가며 계속 매달 업데이트되고 홍대앞 인문사회와 경제특성을 담아내는 홍대앞 문화지도이기도 하다. 이러한 정보는 아카이브로서 축적되며, 장소성을 담보로 홍대앞 문화지형 변화와 흔적을 지속적으로 담아낸다. 마을미디어로서의 특징이 장소성을 관찰하는 일이다 보니 〈스트리트 H〉와 같은 동네잡지를 통해서, 홍대앞에서 벌어지는 젠트리피케이션을 문화라는 주제를 기반으로 하여 담담한 시선으로 기록한 흔적을 확인할 수 있다.

신촌과 같은 상업화 흔적을 홍대앞에서도 발견할 수 있지만 홍대앞의 경우 진행형인 지역 장소의 특성이 더 중요하게 나타난다. 자꾸만 오르는 임대료, 권리금을 둘러싼 사람들의 갈등, 프랜차이즈 상점 등 거대 상업자본에 떠밀려 계속 남아있기 어려운 홍대앞에서 자신의 브랜드를 가지고 장수해 온 동네 카페, 밥집, 술집 사장들의 이야기가 '사람'(human)이라는 주제 아래 담겨있기 때문이다. 이 때문에 동네의 특징을 관찰하고 기록하여, 실험, 창출, 소비, 변화의 공간경제학이라는 특성에서 홍대앞을 바라보는 시선이 중요하게 느껴진다.

카페이면서도 지역의 사랑방 역할을 했던 '이리카페'는 홍대앞 문화와 장소성을 나타내는 또 하나의 대표적인 상징이다. 다양한 사람들이 모여 공동체 예술을 논하고, 예술인들의 연습실로 사용되며, 독립영화를 상영하는 장소로도 이용되던 곳이다. 이리카페의 운영진은 음악인과 미술가였다. 주변의 예술가들이 자연스럽게 모여들면서 많은 문화모임과 프로젝트가 이리카페에서 열렸다. 자연스럽게 공연과 전시가 이루어졌다. 카페가 단순히 차를 마시고 사람을 만나는 공간이라는 개념에서 라이브 클럽과 갤러리, 소극장 기능까지 겸하는 공간으로 바뀐, 즉 장소의 의미가 바뀌게 된 데는 이리카페의 역할이 크다고 할 수 있다(〈경향신문〉, 2016. 3. 14.). 미술가들은 카페 곳곳에 그림을 그렸고, 사진가들은 이 카페 벽에서 전시회를 열었다. 이러한 장소에 대해 누군가는 '커다란 평상 같은 곳'이라고 표현했다. "각자의 방에 들어가 각자 생각하는 게 아니라, 누구나 와서 걸터앉아 편히 얘기를 나누고, 그것이 경솔해 상처를 받는 일도 있겠지만, 서로 상관하고 위로하는 그런 곳"이다. 이러한 공간의 존재는 홍대앞을 규정짓는 또 하나의 특징이 될 수 있다(〈한겨레〉, 2016. 2. 26.).

하지만 이러한 공간도 젠트리피케이션의 영향력에서 벗어날 수는 없었고, 임대료 급등의 피해를 보았다. 지난 2004년 서교동에 처음 문을 열었던 이리카페는 2009년 건물주에 의해 한 차례 쫓겨난 이력이 있고, 최근에도 비싼 임대료 때문에 고민을 하고 있다. 장소 변화에 따라 이리카페도 그 특성이 변화하고 있다. 예전의 이리카페가 아방가르드하고 실험적인 느낌이었다면, 지금의 이리카페는 동네 사랑방에라도 들른 듯 편안하고 목가적이다. 홍대앞 공연과 전시의 선두주자였던 전력을 이어 외진 상수동에서도 책 낭송회와 밴드 공연을 지속하고 있다. 또 다른 곳에서 보기 힘든 디자인 책과 외국 잡지들이 많은 곳으로 카페 이상의 특징을 보여 준다.

이외에도 홍대앞에는 '홍우주 협동조합'같은 모임도 많이 존재한다. '홍대앞에서 우주로 뻗어나가는 사회적 예술가 협동조합'이라는 것으

카페 이상의 커뮤니티 기능을 담당하는 이리카페(사진: 저자 촬영).

로 홍대앞 예술가들이 모여서 같이 목소리를 내고, 주머닛돈이라도 모아서 뭔가 공간을 만들어 보자는 모임이다. 이러한 문화 특성들이 공간 경제와 결합되어 단순한 상업화를 저지하고, 젠트리피케이션에 대한 다양한 시각을 가질 수 있도록 생각할 거리들을 많이 던져 준다.

4. 사장님, 월세가 너무 비싸요!

홍대앞에 카페와 클럽이 늘어가면서 생긴 문제는 위에서 논의한 경향성이 상업화의 특성과 결을 같이했다는 것이다. 문화를 찾아 사람들이 몰리고 방문자와 관광객 등이 늘어나면서 자본의 영향력이 같이 증가했기 때문이다. 이러한 문제는 자본주의 시장경제의 생산성과 생산력이 비약적으로 증진됨에도 불구하고 토지 소유자들이 사회가 만든 부를 지대의 형식으로 수탈하는 데에서 기인한다고 볼 수 있다. 이는 당초의 유래와는 달라졌지만, '젠트리피케이션'이라는 용어로 우리에게 다가온다.[3] 옛 지주와 소작농들에게서 발생한 착취와 분쟁처럼 환경은 변화했지만 건물자와 세입자 간 착취와 분쟁의 형태로 홍대앞에서 갈등의 양상이 재현되고 있다.

홍대앞의 경우는 이른바 '관광 젠트리피케이션'(*tourism gentrification*)의 형태를 띠면서 갈등을 유발한다. 이는 관광객이나 방문객들의 수요가 증가함에 따라 상업 활동이 향상되는 과정에서 사회와 공간 변화와 함께 기존 상인들이 다른 곳으로 내몰리는 현상을 의미한다.

이러한 배경에는 홍대앞 상업화의 단계별 양상을 이해해야 하는 측면이 있다. 홍대앞 상업화의 1기는 1996~1999년이다. 홍대앞의 상업화 초기에는 상업 특성의 발전과 함께 문화 발전이 함께 일어났다. 고급 카페 및 음식점, 세련된 프랜차이즈 가게들이 홍대앞의 경관을 형성하면서 홍대앞의 독립문화, 대안공간, 인디레이블 등이 성장하였다. 이때의 상업화 특징은 체인화, 상업화로 대변된다. 홍대앞 지역은 다양한 하위문화의 생산 지역으로서 문화 상업화를 꿈꾸었으며, 이 시기는 지

---

3 젠트리피케이션의 원래 개념은 영국의 사회학자인 루스 글라스(Ruth Glass)가 런던 내 특정 구역에서 발생한 "노동계급의 주거지로 중상계급이 침입하는" 현상을 비판한데(Glass et al., 1964)서 비롯되었다. 전 산업화 시기 젠트리(*gentry*)에 의한 토지 사유화로 무산계급이 토지를 소유하지 못하게 된 것을 비유하여 젠트리피케이션(*gentrification*)이라고 불렀다. 홍대앞의 경우는 "저렴한 임대료를 찾아온 소상공인들에 의해 독특한 문화와 분위기가 발달하고 유동인구가 늘어난 지역에 대규모의 자본들이 유입되어 임대료 등의 유지비용이 높이 치솟고, 이를 감당해 내지 못한 기존의 소상공인들과 지역주민들이 쫓겨나듯이 떠나게 된다"라는 부정적인 의미로 많이 사용한다(김수아, 2013, p. 17~18).

역의 장소성이 형성되고 발전되는 시기라고 할 수 있다.

홍대앞 상업화 2기는 2000~2010년이다. 2001년 '걷고 싶은 거리' 사업으로 홍대앞 지역의 상업가로를 형성하게 되는 등 공공지원이 증가하면서 홍대앞 일대의 장소적 특성이 상업화 현상을 통해 상품화되는 중요한 계기가 되었다. 음식점 등이 크게 늘어나는 변화는 나타나지 않았지만 홍대앞 지역의 상업과 문화 갈등이 시작된 시기라 할 수 있다. 이때는 홍대앞 상권의 도시공간 형태의 구축이 이루어지면서 공공재의 개입과 소비업종의 변화가 나타나기 시작하였다. 장소적으로는 문화 이벤트와 축제 공간 특성이 함께 나타나기 시작한 시기였다.

홍대앞 상업화 3기는 2011년 이후 현재까지이다. 2010년 12월에 개통한 공항철도로 인해 홍대입구역에 유동인구가 증가하면서 상업의 입지조건이 유리하게 바뀌고 음식점이 증가하였다. 외국인 관광객 유입이 늘어나면서 이를 대상으로 한 상업시설 증가도 두드러진다. 홍대앞 지역의 상업화가 확장되는 현상은 각 지역이 가지고 있는 고유한 특성은 상실되고 부정적 의미에서 나타나는 젠트리피케이션 과정으로 설명된다. 이때의 공간 변화는 홍대앞 상권의 경계를 초월하여 바깥 지역으로 확장되는 한편 이른바 '홍대 문화'가 축소되고, 상업화로 인한 갈등지역이라는 이미지가 각인되는 현상과 관련이 깊다.

이러한 이해를 토대로 홍대앞의 장소 특성을 고려하면, 홍대앞 문화예술 공간, 특히 클럽 공간과 놀이터 등 장소성의 역사가 다양한 이해관계자들의 특징과 어우러져 현재의 일상생활과 상업·산업의 구성과 특성을 통시적으로 요구하고 있다는 점에서 삼청동 등 다른 지역의 공간경제학적 특성과는 다르다고 할 수 있다. 홍대 일대는 신축 젠트리피케이션(new-build gentrification)이기보다는 민간 젠트리파이어(gentrifier)

와 도시재생사업이라는 공공의 이른바 '마을 만들기' 사업에 의한 임대 상인의 내몰림 현상, 그리고 그로 인한 공동체 파괴와 장소성 상실과 사회적 약자의 유동 현상으로 특징지어진다.

공간 확장을 통해 홍대앞이 상업적으로 발전하고 지역의 경제적 가치 상승이 나타나며 기존 홍대앞 문화를 생산하던 주체들이 주변부로 내몰리면서 새로운 홍대 지역이 형성되고 있다. 음식점 업종 중 가장 많은 업종은 카페 업종이고, 맛집과 카페가 유행처럼 확산되는 소비 문화가 팽배하다고 할 수 있다. 홍대앞이 소비문화에 적응하게 되는 것은 임대료 상승 및 상업화에 따른 정주 기능이 약화되었기 때문이다. 과거 홍대앞은 장소성의 생산 지역이었지만, 지금의 홍대앞의 장소성은 외부 흐름에 따라 변화하는 상업화된 유행과 관계가 더 깊다. 상업화로 인해 홍대앞 문화를 생산하던 다양한 주체들이 다른 지역으로 옮겨가면서 홍대앞 문화의 다양성이 상실되고 있다.

이러한 현상을 자세히 알아보기 위해서는 주변 공간의 정체와 발전, 홍대앞 문화예술 공간의 젠트리피케이션, 변화와 관련된 다양한 이해관계자들의 역할과 변화, 문화와 산업의 관계망 등 지역의 사회 및 문화 특성의 입체적 이해를 기반으로 한 장소의 이해가 필요하다. 이러한 관점에서 젠트리파이어들의 특징을 살펴볼 수 있다.

임대인을 위해 임대료 상승을 억제하거나 업종을 규제하는 것은 홍대앞 젠트리피케이션의 부작용에 대한 근본적 해결책이 되지 않는다. 상업 젠트리피케이션의 경우 그간 상가임대차의 고질적 문제로 제기되었던 급격한 임대료 증액, 권리금 수수의 방해, 권리금 장사 등이 복합적으로 나타났기 때문이다. 반면 부동산중개업자는 기획부동산이란 임대인의 이해관계에 개입해서 상가의 매매와 임차 관계를 컨설팅하며 이득을 챙긴 측면이 많다. 기획부동산은 상가 임대료를 올리기 위해 기존 임차인과의 계약을 거부하고 신규 임차인과 계약을 매개하거나 임대료를 높이기 위해 상가를 무권리화하는 등 임대인의 수익을 높이기 위해 전략적으로 행동했다고 볼 수 있다. 이에 권리금 장사 상인들은 지역 상권의 임대료를 올리며 임차인에게 부담을 주었으며, 권리금 장사를 하는 특징들이 나타나기도 하였다. 특히 상가가 아닌 공간을 임차해서 상가로 용도 변경한 후 1~2년 장사를 하다가 권리금을 받고 신규 임차인에게 양도하거나, 권리금이 낮은 상가를 매입해 영업을 하다가 높은 권리금을 받고 신규 임차인에게 양도하는 형태들이 나타났다.[4]

대중매체의 경우 유행에 민감한 이슈를 쫓거나 시대 변화에 따른 의제 설정에 집중하면서 기존 불균형한 공간구조를 고착화하거나 사회적으로 바람직하지 않은 현상에 대한 대중매체의 촉매 효과를 드러낸 점이 심각하다.

임차인의 입장에서 보면 임대인과 이에 연합한 부동산 중개업소, 그리고 권리금 장사 집단이 자신들의 이해관계에서 이득을 추구할수록 상황이 불안정해진다. 임차인들은 밤낮 없는 영업 준비로 임대차에 관한 법이나 서울시 지원정책 내용 등 이들이 보호받을 수 있는 정보를 쉽게 접하지 못하기 때문이다.

이에 대한 또 다른 측면으로 문화예술인 공동체의 위기를 볼 수 있다. 1990년대 인디밴드들의 정착을 통해 홍대앞은 청년층의 '힙'(hip) 한 장소로서뿐 아니라, 문화 실험들이 이루어지는 전위적 공간을 구성했으나, 2000년대 홍대앞 문화 상품화를 위한 서울시의 지원은 긍정적 효과

---

4 김연진(2016)의 24~25쪽 내용을 참조할 것.

와 부정적 효과를 동시에 유발했다. 정부 지원으로 홍대앞 놀이터 벼룩 시장과 프린지 페스티벌, 와우북 페스티벌이 활성화되면서 문화예술인 활동이 이 지역에 뿌리내렸다. 하지만 역설적으로 이러한 지원은 유동 인구 증가와 급격한 상업화를 초래하였고, 다양한 문화예술인들과 인 디밴드들이 쫓겨나게 되었다. 이 때문에 남아 있는 문화예술인들은 홍 대앞 일대 문화를 되살리기 위해 단체를 구성하고 네트워크를 만들고 있다. '홍우주 협동조합', '일상예술창작센터', '서울 프린지 네트워크', '홍대앞 문화예술 - 협치위원회' 등이 그러한 특징을 보여 준다.

임차상인이 없는 상인회도 문제의 여지가 있다. 홍대앞 일대 상인회 를 대표하는 조직으로 '걷고 싶은 거리 상인회' 등이 있지만, 이 거리 일 대 임대인들의 조직 특성 때문에 급격한 상업화로 인해 불안정한 임차 상인들의 이해관계를 충분히 대변하지 못하고 있다. 따라서 임대인 중 심의 상인 조직은 임차상인들을 개별화하고, 상인들이 젠트리피케이 션에 집단적으로 대응하기 어려운 상황을 야기했다.

'홍대관광특구 지정'을 위한 마포구와의 협력 관계도 문제가 될 수 있 다. 관광특구 지정은 이 일대 관광화를 유발해 임대료 상승을 더욱 가속 화할 것으로 예상되기 때문이다. 이러한 현상들은 임차상인뿐만 아니 라 문화예술인들의 집단적 반발을 초래했다. 이와 같이 홍대앞의 상업 화에 따른 이해관계의 충돌은 이 일대를 구성하는 주체들의 복잡한 관 계를 더욱 어렵게 만들고 있다. 예를 들어 최근 상수역 일대 상업화와 젠트리피케이션에 대응하기 위한 '상수상인회'(임차인 중심)가 구성되 면서 이 지역 상인조직들의 관계가 한층 복잡하게 전개되고 있다(〈서울 신문〉, 2017. 7. 11.).

5. 담론과 현실 사이: 위기의 홍대앞, 미래의 홍대앞

최근 홍대앞에서 두드러지게 나타나는 현상은 인구가 줄고, 주민 구성이 1인 가구 중심으로 나타난다는 점이다. 최근 10년간 세대당 인구수는 꾸준히 감소해 2016년 기준 서울시가 2.37명인 데 비해 홍대앞(서교동)의 세대당 인구수는 1.79명이다. 인구도 지속적으로 감소하고 있다. 2000년 대비 2016년 인구 감소율은 서울시가 1.6%인 데 비해 홍대앞은 14.9%이다. 특히 2006년부터 2015년까지 젊은 층 인구는 급격히 감소하였다. 이는 상업화로 인한 임대료 상승, 주거 공간의 상업 공간 전환 등으로 젊은 층 이탈이 가속화되었기 때문이다. 이 시기 홍대앞의 25~34세 인구는 30.0%에서 26.2%로 3.8%p 감소하였다. 이는 서울 평균(19.4%에서 16.0%, 3.5%p 감소)에 비해 매우 큰 수치이다. 상업화로 인해 양적으로 줄어든 인구는 홍대앞의 동력이 상실되어 가는 특징을 반영한다. 이들이 떠난 빈 자리는 상가들이 채우고 있는데, 이는 홍대 일대를 더욱 상업화된 공간으로 변용시키고 있다. 원래 주거지에 가까운 곳이었던 상수역 일대는 부동산 투자 유입으로 음식점으로 이용 중인 건물이 2006년 34개에서 2015년 160개로 빠르게 증가하였다(〈한겨레〉, 2016. 7. 26.).

이런 특징들로 인해 홍대앞은 1인 가구 중심으로 주민들이 구성되고 있다. 급격한 상업화에 따른 주거 불안정도 나타나면서 주민들도 커뮤니티가 아닌 개별적 특성을 보인다. 주민자치회와 같은 직능단체들이 존재하지만, 주로 건물주 중심의 구성 탓으로 다수 세입자와 이해관계 공유가 부재한 상황이다. 주민들의 개별화 추세에도 성별, 연령, 거주 기간에 따라 산발적으로 관계가 전개될 것으로 추정된다.

홍대앞의 과도한 상업화와 소비문화의 범람은 관광객들에 대한 거부감과도 연결된다. 한때 사드 사태로 주춤하였지만, 2000년대 후반 이후 홍대앞을 방문하는 사람들 중에는 유튜브(Youtube) 등 인터넷을 통해 한국과 홍대앞을 이해하고 방문하고자 하는 한류 관광객들이 중요한 비중을 차지한다. 이러한 사람들이 홍대앞을 방문해 단순히 소비형 특징을 보이는 상황에서 이들에 대한 좋은 감정이 생겨나지 않은 것이다.

현재 우리나라의 청년문화를 대표한다고 할 수 있는 홍대앞이 신촌 지역 등과 유사하게 더욱 악화된 상업화의 상황에 처하지 않기 위해서는 다시 홍대앞만의 특색을 찾기 위한 노력이 필요하다. 카페로 인한 상업문화의 범람은 한편으로는 홍대앞 인디문화의 주체들이 일군 문화 정체성에 대해 자본의 압력이 장소를 압박하고, 장소의 특성을 바꾸려는 시도로 읽힌다. 이를 통해 드러난 젠트리피케이션 현상은 공간의 정체성을 자본이 훼손하는 하나의 사례로 인식하게 만들고, 상업자본의 움직임을 배격하려는 움직임들을 자극한다.

실제로 문제의 많은 부분은 임대료 상승과 경제적 문제보다는 커뮤니케이션 과정에서 나타난 매끄럽지 못한 대응이라고 지적하는 부분도 많다. 거주자들이 요구하는 것은 도시화 과정에서 일어나는 문화 공간의 재편에 대한 정책 담당자의 세심한 관심이었다. 하지만 앞에서 보았듯이 젠트리파이어 등 홍대 문화의 형성 과정에서도 인디 문화 자체의 발생과 정체에는 다양한 사회 구조적 요인이 숨어 있었다. 따라서 이제는 젠트리피케이션이 왜 생겨났는지에 초점을 맞추는 것보다 미래의 홍대앞을 그리면서 이 문제를 어떻게 할 것인가에 대한 고민이 필요하다고 하겠다. 이러한 변화에 대해서 단기적 혹은 즉각적 대처방안을 마련하기보다는 긴 안목에서 문화 공간의 재편 과정을 주의 깊게 관찰하고 그 과정에 관련된 주체들의 목소리를 청취하려는 노력이 필요하다. 따라서 정책적으로 다양한 주체들의 의견을 듣고, 그에 대한 조율 과정이 함께 가야 하는 어려운 과제가 남아 있다고 하겠다.

이를 위해 지자체에서도 해결방안을 내놓고 있다. 관련 지자체들은 기존 상가 임차자들을 보호하기 위한 정책들을 모색해 추진하고 있다. 국가 차원에서도 상권 활성화 및 상가 임차자 보호를 위한 법제도 마련을 추진하고 있다. 구체적으로 서울시에서는 '신·홍·합 밸리'를 설정하여 지역을 재생시키기 위해 노력을 기울이고 있고, 마포구에서도 마포애경타운과 함께 '홍대 책거리' 조성을 위한 업무 협약을 체결하고 '문화예술관광 체험 비즈니스 모델 구축 사업'을 추진하는 등 적극적인 보호정책을 펼치고 있다.[5] 이에 대해 거대 담론의 틀 안에서 토지 소유자들이 부당하게 약탈하는 지대를 정부가 보유세로 환수하면 경제적 풍요와 자유와 실질적 평등이 구현될 것이라고 보는 사람들도 있다. 하지만 이러한 문제는 오래된 논의와 협의가 전제되어야 하기 때문에 단기간에 실현되기는 어려워 보인다. 오히려 지속가능한 지역발전 모델로서 토지자산의 지역 공유를 위해 공공, 민간, 지역 주체들이 협력하는 다양한 모델의 고민이 더 현실적으로 보인다. 이러한 방식은 국공유

---

5 서울시는 2015년 '젠트리피케이션 종합대책'을 발표해 젠트리피케이션이 진행되고 있는 6개 지역에 대한 집중적인 정책 대응을 시작하였다. 주요 내용은 ① 거버넌스를 통한 젠트리피케이션 공론화, ② 지역별 민관협의체 구성 및 상생협약 체결 유도, ③ 상가임차인 보호 조례 제정 및 지원 강화, ④ 젠트리피케이션 전담 법률지원단 지원, ⑤ 지역정체성 보존을 위한 종합 지원시설 확보 및 운영, ⑥ 서울형 장기안심상가 운영, ⑦ 장기 저리융자 지원을 통한 자산화 전략 등이다.

와 사유를 넘어 제3의 소유 영역인 공유자산(*commons*) 형성을 통하여 스스로 자산을 관리해 나가는 형식이 될 것이다. 이때에는 실제적으로 공유자산 신탁, 공유자산 금융기관 관리, 공유자산 개발 조직을 위주로 한 공유자산 펀딩 플랫폼 등의 형성이 우선되어야 한다. 물론 이를 지원하기 위한 법과 제도의 개선 방안이 마련되어야 한다. [6]

홍대앞 문화 특성을 충분히 고려하면, 현실적으로는 문화지구의 지가 상승을 막는 임대차법을 최대한 활용하는 것 등이 우선적 방안이 될 것이다. 지역의 문화 토양을 만든 예술가들에게 혜택을 준다든지, 그들이 쫓겨나지 않고 자생적으로 살아갈 수 있는 환경을 제공하는 것이 필요하다. 프랑스의 로베르네 집(Chez Robert)[7]처럼 방치된 옛 건물이나 가격이 싼 건물을 공공이 구매하여 레지던시로 바꿔 운영하거나, 일정 부분 공공이 문화예술 공간을 충분히 확보하는 것도 방법이 될 수 있겠다.

물론 정부의 보호만으로 홍대를 지키기엔 한계가 있다. 지역문화를 보존하고 재생하기 위해서는 정부의 보호 이외에도 문화 재생운동이 함께 연계되어야 하며, 관련 기관들의 거버넌스 문제의 해결과 주변 대학의 협력 및 전문가 참여 등 노력이 경주되어야 한다. 이 모델의 구현을 위해서는 정부뿐만 아니라 민간의 참여 또한 매우 중요하다. 정부가

---

6 최명식·이형찬·전은호·이원동(2016)의 73~149쪽 내용을 참조할 것.
7 로베르네 집(Chez Robert)은 프랑스 파리의 중심지 리볼리(Rivoli)가에 위치하고 있다. 원래 폐쇄되어 있던 건물에 젊은 예술가들이 들어가서 점거하고 있었더니 프랑스 정부가 예술가들의 작업실로 바꿔준 사례로 유명하다. 건물의 모든 공간이 작업실이자 전시장인 이 공간은 개방적 문화예술 활동의 상징이며, 프랑스에서 가장 원초적인 현대미술의 중심으로 평가받을 만큼 많은 지지를 받고 있다.

지역 예술인들을 지원 및 보조하는 한편 지역사회 주민들이 직접 나서서 문화 재생 운동에 참여할 수 있는 동력을 중장기적으로, 지속적으로 창출하는 것이 중요하다.

　이러한 측면에서 더욱 홍대앞 문화 공간과 장소성 기반 특징의 변화를 공간경제학에 기반을 두어 읽고 해석해야 할 필요성이 커지고 있다. 담론과 현실 사이에서 위기의 홍대를 인식하고, 미래의 홍대에 대해 어떠한 방향성이 필요한지 고민하려는 노력이 절실한 시점이다.

참고문헌

〈경향신문〉(2016. 3. 14.). "홍대문화의 비극, 이리카페의 운명".
김연진 (2016). 《문화예술분야 젠트리피케이션 대응을 위한 기초연구》. 한국문화관광연구원.
김수아 (2013). 〈서울시 문화 공간의 담론적 구성: 홍대공간을 중심으로〉. 서울연구원.
변미리 (2016). "서울의 핫 플레이스 혹은 '뜨는 거리'". 《서울의 인문학》. 창비.
〈서울신문〉(2017. 7. 11.). "'건물주님, 우리 대화로 풉시다'⋯ 상인들 협동조합・상인회 조성".
조연정 (2016). "이 멋진 도시를 어떻게 내 것으로 만들 수 있을까". 《서울의 인문학》. 창비.
최명식・이형찬・전은호・이원동 (2016). 〈젠트리피케이션 대응을 위한 지역 토지자산 공유방안 연구〉. 국토연구원.
최정한 (2011). "욕망의 플랫폼 홍대앞 클럽". 〈로컬리티 인문학〉, 5호, 2011년 4월.
최준란 (2016). "비산업적 문화콘텐츠로서 도시재생 연구: 홍대앞 책문화공간을 중심으로". 한국외국어대학교 대학원 글로벌문화콘텐츠학 박사학위논문.

〈한겨레〉(2016. 2. 26.). "이리카페의 눈물, 홍대의 눈물".

_____ (2016. 7. 26.). "홍대앞 젠트리피케이션을 이해하는 4가지 키워드".

Xie, P. F. (2015). "A life cycle model of industrial heritage development". *Annals of Tourism Research*, 55.

Zukin, S., et al. (2009). "New retail capital and neighborhood change: Boutiques and gentrification in New York City". *City & Community*, 8(1).

제 4 부

이미 온 미래

서울의 혁신공간

—

제 16 장

개론

이원호

미리 만나는 서울의 내일

서울의 혁신공간을 다룬 제 4부는 미래 서울의 도시경쟁력을 결정할 수 있는 다양한 혁신활동과 그것에 의한 공간경험에 초점을 두고 있다. 이를 통해 우리는 서울이라는 공간경제의 미래를 가늠해 볼 수 있다. 지식기반경제에서 혁신활동은 공간적으로 집중해서 나타나는데, 바로 이것이 혁신공간을 형성하게 된다. 혁신활동이 모이는 이유는 바로 혁신주체들이 집적된 장소에서 아이디어, 정보 및 지식 교류의 효율성과 효과성을 높일 수 있기 때문이다. 특히 최근에는 혁신활동의 중심지로 도시 내 혁신공간이 부상하고 있다. 이에 따라 도시 내에서 복합적 토지 이용, 도보 접근성과 공간 개방성을 강조하면서 도시가 가진 다양성의 역할에 주목하고 있다.

일반적으로 혁신적 도시공간은 창조적 아이디어의 생성과 공유, 사업화에 유리한 환경을 제공한다. 또한 새롭게 구축되는 도시적 삶의 변화는 도시가 가진 다양성 및 역동성 등과 서로 연계되면서 시너지 효과를 만들어 낸다. 이러한 혁신공간이야말로 오늘날 도시를 변화시키는 주요 추동력이자 방향타(方向舵)임을 우리는 확인할 수 있다. 서울도 예외는 아니다. 서울의 혁신공간을 다루는 제 4부도 이러한 새로운 변화의 방향성과 미래지향적 도시공간의 변화 경험을 고찰하고자 한다. 이를 위해 오늘날 대표적으로 부각되는 여섯 개의 혁신공간을 다루었다.

먼저 17장은 전통적 제조업의 전진기지였던 구로공단이 새로운 지식기반경제에 부응하는 경제 공간인 서울디지털산업단지로 전환되는 과정을 고찰하였다. 특히 '발생(emergence) - 성장(growth) - 유지(sustainment) - 쇠퇴(decline)'의 4단계로 구분되는 클러스터 생애주기 개념을 활용하여 구로공단의 변천을 고찰하면서 최근 구로공단에서 서울디지털산업단지로 변화하는 과정을 재생 또는 전환 단계로 규정하였다. 생애주기 측면에서 구로공단이 소멸하지 않고 새로운 모습으로 재생되었다는 점에서 서울디지털산업단지로의 전환은 새로운 혁신공간으로의 발전이라는 점을 강조하였다. 그러나 그 속에서도 벌집촌과 조선족 주거지라는 새로운 배제의 공간도 공존한다는 점에 비추어, 진정한 창조적 혁신공간으로 나아가기 위해 아날로그적 감성과 다양성에 대한 존중이 필요하다는 점도 제시하였다.

18장은 거대한 쓰레기 산이었던 난지도 일대를 세계적인 미디어산업의 메카로 전환시킨 디지털미디어시티(DMC)를 다루었다. 정부정책에 의해 계획적으로 조성된 DMC의 조성 과정을 상세히 고찰하였다. 또한 그 속에서 구현되어야 하는 창조환경과 창의노동자들에 대한 관찰이 흥미롭게 기술되었다. 활력성과 다양성 측면에서 DMC 창조환경의 특성을 분석하였고, 새로운 혁신공간 내 혁신주체로서 창의노동자들의 바람과 활동에 대해서도 논의하였다. 특히 장소성을 구현하기 위해 필요한 진정성 구현과 도시 디자인적 노력을 제시하였다. 특히 미래지향적 신시가지이자 혁신공간인 DMC에서는 다양한 가치와 비전이 어우러지고 일상성에서 새로움의 가치가 발견되어야 한다고 강조하였다.

19장은 ICT산업 관련 벤처기업들의 집적지로서 서울의 대표적 혁신공간인 테헤란밸리를 다루었다. 1990년대 벤처 붐과 테헤란밸리의 발전, 그리고 2000년대 이후 테헤란밸리가 직면한 도전과 혁신적 변화, 테헤란밸리의 미래 전망 등에 대해 논의하였다. 테헤란밸리의 변천이 우리나라 경제 변동의 거울과 같이 변해 왔다는 점을 적시하였다. 특히 벤처기업의 성공으로 상징되는 테헤란밸리라는 지명에서, 글로벌 비즈니스 밸리로 발전하는 과정을 면밀히 고찰하였다. 아울러 최근 스타트업의 요람으로서 테헤란밸리의 부활이 강남으로서 장소성에 기초한 뿌리 깊은 창업 생태계와 4차 산업혁명에 부응하는 새로운 도시 내 혁신공간으로서의 기능성에 기초한다는 점을 지적하였다.

20장은 테헤란로를 정보와 지식의 특화 공간인 앙클라브로서 다루었다. 앙클라브(enclave)란 최첨단 정보통신기술을 통해 유인되는 정보, 지식, 기술 및 자본 등이 빠르게 드나들면서 일정한 지역이 특화되는 현상을 말한다. 1990년대 벤처 붐을 공급자와 소비자가 합의한 공간으로 해석하고, 물리적 도시공간으로서 테헤란로의 발전과 변화상을 흥미롭게 분석하였다. 아울러 지식과 정보를 주도하는 역할에서 나타나는 다양한 변화라는 시각에서 최근 테헤란로 일대의 변화를 해석하였다. 또한 테헤란로의 도로변과 이면에서 발생하는 현상의 차별성과 함께 경계의 모호성에 대해서도 논의하였다. 그리고 앙클라브로서 테헤란로의 위상을 유지하기 위해 요구되는 시책을 해외 사례의 시사점과 함께 제시하였다.

글로벌한 세상 속에서 한류 현상에 의해 나타나는 도시 내 새로운 공간 변동에 주목한 21장은 관광이라는 주제로 명동과 인사동의 변화를 다루었다. 한류에 따른 외국인 관광객의 증가로 나타난 명동에서의 공간 변화가 과연 누구를 위한 것인지 비판적인 논의를 전개하면서 장소의 정체성 보전과 상권 형성에 따른 문제점, 그리고 외국인에 의한 정체성의 왜곡 등에 대해 진지한 고민을 담았다. 전통적 문화 공간으로서 인사동의 변화를 바라보는 저자의 관심은 전통문화의 이탈과 장소정체성 상실에 초점을 둔다. 특히 문화, 역사, 사람이 공존하는 공간으로서 관광지를 지향하는 것이 필요하다는 점을 강조하였다.

22장은 글로벌화된 세상에서 외국인 이주민의 경제 공간 형성과 변동이라는 주제를 대림동의 조선족 디아스포라 공간을 사례로 다루었다. 서울에서 외국인 및 동포 이주민에 의해 형성된 초국가적 공간이 있음을 확인한 후 대림동에서 나타나는 조선족 디아스포라 공간에 대해 심도 있게 분석하였다. 조선족을 중심으로 외국인 및 동포 이주민이 서울의 도시경제를 형성하는 방식을 '도시 노동시장의 민족적 분절화'와 '외국인 및 동포 이주민의 기업가주의와 이주민 지역경제 형성'이라는 두 측면으로 나누어 논의하였다. 배제와 이중성이라는 시각을 통해 이해되고 나타나는 외국인 디아스포라 공간이 우리나라 사회에 제대로 뿌리내리기 위한 정책적 제안도 함께 제시되었다.

서울의 미래를 가늠할 수 있는, 새로움을 추구하는 다양한 혁신공간을 다룬 제4부는 ICT산업, 미디어산업, 관광, 그리고 디아스포라 등과 같은 다양한 활동과 주체 그리고 도시 내 특정 공간의 장소성이 어떻게 상호작용하고 연결되어 있는지 고찰하였다. 그리고 해당 공간의 변동을 설명하면서 미래 서울이라는 도시공간의 지향성을 이해하고자 하였다. 이는 우리에게 주어진 현재라는 렌즈가 때로는 미래를 바라보는 창이기 때문이다.

제 17 장

구로공단에서 서울디지털산업단지로 *　　　　구양미
한국 산업화 역사의 상징적 공간

1. 〈구로 아리랑〉과 〈가리봉 시장〉

하루 14시간
손발이 퉁퉁 붓도록
유명브랜드 비싼 옷을 만들어도
고급오디오 조립을 해도
우리 몫은 없어,
우리 손으로 만들고도 엄두도 못내
가리봉 시장으로 몰려와
하청공장에서 막 뽑아낸 싸구려 상품을

---

* 이 장은 저자의 논문인 구양미 (2002; 2012) 의 일부 내용과 자료를 이용하여 작성하였다.

눈부시게 구경하며
이번 달에 큰맘 먹고 물색 원피스나
한 벌 사야겠다고 다짐을 한다

　구로공단 노동자들의 삶의 애환을 담은 박노해 시인의 시 〈가리봉 시장〉(1984)의 일부분이다. 몇 구절에 불과하지만 열악한 산업 환경에서 장시간 노동에 시달리면서도 경제적으로 어려운 상황에 놓여 있던 당시 여공들의 모습을 느낄 수 있다. 또한 1970~1980년대 주요 수출품인 섬유·봉제와 전기·전자 조립이 이 당시 구로공단의 주력 산업이었다는 것과 구로공단 노동자들의 주거 공간인 가리봉시장 주변의 쪽방과 벌집촌의 풍경도 상상할 수 있다. 구로공단과 가리봉동은 이른바 노동문학의 산실로 평가된다. 이 지역을 배경으로 하는 시, 소설, 영화, 가요 등 여러 작품들이 있는데, 이문열 작가의 〈구로 아리랑〉(1987)이 대표적이다. 이 소설을 바탕으로 박종원 감독이 제작한 영화 〈구로 아리랑〉(1989)은 1980년대 이른바 공순이, 공돌이의 모습을 담았는데, 구로공단의 중소규모 전자공장, 봉제공장에서 일하는 여성노동자들의 일상을 보여 준다(신혜란, 1998).
　구로공단은 한국수출공업단지의 1·2·3단지를 지칭한다. 1단지는 구로구 구로동에, 2·3단지는 금천구 가산동에 위치한다. 2014년 구로공단(현 서울디지털산업단지)은 설립 50주년을 맞이했다. 1964년 〈수출산업공업단지개발조성법〉이 제정되었고 이에 의거해 이듬해 서울 구로구 구로동 지역이 공업단지 예정지로 지정되었다. 실제 국내 최초의 공업단지로 조성된 것은 1967년으로 2017년이 구로공단이 가동을 시작한 실질적인 50주년이라고 해도 무방할 것이다. 서울이라는 대한민국 수도 내에 입지한 유일한 '공단', 즉 생산과 제조 활동이 가능한 공간인 구로공단의 반세기는 한국 산업화의 역사이자 노동운동의 상징이기도 하다.

2. 클러스터 생애주기로 바라보기

1) 한국 산업단지의 발전 역사

한국은 지난 60여 년 동안 1차 산업 중심에서 2차 및 3차 산업 중심의 산업구조로 빠르게 전환하면서 압축적 경제성장을 이룩하였다. 이는 이른바 '한강의 기적'으로 표현된다. 특히 1960년대 초부터 정부 주도의 수출지향적 산업정책에 힘입어 특정 산업분야를 중심으로 하는 전략이 성공적으로 실행되었다고 평가된다. 이러한 성공의 바탕에는 구로공단을 필두로 한 공업단지(현 산업단지) 조성이 큰 역할을 하였다. 정부는 1960년대 초부터 본격적인 경제개발 계획을 추진하기 시작하였다. 수출을 통한 경제성장을 이루기 위해 공업단지와 공업도시를 조성하기 시작했다. 1960년대 초에 울산, 서울(구로공단)을 시작으로 1960년대 후반부터 1970년대까지 여천, 포항, 구미, 인천, 창원 등 여러 지역에 공업단지 조성 및 공업도시 건설이 이루어졌다. 1960년대에는 섬유 및 의류, 가발, 신발, 합판 등 경공업 중심의 수출 전략을 추진하다가 1970년대부터는 본격적으로 철강, 기계, 운송장비, 석유화학 등 중화학공업 육성 전략으로 선회하였다. 이러한 정책은 국토 공간에도 반영되어 경부 축을 중심으로 산업이 발달하였는데, 인구 및 산업의 수도권 집중과 남동임해공업지역의 성장이 두드러졌고 이로 인해 국토의 불균형 발전이 초래되기도 했다. 1980년대와 1990년대에는 수도권 집중을 억제하기 위해 반월·시화와 남동 등 공업단지가 조성되고, 지역 균형개발을 위해 충청, 호남 지역에 대불, 군장, 아산 등 공업단지가 조성되기도 하였다. 이러한 국가 주도의 대규모 공업단지는 한국 산업화와 세계화에 중추적 역할을 하였다.

그러나 1990년대부터 생산공장 중심의 단순 집적지로서의 공업단지 역할에 한계가 드러나기 시작했다. 특히 1997년 외환위기 이후 경제와 산업 전반에서 구조 재편이 이루어지면서 연구개발과 혁신이 강조되었고, 클러스터 기반의 지역산업정책에 대한 필요성이 증가하였다.

2) 클러스터에 대한 관심

2000년대 이후 학계에서나 정책적인 측면에서 산업이 집적되어 경제성장을 추동하는 지역에 대한 관심이 증가하였다. 이것은 신산업지구 (new industrial district), 산업 클러스터(industrial cluster), 지역혁신 체계(regional innovation system) 등으로 다양하게 불렸다. 특히 미국 실리콘밸리로 대표되는 지식 창출과 혁신의 중심지로서 산업집적지의 역할은 세계적으로 주목받으면서 세계 곳곳에서 이와 유사한 집적지를 형성하고 발전시키려는 노력이 진행되었다. 한국을 비롯한 세계 곳곳에 ○○밸리나 실리콘××라는 명칭을 가진 많은 산업지역이 형성된 것이다. 우리나라에서도 단순히 공업생산 활동이 집적되어 있는 공간인 기존의 산업단지 개념에서 벗어나, 기업 간 연계와 네트워크를 통해 지식과 혁신이 창출되는 의미의 혁신적 공간으로의 전환 노력이 계속되었다. 우리나라에 실질적 의미에서 산업 클러스터 정책이 도입된 것은 2003년 참여정부 수립 이후인데, 국가 균형 발전이라는 목표 아래 산업정책에서도 지역전략산업 육성과 클러스터 정책이 큰 비중을 차지하였다.[1] 대표적인 것이 산업단지 혁신 클러스터 사업이다. 창원, 구미, 울산, 반월·시화, 광주, 원주, 군산(이상 1차), 남동, 오창, 성서, 명지녹산, 대불(이상 2차)의 12개 거점 산업단지를 대상으로 네트워킹 지원 등의 사업을 시작하였다.

3) 클러스터 생애주기와 진화 경로

산업 클러스터에 대한 연구는 지속적으로 이루어지고 있다. 최근에는 진화적 접근에 대한 관심과 더불어 클러스터의 생애주기(*cluster life cycle*)와 클러스터 진화(*cluster evolution*) 경로에 대한 분석이 많이 이루어지고 있다. 대표적으로 마틴(Martin, 2010)은 산업 및 클러스터에 따라 진화 경로가 다양하게 나타날 수 있음을 설명하였다. 멘첼과 포르날(Menzel & Fornahl, 2010)은 클러스터 생애주기를 '발생(*emergence*) - 성장(*growth*) - 유지(*sustainment*) - 쇠퇴(*decline*)'의 4단계로 구분하여 설명하였다. 발생 단계는 기업이 증가 추세를 보이고 기업들이 새로운 기술 영역에 접근하면서 이질성이 증가하는 시기이다. 성장 단계는 고용자 수가 증가하고 기술 경로가 집중된다. 유지 단계에서는 점차 이질

---

1 참여정부의 주요 산업정책을 살펴보면 첫째, 지역전략산업 육성 정책은 2004년부터 16개 시도별로 4개씩 전략산업을 선정하여 이를 육성하는 것으로 전체 64개 전략산업이 추진되었다. 둘째, 클러스터 정책은 과거 한국의 산업입지정책에서 연구개발 기능과 생산 기능을 분리하여 조성한 것을 통합시키기 위한 노력의 일환으로 진행되었다. 이에 한편으로는 연구개발 중심의 대덕연구단지에 생산 기능을 보완하는 대덕연구개발특구 육성 계획이 추진되었고, 다른 한편으로는 생산 기능 중심의 산업단지에 연구개발 기능을 보완하여 혁신 클러스터로 조성하는 '산업단지 혁신 클러스터 사업'이 추진되었다.

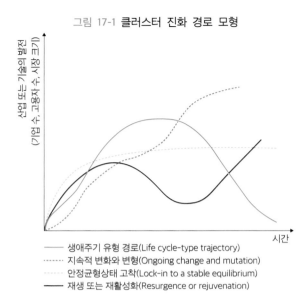

그림 17-1 **클러스터 진화 경로 모형**

———— 생애주기 유형 경로(Life cycle-type trajectory)
·········· 지속적 변화와 변형(Ongoing change and mutation)
·········· 안정균형상태 고착(Lock-in to a stable equilibrium)
━━━━ 재생 또는 재활성화(Resurgence or rejuvenation)

자료: Martin(2010)에서 재구성.

그림 17-2 **클러스터 생애주기 모형**

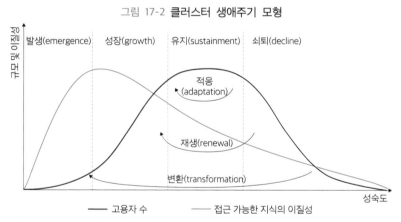

━━━ 고용자 수　　　———— 접근 가능한 지식의 이질성

자료: Menzel & Fornahl(2010)에서 재구성.

성이 감소하고, 쇠퇴 단계에서는 클러스터가 쇠락하면서 회복 역량이 감소한다(구양미, 2012).

3. 구로공단의 클러스터 생애주기

구로공단은 한국 산업화 역사의 상징적 공간이다. 1960년대부터 현재에 이르기까지 한국의 산업화와 세계화 역사를 공간에 고스란히 담아 변화해 왔고, 정부의 시기별 경제 및 산업 정책의 변화와 기업구조 재편 양상이 반영되어 부침을 거듭하였다. 앞서 설명한 산업단지 혁신 클러스터 사업에 속하지는 않았지만, 1997년부터 정부 주도로 먼저 산업구조 재편을 위한 구조고도화 정책이 추진되기도 하였다. 기존의 제조업 생산공장 중심에서 연구개발, 첨단 정보·지식 산업단지로 변화를 꾀하였고 토지 이용의 고도화를 추진하였다. 이에 서울에 입지해 있으면서 기업과 산업의 인큐베이터로서의 중요한 역할을 하고 있고, 다른 산업집적지의 구조 재편 롤모델이 되었다고 평가할 수 있다.

구로공단의 역사를 클러스터 생애주기 차원에서 설명하기 위해 먼저 업체 수 변화를 살펴보면, 1967년 32개 업체로 출발해 꾸준히 증가하였는데 1980년대 중후반 정체기를 겪었다. 1990년대 초부터 다시 꾸준히 증가하였고 1990년대 후반 구조고도화 정책 추진 이후 급격한 증가세를 보였다. 2013년 1만 개가 넘었다가 이후 감소하는 모습을 보인다. 구로공단의 변화를 더 명확하게 반영하는 것은 고용자 수 변화인데, 1967년 2,460명에서 출발해 1978년 7만 5,100여 명으로 정점을 찍으며 급성장하였다. 고용자 수는 1987년까지 정체되어 있다가 이후

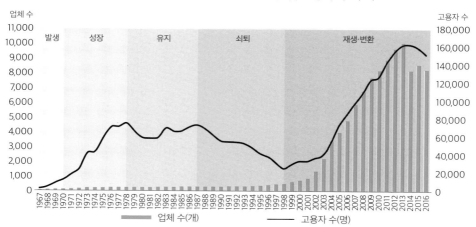

그림 17-3 **서울디지털산업단지의 업체 수 및 고용자 수 추이**

주: 업체 수는 입주한 업체 수가 아닌 실제 가동 업체 수를 기준으로 함.
자료: 구양미(2012); 한국산업단지공단, 연도별 산업동향 통계자료.

1998년까지 지속적으로 감소하여 전성기의 1/3 수준인 2만 5, 100여 명까지 쇠퇴하였다. 1990년대 후반부터 추진된 구조고도화 사업의 영향으로 구로공단은 새로운 전환점을 맞이하였다. 매년 업체 수와 종사자 수가 급증하여 2014년에는 16만 2, 656명으로 최고조에 달했다. 약 15년 만에 6. 5배 정도의 성장을 기록한 것이다.

이에 이 장에서는 구로공단의 고용자 수 변화에 따라 '발생-성장-유지-쇠퇴-재생/전환'의 클러스터 생애주기 단계로 나누어, 한국의 산업화 역사가 고스란히 투영된 공간인 구로공단의 변화를 보고자 한다. 〈그림 17-1〉에서 '생애주기 유형 경로'는 〈그림 17-2〉처럼 '발생-성장-유지-쇠퇴'의 변화를 겪는데, 각 클러스터마다 진화 경로가 다르게 나타날 수 있다. 구로공단의 경우에는 '재생 또는 재활성화' 경로와 유사한 모습을 보인다. 구로공단은 1960년대 중반부터 1990년대 후반까지는 '발생-성장-유지-쇠퇴'를 보이며 변화해 왔고, 1990년대 후반부터는 '재생'(renewal) 혹은 '변환'(transformation) 단계가 나타났다고 할수 있다.

1) 발생: 수출산업 육성을 위한 정부 주도 산업단지 조성 (1960년대 중반~후반)

일반적인 클러스터 생애주기 연구에서는 초기 클러스터가 아직 진정한 의미의 클러스터가 아니기에 발생 시기를 사후에 파악할 수 있다고 기술한다. 그러나 우리나라 대부분의 산업집적지들은 계획에 의해 조성되었기에 정확한 발생 시기를 알 수 있다. 우리나라에서 본격적인 경제개발 계획이 시작된 것은 1962년으로 이때부터 수출산업을 육성하기 위해 〈수출산업공업단지개발조성법〉(1964년)이 제정되었고 이를 기반으로 1965년에 구로공단을 조성하기 시작하였다. 1967년 4월 구로동에 구로공단 제 1단지(13만 7천 평)가, 이듬해 1968년 6월 인접 지역인 당시 가리봉동에 제 2단지(11만 9천 평)가 준공되었다. 구로공단은 태생부터 수출을 목표로 건설된 것이었기 때문에 수출을 목적으로 하고 수출 제품 관련 우수 제조기술이 있고 수출 실적이 있거나 수출 전망이 확실해야 입주할 수 있었다. 어느 정도였냐 하면, 물론 준공된 이후 내수 판매를 허용하게 되는 변화를 겪었지만, 구로공단의 입주기업에 혜택을 주는 대신 생산제품 전량을 수출한다는 취지를 가지고 조성했을 정도였다(성공회대학교 노동사연구소, 2014). 당시 주요 수출산업은 선진국에서 임금 상승으로 사양화되고 있는 노동집약적 산업으로 섬유, 봉제, 가발, 전자, 잡화 등 경공업 분야가 주를 이루었다.

구로공단의 설립과 관련된 스토리를 보면 당시 정부에서는 자본과 기술을 유치하여 공산품을 생산한 후 수출하는 방식의 경제개발을 목표로 하였고, 이를 실현시키기 위해 재일교포 기업을 활용하기로 한다. 이에 "수출산업을 진흥시키기 위해 재일교포들의 재산과 기술을 도입하여 서울 근교에 경공업을 중심으로 한 '수출산업단지'를 설정"하는 조성 취지로 구로공단을 건설하였다(성공회대학교 노동사연구소, 2014). 이에 최초 입주기업 32개사 중 18개사가 재일교포 기업이었는데, 실제 재일교포 기업의 입주 희망이 예상보다 저조하자 국내 기업들을 적극적으로 유치하기 시작하였다. 1967년 최초 입주업체 중 섬유·봉제가 25%, 전기·전자가 20%의 비중이었는데, 실제로 재일교포 기업의 수출 실적보다 국내 기업의 수출 실적이 높아서 애초의 취지는 달성하지 못했던 것으로 보인다(성공회대학교 노동사연구소, 2014).

2) 성장: 노동집약적 경공업 수출의 선봉장 (1970년대 초반~후반)

1970년대 들어서도 정부의 수출 주도형 경제성장 기조가 계속되었지만, 1972년 제3차 경제개발 5개년 계획을 기점으로 중화학공업 육성정책이 본격적으로 가동되었고, 포항, 울산, 창원, 여천 등 남동 해안 지역에 대규모 산업단지 건설로 공간에 투영되었다. 그러나 구로공단은 여전히 노동집약적 경공업이 주도하였다. 1·2단지가 조성된 후인 1971년 업종 분포를 살펴보면, 섬유·봉제가 34%, 전기·전자가 18%를 차지하였다(성공회대학교 노동사연구소, 2014). 실제 섬유·봉제업은 1960년대 후반부터 1980년까지 한 해를 제외하고는 구로공단의 업종별 수출점유율에서 1위를 유지하면서 10여 년 동안 수출액의 40% 이상을 담당하였다(구양미, 2002). 다만 1970년대 초까지는 구로공단의 수출 2위가 가발·잡화였다가 1970년대 후반에 들어서면서 전기·전자 업종이 2위를 차지하기 시작하였고, 1970년대 중반부터 전기·전자산업이 수출의 30% 이상을 차지하게 되면서 성장하기 시작하였다. 구로공단은 우리나라 전체 수출에 있어서도 상당한 역할을 하였다. 1971년 수출실적 1억 달러를 돌파하였고, 1980년에 18억 7,400만 달러를 수출하기까지 연평균 약 31%의 증가세를 보였다(구양미, 2002). 이것은 전국 수출 실적의 10% 이상을 차지한 것이었다.

1970년대 구로공단에서 외국인 직접투자 유치는 중요하게 나타난다. 외국인 투자기업에 대한 노동 통제 강화, 인가 업무의 통합 서비스 제공 등으로 환경이 개선되었고, 구로공단의 우수한 입지 여건으로 외국인 투자가 활발하였다. 성공회대학교 노동사연구소(2014)에 따르면, 자료로 확인 가능한 1987년 외국인 투자기업은 총 46개인데 이들의 상당수는 1970년대 전반기에 입주한 업체였다. 이들의 업종은 전기·전자가 57%를 차지하였고 규모 면에서도 300인 이상 대기업 비중이 35%로 전체 입주기업의 대기업 비중 27%를 상회하여 규모가 상대적으로 컸음을 알 수 있다.

1960년대부터 시작된 '이촌향도'(離村向都)의 목적지는 결국 수도 서울이었고, 산업화의 영향으로 일자리를 찾아 이동한 상당수의 최종 목적지는 구로공단이었다. 특히 지방의 농촌에서 상경한 젊은 여성 노동력 등에 힘입어 구로공단의 고용자 수는 급격히 증가했다. 공단 가동 후 불과 3년 만인 1970년 1만 2,200여 명으로 가동 첫 해에 비해 5배 증가했다. 이후 매년 수천 명씩 증가하더니 1978년에는 7만 5,100여 명으로 정점을 찍었다. 지정된 공단 범위를 넘어선 주변 지역의 노동자 수까지 합치면 더 많은 인력이 구로공단과 그 주변에서 일했다. 1975년에는 서울에서 인구가 가장 많은 동이 가리봉동일 정도로 사람들이 몰려들었다. 이러한 성장에는 1973년 11월 당시 영등포구 가리봉동과 경기도 철산리 일대에 제 3단지(34만 4천 평)가 준공되어 100여 개 기업체가 입주한 것이 큰 영향을 미쳤다. 1970년대 중후반 구로공단의 업체당 평균 고용자 수는 300~350명 정도로 전형적인 노동집약적 대기업 중심의 기업구조를 보였다.

이렇게 화려한 성장의 이면에는 노동자들의 열악한 근무 환경과 주거 환경이 있었다. 이에 따라 노동쟁의의 원인은 주로 임금 인상, 노동조건 개선, 조합 결성 등이었다. 당시 구로공단에서 근무했거나 노동운동을 했던 사람들의 인터뷰를 보면, 장시간 저임금 근무에 시달렸고 근무 조건이 매우 열악해서 기본적인 인권조차 보장되지 않는 경우가 다반사였다고 한다(안치용 외, 2014). 한편 이들 노동자들의 삶의 터전인 벌집촌 역시 매우 열악한 환경이었다. 벌집촌은 수십 개의 작은 쪽방이 마치 벌집처럼 다닥다닥 붙어있다고 해서 이름 지어졌다. 가리봉동 곳곳에 있는 벌집은 2평 정도의 좁은 방에 1평 정도의 부엌이 딸린 형태로 공동화장실과 공동세면실을 사용하였다. 특히 1970년대와 1980년대 이곳 거주자들은 보통 3~4명씩 돈을 모아 한 방에 모여 살았기 때문에 주거환경은 더욱 열악했다.

3) 유지: 주력 업종의 변화 모색 (1970년대 후반~1980년대 후반)

1970년대 후반에는 정부의 산업정책이 중화학공업에 더욱 집중되었고 1980년대에 들어서면서 지방에 중소규모 산업단지를 분산 배치하는 균형개발 전략이 추진되었다. 특히 수도권 산업 집중을 억제하는 〈수도권정비계획법〉(1982년)이 제정되면서 대기업의 서울 내 입지가 어렵게 되었고, 구로공단은 이 영향으로 그동안의 급격한 성장세를 멈추고 정체기에 들어섰다. 1970년대 후반에서 1980년대 후반에 이르는 10년 정도의 기간 동안 구로공단의 업체 수는 거의 정체되었고, 고용자 수는 약간의 상승과 하락 변화가 있었지만 대체로 유지되었다. 이 시기에도 업체당 평균 고용자 수는 250~280명 정도를 유지하며 여전히 대기업 중심의 기업구조를 보였다.

이 시기 입주업체의 업종별 분포를 살펴보면 1982년에 섬유·봉제가 30%, 전기·전자가 26%의 비중으로 입지하였고, 1987년까지도 각각 31%, 24%로 비슷하게 유지되었다(성공회대학교 노동사연구소, 2014). 한편 수출 주력 업종의 변화를 주목해야 하는데, 1970년대 후반부터 전기·전자 분야가 공단 수출 2위를 차지하게 되었고 1985년에는 1위를 차지하기에 이른다. 이와 같이 구로공단에서 전기·전자 부문이 지속적으로 성장하였지만, 여전히 섬유·봉제업의 수출량은 상당했고 1980년대 들어서도 증가했다. 공간을 확장해서 보면, 수도권에서 1970~1980년대에 제조업 부문 중 조립금속, 기계, 운송장비가 성장했지만 서울보다는 경기도와 인천에서 성장이 두드러졌고 서울에서는 섬유·의류 부문의 비중이 1980년대에도 지속적으로 증가했다(구양미, 2002). 이것은 서울은 더 노동집약적인 구조로, 서울 교외지역은 자본집약적인 구조로 변모했음을 보여 주는 것이다.

1980년대 중반 들어서 노동쟁의는 더욱 활발해졌다. 이 당시 사회 전반적으로 민주화에 대한 갈망이 시작되었고 장시간 저임금 노동에 시달린 노동자들의 분노가 표출되기 시작하였다. 구로공단에서도 여러 노동운동이 일어났다. 대표적인 것이 1985년 6월 전체 구로공단의 연대 파업인 구로동맹파업이었다. 당시 대우어패럴의 노조 간부 구속이 계기가 되었다. 이후 효성물산, 가리봉전자, 선일섬유 노조가 동맹

파업을 벌였고, 이어 여러 업체의 노동자들이 지지농성투쟁을 벌이며 총 2,500여 명의 노동자가 투쟁에 참여했다. 이 운동은 1970년대 이후 노동운동사에서 최초의 본격적인 연대 투쟁이었다는 데 의의를 가지며, 이후 노동자 주도의 노동운동 단체들이 등장하는 계기가 되었다고 평가받는다.

4) 쇠퇴: 낙후와 쇠퇴의 길로 (1980년대 후반~1990년대 후반)

1980년대 후반에는 제조업에서 기술집약적 부문이 성장하고 노동집약적 부문이 경쟁력을 잃어가고 있었다. 저임금 노동력의 공급이 줄어들었고, 특히 1980년대 중반부터 일어나기 시작한 노동쟁의로 장시간 저임금 노동이 줄어들어 노동비용의 상승으로 이어졌다. 또한 제조업의 수도권 입지 제한 정책이 계속되었고, 특히 서울시 내의 제조업 입지가 강력히 억제되었다. 이에 구로공단에서 새로운 입주기업은 급격히 줄어들었고 기존 업체들은 노동비용 상승과 정책적 영향 등으로 구로공단을 떠나게 되었다. 1987년을 기점으로 구로공단의 고용자 수는 감소세로 돌아서서 1998년까지 지속적으로 감소하였다. 1987년 약 7만 3,200명에서 1998년 2만 5,100여 명까지 1/3로 급감했고, 고용자 수가 줄어들면서 수출 실적 역시 1/3로 감소했다.

특히 이 시기에 기업들의 해외 이전이 많이 이루어졌다. 구로공단에 본사를 둔 기업의 분공장 현황을 살펴보면, 1982년에는 해외에 하나도 없었던 분공장이 1992년에는 20개로 나타났다. 국내 분공장 개수의 변화는 크지 않은 것을 고려할 때 해외 이전이 활발했던 것을 알 수 있다. 연도별로 살펴보면, 1980년대 후반에서 1990년대 초반까지 해외 진출 업체가 증가하면서 1995년까지 49개 공장이 해외에 진출한 것으로 나타났다(구양미, 2002). 주로 중국을 비롯한 동남아시아 국가의 저렴한 노동력을 이용하기 위함이었는데, 업종을 살펴보면 섬유·의류가 27개, 조립금속이 22개 등으로 임가공 업종이었다. 1980년대 후반 국내 임금 상승과 노동쟁의, 3D 업종 기피에 의해 노동력 수급이 어려워지면서 이러한 해외 분공장 투자가 많이 이루어졌던 것으로 분석된다. 이와 더불어 서울시 공해 유발 업종 등 비도시형 업종의 공장은 정부의 이전 명령으로 안산 지역(반월·시화공단)으로 이전되었는데, 이때 구로 공단에 있던 많은 업체들이 이전하기도 하였다(구양미, 2002).

이 시기 구로공단의 업종 구성을 살펴보면 흥미로운 점이 발견된다. 급격하게 줄어든 업체는 주로 섬유·의복 부문인 반면, 같은 기간에 기계 및 전기·전자 업체 수는 2.4배 증가하였고, 종이·인쇄·출판 부문도 3.8배 증가하였다. 이에 전체 업체 수 대비 비중도 기계 및 전기·전자가 38.9%에서 50.7%로 절반을 넘었으며, 종이·인쇄·출판은 9.5%에서 20.0%로 증가했다(구양미, 2012). 이것은 기존의 구로 공단의 조성 목적인 노동집약적 경공업 수출의 역할이 퇴색하면서 점차 도시형 내수업종 중심으로 변모해 가는 것을 반영하는 것이다. 이러한 변화와 함께 구로공단은 낙후와 쇠퇴의 길을 가게 되고 성공 신화는 쇠락하는 것으로 보였다.

4. G밸리로의 진화: 1990년대 후반 이후의 변환

클러스터 생애주기 모형에서는 '발생-성장-유지-쇠퇴'의 일반적인 생애주기 단계를 모두 거친 후에 소멸할 수도 있지만, 일정 단계에서 변화를 꾀하며 적응(adaptation), 재생(renewal) 또는 변환(transformation)의 단계로 이어질 수 있다고 설명한다. 이렇게 각 클러스터의 상황과 노력에 따라 다양한 진화 경로가 나타난다. 구로공단의 경우 1990년대 후반까지 생애주기 단계를 거친 후에 다시 고용자 수가 급증하면서 업종 구성이나 토지 이용 측면에서 새로운 도약을 하게 된다. 이것은 '구로공단의 부활'로 표현되기도 한다. 이는 '재생 또는 재활성화'의 진화 경로와 유사한 형태로 1990년대 후반부터의 변화를 클러스터의 재생이나 변환의 단계로 접어든 것으로 설명할 수 있다.

1) 산업 환경의 변화와 구조고도화 정책

조성에서부터 1990년대 후반까지 우리나라의 수출 주도 경제성장 정책이 수도 서울에서 구현된 공간이 바로 구로공단이다. 즉, 한국 산업화의 정책 변화와 역사가 구로공단 지역과 공간에 투영되어 흥망성쇠를 보여 주었다. 그러나 1990년대 후반부터 구로공단의 변화는 좀 더 다른 경로로 진화하게 된다.

　1980년대 후반부터 쇠퇴하기 시작한 구로공단은 구조 재편의 압력을 받기 시작했다. 특히 1997년 외환위기 이후 산업단지 내 대표 기업들이 잇달아 도산하였다. 또한 해외 다국적 기업들은 철수하였고 국내 기업들은 공장 폐쇄, 지방 또는 해외 이전 방식으로 구조 재편을 추진하였다(구양미, 2002). 이에 구로공단은 1990년대 후반 산업단지 구조고도화 정책을 시작으로 새로운 진화 경로를 모색하게 된다. 구체적으로는 1997년 7월 〈공업 배치 및 공장 설립에 관한 법률 시행령〉 개정 및 관리 기본계획 변경을 통해 산업단지를 연구개발, 첨단 정보·지식산업단지로 육성하고 토지이용 고도화를 추구하는 것이었다. 이것은 구로공단의 중심이 기존의 노동·자본집약산업에서 지식·기술·정보집약산업으로 전환하는 것을 의미한다. 먼저 구로공단이라는 명칭부터 2000년 12월 '서울디지털산업단지'로 변경하였고, 정책적으로 기존 공장의 이전 적지에 아파트형 공장 건설을 촉진하고 벤처산업 육성을 지원하는 시설을 건설하였다. 이러한 변화들로 인해 실리콘밸리의 이름을 따서 구로공단을 'G밸리'로 칭하기도 한다.

이러한 입주시설 증가로 인해 1990년 261개였던 업체 수가 2000년 712개, 2005년 3,964개, 2010년 8,186개로 급증하였고, 2013년에 최고치인 10,038개에 이르게 되었다. 고용자 수 역시 급증하였다. 1998년에 25,100여 명까지 하락하였다가 증가하기 시작해 2000년 32,900여 명, 2005년 72,800여 명, 2010년 126,600여 명으로 나타났고, 2014년에 최고치인 162,600여 명을 기록하였다.

2) 기술·지식 중심 산업으로의 변화

1900년대 후반에서 2000년대 초반 구로공단의 업체 수는 급증했다. 이때 신규로 입주한 업체들을 보면 중소기업 비중이 월등히 높고 기술집약적 업종에 종사하는 업체가 많았다. 이러한 제조업체들은 산업구조 재편과 변화를 주도하는 중심축 역할을 하였고, 연구개발과 기술개발을 활발히 하였다. 이들은 자체 연구소나 연구 전담부서를 가지고 있는 비율이 높았다. 연구개발 인력 비율이 10%를 넘거나 매출액 대비 연구개발비 비율이 5% 이상인 업체가 상당수인 것으로 나타났다(구양미, 2002).

한편 2000년대 중반 이후에는 비제조, 즉 서비스업 비중이 비약적으로 증가하였는데 연구개발 시설이나 정보통신, 소프트웨어 등 지식

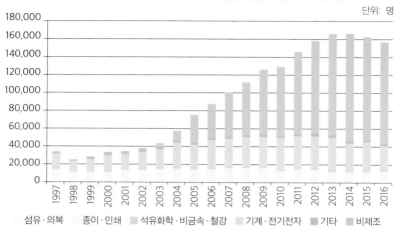

그림 17-4 서울디지털산업단지의 산업부문별 고용자 수 변화

단위: 명

섬유·의복　　종이·인쇄　　석유화학·비금속·철강　　기계·전기전자　　기타　　비제조

자료: 구양미(2012); 한국산업단지공단, 연도별 산업동향 통계자료.

산업이 상당수를 차지하였다. 1990년대 후반 이후 산업별 고용자 수 변화를 살펴보면, 기술집약적 업종인 기계 및 전기·전자 부문도 상당한 비중을 차지하고 있지만, 증가한 고용자 수의 대부분은 비제조 서비스 부문이 차지하였다. 섬유·의복, 종이·인쇄 등의 산업은 거의 변동이 없거나 감소하는 추세였다. 한국산업단지공단의 자료를 보면, 2009년 서울디지털산업단지 업체 수의 약 70% 정도가 첨단산업에 속하는 업종이고, 이 중 제조업이 21.6%, 서비스업이 47.9%를 차지하였다(구양미, 2012). 업체의 규모 변화를 살펴보면, 1970년대 후반에는 대기업 중심에서 1990년까지는 업체당 평균 200명 이상을 유지하던 것이 지속적으로 감소해 1999년부터는 평균 50인 이하의 소기업 중심으로 변화했다. 특히 2003년 이후로는 업체당 평균 20인 이하로 감소하였다.

　산업단지 규정상 원래 비제조 부문은 입주할 수 없었으나 구조고도

화 정책 이후 이것이 허용되었고, 2001년부터 비제조 부문이 통계에
잡히기 시작했다. 2000년대 이후 구로공단의 양적 성장의 대부분은 서
비스 부문이 차지한다고 해도 과언이 아니다. 1990년대 후반에서 2000
년대 초반에는 기술집약적 중소기업이, 2000년대 중반 이후에는 비제
조 서비스업이 이 지역 변화의 주요 행위자 역할을 했다(구양미, 2012).
또한 연구시설들의 입주가 증가했는데 대표적으로 LG전자연구소를
들 수 있다. 이와 같이 기업 부설 연구소가 증가하고, 연구개발 인력이
나 화이트칼라 근로자가 증가하게 되었다.

그러나 이러한 변화가 긍정적이기만 한 것은 아니다. 서울디지털산
업단지로의 변화는 성공한 도시형 첨단산업지구였지만 결국 구로공단
의 업체들이 영세화되고 탈산업화되는 결과를 낳았다(김철식, 2012).
실제 제조 활동이 가능한 구로공단이 산업 공간으로서의 역할이 퇴색되
고 도심 유통 지구화되는 등 소비 공간으로의 역할이 커지게 된 것이다.

3) 지식산업센터(아파트형 공장)의 급증과 환경 개선

한 건축물 안에 다수의 공장이 동시에 입주할 수 있는 다층형 집합건축
물이 아파트형 공장이다. 이는 중소규모 제조업체의 입지 문제를 해결
하기 위해 등장한 대안 중 하나이다. 특히 서울에서 아파트형 공장 건
설의 가장 큰 목적은 토지 이용의 고도화를 통해 대도시의 공업용지난
을 해소하는 것이었다. 또한 주거지역과 섞여 있는 공장들을 집단화하
여 도시 환경을 개선하고 이러한 지역의 무등록 소규모 공장들을 양성
화하는 목적도 있었다. 한편으로 중소기업의 입지난을 해소하고, 관리
비용 절감을 통해 실질적인 도움을 주면서도 양호한 환경의 생산 기반
시설을 만들어 줄 수 있다는 장점도 있다. 나아가 기업 간 협력 및 정보

교류, 관련 기업 간 기술·정보 교류가 가능하게 된다(구양미, 2002).

1996년 1단지의 동일테크노타운을 시작으로 구로공단에 아파트형 공장이 등장하기 시작했다. 이후 1998년에 1단지 에이스테크노타운1과 3단지 대륭테크노타운1이, 2000년에 1단지 에이스테크노타운2와 3단지 대륭테크노타운2가 준공되었다. 이후 아파트형 공장은 2005년 50개로 증가하였고 2011년에 100개를 넘게 된다. 아파트형 공장은 그 명칭이 지식산업센터로 변경되었다. 2017년 현재 준공을 마친 지식산업센터가 106개이고, 건축 승인을 받거나 건설 중인 것까지 합하면 122개

그림 17-5 **서울디지털산업단지 지도 및 지식산업센터 현황**

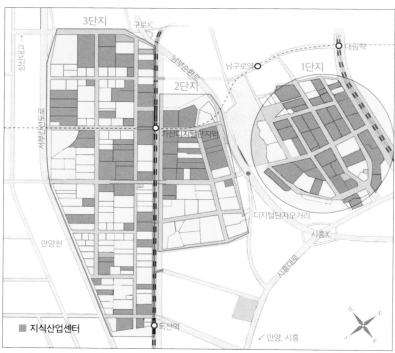

자료: 서울디지털밸리 산업총람(http://www.sdigt.com)에서 재구성.

에 달한다. 이러한 변화에는 중앙 및 지방정부의 정책적 변화와 노력도 있었지만, 지식산업센터 건설을 추진한 민간 건설업체들의 역할도 컸다. 또한 2단지는 패션디자인타운으로 조성되었는데, 공장시설 일부를 제품 판매장으로 활용하는 것이 허가되면서 이후에는 점차 생산 비중이 줄어들고 판매 중심으로 변화하게 되는 결과를 낳았다. 이렇게 지식산업센터와 벤처빌딩의 밀집으로 인해 많은 업체가 구로공단에 집적하게 되었지만, 생산 공간으로서의 역할보다는 건설 및 임대자본이 투기적 수익을 추구하는 공간으로, 유통 자본을 중심으로 하는 상업과 소비의 공간으로 변모했다는 비판이 제기되기도 한다(김철식, 2012).

5. 지식산업센터와 벌집촌의 공존?

구로공단이 '서울디지털산업단지'로 명칭이 바뀌면서 2호선 구로공단역은 '구로디지털단지역'으로, 1·7호선 가리봉역은 '가산디지털단지역'으로 바뀌었다. 벌집촌의 중심이자 1970~1980년대 노동운동의 핵심지인 가리봉오거리도 '디지털단지오거리'가 되었다. 이러한 명칭의 변화뿐만 아니라 구로공단을 오가는 사람들의 모습도 많은 변화가 있다. 과거에는 공장 노동자인 블루칼라, 특히 젊은 여성이 중심이었다면 최근에는 연구개발 및 서비스직의 화이트칼라가 대다수를 이루게 되었다. 지식산업센터가 많아지면서 구로공단은 도심의 여느 빌딩숲과 유사한 모습을 갖추게 된 것이다.

그러나 과거 구로공단 노동자들이 월세방으로 이용했던 벌집촌이 완전히 사라진 것은 아니다. 1990년대 후반부터는 조선족 이주노동자, 외국인 근로자와 일용직 노동자들의 주거촌이 되었다. 2000년대 후반부터는 뉴타운 사업 등으로 구로공단 주변의 많은 벌집촌들이 아파트단지로 변모하기 시작했다. 이제 벌집촌은 '구로공단 노동자생활 체험관'과 같은 곳에서 체험해야 할 정도로 사라졌지만 여전히 남아 있는 곳도 있다. 가리봉시장 주변 벌집촌의 중심지로 '가리베가스'라고 불리던 우마길은 이제 '연변 거리'가 되었는데, 중국 동포들의 밀집지가 되어 여공들을 대체하고 있다.

공통점은 많죠. 같은 공간에 사는 사람들이기도 하고요. 그때 역시 한반도 남쪽에서 일자리도 없고 먹고 살기 힘들었던, 우리가 상상도 못 할 시대였어요. 그래서 그때는 여공들이 돈을 벌기 위해서 서울로 올라 온 것이었죠. 지금 구로공단에 온 재중동포나 이주민들이 똑같은 상황에 처해 있어요. 지역만 넓어졌지, 비슷한 상황인 거죠. 그때 여공들이 당했던 무시를 지금 재중동포들이나 이주민들도 똑같이 겪고 있어요. 그러한 공간이라는 거죠. 이 구로공단이라는 공간이.

— 안치용 외(2014), 490쪽.

1970년대부터 현재에 이르기까지 40여 년을 아우르는 구로공단 여성노동자들의 이야기를 담은 다큐멘터리 〈위로공단〉(2014)을 제작한 임흥순 감독의 인터뷰 중 일부이다. 실제 이곳은 2000년대 초중반 뉴타운 개발 계획이 세워졌지만, 2014년에 이러한 계획이 무산되었고 더욱 슬럼화되었다. 최근 도시재생으로 변화를 꾀하며 벌집 임대인, 여기에 거주하는 중국동포들, 기존 토박이 주민들 간 갈등을 해소하고 공동체를 형성하려는 노력이 진행되고 있다.

좌: 가리봉동의 벌집, 우: 중국동포타운의 연변 거리(사진 출처: 서울역사박물관, 2013).

　　세계도시인 서울에 입지한 구로공단은 여러 문제에도 불구하고 미래 지향적 혁신공간으로의 변화에 비교적 잘 적응하고 성공적 변환을 이룬 것으로 평가된다. 혁신공간으로 변모하기 위해 '디지털'을 입은 구로공단, 그러나 0과 1의 두 가지 숫자로 모든 형상을 읽어 낼 수 있다는 디지털의 의미가 오늘날 구로공단에 적합한 것인가? 창조적 공간으로서 더욱 발전하기 위해서는 디지털의 정밀성보다는 아날로그의 감성과 다양성의 존중이 필요한 시기이고, 이런 방향으로의 유연한 변화가 지속적으로 이루어져야 할 것이다.

참고문헌

구양미 (2002). "구로공단(서울디지털산업단지) 산업구조재편에 관한 연구". 서울
　　대학교 대학원 지리학 석사학위논문.
_____ (2012). "서울디지털산업단지의 진화와 역동성: 클러스터 생애주기 분석을
　　중심으로". 〈한국지역지리학회지〉, 18권 3호, 283~297.
김철식 (2012). "서울디지털산업단지의 재구조화: 산업생산의 공간에서 소비 및 지
　　대수익의 공간으로". 〈사회와 역사〉, 95호, 39~68.
서울역사박물관 (2013). 《가리봉동: 구로공단 배후지에서 다문화의 공간으로》. 서
　　울역사박물관.
성공회대학교 노동사연구소 (2012). 《디지털 시대의 구로공단》. 한국학술정보.
신혜란 (1998). "영화로 도시읽기: 80년대 구로의 회색빛 삶과 장밋빛 희망 - 〈장밋
　　빛 인생〉과 〈구로 아리랑〉". 〈국토〉, 197호, 76~81. 국토연구원.
안치용·박성명·김민지·김윤지 외 (2014). 《구로공단에서 G밸리로: 서울디지
　　털산업단지 50년 50인의 사람들》. 한스컨텐츠.

KICOX(Korea Industrial Complex Corporation) (2011). *Industrial Park Develop-*
　　ment in Korean Economy: a Guideline for Development and Management of
　　Industrial Parks. Korea Industrial Complex Corporation.
Martin, R. (2010). "Rethinking regional path dependence: Beyond lock-in to
　　evolution". *Economic Geography, 86*(1), 1~27.
Menzel, M. & Fornahl, D. (2010). "Cluster life cycles: Dimensions and
　　rationales of cluster evolution". *Industrial and Corporate Change, 19*(1),
　　205~238.

서울디지털밸리 산업총람. http://www.sdigt.com.
한국산업단지공단 연도별 산업동향 통계자료.

제 18 장

신시가지의 지속가능한 '창조환경'을 위해

송준민

서울디지털미디어시티

1. 창조성과 도시

밤새도록 불빛이 꺼지지 않는 불야성의 방송 메카, 수많은 드라마 속 촬영지, 거리를 걷다가 연예인을 마주칠까 기대하는 곳, 세계가 주목하며 벤치마킹하는 신산업단지가 상암동 디지털미디어시티 (Digital Media City, 이하 DMC) 이다. DMC는 1978년부터 1993년까지 서울의 공식 쓰레기 처리장에서 약 15년 만에 미디어·엔터테인먼트 (이하 M&E) 및 IT 산업 집적지로, 즉 창조 클러스터로 탈바꿈하였다.[1] 약

---

1 창조 클러스터는 창조산업과 클러스터를 합한 용어다. DMC는 《경쟁전략》 (*Competitive Strategy*, 1980) 의 저자이자 경영전략의 최고 권위자 마이클 포터 (Michael E. Porter) 의 클러스터 (*cluster*) 이론을 적용하여 계획되었다. 포터의 클러스터 이론은 '공간적 집적' 이란 개념을 영향력 있게 대중적으로 소개한 이론이다. 기업들의 공간

17만 2천 평 규모의 DMC는 한국의 선진 IT, 인적 자원 및 M&E 산업을 확산시키기 위한 수단으로 건설되었다. 현재 MBC 본사, KBS 미디어, SBS 미디어 등 한국을 대표하는 주요 3대 방송사를 비롯해 신문사, 통신, 게임, 인터넷, 미디어 및 엔터테인먼트 콘텐츠 기업 연구소, 정부의 각종 사업지원 기관이 밀집해 있다. 인도네시아 대통령 자문단을 비롯해 쿠웨이트 내각 및 정부 관계자, 벨기에의 정부, 기관, 미디어 기업 관계자들까지 DMC의 노하우를 듣고자 방문하였다. 서울시의 중소기업지원기관 서울산업진흥원(이하 SBA)에 따르면, 2016년 DMC를 벤치마킹하기 위해 찾은 해외 정부 인사들과 시찰단은 66개 단체에 이른다고 한다. 'DMC 프로젝트'는 20년 전 거대한 쓰레기 산이었던 상암 난지도가 '창조 클러스터'로 조성된 세계적으로 유례없는 사례로 손꼽힌다.

20세기에 세계 주요 도시들은 인구, 도시 인프라, 주택, 기술 및 문화 영역에서 거대한 변화를 목격했다. 농업기반경제에서 산업기반경제로의 구조적 변화 이후 지식기반경제 시대로 넘어오면서 '창의성' 개념이 시대의 화두가 되었다. 지식기반경제 시대는 예술과 문화의 영역을 특징짓는 사고, 관념, 탐험 및 실험 형태의 인간 창의력을 주목했고 인간의 지능, 지식 및 혁신을 변화의 핵심 동력으로 간주하였다. 또한

적 근접성이 경쟁적 환경을 만들며 이를 통해 관성(inertia)을 극복하고 지속적인 개선과 혁신을 촉진한다는 이론이다. 창조산업이라는 개념은 1990년대 호주에서 처음 등장했지만, 영국 정부기관인 디지털, 문화, 미디어와 스포츠 부서(Department for Digital, Culture, Media and Sport)에서 발전됐다고 볼 수 있다. 영국 정부 보고서인 Creative Industries Mapping Document(CIMD, 1998)에서 창조산업 개념을 "개인의 창조성, 솜씨(skill), 재능(talent)에 기원을 두고 있으며, 지식재산의 발생 및 활용을 통해 일자리와 부를 창출할 잠재력을 지닌 활동"으로 처음 공식적으로 정의하였다.

지식기반경제로의 전환과 함께 '창조적'이라는 용어는 다양한 맥락에서 사용되며 널리 보급되었다. 문화예술 분야뿐 아니라 기업활동, 정치행정 분야까지, 심리학 및 철학의 영역뿐 아니라 인문사회학, 경제, 엔지니어링 등 모든 분야의 중심에 자리 잡았다. 창조가 새 아이디어나 개념의 창출, 혹은 기성관념이나 개념의 조합이라면 창의는 그러한 행위와 실천을 야기하는 심리적 기제의 개념이다. 창의는 혁신을 촉발하는 에너지고 혁신은 창의의 결과물이다.

르네상스 시대의 철학자들과 역사가들은 창의성이라는 용어를 일반적으로 예술이나 문화 제품을 생산하는 정신적, 실제적 과정으로 개념화하였다. 따라서 창의성을 개인적, 정신적 성향으로 간주하였다 (Boorstin, 1993). 이는 '창조적 천재'(creative genius)에 대한 신화화된 믿음에서 비롯되었으며, 이 시기 '창의성'은 예술가와 같은 특정한 창조적 개인과 그들의 '예술 작품', '창조적 작품' 그리고 특정한 자질 및 특정 경험과 연관된 것이었다. 21세기에 이러한 서구의 고전적 개념이 도시공간에 적용되면서 '개인'이나 '정신'보다는 '사회적 체계'와 관련되게 되었다. 《창조도시》(The Creative City, 1995)의 저자 란드리(Charles Landry)와 비앙키니(Franco Bianchini)는 '창조성'의 개념을 본격적으로 도시에 적용하면서 처음으로 '창조도시'라는 용어를 정의하였다. 문명사를 큰 시야에서 보면 창조도시의 개념은 21세기에 나타난 새로운 현상은 아니지만, 이에 대한 담론이 활발해진 것은 분명하다. 창조성과 관련된 도시담론이 대중화된 것은 세계적 베스트셀러인 《창조적 변화를 주도하는 사람들》(The Rise of the Creative Class, 2002)과 《도시와 창조계급》(Cities and the Creative Class, 2005)의 저자 리처드 플로리다 (Richard L. Florida)에 의해서이다.

세계 여러 도시들이 경쟁적으로 창조도시임을 주장하고 창조환경을 만들고자 했다. 유럽의 셰필드, 헬싱키, 볼로냐, 일본의 가나자와, 요코하마 등 창조도시로 명명된 도시들은 수없이 많다. 이들이 기성 도시 환경을 재생한 사례라면, 상암 DMC는 계획적 도시개발을 통해 미래지향적이고 친환경적 도시를 지향하는 인위적으로 조성된 창조 클러스터이다. DMC 계획 당시에는 오늘날 일반화된 창조담론의 용어들 대신 '지식산업의 증폭기'와 같은 어휘가 사용되었다(강홍빈, 2010). M&E와 IT 산업 중심의 DMC는 창조산업 관련 기업들이 집적되어 있어 창조 클러스터이다. 하지만 창조 클러스터는 '창조환경'의 동의어가 아니다. 과연 모든 창조 클러스터가 창조적 결과물을 생산하고 창조적 환경을 구현할까? 창조 클러스터에서 '창조성'은 어떻게 문화 분야, 혹은 몇몇 선택된 예술·디자인, 커뮤니케이션 중심의 산업에 국한되지 않고 도시공간 혹은 지역 전체에 뿌리내릴 수 있을까? '창조성'을 기반으로 한 새로운 정책 체제와 세계 경쟁구도 안에서, 고유한 문화 혹은 지역성, 지역 도시문화는 무엇을 의미하는가? DMC와 같은 신시가지 공간에서 '진정성'의 의미는 무엇일까? 그리고 우리는 창조와 혁신이 기반이 되는 미래 지향적 도시를 어떻게 그릴 것인가?

2. 상암 디지털미디어시티와 문화산업

1) 쓰레기 매립지에서 창조 클러스터로

서울의 서북부에 위치하는 상암 지역은 서울에서 낙후된 지역의 한 곳으로 인식되어 왔다. 서울시는 1990년대 중반 '2011 도시기본계획'을 작성하면서 서울의 마지막 남은 대규모 미개발지였던 이곳을 서울의 새로운 거점으로 육성하고자 하였다. DMC 프로젝트의 초기 정책 및 기획은 글로벌화에 의해 주어진 새로운 기회에 부합하기 위해 세계화, 경제발전, 문화발전 및 환경 친화적 개발의 통합을 달성하고자 하였다. 개발시대의 도시계획과 산업 진흥의 패러다임을 넘어서고자 했으며 산업단지가 아니라 '미래형 신도심'의 비전을 구현하고자 했다. DMC 프로젝트는 두 가지 주요 목표가 있었다. 첫째는 도쿄, 홍콩, 싱가포르, 상하이 등이 가진 국제도시로서의 역할에 도전하며 국내외, 특히 동북아시아의 최첨단 정보산업단지가 되는 것이었다. 둘째는 미래지향적이고 환경 친화적인 도시를 구현하는 것이었다.

DMC의 옛 이름은 난지도이다. 난지(蘭芝)는 난초(蘭草)와 지초(芝草)를 이르는 말로 매우 아름다운 것을 비유할 때 사용되기도 한다. 난지도는 조선 후기까지 사람들에게 즐거움을 주는 부두였다. 1970년대 중반까지는 소풍 및 데이트 장소, 낭만 영화의 세트, 보트 타는 부두로 사랑받았다. 매립지로 지정되기 전 토착민들은 수수, 땅콩 등을 가꾸고 젖소를 기르는 등 난지도는 목가적 풍경을 지녔다고 한다. 1977년과 1980년에 홍수가 날 때 마을이 범람하는 것을 막기 위해 둑을 쌓으면서 육지가 되었다.

서울의 급속한 경제발전과 대도시로의 신속한 전환은 시민들에게 물질적 풍요를 가져다주었을 뿐만 아니라 엄청난 양의 쓰레기를 만들어냈다. 1978년 3월 난지도는 서울의 쓰레기 및 오물 처리장으로 확정되었다. 서울 시민의 생활방식이 바뀌면서 쓰레기의 종류도 바뀌었다. 1970년대와 1980년대 당시에 매립했던 폐기물은 주로 건설폐기물이었고 일부 생활폐기물도 매립되었을 것으로 추정된다. 1978년 이후

15년 동안 약 9,200만 톤의 쓰레기가 매립되면서 난지도는 96여 미터 높이의 거대한 두 개의 쓰레기 산으로 변했다. 난지도가 매립지로 지정된 이유는 시내 외곽지대면서 교통이 편리하고 잠실과 장안동, 상계동 등의 매립지 용량이 한계치에 도달했기 때문이었다. 1980년에는 각종 폐품과 고철 등을 팔아 삶을 이어가는 폐품 수집원들이 마을을 형성했고, 이 쓰레기 산은 지역사회의 중요한 자원이자 생존 현장이 되었다. 이 정착촌은 1984년 화재로 인해 완전히 소실되고, 서울시에서 지은 950여 세대의 조립식 주택으로 변하였다. 2011년 발간된 황석영의 소설 〈낯익은 세상〉은 무분별한 소비적 경향과 욕망의 부산물로 뒤덮인 쓰레기 섬인 난지도를 배경으로 한다. 쓰레기 산, 쉽게 버림받은 물건들이 쌓인 곳, 그 누추한 쓰레기를 헤집으며 생계를 꾸려나가는 도시 빈민의 일상과 그들의 삶에 대한 의지, 구체적 생활 풍경을 표현해 낸다.

> 이곳은 분명 사람들이 쓰다 남아서 또는 싫증이 나서 아니면 못 쓰게 된 물건들을 버리는 쓰레기장이었고, 이곳에 사는 사람들도 도시에서 내몰리고 버려진 인간들이었다.
> — 황석영(2011), 〈낯익은 세상〉 중.

서울시는 쓰레기 산, 버려진 불모의 땅이었던 난지도를 친환경 공원으로 탈바꿈시키기 위해 1991년부터 1996년까지 설계에 들어갔고, 1996년 본격적으로 매립지 안정화 사업에 착수하였다. 서울시는 1997년 상암 지역을 택지개발 사업지구로 지정하고 서울 서북부의 부도심으로 육성하기 위해 상암 지역 전체에 대한 종합적인 개발계획의 필요성을 인식하였다. 2002 FIFA 월드컵 개최 확정은 서울에 거대한 경제적 이익과 사회적 변화를 가져올 것으로 기대되었다. 2000년 4월 '상암 새천년 신도시 조성계획'이란 이름으로 최첨단 정보산업단지를 만들기 위한 구상이 발표되었다. 이 계획은 21세기형 신도시를 실현하고자 친환경 주거단지, 밀레니엄 공원(평화의 공원, 하늘공원, 노을공원, 난지천 공원, 한강시민공원으로 구성), DMC 지구, 월드컵 경기장 등으로 구성되었다.

한국의 급속한 사회 변화와 함께 DMC 역시 그 속도에 발맞추어 빠르게 변화했고 오늘날에도 변화는 현재 진행형이다. 강력한 정책 중심의 접근 방식을 통해 DMC는 단기간에 쓰레기 매립지에서 창조 클러스터로 변화했다. DMC 프로젝트의 개발 전략은 정책, 문화, 마케팅 및 비즈니스 전략에 이르기까지 매우 상세했다. DMC 추진단은 (주)미디어밸리를 비롯하여 액센츄어(2016년 메타넷이 인수), 힐우드 등으로 구성된 연구팀이었고 이들이 수립한 DMC 기본계획은 2001년 국제세미나를 통해 공식적으로 발표되었다. DMC 프로젝트는 지역기구, 시 정부, 중앙정부 부처, 계획가 그룹 및 해외 초청 전문가 간 광범위한 협력의 결과였다.

2) 신도심의 정체성 형성: 문화산업이 만들어 내는 도시 풍경

치열한 도시 간 경쟁 속에서 DMC를 세계도시로 만들기 위해 지역 고유성을 창안하고자 하였다. 서울시는 한국경제의 상승과 함께 급성장하던 M&E 및 IT 산업을 통해 시너지 효과를 얻어 혁신적 클러스터로서 다른 IT 클러스터와 차별화된 특성을 창출하고자 했다. 1990년대 말부터 아시아에서 일기 시작한 한류의 지속적 인기와 관련 산업의 강점을 이용했다. 따라서 첫 번째 핵심 산업은 M&E 산업, 두 번째 핵심

산업은 IT 서비스 및 소프트웨어 산업으로 결정되었고, 나노기술(NT), 바이오기술(BT)와 같은 산업도 포함되었다. 연구자들은 전 세계 기업들의 데이터를 바탕으로 다른 국가의 해당 산업에 대한 데이터를 비교 분석하였다. 이 연구를 통해 한국의 미디어 산업 전체에 대한 필요성과 강·약점 등을 분석했다. 이를 통해 방송, 게임, 영화 및 애니메이션, 음악, 그리고 디지털 교육이 DMC의 5대 핵심 산업으로 분류되었다. DMC는 한류와 관련된 시너지 효과를 창출하고 동아시아 대중문화 산업의 허브가 될 것으로 기대되었다. DMC는 중국 베이징의 미디어 클러스터 시청(西城)지구와 중국의 실리콘 밸리로 불리는 중관춘(中关村)지구 등과 같이, 디지털미디어 기술과 IT 산업을 합친 기술과 산업 기반에 문화 창조 산업을 혼합한 유형의 클러스터이다. 하지만 DMC 계획이 수립되었을 당시 문화와 IT 산업을 혼합하는 것은 혁명적 아이디어였다.

DMC 계획가들은 DMC 프로젝트를 산업, 문화, 장소의 적절한 배치와 조화로 정의하였다. 1997년 IMF 외환위기를 겪은 후 경제 체계를 바꾸려는 시도가 있었다. 한국의 급속한 근대화와 산업화 과정을 통해 잃은 아시아의 문화적 가치를 제고하고자 했다. DMC 계획가들과 다양한 분야의 학자들은 한류를 '서양에서 들어온 문화 현상이 동양적 가치에 의해 수정 변형된 것'으로 정의했고, 이것을 DMC의 교훈으로 삼았다. 클러스터라는 서구의 개념을 적용하면서 정책 실행과 개발 과정을 통해 아시아의 특징을 만들어 내고자 했다. 그런 관점에서 DMC는 도시공간 형태의 한류 상품과도 같다.

DMC 내 해당 산업의 기업 유치를 위해 적극적인 혜택 개발, 전문성을 갖춘 기업 유치 추진체계 설정 등을 기본 방향으로 설정하였다. 제도적으로는 외국인 투자제도의 선진화, 매력적인 투자환경 조성, 행정 서비스 개선, 무형적 지원시스템 구축, 유인 프로젝트 관리라는 다섯 가지 측면을 보완하고자 하였다. 대상 산업 내에서 국내외 성장 잠재력에 대한 수요 조사를 통해 고용 및 생산의 파급 효과와 그 당시의 기술 수준 및 시장을 고려해 유치 기업 후보들을 선정하였다. DMC의 상징성을 나타내는 시설(flagship)을 비롯해 다른 기업과 시설을 유인하는 시설(magnet) 등이 요구되었기 때문에 선도기업의 유치 전략이 중요했다. 선도기업은 단지 활성화 기여를 위한 브랜드 이미지도 중요하지만 DMC 내 일정한 생산 및 연구 시설의 설치가 가능해야 했고, 또 아시아의 주요 교역장으로서 제품 판매나 물류 배급을 총괄하는 수준이 되어야 했다. 나아가 사업 내용도 DMC의 발전 방향과 일치해야 했다. 결과적으로 DMC 내 대상 기업들은 성공적으로 밀집되었다. 그 주된 요인은 MBC 본사 유치의 확정이었다. MBC 이전은 다른 기업들의 유치와 지역 활성화에 있어서 가장 중요한 요소로 간주되었다. 정부가 기업들에게 제공하는 특혜가 있었지만, 기업들은 DMC 프로젝트의 성공 가능성과 실제 다른 비즈니스 지역과의 경쟁력 전망에 대해 회의적이었다. MBC 입주가 확정된 후 이러한 회의적 시선이 낙관적 전망으로 변화하였고, 대상 산업 분야의 중소 또는 벤처기업들을 유치하는 것은 상대적으로 수월하게 진행되었다.

2014년 5월 상암동 MBC 신사옥 완공 후 DMC 지구에 상업, 레저 및 문화 관련 시설이 자연스럽게 모이기 시작하면서 지역 활성화에 속도가 붙기 시작했다. 2011년 DMC는 2단계 사업 추진 방향으로 한국 문화콘텐츠 중심지로서 '한국판 할리우드'가 되기 위한 새로운 목표를 수립하였다. 다양한 방송국과 미디어 기업들을 기반으로 크고 작은 다양한 활동들이 나타나면서 지역의 고유한 정체성을 형성하기 시작했다. DMC 지역은 매년 약 60번 정도의 드라마와 영화 촬영장소로 사용되었는데, 할리우드 영화 〈어벤져스 2〉(Avengers 2, 2015)의 촬영장소가 되기도 하였다. 재능 있고 유명한 가수들이 노래 경쟁을 하던 TV 프로그램 〈나는 가수다〉는 MBC 신사옥 앞 광장에 특별 무대를 준비하여 리허설 공연도 하였다. 이외에 규모는 축소되었지만 CJ E&M 주최로 CJ E&M 건물 앞 공원인 DMC 문화공원에서 '딜리셔스 뮤직시티'(Delicious Music City, 치킨 & 맥주 카니발)가 열리기도 했다. 빌딩숲 사이에서 라이브 음악을 즐기자는 취지였던 이 행사는 DMC 페이스북 계정에서 다양한 치킨과 맥주 브랜드를 마치 공연 출연진처럼 홍보하기도 했다. 이러한 활동 외에도 때때로 방송국 행사를 관람하기 위해 오는 방문객들이 DMC 거리에 줄을 서는 광경들은 DMC의 독특한 거리풍경을 만들기도 한다.

현재 한류콘텐츠의 범위는 대중문화[2]와 거기서 파생된 패션, 뷰티산업, 미용성형 시장 등이 중심이다. 이는 대중문화의 재료 자체는 상업적으로 제공된 것이기 때문에 한류가 예술과 문화의 본질적 가치를 추구하기보다는 시장경제 체계에 쉽게 자리매김할 수 있음을 의미한다. 대중문화는 유행에 예민하고 언제라도 거품처럼 사라질 수 있기 때문에 지속가능성 문제는 꾸준히 제기된다. 대중문화는 사람들의 역사와 삶 자체보다는 자본의 영향을 크게 받는 문화이다. 따라서 한류 자

---

2 대중문화는 영어로 'popular culture'이다. 이것은 '다수의 사람들이 향유하는 문화'라는 포괄적 개념에 가깝지만, 여기에서는 영화나 방송 같은 대중매체를 통해 산출되는 문화 산물이라는 개념인 'mass culture'의 의미로 사용하였다.

체의 지속가능성에 대한 고찰이 필요한 만큼 DMC의 고유한 문화를 확립하고자 할 때 과도하게 상업화되지 않은 문화로의 확장에 대한 고민이 필요하다.

　DMC는 문화와 기술 융합의 중심지로서 다양한 문화 프로젝트를 실행할 수 있는 자원의 잠재력이 풍부하다. 현대도시를 상징하는 인공적인 빛으로 환히 빛나는 뉴욕의 야경처럼 DMC는 건물 외벽에 영상을 투사할 수 있는 미디어 보드(media board)가 단지 곳곳 설치되어 있어 그만의 특색 있는 풍경을 만들어 낸다. 이 미디어 벽(media wall)은 미디어 산업단지로서 DMC의 특성을 살리기 위해 종합설계 단계부터 고안된 것이다. DMC 계획가들은 DMC 설계 당시 방송, 미디어 및 IT 관련 기업들은 건축물에 미디어 보드를 설치하도록 전략을 수립해 현재 DMC는 한국 미디어 파사드(media facade)의 중심 장소가 되었다. 하지만 이들의 운영비용이 만만치 않아 미디어 보드들은 축제나 이벤트에 간헐적으로 미디어 작품을 전시하거나 대기업들의 광고판으로 사용되지만, 나머지는 작동되지 않는 경우가 많다.

　미디어 아티스트 정해현은 미디어 아티스트들에게 DMC에서 작품을 전시하는 것이 좋은 기회가 될 수 있다고 말한다. 한 도심지역에 여러 개의 미디어 보드가 밀집되어 있고, 이 장치들을 중앙시스템에 의해 동시에 모두 통제 가능한 특별한 환경을 제공하기 때문이다. 이는 도시를 '캔버스'로서 또는 '대화식(interactive) 공공 예술'로서 활용해 장소의 예술적, 문화적 부흥을 촉진시킬 수 있다. 2011년 서울역 광장 맞은편 서울스퀘어 파사드에서 열렸던 프로그램 'Play with the Big Screen'을 예로 들 수 있다. 초창기 비디오 게임을 새롭게 디자인해 시민들이 가로 99미터, 세로 78미터 크기의 LED 파사드를 통해 게임을 즐기는 프로젝트였다. 시민들이 참여해 도시 풍경을 '조종'할 수 있는 재밌는 사례이다. 영국 브리스톨 지역은 예술과 기술, 사람과의 협업을 통해 창조와 혁신이 꽃피는 도시로 자리매김 중이다. 영국 최초의 미디어센터인 워터셰드(Watershed)의 운영 총괄자 딕 페니(Dick Penny)는 워터셰드를 설명하는 주요 키워드로 예술, 기술, 도시를 말한다. 사회적 이슈에 대해 지역사회 주민들이 함께 고민하는 장을 만들고, 시너지를 일으켜 도시 자체가 혁신이 되도록 하는 것이 목표이다. 워터셰드는 시각예술, 공연 예술뿐 아니라 새로운 미디어와 기술을 아우르며 창의적 예술 프로젝트를 발굴하고 지원한다. 또 휴렛패커드(HP), 소니, 노키아 등 글로벌 기업의 유럽 지사 네트워크를 활용해 예술·기술·비즈니스·도시의 연결고리 역할을 한다. 내발적 발전에 의한 지속가능한 도시, 최첨단의 기술과 예술, 문화가 융합되는 곳, 그 융합된 결과물이 산업과 연결되는 지역을 만든다는, 문화, 산업, 장소라는 핵심 키워드면에서 DMC와 워터셰드는 닮아 있다.

3. 디지털미디어시티의 창조환경과 창의노동자들

창조환경이 도시경쟁력의 주요 요소라는 발상의 기저에는 '장소'의 중요성이 강조된다. 정보통신 혁명으로 물리적 공간의 중요성이 퇴색될 법도 하지만 오히려 그 중요성이 부각되는 이유는 장소가 바로 추상적이 아닌 구체적 삶의 현장이며 삶의 다양한 기능의 매개의 장이기 때문이다. 이러한 장소의 주역은 그 환경을 구성하는 사람들이다. 사람이 모이는 도시를 만들기 위해 도시의 매력도를 향상시키는 것은 창조환경 만들기 담론의 중심에 있다.

리처드 플로리다는 창조계층이 지역에 밀집되면 그것이 다른 창조계층도 끌어들이게 되고 따라서 지역과 지역의 경제가 활성화된다고 말한다. 그는 창조환경의 주역으로 지식인, 예술가, 엔지니어 등으로 구성된 '창조계층'(creative class)을 제시하였다. 플로리다의 창조계층 분류는 도시의 다양성, 관용성, 개방성에 중심을 두어야 한다는 그의 이론에 모순적이다. 창조계층 분류는 도시의 새로운 계층구조를 양성해 내고 불평등을 야기하는 엘리트주의적 관점이기 때문이다. 그의 이론이 '배제의 담론'이라는 많은 비판에도 불구하고 창조계층 이론이 조명받는 이유 중 하나는 도시경제 발전 담론의 중심을 산업에서 사람으로 옮겨왔기 때문이다. 창조도시 담론의 또 다른 대표적인 학자 란드리(Charles Landry)는 창조적인 사람들은 자신의 일을 스스로 개발해 가며 해나가는 누구나라고 이야기한다. 다양한 사람들의 다양한 역할이 조화롭게 이루어질 때 장소는 창조적이 된다. 이 때문에 이 글은 플로리다의 '창조계층'이란 용어 대신 '창의노동자'로 대체해 사용할 것이다.

1) 디지털미디어시티의 창조환경: 활력성과 다양성

불빛이 휘황찬란한 홍콩이나 뉴욕의 야경처럼, 그리고 화려한 네온사인으로 온 도시를 휘감은 라스베이거스처럼 DMC 역시 화려한 불빛의 밤풍경을 자랑한다. 그런데 이 도시들의 야경과 DMC의 야경은 무엇이 다를까? DMC의 밤은 인적이 드물다. 도시의 활력성이 낮다는 이야기이다. 서울 강남의 테헤란로에 있는 노천카페보다 영국 런던의 리버풀 스트리트에 있는 카페에서 시간을 보내는 것이 더 좋은 이유 중 하나는 주변의 다양한 사람들을 구경하는 것이 재미있기 때문이다. 토론

토대학교의 심리학자 대니얼 벌린(Daniel Berlyne)은 정보 추구를 인간 행동의 주요 동기로 보는 '정보이론'(information theory) 연구를 통해 인간은 생물학적으로 적절하게 복잡하고, 흥미로우며, 메시지가 담긴 장소를 선호한다는 것을 알 수 있었다고 말한다. 이것은 단지 인간이 심미적 다양성을 선호하는 존재를 넘어 인간의 원시적 본능인 알고 싶은 욕구를 가지고 있기 때문이라고 한다. 거리의 활력성은 보행량뿐 아니라 보행자의 활동 유형과 시간 등을 통합한 것이다. 활력성이 높은 도시가 사람을 모으고, 사람이 북적대는 장소가 매력지수도 높아진다.

DMC는 MBC 완공 후 지역 활성화에 속도가 붙기 시작했고, 그만의 정체성을 구축하는 다채로운 창조적·문화적 활동들이 늘어났다. 이러한 다양한 이벤트를 통해 지역의 활력성이 높아지기 시작했다. DMC 기업지원 주간 행사를 개최하여 2016 하이서울 어워드 행복나눔장터, 소공인 특화지원센터 제품 판매, DMC VR 콘텐츠 경진대회, DMC 융복합 포럼 및 아이디어 오디션, DMC 입주기업 전시, 거리 공연, 체험 행사 등의 프로그램이 열렸다. 또한 DMC 클러스터 발전에 기여한 우수 입주기업을 발굴해 포상하여 기업 성장을 촉진하고자 한 DMC 어워드 입주기업 우수성과 경진대회 등도 개최하였다. 또한 DMC 행복나눔장터는 DMC 고유의 문화를 창조하고 그것을 공유하는 행사이다. 신생기업 및 벤처기업들에게 아이템이나 아이디어를 제공하고 소통의 장으로서의 역할을 하고, 지역주민과 상호작용하고 방문객을 위해 문화 및 여가 공간을 제공해 공동체를 회복시키는 데 주력한 행사이다.

밀도 높은 이벤트는 DMC 방문자에게 다양한 체험과 새로운 경험을 제공하고 창의노동자들의 자긍심을 높이는 한편 주민 참여를 향상시킴으로써 지역의 활력성, 시민 자부심 및 지역사회 결속 등을 눈에 띄게 향상시켰다. 하지만 아쉬운 것은 이들 대부분이 시 정부 혹은 산하기관의 주최로 이루어진 활동이라는 것이다. 창의와 혁신의 진짜 주역인 입주기업의 창의노동자들과 지역주민들은 주체가 아닌 공공사업의 객체로 여겨진다. 아무리 전문적인 지식과 정보가 풍부한 시정부의 계획가나 정책 입안자라 할지라도 그 안의 삶을 살아가는 당사자들보다 상황이나 변화에 민감하기는 쉽지 않다. 또한 사람들이 공간의 주도권을 가지고 자신의 선택으로 만들어가는 능동적 오락이나 체험이 아니라 수동적으로 참여하게 되는 것이다. 사람들이 더 많은 선택권을 가진 장소가 더 머무르고 싶은 장소가 되며 더 많은 이야기가 형성된다.

호주 시드니의 맥쿼리 파크(Macquarie Park)에는 통신회사 '옵터스'(Optus)의 본사 캠퍼스가 위치해 있다. 옵터스 캠퍼스의 장소만들기와 전략적 커뮤니케이션, 프로젝트와 이벤트 관리 및 기획을 담당하는 관리자 앤드류 파커(Andrew Parker)는 대규모 비즈니스 지역의 공동체 의식을 창출해 내는 것의 비밀은 '창의노동자들을 이해하는 것'이라고 말한다. 그는 '직원 관계망 만들기 활동'(*employee engagement initiatives*)을 만들어 이를 통해 커뮤니티를 구축하는 데 많은 시간을 할애한다고 말한다. 옵터스의 근로자들은 취미, 특수 기술, 지식뿐만 아니라 문화 활동이나 자선 활동에 대한 열정을 공유한다. 그리고 직원 중심의 사진 수업 및 쇼케이스(Project Snapshot), 그리고 직원 및 가족을 위해 캠퍼스에서 진행되는 연례축제(Yestival) 등 다양한 행사를 통해 직장 문화와 지역 간 매듭을 가깝게 만드는 것은 물론, 캠퍼스 내 체육관, 물리치료사, 마사지사 등이 있어서 직원들의 건강과 복지에 중점을 둔다. 또한 유연한 근무 환경을 조성하고 캠퍼스 내 육아시설을 만들어 부모들의 출퇴근 스트레스를 줄였다. 파커는 직원들과 지역 사람들의 매일을 행복하게 만드는 것이 그들의 일이라고 한다. 그래서 그들을 돕기 위해, 그들을 더 잘 이해할 수 있도록 캠퍼스 내 근로자들과의 소통에 열중한다. 이 프로그램들은 지역의 재기 넘치고 흥미롭고 독특한 문화를 구축하기 위한 종합계획의 일부이다. 파커는 근로자들과의 기민한 소통은 섬세하게 이루어져야 하며, 그 효과는 강력하다고 말한다.

이벤트는 도시의 활력성을 높이는 데 중요한 요소이지만, 지속적으로 도시의 활기를 만들어 내지는 못한다. 활력성을 가진 창조적 공간을 만들려면 '제 3의 공간'(the third place) [3]과 같은 물리적 공간의 형태나 이용 방식도 중요하다(Oldenburg, 1989). 제이콥스는 도시 구역들이 두 가지 이상의 기능을 수행해 여러 다른 시간대에 서로 다른 목적을 가진 사람들을 끌어와야 한다고 주장한다. 다양한 시간대, 다양한 공간의 이용과 활용으로 낮과 밤 모두 보행자의 흐름이 있어 깨어있는 도시가 되어야 한다는 것이다.

획일화된 질서가 도시적 삶의 가장 중요한 미덕은 아닐 것이다. 우리가 뉴욕, 파리, 도쿄와 같은 세계 주요 도시를 방문하는 이유는 그 도시들의 강한 활기와 생명력의 이미지, 그리고 예상치 못한 것과의 만남을 기대하기 때문이 아닐까. 우연성이 넘친다는 것은 우리가 도시에 사는 이유이기도 하다. 창의적 활동은 자유로운 활동이다. 이론으로 공식화되지 않고 규격화된 정보와 공정으로 만들 수 없는 것이다(강홍빈,

---

3 레이 올덴버그는 '제 3의 공간'을 주거 공간이나 근무 공간이 아닌, 휴식과 재충전이 가능한 편안한 비공식적 공공장소라고 말했다. 바, 카페, 공원 등이 이에 속할 수 있다(Oldenburg, 1989).

곳에서 즐기면 된다고 답한다.

소기업이나 스타트업의 종사자들은 DMC에 입주한 가장 중요한 이유를 무료 혹은 저렴한 임대료라고 밝혔다. 유정규〔(주) 메르베스 대표〕는 "내가 이사하기로 결정한 유일한 이유는 무료 임대료였다. 그것은 고정경비를 훨씬 낮추고, 이는 내 비즈니스에 엄청난 영향을 미친다"고 말한다. 이들이 DMC에 머무르는 것은 지역의 환경에 대한 만족보다 재정적 이유인 것이다. 이는 DMC의 존속 여부가 정부의 재정 지원에 크게 의존한다는 것을 뜻하고, 지역의 지속가능성 여부가 불안정하고 제한적이라는 것을 의미한다.

DMC의 장기적인 지속가능성에 대한 우려는 장소의 질을 향상시킴으로서 사람들의 소속감을 높여 해결해야 한다. 창의노동자가 머무르기 원하는 문화적으로 풍요롭고 예술적으로 민감한 공간, 그들이 얘기하는 '문화'는 신시가지에서 어떻게 만들 수 있을까.

4. 신시가지에서의 '진정성'에 대한 의미는 무엇일까?

UN이 발표한 〈세계 도시 전망, 2014년 개정〉(*World Urbanization Prospects, the 2014 Revision*, 2014)에 따르면, 1950년대에 도시 거주자는 세계 인구의 30%였고 2050년까지 66%로 증가할 것이라고 한다. 현재 세계는 도시 간 경쟁이 치열해지는 상황에서 새로 만들어지는 도시나 재생 및 재개발하는 도시 모두 진정성에 초점을 둔다. 진정성의 개념은 장소가 창조적이라는 개념을 만나면 더욱 드러나기가 쉽다. 공간이 창조적으로 되려면 그 독특함과 차별성이 이론적으로 논의되어야 하기 때문이다. 진정성 있는 도시 생활과 장소의 진정성을 나타내는 수명이 오래된 건물, 소규모 부티크, 소수민족 식당, 가족에 의해 운영되는 오래된 상점들(Zukin, 2009), 그리고 제인 제이콥스(Jane Jacobs)의 '도시 생태학'에 대한 비전[5]은 서울디지털미디어시티와 같은 신흥 도시지역에서는 구현되기 어렵다.

세계화의 결과로 나타난 공공 공간에서의 균질화 경향은 세계적으로 동질적이고 문화적 다양성이 부족한 공간을 양성했다. 이를 극복하기 위해 창조환경을 위한 지역 특이성, 차별성 및 진정성에 대한 필요성이 요구되었다. 진정성의 쟁점은 정부가 세계화와 균질화의 영향으로 인한 변화를 합리화시키기보다 그들의 정책적 관심으로 이 쟁점을 인식할 때 중요한 논의 대상이 된다.

새로 지어진 도시지역은 그 도시를 계획한 계획자들의 철학과 그에 따른 개념이 바탕이 되고, 그곳을 사용하는 사람들의 일상이 모여 도시를 구성한다. 도시계획가들의 철학은 사회 기반시설과 건축물의 집합체인 물리적 공간을 통해 드러난다. DMC 건축물들의 특이성, 공간 구조, 당시 최첨단 기술을 접목했던 기반시설들은 환경친화적이고 미래지향적인 DMC 도시의 주요 목표를 드러내기 위해 설계되었다. 란드리는 창조적 환경의 하드(hard) 및 소프트(soft) 인프라, 유형(tangibles) 및 무형(intangibles) 자산의 적절한 조화를 강조한다(Landry, 2000). 유형 자산에 해당하는 물리적 공간 외에 공간을 구성하는 무형

---

5 제이콥스의 '도시 생태학'에 대한 비전이란 이를테면 각기 다른 시대와 다양한 규모로 지어진 건축물들에서 오는 진정한 차별화에서 비롯된 건축적, 그리고 기능적 다양성의 어우러짐이다.

자산의 중요성을 간과해서는 안 된다. 무형 자산은 장소의 분위기, 사람들 사이의 혹은 장소와 사람 간 유대감과 같은 정서를 말한다. 그리고 이는 공간을 구성하는 사람들의 매일의 삶, 일상성과 그 일상성이 축적되어 만들어내는 문화를 통해 만들어진다.

1) 일상성을 담는 공간

공원, 거리, 마켓, 빌딩 사이의 공간들(life between buildings) 등 공공 공간(public space)은 문명의 시작부터 수많은 문화와 세대에 걸쳐 사회적, 상업적, 정치적 중요성을 가지는 공공 영역의 상징이었다. 도시공간은 공공 공간에서의 시민들의 경험이 축적되어 구성된다. 도시의 활력성은 공공 공간의 활용도가 높을 때 이루어질 수 있다. 좋은 공공 공간은 사람들을 그 장소로 끌어들이고 만남의 장소를 제공하며 서로 교류하고 영향을 주고받는 곳이다. 거리는 도시 생활의 매우 중요한 무대이자 배경이다. 도시의 많은 유휴 공간, 빌딩 사이의 골목, 거리 등은 그 도시의 표정을 만드는 데 중요한 요소이며 큰 잠재력이지만 그 중요성이 간과되어 왔다.

DMC 계획가들은 클러스터 내 창의노동자들의 네트워크 형성을 지원하는 측면에서 DMC 인프라를 구축하고자 하였다. 크고 작은 규모의 다양한 시설과 실내 회의 공간이 구축되었다. 이러한 모임 공간은 혁신과 창조성을 창출하고 창의노동자들의 무대로서 역할을 하기 위한 것이다. 하지만 DMC 시설 개선을 위한 조사에서는 창작 모임과 휴식을 위한 공공장소가 더 필요한 것으로 나타났다. 창의노동자 송지원은 사용자가 시설에 접근하는 데 필요한 정보가 부족하다고 설명했다. DMC 단지에는 일곱 개의 작은 공원 및 광장과 한 개의 주 이벤트 거리가 있다. 하지만 이 공원들은 대부분 공원으로서의 기능을 하지 못하고 유휴 공간 혹은 보행자의 이동 통로로만 사용된다. 3~4년 전만 해도 이 공원은 점심시간과 출퇴근시간 직장인들의 흡연 장소로만 사용되었다. 언제부터인가 공원에 흡연금지 문구가 붙은 이후 흡연자들은 이 공원 옆 보행로에서 흡연을 한다. 사람들이 찾지 않는 공원, 그 기능을 상실한 공간이 된 것이다. 이 유휴 공간들을 창의노동자들이 원하는 휴식 공간, 공유 공간으로 변화시켜야 하지 않을까? DMC의 거리와 공공 공간의 기능은 더 다양해져야 한다.

DMC 클러스터 내의 일상성에는 서로 다른 기업의 다양한 근로자들의 이야기가 엮이고 축적되는 공간의 힘이 필요하다. 공간의 '일상' 언어를 형성하는 데 주목해야 할 것은 기업보다는 사람에 대한 접근이다. 사람들의 목소리가 반영되고, 그들이 도시를 향유하며 애정을 가질 때 신시가지가 지속될 수 있다. 지역주민들은 통근자가 아니라 도시의 활력을 일으키는 중심이 된다. 그곳에서 살며 생활하고 일하는 사람들의 흔적이 공간에 쌓일 때 공간의 밀도가 높아지며 그 밀도가 곧 지역의 진정성이 된다.

그들의 삶은 어떻게 도시에 기록될까? 강력한 행정력을 통한 일방통행식 사업 추진보다 참여자들의 공동노력이 필요하며, 창의노동자와 지역주민은 그 공간의 주체가 되어야 한다. DMC의 경우 역사가 쌓인 공간이 아닌 인위적으로 생성된 새로운 지역이므로 초기에 강력한 행정력을 바탕으로 추진된 것이 불가피하였다. 기업을 끌어들이고 사람들이 생활할 물리적 공간을 형성해야 했기 때문이다. 하지만 이제 지역을 끌어가는 주체의 중심이 변화해야 한다. 시민들의 도시를 위한 주체적 행위는 의무보다는 유희이고, 과업의 수행보다는 창조의 과정이 될 것이다. 지역 내의 모든 사람들이 지역공간에서 문화의 생산자이자 소비자가 될 때 그들은 주체로서의 역할을 수행할 것이다. 그 행위는 공간에 대한 자부심을 향상시킬 것이며, 자부심은 다시 그들의 주체성을 강화시키는 선순환 구조를 유발할 것이다. 예전 프랑스 파리에서는 개인이 간단한 절차를 걸쳐 신청만 하면 공공 기념물의 조명을 켜는 시간을 정할 수 있었다. 이러한 정책은 소소해 보이지만 도시공간에 한 개인의 이야기를 담는 동시에 그 공간의 여러 사람들과 공유되는 기억의 흔적을 남기는 일상성이 바탕이 되는 중요한 정책이기도 하다.

2) 신시가지에서 '문화' 형성하기

레이먼드 윌리엄즈(Raymond Williams)는 "문화는 영어 단어 중 가장 난해한 서너 개 단어들 중 하나이다"(Williams, 1983)라고 말했다. 문화는 학자마다 정의하는 방법이 다양하지만 여기에서는 크게 두 가지로 '예술 및 정신적 산물로서의 문화'와 '한 인간이나 한 시대, 혹은 한 집단의 특정한 생활방식'의 의미로 사용할 것이다.

어떻게 DMC같은 신시가지 공간이 진정성을 갖기 위해 일상성에 기반을 둔 '문화'를 형성해 나갈 수 있을까? 시간의 축적도 물론 필요할 것이다. 하지만 예술 및 정신적 산물로서의 문화가 사회적 의미로서의 문화를 구축하는 좋은 매개체가 될 수 있다. 장소에 사람들이 모이고, 사람들이 공간을 향유하고 애착이 형성되어 무형의 자산을 만들기 위해서는 사람들이 그 장소를 즐길 수 있는 것이 중요하다. 예술과 문화는 이것을 가능하게 한다. 예술은 자본과 권력이 할 수 없는 특별한 힘을 지닌다.

그러나 여기서 문화의 도구적 이용을 경계해야 한다. 경제성장을 위한 도구로서의 예술과 문화 활동만을 추구하면 그 잠재적 가능성이 제한된다. DMC에서 '문화'의 역할은 미미하다. DMC의 비전에 맞는 다양한 활동들이 이루어지고 있는 것은 사실이지만 주체가 창의노동자나 지역주민이 아니라는 점에서 그것이 DMC 고유의 문화를 형성해 나간다고 보기 힘들다. 예술 및 정신적 산물의 문화라는 관점에서 바라보면 더욱 그렇다. DMC의 문화 활동은 한국의 대중문화 콘텐츠를 이용해 한류관광의 증진 수단으로 활용되는 것이 대부분이다. DMC의 고유한 문화를 바탕으로 정체성을 형성해 나간다는 취지에서 연례행사로 열리는 DMC 컬처오픈 페스티벌의 경우 문화 부분은 케이팝(K-Pop)을 앞세운 아이돌 그룹의 공연 프로그램이 주류였고, 다른 지역에서 열려도 전혀 이상하지 않을 일회성 이벤트로 채워지는 것이 보통이었다. 2013년에 컬처오픈 페스티벌 사업 예산의 반 이상이 삭감되면서 문화 부분이 아예 자취를 감춘 것은 문화에 대한 본질적 가치를 인식하지 못하는 것을 단적으로 보여 주는 예이다. 예술 및 문화의 과도한 상업화는 그 질을 떨어뜨린다. 문화 소비의 표준화가 만연한 세계화 시대에 예술 및 문화의 질적 수준이 낮아지면 장소의 차별화된 정체성을 갖기 힘들다. 세계적으로 이동이 잦고 경험이 풍부한 관광객들의 수요가 증가하고 있다. 그들은 새로운 경험을 위해 여행할 뿐만 아니라 문화 상품의 소비 범위를 광범위하게 확대시킨다(Hall, 1992). 지역의 진정성을 통해 정체성을 확립하기보다 마케팅의 미사여구로 사용하거나, 지역의 지속가능성을 염두에 두는 것이 아닌 차별성 없는 일회성 행사의 수단으로 사용되는, '단지 문화를 추가하여 뒤섞는'(*just add culture and stir*) 문화 전략은 더 이상 효용성이 없다.

도시공간에 문화가 필요하다는 것은 단지 예술가들을 모아서 그들이 일하는 공간을 만들어 주는 것이 아니다. 예술을 자본주의의 도구로 전락시키는 것도 아니다. 도시공간에서 예술의 영역은 세상을 재현하거나 모방하는 데 그치지 않고 그것이 가지는 생태환경과의 관계에서 생각해야 한다. 도시공간의 활력을 높이기 위한 공공 예술은 단순히 '예술가가 공공 영역에서 일하는 것'이 아니다. 문화 생산의 차별화된 영역으로 그리고 사회적·물리적 변화를 가져오는 행위가 되는 것이다 (Vickery, 2012). 공공 예술은 예술적 추구, 여가, 오락 또는 유산 및 전통으로서, 또한 특정한 상황에서 정체성, 의사소통 및 사회적 상호작용의 표현으로서도 그 역할을 수행한다. 때문에 공공 예술은 그 자체로뿐만 아니라 도시의 환경, 시설 및 공간에 대한 설계 및 기획에서 함께 전개되어야 한다. 예술 및 지적 창작 활동의 문화적 의미를 통해 사회적 의미의 문화가 창출되는 것이다. 도시공간의 외적 표현이 화려해도 그 내적 의미가 공허하면 그 도시의 삶은 풍요로울 수 없다. 따라서 제도화되고 상품화된 문화가 아닌 지역의 삶 안에서 자연스럽게 체험되는 문화 및 예술의 활동에 대한 고찰이 필요하다. 이러한 '일상성'이 바탕이 된 문화가 지역의 진정성을 만들어 낼 것이다.

3) 창조환경을 위한 작지만 특별한 아이디어: 장소만들기

알랭 드 보통(Alain de Botton)이 《행복의 건축》(*L'architecture de Bonheur*, 2006)에서 말한 것처럼, "장소가 달라지면 나쁜 쪽이든 좋은 쪽이든 사람도 달라진다". 시간대, 가로등의 수, 장소의 색채, 소리, 냄새, 그리고 도시의 날씨에 따라서도 우리는 행동과 감정에 영향을 받는다. 공간이 우리 마음에 끼치는 영향에 대한 해답이 공간디자인의 가장 중요한 실마리를 제공한다는 데는 의심의 여지가 없다.

에릭 레이놀드(Eric Reynolds)는 지역 환경에 영향을 주는 도시디자인의 방법론으로 '가볍게, 빠르게, 저렴하게'(lighter, quicker, cheaper, 이하 LQC)를 주장했다. 좋은 공공장소는 심미적 기능만을 강조하거나 거대 자본이 투입되어야만 하는 것이 아니다. 절제되고 저렴하게, 신속하게 만들어진 우연적인 장소가 때로는 가장 재밌고 창의적일 수 있다. LQC는 공공장소 개선을 위한 즉각적이고 효과적인 방법을 찾기 위함이며 일시적이고 격식에 얽매이지 않는다. 이는 브라질의 쿠리치바를 혁신하게 만든, 2011년 〈타임〉지가 선정한 세계에서 가장 영향력 있는 사상가 25인에 포함된 자이미 레르네르(Jamie Lerner)의 '도시침술'(urban acupuncture) 개념(Lerner, 2014)과 일맥상통한다. 도시침술이란 거대한 비용을 들인 대규모 계획이 아닌 작은 변화로도 도시를 활기찬 공간으로 변화시키는 것이 가능하다는 것으로, '싸고, 단순하고, 창조적인' 작은 요소를 통해 도시 생활을 더 나은 방향으로 이끄는 최소한의 개입을 말한다. 이렇게 최소한의 개입으로 매력적인 공공 공간을 만들기 위한 장소만들기 전략으로 '전술적 도시론'(tactical urbanism)이 있다.

전술적 도시론은 도시에 작은 규모의 개입(small-scale intervention)이 장기적 변화를 가져온다는 개념으로, 유연한 장소활용, 공터 등의 일시적 활용에 초점을 맞춘다(안현진 외, 2013 참조). 전술적 도시론의 한 방법인 '거리의 의자폭격'(chair bombing)은 빈 공간에 앉을 수 있는 작은 시설을 마련해 주는 것이다. DMC의 창의노동자와의 인터뷰 중 많은 이들이 공공장소에서 벤치의 필요성에 대해 이야기했다. 거리의 의자에서는 쉴 수도, 일할 수도, 짐을 내려놓을 수도, 대화를 나눌 수도 있다. 평범하고 비슷하게 느껴지는 벤치나 광장만 봐도 사람들은 저마다 자신의 필요에 맞게 다양한 방식으로 공간을 활용한다. 이 밖에도 전술적 도시론은 '게릴라 가드닝'(guerrilla gardening), '보도를 공원으로'(pavement to parks, parklets) '노는 거리(play streets) 만들기' 등을 소개한다. 또 한 예로, 2016년 캐나다 밴쿠버의 한 골목이 알록달록한 색을 입었다. 사람들의 이동통로로만 사용되던 지루하고 기능이 없었던 빌딩 사이의 공간에, 페인트칠 위로 농구대, 푸스볼(foosball), 카페테이블이 놓였고, 사람들은 그 골목을 지나치는 대신 운동을 하고 담소를 나누면서 공간을 즐기고 향유하기 시작했다. 시민들은 이러한 골목의 변화를 환영했고, 이 '살아있는 골목 프로젝트'(livable laneways project)는 현재 밴쿠버뿐 아니라 캘거리, 토론토 등 캐나다의 몇몇 도시들에서 활발히 이루어지고 있다. DMC는 단지 특성상 대형 비즈니스 타워와 건축물들이 들어서 있다. 대형 건물들 사이로 생기는 빈 공간들이 많지만 그곳에 사람들을 머무르게 할 수 있는 요소는 드물다. 멈추어 서거나 쉬기가 힘들고, 걸어서 지나치는 곳의 기능 외에 다른 목적은 허락되지 않는다. 공간의 의미가 단순하다는 뜻이다. 도시의 '싸고, 단순하고, 창조적'인 개입이 이러한 지역 환경을 조금씩 변화시킬 수 있지 않을까?

우리가 사는 도시를 매력적으로 만들고자 한다면 건물 안이나 집 내부의 공간디자인만큼 외부 공간의 디자인에 대한 인식도 중요하다. 최근 서울의 익선동, 경리단길, 연희동 등 일명 '핫플레이스'(hot place)의 많은 카페들은 저마다의 독특한 정취와 특색을 무기로 주목받는다. 그만큼 좋은 공간을 향유하고자 하는 시민들의 욕구가 커졌다고 봐도 될 것이다. 이제 공공 공간에도 관심을 기울이면 어떨까. 관심을 기울이는 만큼 우리 도시의 모습도 매력적으로 가꾸어질 것이다. 도시공간을 가꾸기 위해서는 시간의 투자가 필요하다. 바쁜 현대 서울 시민들의 생활에서 시간에 대한 투자는 쉽지 않은 일이다. 이 노력은 우리가, 아니 나부터 도시공간의 주체로서 공간을 살기 좋은 곳으로 가꾸어야 한다는 인지에서 비롯될 것이다.

5. 미래지향적 신시가지의 모습의 지향점

오늘날 정보 및 통신 기술의 발달로 근무지 환경이 전보다 자유로워졌고 재택근무 환경 구축을 검토하는 기업도 늘어났지만, 도시들 간 경쟁은 그 어느 때보다 치열하다. 새로운 통신 기술은 미래 도시에서도 중요한 역할을 할 것이다. 그러나 그것과는 상관없이 미래 도시의 거주자들 역시 사람이 많은 생동감 넘치는 거리를 걷고, 카페테라스에 앉아 오가는 사람들을 관찰하고, 공원을 산책하고 일상의 휴식을 취하고 싶어 할 것이다. 영화 〈스타워즈〉에 나오는 '구름 도시'나 〈아이, 로봇〉의 '2035년의 시카고' 등 많은 예술가들과 미래학자들은 미래도시의 모습을 상상했다. 미래학자가 아니더라도 앞으로 다가올 시대에는 컴퓨터와 로봇이 할 수 없는 인간의 능력이 가치가 있다고 가늠해 볼 수 있다. 그것은 '정' 같은 '마음'에서 유발되는 가치들과 상상력, 창의력일 것이다.

레르네르는 "창조성의 비밀은 재미와 장난에 있다"고 말한다. 대중문화와 함께 진화한 뉴욕의 타임스퀘어는 놀이의 중심지로 그곳을 방문하는 이들에게 놀이의 예술에 관하여 가르친다. DMC는 한국 대중문화를 앞세운 M&E와 IT산업이 집적된 도시공간이지만 일의 공간만

이 존재한다. 거리에, 공원에, 그리고 버스 정류장에도 '놀이'의 요소는 없다. 기능주의는 편리함을 가져올 수 있지만 그것이 꼭 기쁨과 행복을 동반하는 것은 아니다. 놀이의 요소가 없는 공간에 사람들의 머무름, 장소에 대한 애착, 이야깃거리, 나아가 신시가지의 문화가 형성되기는 어렵다. 국제적이고, 최첨단 기술이 녹아든, 친환경적인 신시가지 형성을 위해 막대한 투자가 들어갔다. 거대한 빌딩들이 들어서고, 기업들이 집적되었으며 주거단지가 형성되었다. 하지만 주민들은 미용실, 병원 등 근거리 생활편의시설의 부재에 대한 불편함을 호소하고, 창의노동자들은 지역 내 문화 활동의 필요성을 주장한다. 지속가능한 신시가지 형성은 지금부터가 중요할 것이다. 이는 다시금 거대한 자본이나 관 주도의 행정을 필요로 하기보다 유연하고 창조적인 도시의 작은 개입으로 만들어질 수 있다.

DMC의 종합계획에 따른 개발과 현실 사이에는 실천적 괴리가 생겨날 수밖에 없다. 도시는 불특정 다수의 인간이 형성하는 매일의 일상이 모여 예측 불가능한 결과물을 만들어 내는 유기체적 특징을 지니기 때문이다. 다양하고 다채로운 삶을 담아내며, 그것이 도시 환경에 자연스럽게 배어나오는 도시가 좋은 도시, 지속가능한 도시가 될 것이다. 인간의 삶을 가리려고 해도 모두 가릴 수는 없겠지만, 그 삶을 보이지 않도록 애쓰는 도시는 재미가 없고 상상력도 불러일으키지 않는다. 이탈리아의 작은 시골마을이나 홍콩의 오래된 건물들 밖으로 보이는 빨랫감들은 마치 추리소설의 작은 단서처럼 사람들에게 그 안의 삶을 상상하게 하는 역할을 하기도 한다. 현재 우리나라에서 주거환경 개선이라는 명목하에 행해지는 재개발·재건축 사업들, 달동네 철거 등은 주민을 쫓아내고 투기업자들을 불러올 뿐 아니라, 그 지역의 사람들의 이

야기와 역사를 지우기도 한다. 누군가의 삶은 선택되고 다른 누군가의
삶은 지워져야 하는 도시는 다양한 가치와 비전이 어우러지고 존중받
는 공간이 아니다. 가장 한국적인 것이 창의적이라는 말처럼 현재의
DMC 사람들의 생활상, 제도, 규범, 그리고 기술이 도시에 고스란히
녹아 그들의 고유한 문화와 창조환경을 만들 것이다. 없는 것을 만들어
내 부자연스러운 새로움을 창출하기보다 일상성에서 새로움의 가치를
발견하는 미래 도시를 꿈꿔 본다.

참고문헌

강홍빈 (2010). "'창조환경'의 계획적 개발과 지속가능성". 〈서울도시연구〉, 11권
  2호, 259~267.

Boorstin, D. J. (1993). *The Lost World of Thomas Jefferson*. University of Chicago
  Press.
Florida, R. L. (2002). *The Rise of the Creative Class: and How It's Transforming
  Work, Leisure and Everyday Life*. Basic Books.
_____ (2005). *Cities and the Creative Class*. Routledge.
Jacobs, J. (1961). *The Death and Life of Great American Cities*. New York: Vintage
  Books.
Landry, C. (2000). *The Creative City: A Toolkit for Urban Innovators*. Earthscan
  Publications.
Landry, C. & Bianchini, F. (1995). *The Creative City*, Vol. 12. Demos.
Lerner, J. (2014). *Urban Acupuncture*. Island Press.
Oldenburg, R. (1989). *The Great Good Place: Cafes, Coffee Shops, Community
  Centers, Beauty Parlors, General Stores, Bars, Hangouts, and How They*

Get You Through the Day. Paragon House.

Throsby, D. (2001). *Economics and Culture.* Cambridge University Press.

United Nations, Department of Economic and Social Affairs, Population Division (2014). *World Urbanization Prospects, the 2014 Revision, Highlights* (ST/ESA/SER. A/352).

Vickery, J. (2011). "Beyond the creative city: Cultural policy in an age of scarcity". Paper for MADE: a centre for place-making, Birmingham, November (http://www. made. org. uk/images/uploads/BeyondtheCrea-tiveCity. pdf), 2012. 3. 27. accessed.

Williams, R. (1983). *Keywords*, rev. ed.. New York: Oxford University Press. 163.

Zukin, S. (2009). *Naked City: The Death and Life of Authentic Urban Places.* Oxford University Press.

제 19 장

테헤란밸리의 인터넷산업   이원호

1. 서울시 강남 개발과 테헤란로의 등장

서울의 강남 개발은 1960년대 초 서울의 인구 집중과 도시문제 심화에 대응해 주변의 비도시지역 편입을 통해 시역이 확대되었고, 그러한 지역을 대상으로 한 신규 대규모 시가지 개발 계획의 마련으로 시작되었다는 점에서 서울시 인구분산 시책의 일환으로 이해할 수 있다. 특히 1960년대 중반 '남서울계획'과 '새서울 백지계획' 등이 발표되면서 강남 개발의 서막이 시작되었다는 점은 분명하다.

　　그러나 본격적인 강남 개발은 사실상 제 3 한강교와 경부고속도로의 건설, 그리고 1968년 시작된 '영동지구 토지구획 정리사업'에서 비롯되었다. 영동이란 지명이 영등포의 동쪽이라는 의미에서 알 수 있듯이 남서울, 강남 등의 지명도 결국 이 지역이 자체 지명으로 불리지 못할 만

그림 19-1 **강북 명문 학교의 강남 이전**

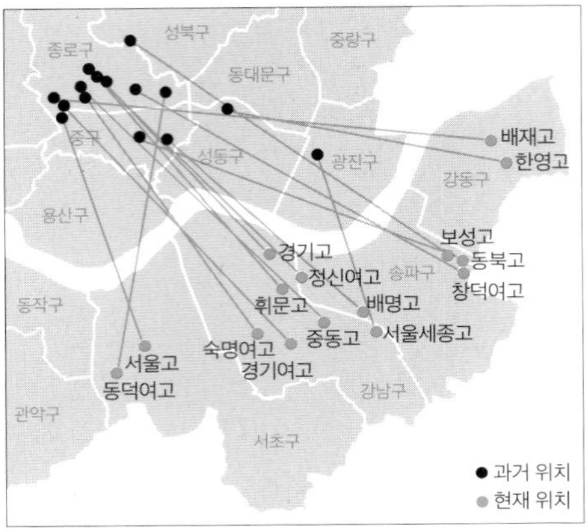

자료: 서울역사박물관(2011).

큰 위상이 낮았다는 것을 보여 준다. 그러나 일단 개발이 시작되면서부터 서울시는 다양한 시책을 통해 강남 개발을 선도하게 되었다. 이러한 시책에는 공무원아파트 건설(1971년), 공공기관 이전, 강북의 명문 학교 이전(1976~1988년), 고속터미널 이전(1981년) 등이 포함된다.

1980년대 말 개포 지구를 끝으로 강남 지역의 대규모 개발사업은 마무리가 되었고, 대규모 아파트단지의 건설에 따라 인구도 빠르게 증가하였다. 1975년 32만 명이었던 강남구 인구는 1987년 82만 명, 1995년에는 95만 명에 달했다. 주거지 개발에 따른 인구 증가는 필연적으로 상업 및 편의시설에 대한 수요를 증대시켰는데, 주로 지하철 2, 3호선의 역세권 및 주요 도로를 따라 관련 개발이 이루어지기도 하였다.

테헤란로는 원래 삼릉로였던 지명이 1977년 이란 테헤란시와 자매결연을 계기로 지금의 이름을 갖게 되었다. 강남 개발 역사에서 테헤란로의 등장은 주거지 중심의 강남 지역이 업무와 문화 등의 기능을 갖춘 자족적인 새로운 도심으로 전환되면서 나타났다. 사실 서울시는 1977년

'서울도시 기본계획'에서 국가 중심으로서 강북 도심, 그리고 수도권 산업 중심으로서 영등포 도심, 금융업무 기능의 영동지역 등, 서울시 도시공간에 대해 3핵 도시 구상을 발표했다. 이를 토대로 1980년대 후반 이후 테헤란로의 업무 기능, 삼성동과 서초동 일대의 문화 기능 등이 자리 잡으면서 강남은 자족 기능을 갖춘 명실상부한 도시 중심 지역으로 변화했다. 특히 서울시의 대표적 업무 기능 지역으로서 테헤란로는 지하철 2호선 역세권을 따라 성장하였다.

2. 1990년대 벤처 붐과 테헤란밸리의 발전

상전벽해와 같았던 서울시의 강남 개발에서도 테헤란로는 그 변화의 중심에 놓여 있었다. 테헤란로라는 지명이 의미하듯이 초기에는 중동 시장에서 활약하면서 우리나라 경제발전의 견인차 역할을 했던 건설산업을 대변하였다. 그리고 1980년대 말 무역센터가 건립되면서 국내 굴지의 무역회사들이 근처에 입지해 수출산업의 중심지로서도 기능하였다. 또한 1990년대 초반부터 금융업의 입지가 확대되면서 이전에 볼 수 없었던 고층 첨단건물들이 테헤란로를 따라 들어서기 시작했고, 서울시의 금융 및 업무지구로서 명실상부한 위상을 확립하게 되었다.

금융지구로서 눈부신 발전을 경험했던 테헤란로의 위상은 1997년 외환위기를 겪으면서 심각한 타격을 받게 되었다. 줄지어 늘어선 높은 빌딩을 가득 채웠던 금융 및 오피스 기능의 활력은 사라지고 증권사, 투신사, 종금사, 지방은행 등 부실 금융기관들은 영업정지를 당하거나 퇴출되어 버렸다. 그에 따라 새로 건립된 많은 최첨단 빌딩들은 주인을 잃은 채 방치되는 지경에 이르게 되었다.

한편 1990년대 초반부터 테헤란로 일대에는 당시에는 보기 드물었던 초고속 광통신망을 이용하기 위해 정보통신기술(ICT) 벤처기업들이 모여들기 시작하면서 자생적인 벤처타운을 형성했다. 그러다 외환위기 이후 금융업의 몰락으로 빈 사무실에 벤처기업들이 하나둘 모여들면서 점차 명실상부한 우리나라 벤처기업의 집적지로 자리매김하였고, 이때 한국의 실리콘밸리로 간주되면서 '테헤란밸리'라는 이름도 갖게 되었다. 1997년 전후 '엔씨소프트', '넥슨', '한국MS' 등 국내외 ICT 기업들이 입주하였고, 이후에 'NHN', '다음', '안철수연구소', '한글과컴퓨터' 등 주요 기업들이 입주하면서 성장하였다. 1999~2000년 기간은 코스닥 폭등에 따른 ICT 벤처기업의 전성기였는데, 테헤란밸리는 그러한 전성기를 대표하는 장소로 기억된다.

그림 19-2 테헤란밸리 내 주요 ICT 기업들의 입지 분포

자료: 김묵한 외(2015), 44쪽에서 재구성.

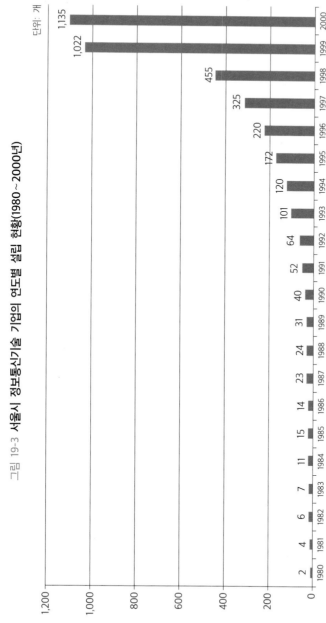

그림 19-3 서울시 정보통신기술 기업의 연도별 설립 현황(1980~2000년)

단위: 개

자료: 신창호·정병순(2002), 25쪽에서 재구성.

테헤란밸리로 ICT 벤처기업이 집중하게 된 이면에는 여러 가지 요인이 작용했다. 우선 외환위기 이후 우리나라 경제 회복을 위해 정보통신기술에 기반을 둔 벤처기업 육성에 초점을 둔 다각도의 정부 지원정책이 추진되었다는 점을 들 수 있다. 외환위기 이후 산업구조조정, 신기술 개발, 실업 해소 등의 목적을 위해 김대중 정부에 의해 추진된 벤처기업 육성 정책은 1997년 10월에 제정된 〈벤처기업 육성에 관한 특별조치법〉에 의해, 규정된 벤처기업에게 자금 조달을 위한 융자, 기술이전, 인력과 인프라 지원 등을 제공했다. 이러한 벤처기업 지원정책의 이면에는 경제위기를 재벌 중심의 경제 탓으로 생각해 우리나라 경제를 재벌 중심에서 벤처기업 중심으로 전환하려는 시대적인 산업정책의 전환이 자리 잡고 있다. 외환위기 이후 정부의 벤처기업 육성정책이 서울을 중심으로 ICT 벤처기업의 성장에 크게 기여한 점은 사실이다. 특히 테헤란밸리의 성장에 기여한 요인으로는 전술한 바와 같이 초고속 광통신망에 대한 접근성과 함께 가용할 수 있는 사무 공간, 도심으로서 접근성, 벤처캐피털 등 자금 확보의 용이성, ICT 관련 국내 주요 단체와 협회의 입지 등을 확인할 수 있다.

한편 테헤란밸리의 부상을 단순한 입지적 요인으로 설명하는 것을 넘어 ICT 산업에 기반을 둔 혁신 클러스터의 형성으로 설명하기도 한다. 실제로 서울시 ICT 산업의 성장에 있어서 테헤란밸리는 모태와 같은 역할을 수행하였다. 이곳은 사람, 정보, 아이디어가 넘치는 곳으로 관련 업체들이 밀접해 있고 언제 어디서든 정보가 생명체처럼 움직이는 혁신 네트워크의 구축이 두드러진다. 일반적으로 보면 테헤란밸리 내 벤처기업들은 암묵적 지식을 창출하는 공식·비공식적 모임을 통해 공동학습을 하면서 테헤란밸리 내 주요한 사회적 자본의 축적에 기여

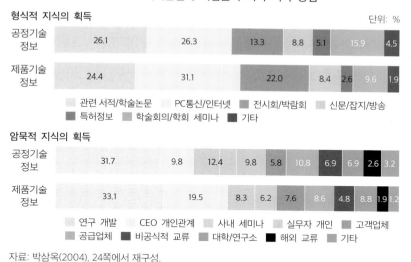

그림 19-4 테헤란밸리 기업들의 지식 획득 방법

형식적 지식의 획득
단위: %

공정기술
정보

| 26.1 | 26.3 | 13.3 | 8.8 | 5.1 | 15.9 | 4.5 |

제품기술
정보

| 24.4 | 31.1 | 22.0 | 8.4 | 2.6 | 9.6 | 1.9 |

관련 서적/학술논문　PC통신/인터넷　전시회/박람회　신문/잡지/방송
특허정보　학술회의/학회 세미나　기타

암묵적 지식의 획득

공정기술
정보

| 31.7 | 9.8 | 12.4 | 9.8 | 5.8 | 10.8 | 6.9 | 6.9 | 2.6 | 3.2 |

제품기술
정보

| 33.1 | 19.5 | 8.3 | 6.2 | 7.6 | 8.6 | 4.8 | 8.8 | 1.9 | 1.2 |

연구 개발　CEO 개인관계　사내 세미나　실무자 개인　고객업체
공급업체　비공식적 교류　대학/연구소　해외 교류　기타

자료: 박삼옥(2004), 24쪽에서 재구성.

해 왔다. 그 속에서 창업가, 혁신적 아이디어, 초기 자금 등이 결합되면서 테헤란밸리 내 벤처기업의 성공 이야기들이 넘쳐나게 된 것이다. 실제로 테헤란밸리에는 서울시 벤처기업 집적시설의 74%가 입지하고 있었다. 그리고 벤처기업에 필요한 첨단 사무용 빌딩들도 많이 공급되어 있었으며, 국내 창업투자회사 또한 60% 이상이 테헤란밸리에 입지해 있어 벤처기업의 자금 공급에도 중요한 역할을 수행했다. 아울러 법률, 회계 등 전문적인 비즈니스 서비스업체들도 근접해 입지해 있고, 경영 컨설팅 및 마케팅 등 기업경영 지원 서비스에 대한 접근성도 매우 높은 편이었다. 끝으로 테헤란밸리 내 ICT 벤처기업은 다른 지역에 비해 더 높은 수준의 자체 연구소를 보유하고 있다는 점도 연구개발을 통한 지식 창출 측면에서 우위를 점하고 있다는 것을 알 수 있다.

　테헤란밸리의 성공 속에서 주목되는 것은 이른바 창업투자회사라고 일컫는 벤처캐피털의 역할이다. 벤처캐피털은 첨단 기술력과 성장잠재력을 갖추었지만 경영기반이 취약한 초기 벤처기업에게 자금뿐만 아니라 경영, 마케팅, 기술개발 등을 총체적으로 지원함으로써 해당 벤처기업의 성공을 통해 상당한 자본이익을 추구하는 전문 투자자 집단이다. 테헤란밸리에서 이들의 역할은 대단했다. 미국에서 선진 투자기법을 익히고 돌아온 이들은 주로 정보통신, 인터넷, 생명공학, 전자상거래 분야의 기업에 관심을 보이면서 투자 활동을 전개했다. 다만 미국에서와 달리 우리나라의 경우 개별 투자에 따른 성공의 규모가 상대적으로 작기 때문에 상대적으로 덜 모험적인 투자패턴을 일반적으로 보였다는 점이 특징적이다.

한때 사람들 사이에 널리 회자되던 벤처기업의 성공 스토리와 테헤란밸리의 호황은 영원할 것 같았다. 그러나 벤처 신화는 2001~2006년 코스닥 폭락과 함께 많은 벤처기업들의 도산과 비싼 임대료, 교통체증 등을 피해 '탈(脫) 테헤란밸리' 대열에 뛰어들어 살아남은 벤처기업들에 의해 순식간에 사라져 버렸다. 테헤란밸리의 성공 신화를 만들었던 벤처기업 1세대들이 테헤란밸리를 떠나 구로디지털단지와 최근 판교 등지로 이전하게 됨에 따라 테헤란밸리는 다시 한 번 새로운 전환을 모색하게 되었다.

3. 2000년대 이후 테헤란밸리가 직면한 도전과 혁신적 변천

2000년대 초반 벤처 거품이 꺼지면서 테헤란밸리의 성공 신화를 이끌었던 수많은 벤처기업 1세대들이 다른 곳으로 이전하기 시작하였다.

이에 따라 우리나라 ICT 산업의 혁신 클러스터로서 테헤란밸리는 중대한 도전에 직면하게 되었다. 'NHN', '넥슨', '네오위즈', 'NC소프트' 등 대형 게임업체와 '한국MS', '삼성 SDS' 등 대기업 IT 회사들도 모두 테헤란밸리를 떠났다. 이밖에 중소 IT 기업체들도 테헤란밸리를 벗어나 이전하였는데, 이들 중 상당수가 정책적으로 조성된 판교테크노밸리로 이전하였다. 실제로 판교테크노밸리에 입주한 기업 중 절반 이상은 이전해 온 기업체들이고, 이 중 강남구와 서초구에서 이전해 온 기업체들이 절반 정도를 차지하는 것으로 조사되었다. 또한 입주 이유에 대한

표 19-1 판교테크노밸리 입주기업 현황

타 지역으로부터의 이전 여부		비율 (%)
아니오		46.1
예		53.9
판교테크노밸리 입주 전 입지 지역[1]	서울 강남구	34.4
	서울 서초구	15.3
	성남시	12.7
	서울 구로구	6.9
	서울 금천구	1.8
	그 외 지역	29.2
	합계	100.0
합계		100.0

현 입지에 입주한 이유[2]	비율 (1+2+3순위, %)
관련 기업이 주위에 밀집되어 있어서	59.4
동종 산업의 선도기업 혹은 대기업과 가까워서	52.0
부지 혹은 임대비용이 저렴해서	14.7
지자체의 세제 혜택, 정보 제공, 인프라 지원 등 기업 활성화 정책 때문에	14.6
제품/서비스 판매시장(기업 및 소비자 등)의 접근이 용이해서	14.5

주 1) 438개 업체 대상.
　　2) 823개 업체 대상.
자료: 김묵한 외(2015), 71쪽에서 재구성.

조사를 보면, 관련 기업의 집적과 동종 산업의 선도기업 또는 대기업에 대한 접근성이 가장 중요한 이유로 지적되었다는 점은 ICT 집적지로서 테헤란밸리가 커다란 도전에 직면해 있음을 짐작할 수 있다. 특히 게임 산업 4대 업체들과 ICT 관련 대기업의 테헤란밸리 이탈은 ICT 산업의 메카로서 위상에 커다란 상처를 남겼음은 분명하다.

실제로 2000년대 말부터 벤처 거품이 빠지면서 그 효과는 주식시장에 그대로 반영되었다. 벤처기업의 신화를 나타냈던 코스닥지수는 2000년 3월 10일 사상 최고치인 2,834.4를 달성한 이후 빠르게 떨어지면서 500선 이하에 머무르는 추세가 오랫동안 나타나기도 하였다. 정부의 적극적인 지원정책과 글로벌 ICT 산업의 호황에 따라 돈과 인재가 모이면서 이루어 낸 벤처 신화는 '묻지마 투자'와 같은 거품과 금융, 주식 비리 등이 꼬리를 이어 터지면서 벤처산업의 도덕성과 신뢰성에 커다란 문제가 생겼고, 자금 조달의 문제 등으로 인해 많은 기업들이

그림 19-5 **벤처기업의 부침**

자료: 〈중앙일보〉(2004. 11. 29.)에서 재구성.

도산에 이르면서 테헤란밸리는 침체의 시기를 겪게 된 것이다.

한편 ICT 벤처기업의 이탈로 인한 테헤란밸리의 침체는 또 다른 전환을 맞이하였다. 이전에 떠났던 금융업기관들과 함께 대기업의 본사 등 새로운 기능들이 입주하기 시작하면서 벤처기업의 활동 대신에 다양한 주요 비즈니스 기능이 수행되는 장소로 변모한 것이다. 그리고 시간이 지나면서 또 다른 ICT 등 기술집약적인 업체들도 입주하면서 제 모습을 회복하기도 하였다. 그 결과 테헤란밸리는 지금도 수도권 내 구로디지털단지와 판교테크노밸리와 함께 3대 주요 ICT 산업의 집적지로서 그 위상을 유지하고 있다.

2014년 기준 테헤란밸리[1] 내 ICT 산업 구성을 보면 사업체 및 종사자 수 측면에서 모두 소프트웨어 공급 및 개발업이 70%에 육박할 정도로 큰 비중을 차지한다. 그 뒤를 컴퓨터 프로그래밍, 시스템 통합 및 관리업과 자료처리, 호스팅, 포털 및 기타 인터넷 정보매개 서비스업 등

그림 19-6 테헤란밸리 내 ICT 산업의 구성(2014년)

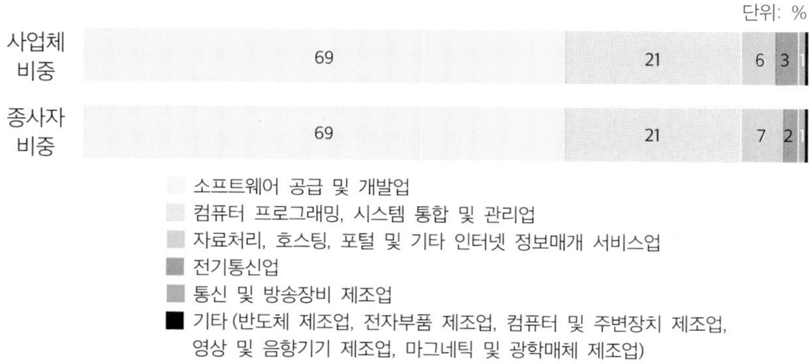

단위: %

	소프트웨어 공급 및 개발업	컴퓨터 프로그래밍, 시스템 통합 및 관리업	자료처리, 호스팅, 포털 및 기타 인터넷 정보매개 서비스업	전기통신업	기타
사업체 비중	69	21	6	3	
종사자 비중	69	21	7	2	

- 소프트웨어 공급 및 개발업
- 컴퓨터 프로그래밍, 시스템 통합 및 관리업
- 자료처리, 호스팅, 포털 및 기타 인터넷 정보매개 서비스업
- 전기통신업
- 통신 및 방송장비 제조업
- 기타(반도체 제조업, 전자부품 제조업, 컴퓨터 및 주변장치 제조업, 영상 및 음향기기 제조업, 마그네틱 및 광학매체 제조업)

---

1 여기에서 테헤란밸리의 통계자료 확보를 위해 그 공간적 범위를 강남구 삼성1, 2동, 대치2, 4동, 역삼1, 2동, 논현1, 2동과 서초구 서초1, 2, 3동으로 규정하였다.

표 19-2 테헤란밸리 내 ICT 산업의 규모 변화(2010~2014년)

단위: %

업종	사업체 수	종사자 수
소프트웨어 공급 및 개발업	21.0	0.7
컴퓨터 프로그래밍, 시스템 통합 및 관리업	21.0	0.5
자료처리, 호스팅, 포털 및 기타 인터넷 정보매개 서비스업	14.0	2.4
전기통신업	- 3.0	- 18.9
통신 및 방송장비 제조업	10.0	- 3.9
반도체 제조업	- 8.8	- 23.7
전자부품 제조업	25.7	24.6
컴퓨터 및 주변장치 제조업	0.0	- 29.9
영상 및 음향기기 제조업	0.0	5.7

이 높은 비중을 차지하고 있다. 또한 2010~2014년 중 테헤란밸리 내 ICT 산업의 변화를 보면, 무엇보다 전자부품 제조업의 성장이 가장 두드러졌다. 한편 사업체 수를 보면 ICT 산업 내 큰 비중을 차지하는 업종들이 다른 업종들에 비해 빠르게 성장한 점이 특징적이다. 그러나 종사자 수로 보면, 전자부품 제조업을 제외하고는 모두 낮은 성장 추세를 보인다.

한때 우리나라 ICT 산업의 메카로 여겨졌던 테헤란밸리는 오늘날 구로디지털단지, 판교테크노밸리와 함께 그 역할을 함께 수행하고 있다. 그러나 우리나라 ICT 산업을 대표하는 집적지인 이들 세 지역이 태생적 측면에서 뚜렷한 차이를 보이는 것은 매우 역설적이다. 과거 전통적인 제조업기지였던 구로공단이 부활한 구로디지털단지나 정부의 강력한 시책에 따라 계획적으로 조성된 판교테크노밸리와 달리 테헤란밸리는 자연발생적으로 형성된 ICT 산업 집적지로서의 특징이 분명하다.

최근 이들 집적지 세 곳의 IT 서비스기업에 대한 연구를 보면, 사업

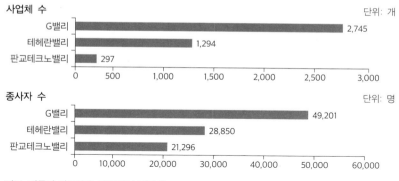

그림 19-7 **3대 ICT 산업 집적지의 현황과 특징**

사업체 수

단위: 개

- G밸리: 2,745
- 테헤란밸리: 1,294
- 판교테크노밸리: 297

종사자 수

단위: 명

- G밸리: 49,201
- 테헤란밸리: 28,850
- 판교테크노밸리: 21,296

자료: 김묵한 외(2015), 26쪽에서 재구성.

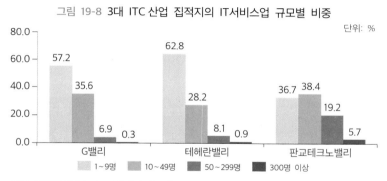

그림 19-8 **3대 ITC 산업 집적지의 IT서비스업 규모별 비중**

단위: %

	G밸리	테헤란밸리	판교테크노밸리
1~9명	57.2	62.8	36.7
10~49명	35.6	28.2	38.4
50~299명	6.9	8.1	19.2
300명 이상	0.3	0.9	5.7

자료: 김묵한 외(2015), 34쪽에서 재구성.

체와 종사자 규모 면에서 가장 거대한 집적지는 구로디지털단지(G밸리)로 나타난 반면, 판교테크노밸리는 규모가 가장 작은 것으로 조사되었다. 테헤란밸리는 구로디지털단지에 비해 작지만 여전히 높은 수준의 ICT 산업 집적지로서 기능하고 있음을 보여 준다. 사업체 규모별 분포에서도 뚜렷한 차이를 보인다. 9인 이하 소규모 업체 수가 가장 많은 곳은 테헤란밸리로 나타난 반면, 판교테크노밸리는 상대적으로 규모가 큰 업체들이 포진한 것으로 조사되었다. 한편 집적지별 업체당 평균 종사자 수를 보면, 구로디지털단지가 가장 낮고, 그 다음으로 테헤란밸리와 판교테크노밸리 순이다. 그러나 평균 종사자 수는 세 집적지 모두에서 점차 감소 추세로 나타났다. 판교의 경우 이미 선도적으로 입지한 주요 ICT 업체들을 따라 관련 중소기업체들이 이전한 결과로 이해될 수 있다면, 구로디지털단지와 테헤란밸리는 이와 반대로 중견기업이나 대기업이 이전해 나간 효과로 추정된다는 점이 특징적이다.

2000년대 이후 많은 부침을 겪으면서 첨단 비즈니스밸리로 성장해 온 테헤란밸리가 최근 ICT 산업과 관련해서 새롭게 주목받고 있다. 가장 경쟁력이 높은 창업생태계를 갖춘 스타트업의 요람으로 다시 태어나고 있는 것이다. 특히 주변 구로디지털단지와 판교테크노밸리에 비해 서너 배 많은 스타트업이 생겨나고 있다. 이는 전국에서 유일하게 테헤란밸리에서만 나타나는 현상이다. 스타트업의 요람으로서의 부상은 일찍이 테헤란밸리의 벤처 붐을 연상시킨다. 스타트업의 요람으로서 테헤란밸리가 부활한 배경에는 강남구 일대에서 잘 구축되어 있는 창업생태계가 있다. 창업생태계는 스타트업을 중심으로 해당기업의 성장을 지원하는 벤처캐피털, 액셀러레이터, 관련 미디어와 정부기관 등이 서로 밀접하게 연관되어 있는 시스템이다. 일찍이 테헤란밸리의 탄생에 기여했던 벤처캐피털의 역할도 중요하지만 최근에는 창업생태계 내 액셀러레이터가 가진 역할의 중요성이 더 부각되고 있다. 액셀러레이터는 신생 스타트업을 발굴하고 이들에게 업무 공간, 홍보, 마케팅 등 비핵심 업무를 지원하는 역할을 수행하는데, 이들의 역할이 오늘날 테헤란밸리의 부활에 크게 기여하고 있다. 중소기업 벤처부의 'TIPS 타운', 네이버의 'D2 스타트업 팩토리', '구글캠퍼스' 등과 같이,

그림 19-9 스타트업 창업생태계의 구성과 각 기관별 역할

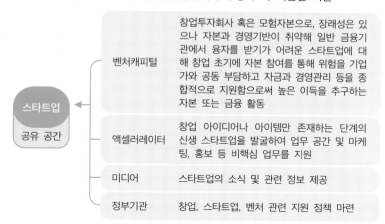

자료: 김묵한 외(2015), 46쪽에서 재구성.

그림 19-10 테헤란밸리 내 공유 오피스 분포

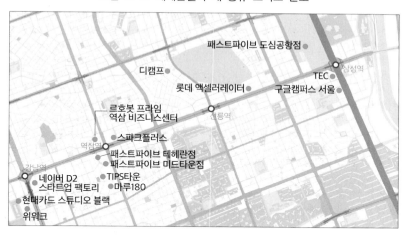

자료: 〈중앙일보〉(2016. 12. 25.)에서 재구성.

스타트업에게 사무실과 공동 작업실 등 상호작용할 수 있는 열린 공간을 제공하고 기업지원 서비스도 제공하는 관련 기관들도 테헤란밸리에 다수 분포하고 있다. 뿐만 아니라 최근에는 그러한 스타트업 허브 기능을 수행하는 민간 지원시설도 테헤란밸리를 중심으로 입지하기 시작하면서 테헤란밸리를 스타트업의 요람으로 부활시키는 데 큰 역할을 수행하고 있다. 결국 ICT 관련 중견기업과 대기업이 떠난 자리를 동일한 업종의 스타트업과 그들을 지원하는 공공 및 민간 지원시설들이 다시금 채우면서 오늘날 테헤란밸리는 끊임없이 혁신적 변화를 모색하고 있다.

4. 테헤란밸리의 미래 전망과 과제

벤처의 꿈과 탐욕이 공존하고 거품이 꺼진 이후 부침을 거듭하던 테헤란밸리는 현재 글로벌 경쟁력을 갖춘 창업생태계를 토대로 스타트업의 요람으로 부상하고 있다. 아마도 테헤란밸리가 가진 이러한 장점과 특성은 오랫동안 변함없이 유지될 것이다. 그러한 가운데 한편으로 굴지의 대기업과 금융기관으로 구성된 첨단 비즈니스밸리로서 테헤란로가 있다면, 다른 한편으로는 과거 벤처 붐을 연상시키는 스타트업의 요람이자 창업생태계가 존재하는 한국의 실리콘밸리인 테헤란밸리가 존재한다.

한편 테헤란밸리의 미래를 담보하기 위한 공공의 노력도 뚜렷하다. 테헤란밸리 일대는 이미 '2030 서울 도시기본계획'에서 강남 도심에 해당하는 지역이고, 국제기구 유치와 MICE산업 육성을 통해 다양한 국

그림 19-11 테헤란로 주변 역세권별 특화계획

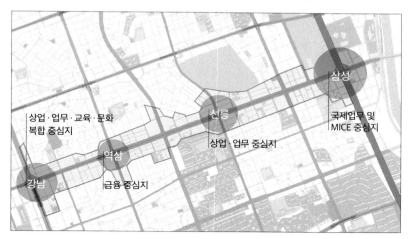

자료: 강남구청(2015), 96쪽에서 재구성.

제업무 기능을 담당하도록 위상을 격상시키는 방향으로 계획되어 있다. 강남구청이 발표한 '비전 2030: 글로벌 강남 종합발전계획'에 따르면, 테헤란로 주변에 대해 대규모 업무시설 공급 및 국내외 기업본부 유치를 통해 국제업무 중심가로의 조성 및 글로벌도시 강남 실현을 목표로 설정하였다. 이를 위해 국제업무 중심의 산업특화를 위한 재정비 방안, 업무 공간 확충, 보행자 중심의 친환경 녹색도시 교통체계 구축 등의 전략을 마련하였다. 이 중 첫 번째 전략인 국제업무 중심 산업 특화 및 재정비 전략은 대중교통 접근성을 가진 역세권에 앵커테넌트 기업 유치와 대규모 복합개발 유도 등을 추진하는 것이다. 또한 강남역 복합중심지와 삼성역의 국제업무 및 MICE 산업과의 연계를 위해 역삼역 및 선릉역 역세권을 각각 금융과 상업·업무 중심으로 특화할 계획이다. 끝으로 테헤란로변 업무시설에 공공 기여 측면에서 공공 및 기업체 주도로 업무시설 내 스타트업 육성 공간을 마련해 미래산업 육성을 위한 '스타트업 밸리'(Start-up Valley)를 조성할 계획이다. 이상의 전략들이 미래 테헤란로 일대의 커다란 변화를 초래할 것이지만, 적어도 스타트업 밸리의 조성은 이미 현실이 정책을 앞서 진행되고 있음을 알 수 있다.

얼마 전까지만 해도 테헤란밸리를 떠나는 ICT 산업의 대표적인 중견기업과 대기업 때문에 우려의 목소리가 적지 않았다. 그러나 현재 강남이라는 장소성을 기반으로 구축된 뿌리 깊은 창업생태계와 스타트업 붐은 향후 테헤란밸리의 밝은 미래를 기대할 수 있게 한다. 이제는 과거 벤처 거품이라는 실패의 경험에 비추어 내부적으로는 건전하고 활기찬 창업생태계를 유지하고 관리하는 것이 우선적으로 필요할 것이다. 이를 위해 사업 추진 시 민간과 공공의 역할이 뚜렷이 합목적적으로 구분되어 추진되어야 할 것이다. 또한 판교테크노밸리 및 구로디지털단지와 서로 차별적인 경쟁력을 바탕으로 연계협력 네트워크를 구축하여 경쟁이 아닌 상생으로 나아갈 필요가 있다. 다 가질 수 없다면 협력하는 것이 좋듯이 테헤란밸리의 스타트업 성공이 다른 ICT 산업 집적지 성공의 자양분이 될 수 있다면 모두에게 좋을 것이다. 특히 강남이 가진 글로벌 장소성을 토대로 스타트업의 활동영역이 국내를 넘어 글로벌 범위로 확산될 수 있다면 과거에 경험해 보지 못한 성공적인 미래에 테헤란밸리가 한걸음 더 가까이 갈 수 있을 것이다. 이제는 강남구청의 계획처럼 현재의 테헤란밸리가 '글로벌 스타트업 밸리'로 발전할 수 있도록 공공과 민간의 체계적인 노력이 필요한 시점이 되었다. 이미 그러한 움직임은 시작되었다고 본다.

참고문헌

강남구청 (2015). 〈비전 2030: 글로벌 강남 종합발전계획〉.

김묵한·김범식·황민영 (2015). 〈서울시의 IT서비스 기업 입지 변동요인〉. 서울연구원.

박삼옥 (2004). 〈지식정보사회 대구의 국제화 전략 발표자료〉. 대구광역시 12월 특강자료.

서울역사박물관 (2011). 《강남 40년, 영동에서 강남으로》.

신창호·정병순 (2002). "서울시 ICT 산업의 클러스터 형성과 그 발전과정". 〈서울도시연구〉, 3권 1호, 15~33.

이승준 (2000). "한국의 실리콘밸리를 간다: 테헤란밸리의 낮과 밤". 〈지역사회〉, 34호, 124~130.

조유리·강유리 (2015). 〈ICT 벤처기업의 생애주기 추적조사 연구〉. 정보통신정책연구원.

〈중앙일보〉 (2016. 12. 25.). "'스타트업 1번지 테헤란로'… 공유 오피스가 부활시켰다". http://www.sedaily.com/NewsView/1L5DUJCTYW.

제 20 장

정보와 지식의 특화 공간

박수경

앙클라브로서의 테헤란로

1. 테헤란로와 상전벽해

강남역에서 삼성역까지 4킬로미터의 10차선 대로인 테헤란로를 적절히 표현할 수 있는 말로 상전벽해만 한 것이 있을까? 테헤란로는 성종과 계비인 정현황후 윤씨, 그리고 중종이 사이좋게 자리한 선릉과 정릉이 전부였던 한양의 변두리였다. 호황과 불황이 반복되는 이곳의 미래를 예견했던 것인지 평소에는 그지없이 평화로웠지만, 왜적에 의한 도굴, 정자각과 능침의 화재 등으로 부침이 심했던 자리로 알려져 있다. 본격적인 강남 개발 후에도 압구정동에 밀려 테헤란로는 세간의 관심을 그다지 끌지는 못했다. 삼릉로도 1972년에야 겨우 공식 명칭을 얻었으니 말이다. 그마저도 이곳을 위한 일은 아니었고, 한양 천도 578주년을 맞아 서울시에서 이름 없는 도로 59개에 가로명을 지정한 사업

447

조선 제 9대 왕인 성종의 능에서 바라본 테헤란로 전경. 성종대왕이야말로 테헤란로의 산증인이라 할 수 있다(사진: 저자 촬영).

테헤란로의 표석. "서울 테헤란 양 시와 양 시민의 영원한 우의를 다짐하면서"라는 문구가 인상적이다 (사진: 저자 촬영).

중 하나였다. 이란 테헤란시와의 우호와 친선을 위해 1977년 테헤란로로 탈바꿈하면서 반짝 세간의 이목을 끌었던 것이 신문지상에서 테헤란로를 가장 비중 있게 다뤘던 기록의 전부이다. 어찌나 개발이 더뎠던지 "서울 올림픽 이전에 제대로 구실이나 하겠냐"는 이야기가 무성했다. 값만 올라 삽을 뜨지도 못한 땅이 절반을 넘었고, 잡초만 무성한 나대지, 작은 규모의 골프연습장, 근처 공사장에 물건을 대던 소규모 철물점 등이 그 자리를 채웠으니 변명의 여지도 없었을 것이다.

하지만 1980년대 중반부터 이야기가 달라졌다. 건설업체들이 앞다퉈 오피스텔과 고층빌딩을 세웠고 그 자리를 대기업, 금융기관, 외국계 기업이 차곡차곡 채웠다. 외환위기에 따른 대대적인 구조조정에 휘청거리기도 했지만, 쫓기듯 떠난 금융업계의 자리를 머리 뉘일 곳이 필요했던 벤처 1세대인 정보통신업체가 차지하면서 테헤란로는 이내 IT산업의 메카로 거듭났다. 수많은 청소년을 PC방으로 이끌었던 온라인게임업체부터 검색포털업체, 보안소프트웨어업체까지 사무실 한 귀퉁이에서 시작해 빌딩 하나를 독차지한 벤처기업의 성공 사례가 신화처럼 전해졌다. 초고속 광통신망 같은 첨단 인프라의 협업과 제휴는 벤처 창업에 열을 올렸던 업계 종사자부터 교수, 연구원, 심지어 학생과 공무원까지 모으는 힘이 되었다. 테헤란로의 건물은 첨단 시스템으로 관리 및 통제되었기 때문에 시쳇말로 "테헤란로에서는 ID카드가 없으면 출입은커녕 식사도 못 한다"는 이야기가 돌기도 했다. 벤처기업의 성장을 위한 육성 업체, 창업투자사, 협회, 기관 등이 모여들었고, 법률, 회계, 특허 등의 서비스업이 증가한 것도 이 무렵부터였다.

그러나 테헤란로의 호황도 세월에는 어쩔 수 없었다. 벤처 붐은 오래전에 이미 사라졌고, 임대료가 싸고 IT기업에 충분한 혜택을 주는 구로디지털밸리(G밸리), 판교테크노밸리, 송도국제도시 등이 조성되면서 몇 년 사이 이곳을 떠나는 기업이 부쩍 늘었다. 그렇다고 희망이 없는 것은 아니다. 언제부턴가 공실률이 상승하던 건물에 금융기관, 투자사 등이 다시 자리를 메우고, 20~30대를 중심으로 하는 스타트업이 몰려들고 있다.

30년 남짓의 짧은 시간 동안 테헤란로는 무던히도 변해 왔다. 상승과 하강을 반복했음에도 불구하고 여전히 많은 사람들이 모이는 이유는 이곳이 정보와 지식이 탁월한 앙클라브[1]이기 때문일 것이다. 통신망을 따라 흐르는 정보와 지식이 실체가 있는 것은 아니지만, 앙클라브는 실제적이면서도 인지적인 공간이다. 그곳에 가야만 얻을 수 있는 정보와 지식을 위해 많은 사람들, 특히 우수한 인재가 끊임없이 몰려들면서 도시의 경관을 변화시킨다. 막힘없는 정보통신 인프라, 연속적인 스마트빌딩, 탁월한 접근성, 밀집한 생산자 서비스 등은 테헤란로가 얼마나 충실한 앙클라브인지 말해 준다. 또한 아직 많은 사람들이 성공과 희망의 공간으로 테헤란로를 인식하고 있다는 점도 이곳이 프리미엄 네트워크 공간이라는 결정적인 증거일 것이다. 지금 테헤란로는 예전만 못하다

---

1 앙클라브(*enclave*)는 최첨단 정보통신기술을 통해 유인되는 정보, 지식, 기술, 자본 등이 빠르게 들고나면서 일정한 지역이 특화되는 현상을 말한다. 프랑스어에 어원을 둔 이 용어는 타인의 영토에 둘러싸인 자신의 소유지 혹은 내륙국, 돌출된 형태 등을 가리킨다. 하지만 고립된 영역(또는 분야), 더 나아가 한 국가나 도시 내의 이민족 집단 거주지를 의미하는 게토(*ghetto*)와 비슷한 개념으로 통하기도 한다. 앙클라브는 보통 선진국에서는 세계도시, 개발도상국에서는 외국인 직접투자 지역에서 나타나는데, 그 기능이 상대적으로 탁월한 곳이다 보니 불연속적인 섬들이 모여 있는 것처럼 보인다. 우수한 인프라, 편리한 접근성, 최첨단 시설의 밀집 등은 앙클라브의 가장 큰 특징이다.

는 평가를 받기 일쑤고, 새로운 아이콘을 만들어야 한다는 지적을 받기도 한다. 하지만 이것 또한, 앞으로 긴 시간 동안 정보와 지식의 집약지로서 제 역할을 해내기 위한 테헤란로의 과도기일지도 모르겠다.

2. 공급자와 소비자의 요구가 합의된 공간

정보와 지식이 주변보다 탁월한 환경을 만들기 위한 노력은 주로 민간이 주도한다. 그들은 매우 질서정연하면서도 일관성 있게, 그렇지만 조용하면서도 조심스럽게 공간을 조정하고 통제한다. 앙클라브에 제공되는 서비스는 표준화 기술에 몇 가지 기능을 추가한 것처럼 보이지만 위장된 고급 사양은 정보와 지식을 강하게 끌어 모으기 위한 차별적인 정책 수단으로 활용된다. 그렇다고 무턱대고 소비자가 공급자의 의견을 따라가기만 하는 것은 아니다. 정보와 지식의 특화 공간이 가진 우수한 환경은 공급자와 소비자의 요구가 마치 시소를 타듯이 균형을 맞춘 결과이다.

예를 들어 테헤란로가 서울벤처밸리로 통하던 2000년에 우리나라 굴지의 통신업체는 대덕연구단지와 함께 테헤란로를 초고속통신 서비스 특구로 지정했다. 테헤란로에 한창 늘어나던 IT 관련 벤처기업에게 유리한 환경을 제공하겠다는 것이 목적이었다. 1년 동안 125억 원이라는 비용을 쏟아 부었다. 통신시설이 낡은 200여 개의 건물을 재정비했고 동선케이블에 의존했던 50개 건물에는 광케이블을 새로 놓았다. 미래 수요를 예측해 무선 랜(LAN)을 깔고, 복합 멀티미디어 서비스를 제공하기도 했다. 통신시설 사용에 있어 불편한 점을 바로 해결해 주기 위한 센터도 테헤란로에만 따로 설치해 전문상담사와 서비스요원이 24시간 상주하기도 했었다. IT 관련 산업을 하기에 더 없이 좋은 여건이다 보니 소규모 벤처기업부터 ○○멀티캠퍼스, ○○통신, ○○콤 등 테헤란로의 이정표로 기억되는 기업도 이전해 왔다.

이렇게 설치한 시설에 추가적인 서비스를 더한 정보통신 인프라는 강산이 한 번 변할 정도의 시간을 잘 버텨 냈다. 무선 인터넷 환경이 확대되면서 최근에 또 한 번의 대대적인 정보통신 인프라 구축이 진행됐었다. 대규모 통신업체와 강남구청이 함께 기가와이파이, 기가인터넷, 관련 솔루션 등을 강남의 주요 지역에 설치하는 사업을 추진했는데, 대상 지역 중 한 곳이 테헤란로였다. 테헤란로에 놓인 통신망은 일반적으로 쓰던 100메가비피에스(Mbps)급보다 열 배 빠른 것이었다. 이도 벌써 몇 해 전의 일이니 주변에 비해 테헤란로가 얼마나 빠른 속도로 공급과 수요의 균형을 맞춰가면서 관련 인프라를 구축하고 있는지 짐작할 수 있다. 막대한 비용을 들여 설치한 인프라는 마치 공급자에게 손해처럼 보이기도 하지만 한꺼번에 여러 기능을 투입해 장기간 수익을 내는 구조에 기초한 것이므로 오히려 공급자에게 이득이 된다.

또한 1980년대 말부터 늘어나기 시작한 테헤란로의 건물들은 다른 지역에서 볼 수 없었던 당시 첨단 기술의 집약체인 스마트빌딩이었다. 사무실 환경을 쾌적하게 유지하는 것이 가능할 뿐만 아니라 효율적으로 관리할 수 있고, 무엇보다 IT산업에 있어 핵심인 보안 기능이 탁월했다. 1980년대 후반에는 주로 건물에 자동화 기능이 설비되었다. 온도와 습도를 조절하거나 조명을 자동으로 켜고 끄는 정도의 기능이었다. 화재를 대비한 소방시설과 출입 확인이 가능한 초보적 수준의 방범 기능도 함께 설치되었다. 사무 자동화 기능과 정보통신 기능은 1990년대

스마트빌딩이 늘어선 테헤란로의 모습. 랜드마크 같았던 건물이 아직까지 자리를 지키고 있는 한편, 수명을 다한 건물 터에는 재건축이 한창이다(사진: 저자 촬영).

에 추가되었다. 지금 시선으로 보면 한참 낮은 수준의 것이었지만, 근거리통신망을 이용해 팩스와 복사기 등의 사무기기를 연결하거나, 음성, 영상, 문자 등의 데이터를 건물 내외로 전달할 수 있는, 당시로서는 앞선 기술이었다. 업무 네트워킹이 가능하게 되면서 대기업을 중심으로 재택근무자가 나타났다. 하나의 건물을 스마트빌딩으로 조성하기 위해서는 층고를 높게 설계해야 해 50% 이상의 건설비 증액을 감수해야만 했지만, 테헤란로에서는 스마트빌딩이어야만 수요를 맞출 수 있었다. 외환위기 이후에는 IT기업들이 몰리면서 24시간 운영 체제를 유지할 수 있는 시설이 추가됐다. 초고속 통신망이 더해지면서 초고속 정보통신 건물로 인증받기 위한 비율도 빠르게 늘어났다. 건물의 우수성을 증명할 수 있는 훌륭한 수단이었으니 그러했던 것이다. 이제는 수십 년을 버텨 온 테헤란로의 건물은 더 이상 똑똑하다는 인상을 주기가 어려워졌다. 대대적인 재개발이 진행되는 것은 아니지만, 테헤란로의 터줏대감과 같았던 ○○호텔을 비롯해 10차선 양옆 곳곳에서 새로운 건물 짓기가 한창이다. 테헤란로의 새로 들어서는 마천루는 외부의 화려함과 내부의 스마트함을 서로 견주는 새로운 건축 기술의 실험장 같다. 새로 들어서는 건물에는 에너지 효율을 높이기 위한 시설, 원격 모니터링 시스템, 종합 통제 시스템 등이 설비될 예정이라고 한다.

이렇게 조성된 환경에는 국내뿐 아니라 국제적으로 검증된 다양한 서비스가 몰려드는 경향이 있다. 이름만 대면 누구나 아는 브랜드로서의 가치를 갖고 있는 것들 말이다. 이들의 정확하고, 신속하고, 고급스러운 이미지는 정보와 지식이 모여 있는 환경을 윤택하게 하고, 공급자와 소비자 사이의 형성된 신뢰는 앙클라브의 기능을 살찌운다. 예를 들어 우수한 접근성은 앙클라브로서의 테헤란로를 더욱 매력적이게 한다. 정확한 시간에 승하차가 가능한 지하철과 테헤란로를 통과하는 지선 및 간선버스는 말할 것도 없다. 공항까지 직통으로 닿을 수 있는 리무진의 운행과 탑승수속 및 출국심사까지 가능한 도심공항 버스터미널은 접근성을 더욱 향상시켰다. 드나드는 사람이 많아지니 자연스럽게 특급호텔, 비즈니스호텔, 서비스드 레지던스 등도 같이 늘어났다. 대로 및 뒷골목에 저렴한 숙박시설부터 최고급 숙박시설까지 자리를 잡았다. 컨벤션 시설, 고객의 기호에 따라 임대가 가능한 오피스텔과 회의실 등도 비즈니스에 활기를 더했다. 법률, 회계, 세무, 부동산 등 생

전문화된 복사 · 인쇄 · 제본 서비스업의 안내 문구. 똑똑한 모습이 테헤란로와 잘 어울리는 듯하지만, 넉넉한 인심으로 맞이하던 사장님의 모습이 그립기도 하다(사진: 저자 촬영).

산자 서비스도 테헤란로 곳곳에 들어서 있다. 심지어 복사 · 인쇄 · 제본 서비스도 전문화된 형태이다. 복사 · 인쇄 · 제본 서비스 하면 연상되는, 건물 한편에서 인심 좋은 사장님이 응대하던 모습이나 관련 산업의 전통적 집적지인 을지로3가와 충무로 일대의 풍경과는 사뭇 다르다. 해외 특급 배송서비스업체와 연계해 글로벌 비즈니스가 잦은 이들에게 편의성을 제공하고 배송사고도 미연에 방지할 수 있도록 하는 점이 독특하다.

3. 지금, 변화하는 테헤란로

시대와 상황에 따라 테헤란로의 정보와 지식을 주도하는 역할은 계속 바뀌었다. 지금 테헤란로는 누구에 의해 움직이고 있는가? 우선 1980 년대 말부터 테헤란로를 지켜 온 것으로 은행, 투자, 증권, 보험 등의 금융업계를 들 수 있다. 몇 년 사이에 급속히 늘어난 것도 특징적이지만 흐름의 공간을 강화하기 위한 새로운 모양새도 인상적이다. 자산 관리와 IT기반 전략이 새로운 경관을 만들어냈다. 예를 들어 테헤란로에서 금융의 중심지인 역삼역 주변에는 15개 안팎의 프라이빗 뱅킹센터가 줄지어 있다. 단순한 금융 업무에 그치는 것이 아니라 세무, 법률, 부동산 등 고객이 앉은자리에서 종합 컨설팅을 받을 수 있도록 가능한 모든 편의를 제공한다. 테헤란로 중간중간 자리를 잡은 법률, 회계, 세무, 특허 등의 생산자 서비스는 이들의 든든한 뒷배가 되어 준다. 이곳은 오가다 손쉽게 들를 수 있는 강남, 잠실, 분당의 고액자산가들의 선택을 주로 받는다. 자산관리에 관심이 많아진 브이브이아이피(VVIP) 고객을 유치하기 위해 이들은 테헤란로의 동종업과, 그리고 가까운 압구정동, 도곡동, 반포동 및 방배동 등의 지역과도 치열한 경쟁을 하고 있다. 보험업계도 빠르게 늘어나고 있는데, 특히 외국계 보험사의 증가가 눈에 띈다. 외국계 보험사는 정형화된 보험 상품을 고객이 선택하는 형태를 탈피해 개별 고객에게 최적인 상품을 제안하는 방식으로 전환하고 있다. 이는 빅데이터(*big data*)에 기반을 둔 통합형 고객관리 시스템 덕분에 가능한 일이다. 또한 핀테크(*fintech*)도 테헤란로의 경관을 변화시키고 있다. 보수적인 금융업계와 개방적이고 유행에 민감한 IT업계가 만나 간편함과 편리함을 위한 실험을 진행 중이다. 최근 테헤란로에 자리를 잡은 스타트업 중 핀테크 관련 기업이 눈에 띄는 것도 이러한 이유이다. 그러나 첨단이 항상 긍정적인 것만은 아닌 것 같다. 온라인으로의 업무 전환으로 인해 애꿎은 영업점의 폐점이 가시화되고 있으니 말이다.

1인 창업 혹은 스타트업의 육성을 위한 창업지원센터도 테헤란로의 새로운 주인이다. 창업지원센터는 정부 주도인 경우가 많아 구청의 한 구석에 자리를 차지하는 것이 보통이지만, 테헤란로의 창업지원센터는 대기업 혹은 글로벌기업 등 민간이 주도적으로 운영 중이다. 창업지원센터에서는 스타트업을 모집하고 선발한 스타트업에는 기술개발에 필요한 상당한 자금을 지원한다. 정기적인 교육, 네트워킹, 벤처캐피

2012년 문을 연 은행권 청년창업을 위한 창업지원센터. 테헤란로 10차선에서 살짝 벗어나 선릉과 정릉의 멋진 풍경을 한눈에 볼 수 있는 곳에 위치해 반짝이는 아이디어를 내놓기에 최적으로 느껴진다 (사진: 저자 촬영).

털 및 컨설팅사 등과의 연계, 마케팅, 해외 진출 등의 기회도 제공한다. 이제 막 시작하는 스타트업에게 민간기업의 축적된 노하우 전수는 횡재 중의 횡재이다. 이렇게 창업지원센터에서는 스타트업이 자생할 수 있는 여건을 만드는 데 집중한다. 창업지원센터의 공간은 독립성을 보장하기도 하지만 자연스럽게 융합과 연결이 가능하도록 조성되어 있다. 칸막이는 낮추고 모두가 함께 쓰는 공간에서 정보와 지식이 활발히 오갈 수 있도록 유도한다. 창업지원센터의 관리자들은 유연성을 높이는 데 한몫을 더한다. 상주하는 스타트업과 오가는 벤처캐피털, 정부 관계자, 액셀러레이터 등을 연결해 주는 다리 역할을 한다. 창업지원센터를 지원하는 기업은 우수한 기술을 보유한 스타트업과 MOU를 맺기도 한다. 이제 막 발돋움하는 기업의 기술을 뺏는 것이 아니냐는 지적도 있지만 상생을 위한 협력은 끊이지 않는다. 창업지원센터를 거쳐 간 스타트업은 대개 테헤란로 주변에 자리를 잡고, 지속적인 관계를 유지하면서 테헤란로의 창업생태계를 확장시킨다.

같은 맥락에서 오피스텔 및 회의실 임대업도 크게 달라진 모습이다. 소규모 비즈니스, 재택근무자, 단기프로젝트 참여자, 주소만 필요한 사업자, 외국인 바이어 등을 위한 오피스텔 및 회의실 임대는 테헤란로의 오랜 특징이다. 여기에 더해 테헤란로의 1인 창업 혹은 스타트업이 점점 늘어나면서 이른바 공유 오피스도 확산되고 있다. 사무실 공간을 반드시 차지해야만 한다는 고정관념에서 벗어나 언제든지 들어올 수 있고 자유롭게 머물 수 있으며 필요할 때 떠날 수 있는 열린 공간을 제공하는 것이다. 개인 사무실은 물론, 창업지원센터의 사무실처럼 가운데 넓은 공간을 두어 스타트업이 함께 작업할 수 있도록 공간을 꾸몄다. 자연스러운 의사소통과 협업이 목적이다. 회계, 컨설팅 등의 기업도 입주한 경우가 많아 같은 공간에서 협력하며 필요한 문제를 빠르게 해결하기도 한다. 기업의 규모가 작아 테헤란로에 자리를 잡고 싶어도 할 수 없는 신생기업에게 비용 및 시설 측면에서 알맞은 형태이다. 최근 테헤란로에 늘어난 투자사에 대한 우수한 접근성도 20~30대의 젊은 창업자들이 모이는 이유이다. 창업지원센터와 유사하게 교육과 네트워킹도 정기적으로 지원하고, 스타트업의 성장을 위한 전문화된 서비스도 제공한다.

4. 주변과 모호한 경계

테헤란로의 대로와 이면도로의 모습은 매우 대조적이다. 10차선 대로를 따라 들어선 스마트빌딩은 잘 짜인 계획 아래 빈틈없이 들어선 모습이지만, 건물 뒤편의 이면도로를 따라 나타나는 경관은 한마디로 규정하기 어렵다. 원룸 중심의 주택지, 요식업과 유흥주점 등의 상업시설, 강남 어디에서나 볼 수 있는 성형외과와 치과 등의 병원, 선릉과 정릉의 문화재 보호구역, 학원과 어린이집 등의 교육시설, 심지어 성당과 교회의 종교시설까지 다양하다. 서로 복잡하게 얽혀 있는 것처럼 보이지만 골목 하나를 사이에 두고 나름 질서정연하게 위치해 있다. 이런 모습은 테헤란로에서만 발견되는 것은 아니고, 다른 앙클라브에서도 흔히 나타나는 현상이기도 하다. 앙클라브는 대기업 본사, 업무지구, 역사문화 보존구역, 문화위락지역, 고급 상가거리, 대학가, 연구단지, 고급 주택지 등 오랜 시간 잘 다져진 도시의 매력적인 공간과 결합되는 경향이 강하기 때문이다. 특히 테헤란로에서는 고급 주택지, 문화위락지역과 모호한 경계를 가진 특징을 발견할 수 있다.

테헤란로 뒤편의 역삼동, 논현동, 삼성동 등은 강남의 대표적인 고급 주택지였지만, 지금은 월세만 높은 퇴색된 주거지로 변해 있다. 테헤란로가 막 성장하기 시작할 무렵에도 업무지구는 주변에 영향력을 크게 미치지 않았다. 강남에서 출퇴근하는 것이 성공한 삶의 지표가 되기도 했었지만, 강북에서 출퇴근 하는 사람들이 여전히 많았고 설령 강남에 거주한다 하더라도 역삼동, 논현동, 삼성동은 봉급을 받는 직장인들에게는 엄두가 나지 않은 지역이었기 때문이다. 오히려 1990년대 초반 테헤란로의 오피스텔은 업무보다는 주거 기능으로 활용되는 경우가 많았다. 아파트 같은 편리함과 독립성, 상대적으로 저렴한 임대료는 당시 아파트 전세를 구하기 어려웠던 젊은이들을 테헤란로에 모이게 했다. 그러나 본격적으로 이 고급 주택지가 변하기 시작한 것은 2000년대 전후부터이다. 오래된 주택을 허물고 수익성 좋은 원룸 형태의 빌라로 전환하는 공사가 늘어났다. 밤낮의 구별 없이 일하는 벤처기업의 종사자에게 더할 나위 없이 좋은 주거 환경이니 수요도 많았다. 테헤란로의 근무자뿐만 아니라 강남 일대의 유흥업소 종사자, 연예기획사의 연습생 등도 이곳을 거쳐 갔다. 세월은 빠르게 변했지만 개선되지 않은 생활환경과 높은 월세 탓에 이 오래된 고급 주택지는 새롭게 들어선 고시원, 주거용 오피스텔, 아파트, 주상복합 등에 밀리고 있다. 더구나 가까이에 쾌적한 주거지가 개발되면서 고급 주택지구로서의 성격도 퇴색되고 있다.

테헤란로 곳곳에서는 요식업과 유흥업소를 중심으로 하는 문화위락지역이 형성되어 있다. 대로변의 건물 1층에는 카페, 레스토랑, 편의점 등이 즐비하게 들어섰다. 건물의 뒤편은 더 복잡하다. 말 그대로 가

삼성동의 원룸 밀집지. 고급 주택을 허물고 빌라형 원룸을 짓는 것이 유행이던 때가 있었다. 테헤란로 주변의 주택지는 공사장 소음으로 조용할 날이 없었다. 세월의 흐름 탓에 꽤나 낡은 모습이다(사진: 저자 촬영).

선릉역 뒷골목의 유흥가. 똑똑하고 깨끗하며 빈틈없을 것 같은 테헤란로의 전혀 다른 얼굴이다. 몇 천원으로 식사를 해결할 수 있는 저렴한 맛집부터 고급스러운 음식점까지 다양하다(사진: 저자 촬영).

모텔, 마사지 업소, 사우나 등이 밀집되어 있는 골목의 풍경. 어딘가 숨어 있을 법도 한데 대로변에서도 간판이 보일 정도로 드러나 있다(사진: 저자 촬영).

게가 넘쳐 난다. 경기 침체로 자영업에 뛰어드는 사람이 많아지면서 그 수도 몇 해 전보다 꽤 늘었다. 테헤란로에서는 맛집 아니면 장사가 안된다는 통에 TV에 얼굴을 내미는 식당이 줄을 섰다. 예전에 비해 한산해졌다고는 하지만 손님 접대하기 좋은 고급 음식점도 여전히 성업 중이다. 밤이 되면 테헤란로는 전혀 다른 모습이 된다. 그 수를 세기도 어려울 정도로 늘어선 유흥주점은 미처 정리하지 못한 전신주와 얽혀 어지럽게 보인다. 현지 모습을 그대로 재현한 이자카야, 고급 와인바, 전통주점, 호프집 등 국적도 다양하다. 골목 안쪽에는 모텔, 마사지 업소, 사우나 등이 밀집되어 있다. 대로변에서도 확인이 가능할 정도로 높이 솟아 있다. 주택지, 교육시설과의 거리 제한을 비웃기라도 하듯

바로 옆에서 영업을 하는 경우도 적지 않다. 낮에도 불법영업이 성행한 탓에 주변 논현동, 대치동 등과 함께 이곳은 성매매 주요 단속 지역이기도 하다.

5. 남아 있는 숙제와 고민

2~3년 사이 테헤란로의 변화는 그간의 우려와 걱정을 잠재우는 듯하다. 하지만 다시 돌아온 금융업계와 막 성장하기 시작한 스타트업이 이곳을 주요 네트워크 공간으로 유지하는 데 얼마나 공헌할 수 있을지는 아직 미지수이다. 앙클라브가 가진 잠재능력을 십분 발휘하기 위해서는 구심력 유지가 필수적이다. 하지만 서울 시내뿐 아니라 외곽에까지 새롭게 생기는 앙클라브는 높은 임대료와 상대적으로 낙후된 시설에 발목을 잡힌 테헤란로를 위협하는 요인이다. 내부적으로 강남역과 삼성역의 성장도 지켜봐야 할 점이다. 테헤란로가 지닌 앙클라브의 중심성을 내어 줄 정도로 성장하고 있기 때문이다. 강남역은 서울과 수도권을 잇는 교통의 요충지로 거듭나면서, 싸이의 〈강남스타일〉에서 노래하는 강남이 그곳이 아님에도 강남을 대표하는 지역으로서의 자기 역할을 강화하고 있다. 소비를 주도하는 젊은이들의 아지트로서, 그리고 외국인들이 선호하는 지역으로서 새롭게 발전하고 있다. 줄을 서야 겨우 먹을 수 있다는 해외 햄버거 체인의 1호점이 강남역 근처에 들어선 것도 이곳이 갖고 있는 잠재력과 중요성을 반영한 결과일 것이다. 삼성역에는 대기업이 인수한 쇼핑몰이 새롭게 문을 열면서 지하도시를 만들었다. 1,000여 개의 국내외 브랜드가 입점해 물질 소비를 주도하고

있고 수족관, 영화관, 아이돌 전용 공연장, 꼭 들러 봐야 한다는 도서관 등은 정신 소비도 가능하게 한다. 한국전력 본사 부지에 글로벌 비즈니스센터가 들어서고 주변 지하공간을 통합한다고 하니 삼성역 일대가 비대해지는 것은 시간문제이다.

그렇다면 앙클라브로서 테헤란로가 변하지 않는 중심성을 유지하고 압축된 구심력을 갖기 위해 어떤 고민을 해야 할까? 먼저 일반화를 지양하는 대안을 만들어야 한다. 앙클라브의 지속력은 얼마나 디지털시대의 신지식층을 오래 머물게 할 수 있는 환경을 만들 수 있는가 하는 문제에 달렸고, 독특한 자신만의 여건을 갖출 때 가능하다. 핀테크, 빅데이터, 사물인터넷, 건강관리산업 등 다양한 시도들이 테헤란로에서 진행되고 있지만 이곳만의 특징이라고 하기는 어렵다. 4차 산업혁명이라는 이름으로 모두의 관심을 받고 있는 기술이다. 금융업계와 IT산업의 융합과 연결인 핀테크가 테헤란로를 끌어갈 차세대 기술인 것처럼 기대하고 있지만, 금융업의 오래된 중심지인 을지로에서도 이미 나타나고 있는 현상이다. 이러한 점에서 성공한 앙클라브의 사례로 꼽히는 뉴욕의 실리콘앨리는 중요한 시사점을 던져 준다. 실리콘앨리의 대다수 기업은 패션, 미디어, 금융, 예술 등 뉴욕이 가진 장점을 극대화해 성장했지만 고정관념을 과감히 깨고 성공한 경우도 적지 않다. 뉴욕의 오래된 퀸스와 q클린의 제조업에 IT를 접목한 사례가 대표적 사례일 것이다. 인종과 언어에 상관없는 창업 기회 제공, 여성의 활발한 진출 독려, 공유 오피스 같은 실리콘앨리만의 노하우를 바탕으로 하는 부가가치 창출 등도 들 수 있다. 벤처기업이 한창이었을 때도 늘 지적받았던 정부정책 중심의 운영, 성급히 결과만을 보고 판단하는 분위기 등도 마땅히 개선되어야 할 것이다. 또한 테헤란로에서 활동하는 개인 혹은 기업의 네트워크가 그 안에서만 머무는 것이 아니라 전국적으로도, 국제적으로도 연결될 수 있도록 해야 한다. 민간의 대규모 투자의 궁극적 목표는 국제적 연결망을 구축하는 것인 만큼 앙클라브로서 테헤란로에 새로운 투자를 끌어오기 위해서는 국제 네트워크 확립과 해외 진출에도 적극적이어야 한다. 그렇다고 이중구조를 조장해서도 안 된다. 어느 지리학자의 말처럼 앙클라브가 도시 속의 도시이기는 하지만 결국 분리될 수 없는 도시의 한 부분이기 때문에 특정한 누군가의 요새가 되지 않도록 주변 지역과의 공존에 대해서도 고민해야 할 것이다.

참고문헌

허우긍 · 손정렬 · 박배균(편저) (2015). 《네트워크의 지리학》. 도서출판 푸른길.

Boyer, M. C. (1996). *Cybercities: Visual Perception in the age of Electronic Communication*. New York: Princeton Architectural Press.
Castells, M. (2002). *The Internet Galaxy: Reflections on the Internet, Business, and Society*. Oxford: Oxford University Press.
Graham, S. & Marvin, S. (1996). *Telecommunications and the City: Electronic Spaces, Urban Places*. London and New York: Routledge.
Warf, B. (2001). "Segueways into cyberspace: Multiple geographies of the digital divide". *Environmental and Planning B: Planning and Design*, 28, 3~19.

서울의 현재와 과거, 명동과 인사동의 변화 반정화

언제부턴가 도심에서 외국인을 보는 것은 흔한 일상이 되어버렸다. 서울의 대표적인 관광지인 명동이나 인사동과 같은 지역에서는 한국인보다 외국인이 더 많을 때도 있다. 외국인 관광객 수가 급증하면서 명동이나 인사동 지역은 관광객이 선호하는 업종들로 메워지기 시작했다. 시장이 변하면서 인사동과 명동도 변화했고, 이 변화는 지금도 계속되고 있다. 관광객이 밀집되면서 쇼핑관광이 부각되고 한류라는 이름으로 서울의 모습을 즐기려는 다양한 행태들이 나타나기 시작하였다. 긍정적인 결과도 가져왔지만 한편에서는 과거부터 가져왔던 정체성의 변화와 상실, 한국인은 없고 외국인만 있는 거리로 변화되는 것을 우려하는 목소리도 커지고 있다. 변하는 것이 반드시 문제가 될 수는 없지만, 본질적인 특성이 흔들린다면 고민은 필요하다. 어쩌면 변화인지 변질인지 알기 어려운 상황인 바로 지금이 고민의 적기일 수도 있다. 변하는 인사동과 명동과 같은 거리에 대해서 우리가 해야 할 것은 무엇일까? 무엇을 해야 할지 찾는 것이 어렵다면 최소한 어떤 고민이 필요한 것인지 생각해 볼 필요가 있다.

1. 서울의 주요 관광지, 누구를 위한 공간인가?

서울을 방문하는 외국인 관광객이 해마다 늘고 있다. 한국을 방문하는 외국인 관광객 중 약 80%가 서울을 방문한다고 한다. 최근 몇 년을 기준으로 보면 대략 1,500만 명의 관광객이 한국을 방문하는 것으로 나타나는데, 약 80%가 서울을 방문한다고 하면 1년에 약 천만 명이 서울을 방문하는 꼴이다(문화체육관광부, 2015). 물론 메르스(MERS)와 같은 질병이나 주변국들과의 정치상황, 천재지변 등의 문제로 일시적으로 관광객이 감소하기도 하지만 서울을 방문하는 관광객이 계속 늘고 있는 것은 분명하다.

서울 인구가 대략 천만 명 정도임을 고려하면, 매년 서울의 인구수만큼의 외국인 관광객이 서울을 방문하고 있다는 이야기이다. 실로 어마어마한 숫자이다. 이렇게 많은 관광객들이 서울에 와서 가장 많이 방문하는 곳은 어디일까? 지나가는 사람들에게 "외국인 관광객들이 서울에서 가장 많이 가는 곳이 어디일까?"라는 질문을 던진다면 십중팔구는 모두 비슷한 장소를 이야기할 것이다. 우리가 잘 알고 있는 곳, 바로 명동이나 인사동, 경복궁, 남대문시장이라고 답할 것이다.

외국인 관광객 실태조사의 결과도 크게 다르지 않다. 서울에서 외국인 관광객이 가장 많이 방문하는 곳은 명동이다. 명동은 예나 지금이나

표 21-1 외국인 관광객의 서울의 주요 방문지

단위: %, 중복응답

지역	2014년	2013년	2012년	2011년	2010년
명동	77.1	77.6	72.8	74.5	69.5
동대문시장	60.3	61.9	56.6	59.4	57.5
고궁	44.3	43.5	39.1	39.1	39.9
남산 · N서울타워	40.7	42.5	31.6	35.0	36.6
신촌 · 홍대 주변	29.1	29.9	24.2	20.0	18.6
남대문시장	29.0	27.8	32.8	38.5	42.3
박물관 · 기념관	26.7	21.9	25.2	27.1	27.3
인사동	25.8	30.3	29.4	31.7	32.7
잠실 (롯데월드)	23.4	23.6	30.0	28.2	25.8
강남역	23.1	22.9	-	-	-

주: 강남역은 2014년 추가됨.
자료: 2015년 외래관광객 실태조사.

부동의 관광 1번지이이며, 가장 인기 있는 관광지이다. 최근에는 젊음의 거리로 거듭나고 있는 신촌이나 홍대도 새로운 관광명소로 부각되었다. 인사동에 대한 선호도는 큰 폭으로 증가하지는 않았지만 전통적인 거리로 많은 관광객이 찾는 곳으로 항상 상위권에 포함되어 있는 곳이다. 동대문시장이나 남대문시장 등도 포함되어 있으며, 물론 고궁, N서울타워, 박물관이나 기념관 등도 주요 방문지이다. 자료들을 면밀히 보다 보면 외국인 관광객들이 선호하는 지역들도 변하는 것을 알 수 있다. 예전에는 남대문시장이나 동대문시장이 인기가 많았다면, 최근에는 신사동이나 강남역, 홍대나 신촌 등과 같은 젊음의 거리라고 불리는 지역들이 새롭게 급부상하였다. 관광객들의 활동 범위가 도심부에서 주변 지역으로 확장되기도 하였고 관광객들의 경향이 변한 것에서도 그 이유를 찾을 수 있다.

　외국인 관광객들이 명동이나 인사동, 홍대나 신촌 등의 거리들을 왜 선호하게 되었을까? 서울의 쇼핑관광이 부각된 탓에 쇼핑을 목적으로 서울의 거리들을 방문하기도 한다. 그러나 단순히 쇼핑을 목적으로 명동이나 인사동 등을 방문한다고 단정 짓기는 어렵다. 이들 지역의 공통점을 찾아보면 사람들이 북적이고 활기찬 모습으로 거리를 활보하는, 서울의 최신 유행이나 서울의 옛 모습을 느낄 수 있는 장소라는 것이다. 한마디로 서울 사람들이 어떻게 노는지를 느낄 수 있는 곳이기 때문이다. 명동이나 인사동 등의 상권 역시 예전부터 상업시설이 모여 있던 지역으로 많은 사람들이 모이고 우리나라의 문화를 엿볼 수 있는 곳이었다. 서울의 패션 리더들이 활보하던 곳이 바로 명동이며 한국의 전통적인 모습을 느끼면서 전통음식과 차도 맛볼 수 있는 지역이 바로 인사동이다.

예전에는 서울의 대표적인 장소들이 도심에 밀집되어 있었지만 도시 개발 및 확산 정책에 따라 새로운 거리들이 생겨나고 있다. 서울의 주요 거리에 외국인 관광객들이 몰리면서 여러 가지 문제들이 발생했다. 외국인 관광객 수가 급격히 증가하면서 지역의 주요 상권들이 외국인 관광객이 선호하는 업종들로 메워지면서 거리의 특성이 변하고 있다.

2000년대까지만 해도 우리나라를 가장 많이 방문하는 사람들은 일본인이었다. 2013년 즈음 전세가 역전되면서 중국이 제 1의 방한 관광 국가로 등극하였다. 관광 1번지 명동 역시 타격을 입을 수밖에 없었다. 당시 일본인 관광객을 대상으로 하던 명동의 마사지 업소나 한의원, 식당들은 이제 바뀐 시장에 적응해야 했다. 줄어든 일본인 관광객 때문에 업종을 전환하거나 명동의 비싼 임대료에 못 이겨 업장 규모를 줄이거나 폐업을 하는 사례도 속출했다고 한다. 명동 상권들은 지금의 관광객들이 선호하는 업종으로 전환해야만 했다. 중국인 관광객이 증가하면서 돈이 몰리기 시작했고, 돈을 따라서 명동 내부에서의 경쟁이 시작되었다. 웃돈을 주고서라도 목이 좋은 자리를 선점하고자 하는 경쟁 심리는 대형 프랜차이즈 업체들로 가득 찬 명동을 만들었다. 내로라하던 패스트푸드 업체마저 명동에서 매장을 철수해야 했다. 이러한 문제는 지가 상승 및 임대료 상승의 문제만으로 끝나지 않았다. 비싸진 물가, 그리고 관광객들이 선호하는 업종만으로 가득 차고 관광객으로 혼잡해진 명동 거리에서 내국인들의 발길이 점점 끊어지기 시작했다. 이전에도 명동의 지가는 최고치를 달리고 있었지만 내부 상권 변화의 속도는 이전보다 훨씬 더 빨리 진행되었다.

서울의 유명 관광거리들의 속사정은 화려하지만은 않다. 사람들이 몰리면서 중심가로를 넘어 주변의 지역민 거주지역으로 관광 인프라가 확산되면서 상업시설은 물론 사후면세점이나 게스트하우스 등이 증가하고 있다. 단체 관광객의 관광버스 주차난으로 주변 도로가 혼잡해지고 게스트하우스 주변으로는 소음, 쓰레기 무단 투기, 사생활 노출 등의 문제가 지역민의 삶의 질을 떨어트리고 있다. 상업적 가치가 증가하다 보니 지가 및 임대료 상승 문제는 지역민들의 이탈을 야기하면서 젠트리피케이션 문제가 대두되는 상황이다.

이것은 비단 명동만의 문제가 아니다. 지역마다 특성이 있기도 하고 관광객이 선호하는 순위 정도에 따라서 상황의 심각성이 다르긴 하지만, 인사동은 물론 최근에는 홍대 주변이나 강남 지역도 같은 문제가 발생하고 있다. 그리고 아직까지는 생소할 수도 있는 경리단길, 망리단길, 서울숲 주변 등 새로 만들어진 거리들이 유사한 문제들을 겪고 있다. 심하게 이야기한다면 서울의 주요 관광지의 주인이 바뀌고 있다고도 할 수 있다. 주객이 전도된 상황이 벌어지고 있다고 해야 하나. 관광객들이 서울의 명동이나 인사동을 많이 방문하기는 하지만 정말로 명동이나 인사동의 주인이 되고 싶어 할까? 답은 글쎄다. 관광객들이 명동이나 인사동을 방문하는 이유는 명동에서 한국 젊은이들이 어떻게 놀고, 어떤 모습으로 다니는지를 보고, 그들이 먹는 것을 먹어 보고 싶은 것이다. 서울 사람들이 많이 가는 곳이기 때문에 명동을 가고, 서울의 역사를 느끼고 전통적인 요소를 눈으로 보고 입으로 즐기려고 인사동을 간다. 구석구석 찾기 어려운 뒷골목을 찾아다니면서 골목길의 매력 속에 빠져 볼 수 있으며 한국여행을 기념하거나 친구나 가족들을 위한 전통기념품을 사는 것도 빼놓을 수 없다. 인사동 역시 한국의 전통적인 모습을 찾기 위해서 많은 사람들이 들리는 곳이다.

흔히들 관광을 굴뚝 없는 산업이라 일컫는다. 관광객을 유치함으로써 지역 인프라를 개선하고 관광객이 지출하는 비용, 다시 말해 호텔과 식당 등에서 쓰는 비용 등이 지역에 긍정적인 효과를 주는 것은 사실이다. 반면에 관광객이 증가하면서 가져오는 여러 가지 부작용이 발생하는 것을 간과해서는 안 된다. 서울 거리의 모습이 변하고 유행이 바뀌면서 지역의 특성이 바뀌는 것을 막을 수는 없다. 어쩌면 변화는 당연한 것이다. 그러나 서울 거리의 중심은 서울 사람이여야 한다.

2. 명동의 변화, 정체성 회복만이 정답?

1) 명동의 정체성 보존에 대한 단서

서울의 관광 1번지 명동으로 가 보자. 명동은 여전히 서울의 중심지이다. 일부에서는 명동의 정체성 변화와 상실에 대한 이야기를 하고 내국인은 없고 외국인만 있는 거리로의 변화를 걱정한다. 그러나 명동은 아주 오래 전부터 변화를 거듭했고 지금도 변화는 계속되고 있다.

　명동은 1950년대부터 지금까지 다양한 모습으로 변해왔다. 1950~1980년대에는 우리나라의 문화예술, 패션, 금융상권의 중심지였다. 1979년 7월 증권거래소가 여의도로 이전하면서 1980년대 이후 예전의 금융상권 중심지로서의 위상이 다소 쇠퇴하게 되었다. 1980년대 명동의 유명 패션 매장이 강남으로 이탈하면서 패션에 대한 명성도 예전보다 줄어들었다. 명동의 빈 자리에는 젊은 층과 외국인 관광객들을 타깃으로 하는 중저가 브랜드, 내셔널 브랜드, 패션잡화 등이 자리를 잡으면서 1990~2000년 사이에는 전체 점포의 약 85.6%를 차지하였다. 2000년 관광특구로 지정되면서 서울의 관광 1번지로서의 위상을 유지하고 있는 명동은 남대문이나 북창동, 백화점과 면세점과도 인접하고 있어 주요 쇼핑지역으로는 안성맞춤인 쇼핑관광특구이다. 이후 지금 명동은 한류 열풍 및 중국인 관광객의 영향으로 서울의 주요 쇼핑관광 명소로 부각되면서 여전히 많은 관광객들이 찾고 있다.

　우리에게 남아있는 명동의 이미지는 1950년대부터 형성된 상권이 영향이 크지만, 명동에 대한 정체성이나 지역의 특성은 조선시대 이전으로 거슬러 올라간다. 명동은 조선시대 남산 자락에 형성된 서민 주택가로 상대적으로 신분이 낮은 양반계층과 상인층이 거주했던 남촌의 변두리 지역이었다. 조선 후기 명동에는 외국인 일반주거지가 형성되기 시작했고, 청·일 전쟁 이후에는 일본인들이 거주지가 되었다. 명동은 조선 후기 개화기에 들어서면서 중국과 일본인 등의 거주지로 성장하게 되었고 금융과 상업 기능이 집적되기 시작했다. 특히 일제강점기에 들어서면서 명동은 일본 상인들의 중심 거주지 역할을 하면서 경

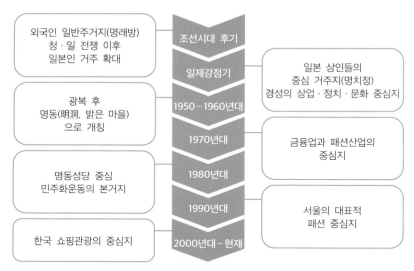

그림 21-1 **명동의 시대별 변화상**

외국인 일반주거지(명래방) 청·일 전쟁 이후 일본인 거주 확대	조선시대 후기
	일제강점기
광복 후 명동(明洞, 밝은 마을) 으로 개칭	1950~1960년대
	1970년대
명동성당 중심 민주화운동의 본거지	1980년대
	1990년대
한국 쇼핑관광의 중심지	2000년대~현재

일본 상인들의
중심 거주지(명치정)
경성의 상업·정치·문화 중심지

금융업과 패션산업의
중심지

서울의 대표적
패션 중심지

자료: 임희지 외(2011)에서 재구성.

성의 상업, 정치, 문화의 중심지로 변하기 시작했다. 광복 후 '밝은 마을' 명동(明洞)으로 지역 이름을 바꾸면서 지금과 같은 명동의 모습을 갖추기 시작했다.

1950~1960년대 이후에도 명동은 서울에서 중요한 지역이었다. 서울의 중심가에 위치하여 서울의 근현대사의 변화를 보여 주는 공간으로서 역할을 해 왔다. 명동국립극장 주변에 산적해 있는 다방들은 문화예술인들의 사랑방 역할을 했다. 문학의 밤, 출판기념회 등 문화 활동의 중심지로 활용되었고, 1970년대에 통기타 살롱들은 대중문화의 산실이었다. 1980년대는 명동성당을 중심으로 민주화운동의 본거지 역할도 했다.

명동에는 상업이나 쇼핑시설 외에도 우리나라의 근현대사의 아픔과 변화를 상징하는 장소가 곳곳에 남아있다. 명동성당, 명동예술극장, 유네스코회관 등 근대 건축문화 유산들은 명동의 장소성을 형성하는 데 큰 역할을 했다. 이런 건물들은 우리나라 역사의 흔적을 간직하면서 명동이 왜 중요한 지역인지에 대한 중요한 단서를 제공하고 있다. 명동은 오랜 시간을 거치며 많은 변화가 있었기에 다양한 역사와 문화가 남아 있는 지역이다. 그럼에도 우리에게 명동은 대한민국 정서와 자긍심의 표상, 대한민국 대표 중심 상권이자 서울 최고 번화가, 대한민국 패션 1번지, 그리고 관광 1번지라는 이미지가 더 크게 남아 있다. 우리의 역사 속에서 변해 온 명동의 가치를 더 잘 알리기 위한 고민이 필요하다.

2) 명동의 상권 변화에 따른 문제점

지금의 명동은 어떤 모습일까? 한국의 근현대사, 문화를 꽃피우던 많은 사건들을 뒤로하고 쇼핑 중심 지역, 관광특구에 대한 이미지가 더 크게 부각되고 있다. 특정 상권만이 비대해지면서 명동 상권에도 문제점들이 발생하고 있다. 대형 브랜드의 독과점 양상으로 출혈 경쟁이 심화되고 있으며, 높은 지가 및 임대료와 과다 경쟁으로 소매 상권의 형성은 거의 불가능한 상황이다.

중국인 관광객의 영향으로 화장품 매장이 급증하면서 외국인 관광객에 대한 의존도가 높아졌고, 이는 명동 상권의 지속적인 성장에 장애 요인이 되었다. 명동 상권을 구성하던 소상공인의 이탈과 한류 문화에 대한 지나친 의존으로 지속적 성장이 어려운 상황이다. 기업형 화장품 업계의 포화 상태에서 체계적인 정보 제공 및 홍보 시스템을 갖추지 못한 소규모 상점은 갈 곳이 없다. 대형 브랜드 매장과 소상공인이 더불어 상권을 형성할 수 없는 구조가 되었다.

명동관광특구에 종사하던 사람에 의하면 패션 및 의류 매장은 2007년 730여 개에서 2010년 477개, 그리고 2013년에는 331개로 감소하였다고 한다. 대부분 여성의류나 가방 및 지갑, 신발 및 액세서리 상품이며, 국내 브랜드가 45%, 해외브랜드가 27%, 병합이 18%, 무상표 브랜드가 10%로 소상공인이 명동에서 살아남기는 한계가 있어 보인다. 반면 화장품이나 뷰티 관련 업소는 2008년 21개에서 2015년에는 무려 134개로 증가하였다고 한다. 명동 건물 4곳 중 1곳이 화장품 판매점이라고 보면 되는 정도이고, 화장품 매장의 경우 85.9%가 국내브랜드로 구성되어 있다(서울특별시, 2016).

명동의 유동인구 중 일본인과 중국인 관광객이 차지하는 비중은 35%이다(서울특별시 2016). 이에 따라 명동의 상권지도에 변화가 나타났다. 관광객이 증가하자 명동의 기존 상권이 포화 상태에 이르고 작은 음식점과 술집이 즐비했던 골목길까지 패션상가와 화장품 매장이 들어섰다. 상권의 다양성을 막는 1등 공신은 바로 높은 임대료, 대형 브랜드의 독과점으로 인한 출혈 경쟁 심화 등을 꼽을 수 있다. 한류 문화와 외국인 관광객에 대한 지나친 의존 역시 명동의 정체성을 파괴하고 있다. 과거 패션 1번지로 불리던 명동이 '화장품 1번지'로 변하고, 화장품 쇼핑에만 집중하는 관광지로 변하고 있다. 명동거리에서 단순한 소비가 아닌 하나의 문화 소비 현상으로 발전시킬 대책이 필요하다.

3) 외부에서의 시각, 관광객들이 기억하는 명동

많은 사람들이 명동의 정체성이 사라지고 있는 것을 안타까워한다. 그렇다면 외국인 관광객들은 명동을 어떻게 인식하고 있을까? 외국인 관광객들은 명동은 다양한 쇼핑시설이 밀집된 최적의 쇼핑장소로 인식하는 경우가 많다. 명동을 방문하는 외국인 관광객의 대부분은 화장품을 구매한다. 기초화장 제품부터 마스크팩, 헤어팩, 핸드크림, 색조화장 제품 등 품목도 다양하다. 소규모 브랜드 의류와 액세서리도 구매할 수 있고, 의류는 다양한 제품들이 많아 평가도 좋은 편이다. 게다가 일본어나 중국어로 소통이 가능한 상점이 많아 쇼핑하기에는 더없이 편리하다. 외국인 관광객들에게 명동은 노점상이나 로드숍부터 백화점, 면세점에 이르기까지 다양한 쇼핑시설이 밀집되어 있어 쇼핑에 최적화된 공간이고, 특히 싸면서도 질 좋은 화장품을 살 수 있는 쇼핑 공간이다. 게다가 명동의 노점상에서는 판매하는 길거리 음식들은 먹는 것을 쇼핑의 쏠쏠한 재미로 받아들이기도 한다(반정화, 2016).

물론 긍정적인 평가만 있는 것은 아니다. 사람이 많아 너무 복잡하고 화장품 상점이 밀집되어 있어 휴식 공간도 부족하고 통행도 불편하다고 토로한다. 때로는 강매를 하거나 물건 구매를 하지 않거나 교환·환불을 요청하면 태도가 돌변하는 직원 때문에 부담스럽기도 하다고 한다.

관광객들의 명동거리의 경험의 대부분은 쇼핑으로 가득 차 있다. 저렴한 화장품이나 디자인이 좋은 옷, 쇼핑 중심으로 혼잡한 거리에서 관광객들은 우리가 느끼는 명동의 정체성을 과연 얼마나 느낄 수 있을는지. 명동은 조선시대부터 일제강점기와 근현대화 시기를 거치는 동안 서울의 중심지였다. 상업시설도 있었지만 다양한 문화의 틀을 만들었던 소중한 역사가 담긴 지역이다. 그러나 관광객들의 상당수는 명동의 이런 모습들을 보지 못한다. 곳곳에 숨어있는 역사적 자산들을 보지 못하는 관광객들이 문제가 아니다. 숨은 자산들을 전달해 줄 수 있는 장치를 마련하기보다는 관광객들을 더 많이 유치하기에만 급급했던 우리의 정책에서 문제를 찾아야 한다. 관광산업의 중요성으로 상업화에만 열을 내는 동안 명동 내부에 있는 중요한 우리의 역사는 표출되지 못한 채 방치되어 있었다. 물론 명동 상권을 지키려는 목소리도 있었고, 1975년 사라진 옛 명동국립극장을 복원하여 2009년 6월 5일 명동예술 극장으로 새롭게 문을 열었다. 명동성당은 예나 지금이나 그 자리에 있다. 명동의 정체성이 변했다는 문제보다는 내재해 있는 명동의 참모습을 지키려는 의지가 부족한 것일 수도 있다. 명동에 쇼핑을 온 관광객들에게 명동에는 화장품만 있는 것이 아니라 소중한 한국과 서울의 유구한 역사와 다양한 문화를 경험할 수 있도록 해야 한다. 내국인이 명동으로 다시 돌아올 때 관광객들은 명동에서 쇼핑과 문화를 같이 경험할 수 있으며, 잃어버린 명동의 정체성을 찾을 수 있다.

3. 인사동의 변화, 전통적 공간의 몰락인가?

1) 인사동, 전통문화거리의 변화와 매력

인사동은 서울의 대표적인 전통문화거리이다. 어쩌면 현재 남아 있는 거리 중에서 전통적인 상가들이 다수 밀집해 있는 유일한 거리인지도 모른다. 많은 관광객들이 서울에서 한국의 전통적인 기념품을 구매하기 위해서 방문하며, 최근에는 곱게 차린 한복을 입고 거리를 활보하는 젊은 학생들도 많이 볼 수 있고, 한복을 입고 다소 어색한 듯 깔깔거리면서 길을 걷는 외국인 관광객들을 보는 것도 어려운 일이 아니다. 외국인들과 관광객으로 늘 북적거리는 모습만 보면 아무런 문제도 없어 보인다. 그러나 인사동 역시 관광명소화되면서 명동과 유사한 문제들을 겪고 있다. 인사동의 전통이 사라지고 있다고 한다. 전통이 사라진 것인지 전통 상권이 변하고 있는 것인지는 알 수 없지만 대부분의 상점들이 관광객을 끌어들이기 위한 품목들로 채워지고 있다.

인사동의 전통거리 형성은 조선시대로 거슬러 올라간다. 인사동이란 명칭은 조선조의 관인방(寬仁坊)과 대사동(大寺洞)에서 연유했다.[1] 인사동이라 불린 것은 1914년 무렵부터이다(김연희, 2004). 조선

그림 21-2 인사동의 시대별 변화상

자원 축적	조선 초기	사대부 거주 지역	• 예술가 밀집 • 사대부의 유흥가
	조선 중기	지방인구 유입	• 가로변 주변 필지 분할
	조선 후기	안동 김씨 · 민씨가 등 세도가 거주	• 집터 등 인물 관련 터
자원 유출 · 골동품 거리화	일제강점기	권문세도가의 몰락	• 대량의 골동품 유출 • 일본인 대상 골동품 거래소
	해방기	일본인 퇴출	• 일본인 소유 골동품 유출 • 내국인 골동품 시장 형성
전통업소 확산 · 관광 활성화	1960년대	골동품 시장 활성화	• 표구사 및 필방 · 지업사 입주
	1970년대	외국인(미군), 관광객 밀집	• 메리의 거리(Mery's Alley) • 화랑 입주
	1980년대	정책적 관심 (아시안게임, 올림픽)	• 서울시 전통문화의 거리 지정
전통문화 관광거리화	1990년대	정책과 개발 집중	• 걷고 싶은 거리, 차 없는 거리 지정 • 관광객 급증, 개발 압력 증대
	2000년대	문화지구 지정	• 자연보존 집중 • 서울 문화 상품화(대표적 관광지)

자료: 종로구, 인사동 문화지구 외부평가 연구(2005)에서 재구성.

---

1 《한경지략》에 보면 옛날 대사동에는 원각사, 그전 고려시대에는 흥복사가 있었다고 전해지는데, 이곳은 오늘날 탑골공원과 인사동 일대를 말한다(김연희, 2004, p. 29).

시대 사대부 거주지역으로 예술가들이 밀집하면서 서화의 거리로 자리를 잡았고 인사동을 주변으로 예술 관련 자원들이 축적되었다. 일제강점기 권문세도가가 몰락하면서 대량의 골동품들이 유출되었고 인사동은 일본인 대상으로 골동품과 고서화를 취급하는 거리로 바뀌었다. 해방 후 일본인들이 빠져나가고 내국인의 골동품 시장이 형성되었으며, 1960년대 즈음 전통업소가 확산되면서 골동품 및 표구사, 필방, 지업사 등이 하나둘씩 자리를 잡아갔다. 인사동을 드나드는 예술가들을 위해 주변으로 다방과 찻집, 음식점들이 하나둘 생겼다.

1970년대 미군들이 밀집되면서 화랑이 입주하기 시작했고 한때 '메리의 거리'(Mery's Alley)로 불릴 정도로 번성했다. 1988년 서울올림픽 기간 중 우리나라를 찾는 외국인들이 방문할 수 있는 거리를 만들기 위해서 인사동은 국제적인 관광거리로 변신하기 시작했다. 1990년대 관광객이 급증하면서 개발 압력 등으로 고서점과 골동품이 하나둘씩 인사동을 떠나기 시작했고, 해방 이후 형성되었던 전통문화 네트워크는 조금씩 사라지게 되었다. 지역문화를 보존하고 지키기 위해서 2000년 인사동은 문화지구로 지정되었다. 인사동의 전통이 사라지거나 이탈하는 것에 대한 우려에도 여전히 인사동은 서울의 대표적인 전통문화 거리이다.

오랜 역사를 거쳐 온 만큼 인사동은 매력적이다. 조선시대부터 한국 예술의 장(場) 역할을 했던 인사동 골목길에는 다양한 매력이 숨어 있다. 조선시대부터 지금까지 역사가 층층이 쌓여 있다. 세로로 뻗어 있는 인사동길을 중심으로 가로로 연결되어 있는 길들에 큰 변화가 없으며 미로 같은 골목길들이 거미줄처럼 뻗어 있다. 그 속에는 조선시대부터 일제강점기를 거쳐 근현대에 이르기까지 많은 역사적 사건과 인물들의 흔적이 남아 있다.

　지금은 터만 남아 있지만 인사동은 많은 인물들과 연관성이 있는 지역이다. 특히 서화의 거리로 골동품, 고미술의 거래가 활발했던 만큼 조선 후기 이후의 한국 역사의 장, 고미술 중심의 수공업 기반의 전통 문화가 남아있는 곳이 많다. 권문세가의 거주지였던 곳도 많은데, 조광조, 김좌근, 민익두, 박영효, 민영환, 김홍근, 의친왕 이강 등이 살았던 집터가 위치한 곳이 바로 지금의 인사동이다. 근대로 들어와 충훈부, 우정국, 전의감, 서북학회, 조선일보사, MBC 라디오방송국 등

그림 21-3 인사동 길의 문화적 자산 분포

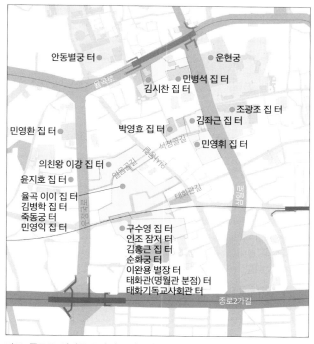

자료: 종로구, 인사동 문화지구 외부평가 연구(2005)에서 재구성.

이 있었던 지역이기도 하며, 3·1운동의 역사적 기원이었던 태화관이 위치한 곳도 바로 인사동이다(종로구, 2005).

　인사동에는 역사적 건물만 있는 것도 아니다. 외국의 유명 건축가가 설계한 건축물도 다수 있다는 것은 새롭기까지 하다. '학고재 화랑'(현 '갤러리 이즈')은 재일교포 이타미 준(伊丹潤)이 설계한 곳이고, '인사 아트센터'는 프랑스의 장 빌모트(Jean M. Wilmotte)가, '쌈지길'은 미국의 가브리엘 크로이츠(Gabriel Kroiz)가 건축한 곳이기도 하다(종로구, 2005). 인사동 주변에는 역사문화자원도 많이 산재해 있다. 경복궁과 창경궁, 운현궁과 조계사가 인접해 있으며, 악기 전문 낙원상가, 낙원동의 떡집과 피맛골의 골목길 등이 밀집한 지역이 바로 인사동이다. 오랜 역사적 사건의 층이 켜켜이 쌓인 곳으로 자세히 들여다보면 골목골목에 많은 흔적이 남아 있다.

2) 인사동 상권의 변화

인사동의 전통 상권이 빠져나가면서 많은 변화를 가져왔다. 단순히 전통 상권의 이탈에서 비롯되었다기보다는 복합적인 문제이다. 문화지구 지정에도 불구하고 인사동의 전통 상권의 이탈은 계속되었다. 어쩌면 문화지구로 지정되었기 때문에 그나마 이탈의 속도를 늦추게 된 것인지도 모른다.

　2000년 문화지구 지정에도 불구하고 지속적으로 인사동 전통 상권의 위협은 계속되었고, 인사동 문화지구 평가에서도 많은 문제점들을 지적하였다. 고미술 네트워크가 붕괴하고 공예품과 화랑 중심으로 변해 가는 것은 2005년 이후 평가에서도 계속 지적되는 문제였다. 거리 방문객의 대부분은 관광객으로 채워졌으며, 전통을 기반으로 관광지

표 21-2 인사동 문화지구의 평가와 실태 분석

구분	현황 진단	운영실태 분석
2005년	• 공예품과 판매 화랑 중심 • 전통으로부터 파생된 관광과 기념품이 소비되는 거리	• 전통문화지구라는 기호성 획득 및 정비사업에 따른 거리 환경 개선 • 고미술 네트워크의 현저한 붕괴 및 대형화·복합화 및 관광·공예거리화 • 기획력과 민간의 힘 상실
2009년	• 인사동 전통의 고미술 네트워크 붕괴: 화랑만 급증 • 거리 방문객 폭증: 중용한 관광거점으로 부각 • 규칙의 상실: 지역에 대한 통제력 상실	• 표면적 전통업소 수 증가 등 문화지구 지정 전반적 목표 달성 • 문화지구 지정 당시 문제점의 미해결 및 점차 확대 • 혼잡한 인사동, 전통 없는 전통, 열정의 상실, 정보의 부재, 관리의 부재 등
2012년	• 상업 번화가로 정착화 • 주 가로변과 골목길 간 방문객 유입 격차 심화 • 노점상 정착과 대형 숙박시설 증가	• 권장 업소 감소, 준권장 업소 증가 • 전통을 기반으로 한 관광지로 정착 • 전통 이미지 소실 등 기존 문제점 고착화

자료: 종로구, 인사동 문화지구 관리계획(2014).

화되어 가는 것을 지적했다. 문화지구 지정에도 불구하고 해결되지 않는 문제들과, 규칙이 있음에도 통제력을 상실한 현실은 지금도 문제로 남아 있다.

인사동을 중심으로 문제가 되는 전통 상권의 이탈은 면밀히 들여다볼 필요가 있다. 인사동의 상권은 크게 권장 업종과 준권장 업종, 일반 업종으로 나눌 수 있다. 권장 업종에는 표구점, 골동품점, 필방과 지업사, 공예품점, 화랑 등이 포함된다. 전통 상권의 이탈이라 하면 주로 권장 업종의 감소를 이야기한다. 2015년 기준으로 인사동의 전체 업소 수는 1,736개로 2002년과 비교해 보면 183개 업소가 줄었다. 이 중 권장 업종은 2002년 372개, 2005년 448개, 2009년 503개, 2012년 443개에서 2015년에는 551개소로 증가하였다. 2015년에는 2012년 대비

표 2I-3 인사동의 업종 분포 변화

단위: 개, %

업종		2002년 업소 수	2005년 업소 수	2002년 대비 증감율	2009년 업소 수	2005년 대비 증감율	2012년 업소 수	2009년 대비 증감율	2015년 업소 수	2012년 대비 증감율
권장 업종	표구점	57	49	-14.04	47	-4.08	42	-10.64	43	2.38
	골동품점	72	67	-6.94	48	-28.36	48	0.00	40	-16.67
	필방/지업사	42	40	-4.76	33	-17.50	36	9.09	32	-11.11
	공예품점	96	161	67.71	195	21.12	141	-27.69	245	73.76
	화랑	105	131	24.76	180	37.40	176	-2.22	191	8.52
	소계	372	448	20.43	503	12.28	443	-11.93	551	24.38
준권장 업종	전통찻집	47	43	-8.51	28	-34.88	42	50.00	31	-26.19
	한정식집	39	30	-23.08	20	-33.33	34	70.00	32	-5.88
	전통생활한복점	15	24	60.00	29	20.83	32	10.34	31	-3.13
	액자점	12	11	-8.33	14	27.27	16	14.29	13	-18.75
	소계	113	108	-4.42	91	-15.74	124	36.26	107	-13.70
일반 업종	전통주점	51	32	-37.25	10	-68.75	16	60.00	11	-31.2
	음식점	403	212	-47.39	260	22.64	238	-8.46	272	14.3
	문화업무	246	318	29.27	292	-8.18	157	-46.23	287	82.8
	일반업무	463	237	-48.81	280	18.14	298	6.43	263	-11.7
	기타	271	251	-7.38	340	35.46	485	42.65	245	-49.5
	소계	1,434	1,050	-26.78	1,182	12.57	1,194	1.02	1,078	-9.72
합계		1,919	1,606	-16.31	1,776	10.59	1,761	-0.84	1,736	-1.42

자료: 서울특별시, 서울특별시 문화지구 관리계획 평가(2016).

484

24.38% 증가한 수치이다. 표면적으로는 권장 업종 수가 증가한 것으로 볼 수 있다. 그러나 실제로는 화랑이나 공예품점이 증가한 것으로 고미술 관련 표구점이나 골동품점, 필방과 지업사는 감소하였다. 다시 말해, 관광객들이 많이 찾는 공예품이나 기념품 판매업소가 증가한 것이다.

인사동에서 가장 문제시하는 것은 전통문화의 이탈이다. 인사동길은 고미술 거리에서 화랑과 공예품 거리로 변하고 있다. 고미술 관련 업종은 이제 정말 소수만이 명맥을 유지하는 실정이다. 그나마 인사동에 남아 있는 이유는 여러 관련 업소들이 인사동에 있어 집객효과가 있으며 각종 협회 및 단체가 있기 때문이라고 한다. 원래 2002년 문화지구의 지정 목적이 '전통문화 업소 보호 및 육성 및 이를 해치는 업종 및 용도의 제한, 인사동길 관리 육성 등'이라는 것을 고려할 때, 인사동의 미래에 대한 고민이 필요한 시점이다. 관련 업소가 크게 축소되고 관광객을 대상으로 하는 화랑과 공예품이 늘어난 인사동을 전통문화 업소 지역으로 볼 수 있을 것인지, 공예 등 우리나라 전통에 기반을 둔 상품 판매와 관광의 거리로 볼 것인지에 대한 논란이 예상된다. 현재 인사동을 중심으로 서울공예박물관을 비롯하여 공예에 대한 인프라가 집적되고 있는 것을 고려한다면 부정적 시각으로 볼 것만도 아니다.

인사동이 관광지화되고 있는 것은 중심거리인 인사동길의 상점의 비율에서도 찾을 수 있다. 인사동길 대부분은 기념품 판매점이 차지하고 있다. 인사동길의 1층 업소 중에서 기념품, 공예품 판매점 비율은 37%를 차지하고 있다. 인사동길 1층 업소 중 의류 및 잡화 판매점 비율도 18%나 되어 의류 및 잡화 판매점이 강세를 보이고 있으며 화장품 판매점과 커피 전문점도 증가하고 있다. 이 외에도 대규모 개발사업은

그림 21-4 인사동 지역상권의 업종 분포

■ 골동품점 ■ 필방/지업사 ■ 화랑/갤러리 ■ 표구사
화장품/의류/잡화 □ 식품/음료

자료: 서울특별시, 서울특별시 문화지구 관리계획 평가(2016).

인사동 골목을 중심으로 조성된 지역커뮤니티가 붕괴될 우려를 가져오고 있다. 건물 전체를 사용하는 통상가도 등장하였고, 인사동 문화지구 내에 위치한 복합상가도 9개나 되었다. 인사동 주변으로도 서울시 공예박물관, 옛 대성산업 부지인 삼성화재 호텔 건립, 하나투어 면세점 등은 인사동 상권의 거대화에 기여하고 있다(서울특별시, 2016).

3) 인사동에서의 전통 보존의 의미

전통을 경험하기 위해 인사동을 찾는 외국인 관광객들은 인사동에서 어떤 전통을 구매하고 있을까? 인사동이 관광기념품이나 전통공예품, 잡화 판매업소와 음식점 및 찻집 등의 분포가 높은 것을 고려하면 어느 정도 예측이 가능하다. 인사동을 방문하는 관광객들은 관광기념품이 될 만한 것을 많이 구매하며, 그 품목은 전통 탈, 보석상자, 카드, 필통, 자석, 잠옷, 양말 등에 이르기까지 다양하다. 한국의 전통적인 물품이 많고, 종류도 다양하여 구경하기에 좋은 장소라는 평도 많았다. 특히 쌈지길에 있는 물품들은 디자이너 상품도 많고 품질도 좋으나 가격이 상대적으로 비싸서 물건을 구매하지는 않았다는 의견도 있었다(반정화, 2016). 전통 상권의 이탈문제와 관계없이 여전히 관광객들은 인사동을 서울의 대표적인 전통거리로 인식하고 길거리를 거닐면서 기념품을 구매하고 한국의 전통을 경험한다고 말한다.

전통거리로 알려진 인사동에서 판매하는 상품들은 전통기념품이나 공예품에서부터 잡화에 이르기까지 매우 다양하다. 판매 업종에 대한 규제에도 불구하고 인사동 문화지구에서 잡화 구매가 많다는 것은 전통문화지구로서의 인사동이 통제 범위 밖에 있다는 것을 보여 준다. 고미술 상가의 감소와 공예품점의 증가도 중요한 문제이지만, 전통과의 연관성이 상당히 떨어지는 업종의 증가는 인사동 자체가 전통성을 상실할 우려를 낳는다. 이런 상황이 지속된다면 차별성이 없는 일반적 쇼핑거리로 변할지도 모른다. 우리는 전통이라는 특성 자체가 사라질지도 모른다는 위기의식을 가져야 한다.

전통업소의 보존을 위해서 문화지구로 지정하기도 했지만, 변화를 막기에는 역부족이었을까? 대규모 상권의 확대와 개발로 인하여 인사동이 변하고 있다. 전통을 보호하고자 하는 내부의 움직임도 외부의 힘을 감내하기에는 역부족인 듯 보인다. 인사동을 찾는 이유는 과거와 달라졌다 하더라도 그 달라진 전통을 접하기 위해서이다. 변화하는 전통을 막을 수는 없지만 전통이 사라지는 것은 막아야 한다.

4. 문화, 역사, 사람이 공존하는 공간으로서의 관광지

서울의 대표적인 거리 명동과 전통의 상징거리인 인사동을 살펴보았다. 두 지역 모두 정체성을 잃어가는 것이 우려되고 관광명소화되면서 하루가 다르게 치솟는 임대료와 지가로 인하여 고유 업종들이 이탈하는 문제를 겪고 있다. 그러나 내국인들이 명동과 인사동에서 고유성이 상실됐다고 하는 반면 관광객은 여전히 한국의 문화와 전통을 경험한다고 말한다. 외국인 관광객과 내국인의 서로 다른 시각 차이에 대한 대책이 필요하다. 서울 근현대의 역사와 문화를 가진 명동거리를 쇼핑거리로만 인식하고, 여전히 군데군데 역사와 전통이 살아 있는 인사동을 거닐면서 다른 곳에서도 살 수 있는 잡화를 구매하고 있다.

서울을 방문한 관광객들이 두 지역이 가진 지역의 가치를 얼마나 이해하고 돌아갔을까를 되물어 본다. 관광객이 경험한 한국문화와 전통은 무엇이었을까를 생각해 보고 그 이야기를 다른 이들에게 한국의 진정한 모습이라고 이야기하는 것을 생각해 보자. 쇼핑이 중요하지 않다는 것은 아니다. 관광객이 와서 기념품도 사고 지역의 음식도 맛볼 수 있어야 한다. 북적이는 서울의 주요 거리들을 활보하는 것은 지역 경제에 도움을 준다. 문제는 문화적 가치를 배제한 채 쇼핑과 같은 특정한 부분만이 부각되면서 지역의 가치가 왜곡되는 것이다. 지역개발을 우선시한 도시정책, 보존을 위한 목소리와 장치에도 불구하고 그 장치를 무시하는 사람들이 더 많은 것은 아니었는지 싶다. 가장 큰 문제는 사회 전반적으로 지켜야 한다는 공감대가 형성되지 않았기 때문이다. 지키려는 소수가 지키고 싶어 하지 않는 다수에게 밀린 것이다.

지속적으로 관광객을 끌어들이기 위해서 필요한 것은 진정한 한국

문화의 체험이다. '진정한' 한국문화는 내국인의 공감과 인정이 필요하다. 그것이 현대적인 것이든 과거의 것이든 관계없다. 명동과 인사동의 획일화된 쇼핑 중심의 상권 구조는 지속성을 담보하지 못한다. '쇼핑의 고수'들은 명동을 가지 않으며, 재방문이 많은 일본인 관광객도 인사동에서 한국문화를 찾지 않는다. 명동과 인사동에 남아있는 한국의 참문화와 역사의 진정성을 전달할 수 있는 안으로부터의 움직임이 필요하다. 정체성이라는 것은 과거의 것만을 지칭하는 것이 아니라 시대에 따라 변하는 한국 또는 서울의 상을 담고 있는 것이다. 이미 공감대가 형성되어 보존과 지킴이 필요한 고유의 문화적 요소를 되찾을 수 있도록 해야 한다. 어렵다면 이탈의 속도만이라도 늦춰야 한다.

그 의미를 잘 모르더라도, 고유한 것이라는 것은 누군가에게 소중한 추억이다. 사람들은 인사동에 전통은 사라지고 있다고 하지만 여전히 누군가는 한국문화의 전통을 찾기 위해 인사동으로 발길을 향한다. 고령의 휠체어를 탄 한국전쟁 참전용사는 한국을 다시 찾고, 그때 그 시절을 떠올리면서 한국 전통을 조금이라도 느끼기 위해서 인사동을 방문한다. 해외로 입양될 검정 눈의 갓난아이와 노란 머리 엄마도 출국하기 전 인사동을 들른다고 한다. 아이에게 모국의 문화를 잊지 말고 기억하라고. 그렇게 인사동에서 한복을 사고 전통기념품을 구입해 간다. 성인이 된 입양아는 한국의 전통을 찾기 위해서 인사동을 다시 방문한다.

이곳마저 사라진다면 이들은 어디에서 전통을 찾아야 할까? 올바른 문화를 전달하는 것은 우리의 몫이다. 진정한 관광지는 문화, 역사, 사람이 공존하는 공간이어야 한다. 관광객 밀집지역으로 변해 가는 장소를, 그들만의 리그가 아닌 지역민과 관광객들이 공존할 수 있는 장소로 변화시킬 수 있는 방안의 모색이 필요하다.

참고문헌

김연희 (2004). 《인사동: 현대와 전통이 공존하는 인사동에 관한 모든 것》. 김영사.
문화체육관광부 (2016). 〈외래관광객 실태조사〉.
반정화 (2016). 〈서울시 쇼핑관광의 실태분석과 정책시사점〉. 서울연구원.
서울특별시 (2016). 〈도심부 도시재생과 연계한 지속가능한 명동지역 발전 방안 연구〉.
_____ (2016). 〈서울특별시 문화지구 관리계획 평가〉.
임희지·박현찬·변미리·이성창·민현석 (2011). 《길을 통해 본 서울성》. 서울시정개발연구원.
종로구 (2005). 〈인사동 문화지구 외부평가 연구〉.
_____ (2014). 〈인사동 문화지구 관리계획〉.

제 22 장

서울시 외국인 및 동포 이주민의 경제 공간

정수열

대림동, 조선족 디아스포라 공간

2015년 기준 한국의 등록 외국인의 수는 약 114만 명에 달해 전체 인구의 약 2.7%를 차지한다. 1990년에는 약 6만 5천 명으로 전체 인구의 0.15%에 불과했던 것에 비춰 볼 때 비약적으로 성장하였다. 양적 성장과 더불어 외국인 이주민의 사회적 특성 또한 변하였다. 우선 출신 국가가 다양해졌고 구성도 바뀌었다. 1990년만 하더라도 대만인이 등록 외국인의 거의 절반을 차지하고 미국인, 일본인 순으로 많았으며 이들이 거의 전체 90%를 차지하였다. 하지만 현재는 중국인이 절반을 넘게 차지하며 베트남인, 타이인, 미국인, 필리핀인 순으로 변하였다.

이주 목적 측면에서도 커다란 변화가 있었다. 과거 상당 기간 동안 외국인 이주민은 화교를 제외하면 주한미군과 외국 기업 및 정부의 한국 주재원과 그 가족이 다수였다. 그러나 1990년대 이후 단순 노무직 외국인 노동자, 결혼이주민, 외국인 유학생이 주요 이주 목적별 유형이 되었다. 특히 한국인 결혼대상자의 부족과 가사육아 도우미, 간병인 등의 서비스 인력 수요로 인해, 남성보다는 여전히 적은 수이지만 다수의 여성이 이주해 왔다. 결혼이주민의 유입, 외국인 노동자 간 결혼, 그리고 외국인 노동자와 한국인 간 결혼에 따른 이른바 다문화가정 자녀들이 증가했고 이들이 성장해 가면서 외국인 학령인구도 증가한 것도 최근 변화이다. 이와 더불어 한국계 중국인, 즉 조선족[1]을 중심으로 한 해외동포의 대거 유입과 탈북자라 불리는 북한이탈주민의 지속적 유입은 여타 선진국과는 다른 우리 사회의 특수성이다. 이와 같이 외국인 이주민은 인종·민족, 계급, 젠더, 연령이 상호교차하고 조합되어 독특한 집단을 만들고 있다.

외국인 이주민이 양적으로 증가하고 질적으로 변화되면서 이들의 인권과 복지에 관련된 많은 쟁점이 제기되었다. 외국인 이주민의 다수를 차지하는 단순 노무직 외국인 노동자의 경우 저임금 노동, 임금 체불, 열악한 노동 조건 등 노동 관련 문제가 지속적으로 제기되고 있다. 한국 사회에는 민족 서열의식에 바탕을 둔 개발도상국 출신 외국인과 유색인종에 대한 편견과 차별이 엄연히 존재한다. 또한 이들의 법적 권리를 보장하는 제도가 미비해 의료, 교육 등 복지 서비스가 제대로 이루어지지 않는다. 특히 미등록 외국인 노동자의 경우에는 단속과 추방에 대한 심리적 압박이 더해진다.

문화적으로 한국어가 미숙해 의사소통이 원활하지 않아 작업장에서 안전사고의 위험이 커질 뿐만 아니라 일상생활 관련 정보를 원활히 얻

---

1 이 장에서 '조선족'과 '한국계 중국인'은 동일한 집단을 지칭하며 통계자료를 제시할 때
는 '한국계 중국인'이라는 명칭을 사용하였다.

기도 힘들다. 부모 한쪽이 한국인이고 다른 한쪽이 외국인인 다문화가정에서 태어난 자녀 또한 한국어 미숙에 따른 학습과 교우관계 형성에 어려움을 겪는다. 또한 한국식 식생활이 맞지 않아 건강을 해치는 경우가 적지 않으며 자신이 믿는 종교를 위한 시설이 부재하거나 장거리 이동에 따른 부담 등 다양한 이유로 접근할 수 없어 종교생활 또한 어렵다. 이러한 문화적 어려움은 가부장적인 한국 가정 내에서 가사와 육아를 도맡아 해야 하는 결혼이주 여성의 경우 더 심각하다. 이들의 노동, 사회, 문화 문제에 올바르게 대처하지 못하면 다문화사회로의 안정적 전환은 요원하다.

이 장에서는 최근 외국인 및 동포 이주민이 서울의 도시경제에 미친 영향을 조선족을 사례로 살펴보고자 한다.[2] 우선 서울에서 외국인 및 동포 이주민에 의해 형성된 초국가적 공간을 확인한다. 이어서 조선족의 최대 집중거주지인 대림동으로의 이주 경로와 과정을 파악하고 이로 인해 형성된 조선족 디아스포라 공간을 살펴본다. 또한 조선족을 중심으로 외국인 및 동포 이주민이 서울의 도시경제를 형성하는 방식을, 특정 외국인 및 동포 이주민이 특정 직업군에 집중되는 '도시 노동시장의 민족적 분절화'와 집중거주지를 기반으로 삼아 자영업자로 성장하는 '외국인 및 동포 이주민의 기업가주의와 이주민 지역경제 형성'으로 나누어 살펴본다. 끝으로 이주민 집중거주지의 의미를 되새기며 정책방향을 논의한다. 이 글의 전개는 도시경제에 있어 민족성의 역할

---

2 국내로 유입된 외국 국적인을 지칭할 때 '외국인 및 동포 이주민'이라는 단어를 사용하였는데 이는 절반가량을 차지하고 있는 조선족이 해외동포로서의 지위를 가지고 있음을 확실히 하기 위함이다.

을 확인함으로써 서울의 다문화사회로의 전환을 논의하는 작업이 될 것이다.

1. 외국인 및 동포 이주민에 의한 초국가적 공간 형성

국내 외국인 및 동포 이주민들의 지리적 분포는 균등하지 않다. 우선 전국적 분포를 출신 국가별로 보면, 한국계 중국인은 수도권과 동남권의 산업단지 일대에 편중되어 있다. 반면 유학생 비중이 상대적으로 높은 비한국계 중국인은 서울의 강북 대학가와 천안·아산 지역 그리고 경북 경산시 등 대학도시에 두드러지게 나타난다. 베트남인, 필리핀인, 타이인은 유사한 분포 패턴을 보이는데 수도권과 동남권의 외곽지역에 거주한다. 특히 비한국계 중국인과 베트남인은 결혼이주민 비중이 상대적으로 높아 촌락 지역에도 적지 않으며 전국적으로 보다 고른 분포를 보인다. 반면 미국인의 분포는 사뭇 다른데, 서울 강남권과 성남시 분당에 주로 분포해 있다. 전반적으로 외국인 취업자의 경우 전문직의 비중이 높은 선진국 출신은 외국인 투자기업이 많은 지역에, 단순노무직 비중이 높은 개발도상국 출신은 제조건설업체가 많은 곳에 거주하는 경향을 보인다. 외국인 및 동포 이주민의 체류 목적은 크게 단순 기능직 노동자, 결혼이민자, 유학생, 전문 기능직 인력 등으로 나눌수 있으며 출신 국가별로 체류 목적에 쏠림이 있다. 거기에 국내 지역들은 산업적 기능이 특화되어 있기에 그에 상응해 외국인 및 동포 이주민이 분포해 있다(박세훈·정소양, 2010). 요약하면 외국인 및 동포 이주민의 분포는 출신국가별 체류 목적의 쏠림 현상과 국내 지역별 기능

특화가 상호작용한 지리적 결과이다.

　외국인의 서울로의 집중은 뚜렷하다. 2015년 서울에 거주하는 등록 외국인 수는 27만 5천여 명으로 전국 외국인 이주민의 24.1%이다. 서울시에 거주하는 등록 외국인의 지리적 분포와 변화를 살펴보면 〈그림 22-1〉과 같다. 2006년에만 하더라도 외국인이 3천 명 이상 거주하는 동은 영등포구 대림2동과 금천구 가산동 두 개 동에 불과했다. 이들 동에 거주하는 외국인은 중국 국적인이 다수를 이루는데 그 수가 각각 5,032명, 3,093명에 달했다. 그 밖의 외국인이 1천 명 이상 거주하는 동은 이촌1동, 한남1동, 이태원1동, 연희1동이며 그 규모에서 차이가 적지 않다.

　불과 9년 뒤인 2015년에 외국인의 지리적 분포는 흥미롭다. 우선 외국인이 3천 명 이상 거주하는 동의 수가 크게 증가한 것을 확인할 수 있다. 특히 영등포구, 금천구, 구로구에서 외국인 이주민의 양적 증가가 뚜렷한데, 이는 중국 국적인의 기존 집중거주지가 주변 지역으로 확대되면서 커다란 군집을 이루었음을 의미한다. 이들과 지리적으로 분리되어 있는 중국 국적인 집중거주지로는 광진구 자양4동이 유일하다. 한편 여타 다른 국적 외국인의 집중거주지는 지리적으로 확산되지 않고 2006년과 유사하다.

　외국인 이주민의 도시 내 집중거주지는 네 가지 유형으로 분류될 수 있다(박세훈, 2010). 첫 번째 유형은 외국 관련시설 주변 지역이다. 인천 차이나타운은 1884년 체결된 '인천화상조계장정'에 의해 처음 조성된 5천 평 규모의 조계지를 기반으로 성장하였다. 용산-이태원은 임오군란을 제압하기 위해 들어온 청나라 군대의 주둔지였다가 청·일전쟁 이후 일본군이 대신 들어섰으며, 해방 이후로는 미군의 주둔지였

그림 22-1 서울시 거주 등록 외국인의 행정동별 분포

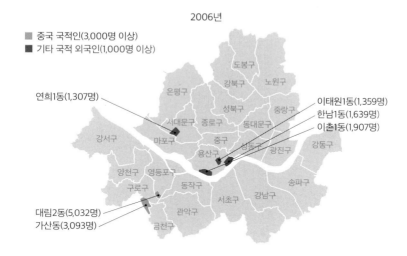

2006년

■ 중국 국적인(3,000명 이상)
■ 기타 국적 외국인(1,000명 이상)

연희1동(1,307명)

이태원1동(1,359명)
한남1동(1,639명)
이촌1동(1,907명)

대림2동(5,032명)
가산동(3,093명)

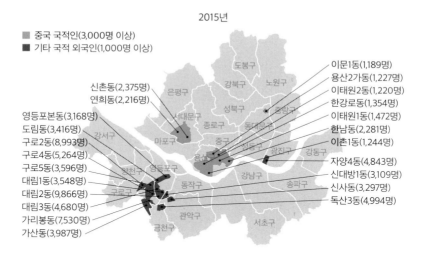

2015년

■ 중국 국적인(3,000명 이상)
■ 기타 국적 외국인(1,000명 이상)

신촌동(2,375명)
연희동(2,216명)

영등포본동(3,168명)
도림동(3,416명)
구로2동(8,993명)
구로4동(5,264명)
구로5동(3,596명)
대림1동(3,548명)
대림2동(9,866명)
대림3동(4,680명)
가리봉동(7,530명)
가산동(3,987명)

이문1동(1,189명)
용산2가동(1,227명)
이태원2동(1,220명)
한강로동(1,354명)
이태원1동(1,472명)
한남동(2,281명)
이촌1동(1,244명)

자양4동(4,843명)
신대방1동(3,109명)
신사동(3,297명)
독산3동(4,994명)

자료: 법무부, 등록외국인통계, 서울통계정보시스템에서 재구성.

다. 또한 이태원은 무슬림의 밀집지역인데 이는 이슬람 사원 덕이다. 이슬람중앙성원은 1970년대 중동 산유국과의 우호관계 증진을 목적으로 건립되었고, 그 주변 지역은 1980년대 말 동남아시아와 남부아시아 무슬림 노동자들이 유입되면서 활성화되었다.

두 번째 유형은 전문직 외국인 노동자가 거주하는 고급 주거단지이다. 주로 1970~1980년대에 외국 공관 혹은 학교 근처 고급 주거지역에 형성되었으며 대부분 서울에 입지했다. 예를 들어 서초구 반포동의 프랑스인 서래마을은 1985년 용산구 한남동에 있던 프랑스학교가 옮겨 오면서 발달하였다. 유사하게 서대문구 연희동 화교마을은 한성화교학교를 중심으로 성장하였다(최재헌·강민조, 2003). '리틀 도쿄'라고도 불리는 용산구 이촌동의 일본인마을은 한국에 진출한 일본계 대기업 상사의 주재원과 그 가족이 식민시대 때부터 친숙했던 용산 주변 아파트촌에 집중 거주하면서 형성되었다.

세 번째 유형은 공단배후 노동자 거주지이다. 1990년대 내국인 기피 업종의 인력난을 완화하기 위해 산업연수생 제도를 필두로 한 일련의 외국인 노동자 정책에 힘입어 성장하였다. 국적도 중국, 필리핀, 태국, 인도네시아, 파키스탄 등 다양하다. 주로 1970~1980년대에 설립된 대규모 산업공단과 하청업체의 공방들 근처에 위치한 큰 시장 주변 지역에 자리한다. 예를 들어 안산시 원곡동(국경 없는 마을), 남양주시 마곡 지구, 시흥시 정왕동, 대구시 달서구 등이다.

네 번째 유형은 대도시의 저렴한 주택지로 한국어 구사 능력이 있고 주로 건설업 일용직이나 요식업, 가사·육아 도우미, 간병인 등 서비스업에 종사하는 한국계 중국인이 거주한다. 서울시의 경우 구로구 가리봉동(조선족 타운)과 구로동, 금천구 독산동, 영등포구 대림동 등이 그 예이며 이들은 1990년대 말부터 형성되기 시작하였다.

  이렇듯 네 가지 유형의 외국인 이주민 집중거주지는 우리나라의 굴곡진 근현대사를 고스란히 담고 있다. 개항 이후 제물포에 설치된 조계지와 용산에 설립된 주둔지는 식민의 역사를 담고 있다. 미군 주둔지와 주변 기지촌은 해방과 함께 찾아 온 분단과 냉전의 역사를 담고 있다. 1990년대 탈냉전으로의 흐름은 한국전쟁 때 파괴되고 이념 대립으로 침체되었던 인천 차이나타운의 재활성화로 이어졌다. 산업구조 개편과 세계화로의 이행은 전국 곳곳에 있는 공단배후의 외국인 노동자의 집중거주지에서 확인할 수 있다. 대도시의 저렴한 주택지역에서 급성장한 한국계 중국인의 집중거주지는 일제 식민지배에 의해, 혹은 지배를 피해 한반도를 떠났다가 해방 이후에도 분단, 전쟁, 냉전으로 체류국의 국민으로 사회화된 코리아 디아스포라를 증언한다(정병호 외, 2011). 이처럼 외국인 거주지는 시대적 변화가 다른 지역보다 가시화된 공간으로 그 변화들이 누적되고 덧씌워져 있다.

2. 조선족의 이주와 디아스포라 공간 형성

조선족의 한국 이주는 1980년대 북방정책을 계기로 중국 및 CIS 지역 국가들과 교류가 이루어지면서 시작되었다. 한국에 친척이 있는 이른바 연고동포 조선족들이 홍콩을 경유하여 들어왔으며 1992년 한·중 수교 이후에는 직접 방문이 가능해졌다. 당시 영세 제조업체는 내국인의 기피로 인해 인력난을 겪고 있었고 서울 주변 신도시 개발로 건설 현장에서는 노동력 수요가 급증했다. 이러한 사정이 친지 방문자를 통해 동북3성 조선족 사회에 알려졌고 구직, 그리고 임금과 환율 차이를 통해 경제적 이득을 얻고자 하는 이주가 급증하게 되었다. 이에 더해 조선족 여성의 결혼이주도 크게 증가하였다(이현욱 외, 2014). 반면 중국은 개혁·개방이 본격화되면서 집단농장이 가족농업으로 전환되고 국영기업이 재편되면서 잉여 농민과 실업 노동자가 증가하였는데, 지방정부 주도로 해외 인력 송출을 통해 잉여 노동력 문제를 완화하고자 하였다. 이처럼 송출국과 수용국의 상황이 맞아떨어졌다.

1990년대 말 외환위기 당시 재외동포의 모국에 대한 공헌을 기대하면서 〈재외동포법〉이 제정되었다. 이 법은 1948년 대한민국 정부 수립 이후 해외로 나간 한인만을 재외동포로 인정했다. 중국과 CIS 지역 동포와의 형평성 문제가 제기되면서 결국 2004년에 개정되었다. 이로써 조선족은 〈출입국관리법〉이 아닌 〈재외동포법〉의 적용을 받게 되었다. 2007년에는 한국에 친척연고가 없는 조선족에게도 동포 지위를 부여하게 되었다. 또한 같은 해에 동포 인력을 우선적으로 활용하자는 취지로 도입된 방문취업제가 실시되었다. 이와 같은 일련의 제도 변화로 조선족의 안정적인 장기 체류가 보장되면서 대림동을 포함한 서울 동남권이 조선족 집중거주지로 급격히 성장하였다(박우, 2017).

대림동은 대표적인 조선족 집중거주지이다. 2015년 대림동에 거주하는 등록 외국인 수는 18,347명으로 전체 주민의 24.6%에 해당한다. 이들 등록 외국인 중 85.1%가 조선족이다. 특히 조선족 상업지인 연변 거리가 형성된 대림2동에서 전체 주민(24,461명) 대비 조선족 이주민(8,506명)의 비중은 34.8%에 달한다. 단기체류 외국인과 외국 국적 동포 거소신고자까지 포함한다면 조선족의 수와 비중은 훨씬 높을 것으로 예측된다.

대림동으로 유입되는 조선족을 포함한 중국인의 이주 경로는 크게 취업, 거주, 자영, 어학 등의 유형으로 나눌 수 있다(정수열·이정현, 2014). 대림동에 거주하는 조선족 이주민은 대부분이 임노동을 목적으로 유입되었다. 한국에 귀화한 친척의 권유로 입국하여 대림동 소재 친척 집을 발판으로 초기에 정착한 후 독립하는, 전형적인 연쇄이주 과정을 밟는 사례도 확인되었다. 동북3성 출신으로 1990년대 칭다오, 옌타이, 웨이하이 등 산둥성에 진출한 한국기업에 한국어와 중국어 능력을 바탕으로 중간관리자 역할을 담당하다가 한국 관련 정보를 얻어 이주해 오는 경우도 있었다. 최초 이주 때 다른 곳에 자리 잡았다가 대림동으로 거주를 목적으로 이동하기도 한다. 직업소개소, 본국 송금을 돕는 중국계 은행, 중국식 식품과 음식을 소비할 수 있는 급양시설, 한·중 간 여객과 운송에 특화된 여행사와 택배회사, 비자 관련 업무를 자문하거나 대행해 주는 행정사 사무소, 이발소 및 휴대폰상점을 비롯한 각종 생활편의 상점 등은 대림동을 거주에 적합한 장소로 만들었다. 조선족은 전통 한국음식을 먹지만 중국식 식문화의 영향을 받아 오늘날 한국인의 입맛과 다르다. 중국식 식재료를 취급하는 식료품점이나 담백한 조선족 입맛에 맞는 음식을 판매하는 식당은 조선족이 자영업자로 진출하는 업종이 되었다. 동북3성에 있는 지역 명칭을 상호로 삼고 간체로 표기한 간판을 세워 집객효과를 노리기도 한다. 소수이지만 어학연수를 위해 이주해 온 사람도 있다. 대림동에 있는 글로벌 빌리지 센터[3] 등에서 제공되는 한국어 강좌를 수강하여 한국어능력시험(TOPIK)에서 좋은 성적을 얻어 취업하는 것을 목적으로 삼는다.

---

3 현재 대림3동에 위치한 서남권 글로벌 센터로 흡수되었다.

조선족의 이주 요인을 요약하면 다음과 같다. 동일한 노동 시간에 보다 높은 수익을 올릴 수 있는 한국의 일자리는 이주의 동기가 된다. 한국에서 얻은 노동 소득의 일부를 중국에 거주하는 가족에게 송금하여 가계 수입을 증대시키고 안정화되면 노후 대비를 할 수 있기 때문이다. 중국경제의 개혁·개방에 따라 한국 노동시장과 연결되고, 내국인의 기피로 노동력이 부족한 한국의 2차 노동시장은 조선족을 흡인하여 유지된다. 고국 방문을 허용하는 〈재외동포법〉이나 방문취업제 등 공식적으로 이주를 보장하는 제도가 시행되면서 이주 흐름이 안정화되었다. 이 흐름이 이어지면서 중국에서 이주민의 송금으로 소득이 증가되는 가구가 주변 가구들로 하여금 이주에 동참하게 하여 이주 문화가 형성된다.

'디아스포라'(diaspora)는 고대 그리스어로 이산(離散)을 뜻한다. 원래는 아시리아에 정복당하여 팔레스타인 지방을 떠나 세계 각지에 흩어져 살면서도 유대교의 관습과 규범을 지키는 유대인을 가리키는 말이었다. 이후 의미가 확장되어, 열악한 환경이나 상황에 의해 혹은 타인의 강압에 의해 자신의 나라를 떠났으나 모국의 규범과 관습을 유지하는 민족 집단 혹은 그들의 거주지를 지칭하는 데 사용된다. 이 같은 확장된 정의에 따르면 난민, 망명자, 이주 노동자, 소수민족 공동체 모두 디아스포라에 해당한다. 특히 조선족은 구한말에서 일제강점기에 걸쳐 재해와 흉년, 수탈 그리고 강제이주 정책에 의해 중국으로 이주하였으나 여전히 한민족 문화를 지켰다는 점에 있어 좁은 의미의 디아스포라 정의에 부합한다. 서울을 포함해 한국으로 이주한 조선족은 보다 정확히는 '귀환 디아스포라'라 부를 수 있다. 하지만 수십 년에 걸쳐 한반도와의 단절과 체류국의 국민으로의 사회화로 인해 새로운 정체성을 구성하였다.

사실 조선족은 하나의 집단으로 다룰 수 없다. 내부적 이질성은 조선족의 이주사를 보면 명확해진다. 압록강, 두만강 이북 장백산 지구는 중국 청조의 발상지로 여겨 만주의 봉금구로 정해지면서 다른 민족의 이주가 엄격히 금지되어 있었다. 하지만 1880년대 후반 청조 말기 들어 봉금령이 해제되고 조선 농민의 이주가 시작되었다. 이주 흐름은 압록강 중상류와 두만강 중하류 지역으로 월경하는 방식으로 이루어졌다. 이들은 주로 평안북도부와 함경북도부 출신으로 흉년과 전염병 창궐에 따른 삶의 기반을 잃은 난민이었다. 20세기 들어 조선반도가 일본 제국주의에 의해 강점되자 토지를 수탈당한 농민과 국권 회복을 위한 의병 및 독립운동가가 대거 중국 동북지역으로 이주하였다. 한편 일제는 간도를 중국 진출의 발판으로 만들고자 한인 이주 정책을 펴기도 했다. 이 시기에 이주한 한인은 전체의 절반가량이 함경도 출신으로 두만강 유역으로 이주했고, 약 4분의 1이 평안도 출신으로 압록강 지구로 이주했다. 상대적으로 작은 비중을 차지했지만 경상도에서 압록강 유역으로 옮겨 온 한인도 있었다. 이처럼 1920년대까지만 해도 상당수의 이주 조선인은 접경지역인 함경도와 평안도 출신이었다. 하지만 1932년 일제에 의해 만주국이 설립되면서 예전과는 다른 이주 양상이 전개된다. 만주 지역 철도 부설 그리고 개간 및 식량 증산을 위해 대규모 인력이 필요했던 일제는 이주 지역을 미리 선정하는 등 계획적이고 조직적으로 한인을 이주시켰다. 논농사에 익숙한 남부지방 주민이 랴오닝성과 지린성으로 집중적으로 배치되었다. 이러한 강제적인 계획 이주의 결과 중국 동북지역에는 경상도 마을, 전라도 마을, 충청도 마을, 강원도 마을, 경기도 마을 등 출신 지역별 집단마을이 형성되었다(임채

502

완 외, 2013; 최재헌·김숙진, 2016).

　종종 조선족은 다른 외국인 노동자에 비해 언어장벽이 낮거나 전혀 없다고 여겨진다. 하지만 냉전 체제 아래서 한국과 중국 간 교류가 없었던 기간이 짧지 않았던 만큼 언어의 차이도 적지 않다. 조선족이 영어 어휘를 많이 수용한 한국어에 익숙해지기까지는 적지 않은 시간이 필요하다. 조선족의 디아스포라 기원지의 차이에 따라 언어 적응 기간에 차이가 있다. 방문취업제 도입 초기는 한국에 연고가 있는 조선족에게만 허용되다 보니 1930년대 이후 일제의 강제이주 정책에 의해 중국으로 이주한 삼남지방 출신 조선족들이 주로 한국에 들어왔다. 이들은 가정 내 일상 대화에서 (조)부모 세대로부터 한국어를 배워 익숙하기에 적응 기간이 짧다 한다. 하지만 무연고 조선족에게도 확대 적용되면서 들어온 함경도와 평안도 출신 조선족들의 경우 언어 적응에 어려움이 크다고 한다. 이처럼 조선족의 디아스포라 과정은 한국으로의 귀환과 적응 과정에도 영향을 미쳤다.

3. 도시경제에 대한 민족성의 영향

조선족을 포함한 외국인 및 동포 이주민이 서울의 도시경제에 영향을 미치는 방식은 크게 두 가지이다. 우선 특정 외국인 및 동포 이주민이 특정 직업군에 집중되어 해당 업종이 민족성을 띠게 되는 '도시 노동시장의 민족적 분절화'이다. 유입국에서의 가시적 혹은 비가시적 차별, 낮은 경제적 지위, 초기 정착 시 수월성, 자민족 결합 등 다양한 이유로 외국인 및 동포 이주민은 서로 이웃해 집중거주지를 형성한다. 집중거주지를 기반으로 삼아 자영업자로 성장하는 '이주민의 기업가주의와 소수민족의 지역경제 형성'이 또 다른 영향이다.

1) 도시 노동시장의 민족적 분절화

2015년 현재 서울에 있는 외국인 노동자는 22만 7천 명으로 서울 취업자의 4.4%에 달한다. 국적별 구성을 살펴보면 한국계 중국인 약 15만 8천 명(69.8%), 북미 출신 약 2만 명(8.9%), 중국인 약 1만 6천 명(7.1%) 등의 순이다. 여기서 주목할 점은 국적별로 상이한 직업 분포를 보인다는 것이다. 통계청의 2015년 외국인 고용조사에 따르면 북미 출신 노동자의 경우 관리자, 전문가 및 관련 종사자(84.4%), 사무 종사자(14.3%)가 대부분인 데 반해, 한국계 중국인 노동자는 단순 노무 종사자(48.0%), 기능 기계조작, 조립 종사자(27.5%), 서비스 판매 종사자(18.8%)에 편중되어 있다(조달호·장윤선, 2016). 이처럼 특정 민족성이 특정 직종과 결합되는 현상이 나타난다. 특히 개발도상국 출신 외국인 노동자들은 단순 노무직이나 단순 서비스직처럼 임금이 낮고 내국인이 선호하지 않는 하위 직종에 집중하면서 그들의 사회경제적 지위에 대한 고정관념이 형성된다.

조선족 노동자의 직종 편향은 여러 가지 요인이 작동한 결과이다. 우선, 역량과 기술의 장소 특수성 때문이다. 일반적으로 노동자 개인이 가진 역량과 기술에 따라 노동시장에서의 지위가 결정된다. 하지만 여타 외국인 노동자와 마찬가지로 조선족 노동자는 모국에서 습득한 역량과 기술이 한국 노동시장에서 가치 절하되거나 아예 인정받지 못한다. 예를 들면 중국에서 유치원 원장이었던 조선족은 한국에 와서 가사 육아 도우미가 되는 식이다. 둘째, 수용국의 이주 프로그램이 외국인 노동자로 하여금 전문직에 진출하는 것을 제도적으로 제한한다. 산업 기술 연수생제, 연수취업제, 고용허가제, 방문취업제 등 일련의 프로 그램은 열악한 작업 환경과 낮은 보수로 내국인이 기피하는 업종에 인 력을 수급하기 위해 시행되었다. 그리고 친지방문 비자로 국내로 이주 한 조선족은 정규 노동시장에 진출할 수 없다. 셋째, 외국인 이주민의 거주지 분리 또한 하나의 요인이다. 외국인 이주민은 도시 내 특정 지 역에 밀집해 거주하는데, 밀집 지역에서 유통되는 일자리 정보는 특정 업종에 편향되어 있다. 또한 통근 거리를 무한정 늘릴 수 없으니 구직 의 지리적 범위도 제한된다. 류주현(2009)에 따르면, 수도권 외국인 노동자의 주거와 직장의 공간적 분포를 분석한 결과, 외국인 노동자가 국내 통근자에 비해 직주 분리가 덜 이루어진 것으로 나타났다. 조선족 노동자의 직주 거리는 여타 외국인 노동자에 비해 상대적으로 길지만 여전히 국내 통근자에 비해 짧았다. 끝으로 한국으로의 이주가 친척과 친지를 통해 이루어졌듯이 구직과 직무 훈련 또한 기존 이주민에 의존 하기 때문에 특정 직종에 집중된다.

이상의 과정을 통해 도시경제의 특정 분야를 특정 민족 출신의 노동 자가 담당하게 되면서 분절된 도시 노동시장이 민족성을 띠게 된다. 특 히 조선족 노동자를 포함하여 현재 한국에 경제활동을 하고 있는 절대 다수의 외국인 노동자가 2차 노동시장에 편입되어 있다. 민족성에 따 른 도시 노동시장 분절화를 보여 주는 좋은 사례로 민족 및 국적별로 차 등화된 임금을 들 수 있다. 실제 가리봉동 등 일용노동시장에서 동일 작업에 대해서 내국인, 조선족, 한족 순으로 일당이 다르게 책정된다 (〈이데일리〉, 2017. 6. 26.). 이로써 소수민족 이주민은 도시 하위계층 에 편입된다.

2) 이주민의 기업가주의와 소수민족 지역경제 형성

민족성이 도시경제에 영향을 미치는 또 다른 방식은 외국인 및 동포 이주민의 자영업 진출과 이들 자영업자가 주로 동일 민족의 집중거주지에 지리적으로 집중하면서 민족적 경제 공간을 형성하는 것이다. 세계적인 대도시에서 차이나타운, 코리아타운, 리틀 도쿄, 그리스타운, 리틀 이탈리아 등을 찾아 볼 수 있다. 이들은 종종 해당 민족의 주요 주거지이면서 종교나 언어 등 민족적 색채를 드러내는 가시적 상업지구이기도 하다.

대림역 12번 출구로 나와 왼쪽 골목으로 고개를 돌리면 중국어 간체자로 쓰인 간판을 달고 있는 상점들이 빼곡히 들어서 있다. '연변 거리'라 불리는 이 골목의 상점들은 블록 끝까지 이어지고도 디지털로 건너편까지 계속된다. 직업소개소, 여행사, 물류업체, 환전소, 휴대폰 대리점, 미용실, PC방, 미용실, 중국식료품 상점을 볼 수 있다. 특히 식당은 수십 곳에 달할 정도로 많은데 조선족이 주요 고객이다.[4] 이들 상점 중에는 조선족 자영업자가 운영하는 것도 적지 않다.

이주민이 자영업에 진출하는 가장 큰 이유는 임금노동시장에서 소수민족에 대한 차별 때문이다. 소수민족 이주민은 수용국의 관행과 문화에 익숙하지 않으며 언어 장벽을 가진 이방인이다. 이에 따른 개인적 제약뿐만 아니라 노동시장에서 임금이나 승진에서 차별을 받고 경제적 기회에 대한 정보를 제대로 획득하지 못하는 사회적 제약을 동시에 가진다. 앞서 살펴보았듯이 소수민족 이주민이 외국인 노동자로서 얻을

---

4 이에 반해 서울시 자양동에 형성된 중국음식문화거리의 조선족 식당은 내국인을 주요 고객으로 삼는다(이영민 외, 2012).

수 있는 일자리는 내국인이 기피하는 2차 노동시장으로 노동 환경이 열악하고 임금수준이 낮다. 저임금 노동으로 인해 사회경제적 이동이 봉쇄된 상황에서 자영업은 지위 상승의 방편이 된다. 즉, 자영업은 임금 노동자에 비해 보다 높은 소득을 얻을 수 있는 기회를 사업자에게 제공한다. 또한 이주민 집단에 따라 편차가 있지만 자영업은 다수의 고소득자를 창출한다. 이러한 맥락에서 한 이주민 집단에서 자영업 종사 비율은 현재 경제적 지위와 향후 경제적 성장을 가늠하는 잣대로 여길 수 있겠다(정수열·임석회, 2012).

이주민 자영업은 특히 소규모 요식업이나 유통업 분야에 집중된다. 그 이유는 물론 자본이 부족한 것도 있지만 이민자의 '방랑자적 성향'(sojourning orientation) 때문이기도 하다. 즉, 이주민은 이민국에 영구 정착하기보다는 언젠가는 고국으로 돌아가려 하는 성향을 갖기에 현금화하기 쉬운 식료품점이나 식당에 집중한다.

외국인 및 동포 이주민의 집중거주지는 이주민 자영업의 태동과 성장에 있어 주요한 역할을 수행한다. 집중거주지는 민족 상품에 대한 지속적인 수요를 가진 시장을 제공해 줄 뿐 아니라 운영에 필요한 노동력을 공급해 준다. 집중거주지는 해당 소수민족 집단이 가진 자본, 노하우, 사업 정보 및 기술 등 민족 자원이 집중되어 있어 이에 대한 접근 또한 용이하다.

이주민 자영업자들이 집중거주지에서 서로 근접해 사업을 함으로써 집적경제의 이점을 누릴 수 있다. 유사하거나 상이한 업종의 민족 상점들이 집적함으로써 손님을 끌어 모으는 집객효과를 얻거나 광고, 주차, 관리 등 공동경비를 분담하여 비용 절감 효과를 얻을 수 있다. 이처럼 이민자 자영업은 이러한 안정된 시장을 바탕으로 동족 이민자를 고용하여 노동력 수급을 원활히 하며 유대감을 바탕으로 다른 동족 자영업체와 사업 정보를 교환하고 협력하여 성장할 수 있다.

이주민 자영업의 이점은 사업주에게만 그치지 않고 이주민 집단 전체에 파급된다(정수열·임석회, 2012). 이민자 자영업은 사업주뿐만 아니라 그에 의해 채용된 이민자에게 고용기회를 제공한다. 특히 노동시장에서 현지어 구사 능력이 낮고 문화에 친숙하지 않아 구직이 어려운 이주민들도 동일 민족 이민자가 운영하는 기업에서 고용기회를 얻을 수 있다. 또한 이주민 자영업은 이주민들이 내국인과 고용기회를 둘러싼 경쟁을 할 때 그들을 보호한다. 예를 들어 일자리가 줄어드는 경제위기에 이민자들이 1차적으로 실직할 수 있지만 이민자 자영업은 경제위기가 집단 전체의 위기로 확산되는 것을 막는 완충 작용을 한다. 그뿐 아니라 이민자 자영업은 또 다른 이민자가 자영업을 영위할 수 있도록 도움을 준다. 새로운 이민자는 기존 이민자 자영업자에게 고용되어 현지 상황에 적응하고 기술을 습득하여 종국에는 자신의 독립된 사업체를 가질 수 있게 된다. 요약하면, 이민자 자영업은 사업주뿐만 아니라 동일 민족 이민자에게까지 고용기회를 제공하고 현지인과의 경쟁에서 보호하며, 보다 나은 소득기회와 나아가 창업기회까지 제공한다. 이는 이민자 자영업이 사업자 개인의 성공뿐만 아니라 집단 전체의 사회경제적 성공으로 이어질 수 있음을 의미한다.

4. 외국인 및 동포 집중거주지의 의미와 정책 방향

지금까지 민족성이 도시경제에 미치는 영향을 도시 노동시장의 민족적 분절화, 그리고 외국인 및 동포 이주민의 자영업 진출과 국지적 지역경제 형성이라는 측면에서 조선족 디아스포라 공간을 중심으로 살펴보았다. 이러한 과정에서 외국인 및 동포 이주민의 집중거주지의 역할을 되새겨 보려 한다.

서울에 있는 여러 외국인 및 동포 이주민의 집중거주지에 대해 내국인의 시선은 두 가지로 상반되게 존재한다(공윤경, 2013). 서래마을과 리틀 도쿄와 같은 선진국 출신 외국인의 집중거주지는 호감의 대상으로 선호된다. 해당 지역의 내국인 주민과 지방자치단체는 이국적 색채를 강조하고 때로는 이국적 경관을 의도적으로 조성함으로써 지역 이미지 제고와 상권 활성화에 활용하기도 한다. 이에 반해 외국인 및 동포 집중거주지는 우려와 두려움의 공간으로 여긴다. 주로 개발도상국 출신 외국인 및 동포가 서로 이웃하고 거주하는 곳으로 경계와 감시의 눈초리를 받고 있다. 앞서 살펴본 대림동 조선족 디아스포라 공간이 이에 해당된다. 식민, 전쟁, 그리고 냉전으로 얼룩진 근현대의 역사 속에서 형성된 민족 서열의식이 외국인 및 동포의 출신 국가별로 위계화된 사회경제적 지위로 경험적으로 확증되면서 형성된 차별적 시선이다.

이에 반해 외국인 및 동포 이주민의 관점에서 바라본 집중거주지는 야누스와 같은 이중적 존재이다(정수열·이정현, 2014; 이정현·정수열, 2015; 정수열, 2015). 부정적 측면으로 집중거주지는 내국인과의 접촉면을 줄임으로써 사회적 차별과 배제를 용이하게 한다. 공공정책 측면에서 지역별로 달리 수립되는 각종 정책에서 집중거주지가 제외되거나 합당한 혜택을 받지 못할 수 있다. 즉, 지역불균등 발전이 심각한 사회에서 거주지 분화된 집단은 경제 성장의 재분배에서 소외될 가능성이 높다. 나아가 이러한 불이익은 확대 재생산될 수 있는데, 이로 인한 빈곤이 다음 세대로 이어져 심화될 수 있다.

하지만 이주민의 집중거주는 이주민이 수용국에서 당하는 차별과 배제를 다루는 하나의 방식이기도 하다. 집중거주지는 외국인 및 동포의 삶의 터전이자 보금자리로서 그들을 보호하는 역할을 한다. 특히 작업장에서의 가시적 혹은 비가시적 괄시와 천대를 피해 자존감을 회복할 수 있는 안식처이다. 나아가 문화적 측면에서 외국인 및 동포 이주민이 서로 모여 삶으로써 그들의 언어, 관습, 가치관을 보전하여 문화적 정체성을 유지하고 발전시킬 수 있다. 또한 집중거주지는 자신의 고국에 있는 기원지를 연결하는 통로 역할을 함으로써 교류의 끈을 이어나갈 수 있고(서지수, 2012), 송금, 정보 교환 등 다양한 형태의 교류는 기원지의 지역성을 변화시킨다(이영민 외, 2013). 정치적 측면에서 보면 외국인이 지역주민의 다수를 차지함으로써 지역기반 정치인으로 하여금 자신의 이익을 대변하고 옹호하도록 압력을 가할 수 있다. 경제적인 측면에서 보면 외국인 집단이 독자적인 시장을 가질 수 있어 기업가를 배출하고 그 파급효과로 기업가 자신뿐만 아니라 집단 전체의 경제적 지위를 상승시킬 수도 있다.

한국 사회에서 도시는 상당수의 사회 구성원이 거주하고 있으며 다양한 기회와 혜택이 제공되는 선호 공간이다. 이 때문에 도시는 내국인뿐만 아니라 외국인 등 모든 사람들이 권리를 행사할 수 있는 공간이어야 한다(강현수, 2010). 그리고 우리 사회에서 외국인 및 동포 이주민은 사회적 약자이기도 하지만 소수자(*minority*)이다(박경태, 2008). 외

국인 및 동포 이주민은 소수자로서 신체나 문화적 속성으로 인해 식별
가능하고 이에 바탕을 둔 주류사회가 가진 고정관념과 낙인찍기에 의
해 공정한 기회를 얻고 있지 못하고 있다.

외국인 및 동포 이주민이 한국 사회로 이주하고 정착하는 과정은 분
명 공간적 차원을 통해 구체화된다(최병두·신혜란, 2011). 외국인 이
주민의 집중거주지의 형성과 발달은 모든 지역들이 동일하게 다문화화
되고 있지 않음을 증명한다. 이러한 상황에서 국가가 일괄적으로 정해
시행하는 다문화 정책은 실패할 가능성이 적지 않다. 정책의 시행기관
은 집중거주지를 가진 지방자치단체임을 명시하고 지역별로 정책을 수
립해야 한다. 또한 개별 집중거주지별로 형성 배경, 발달 과정, 인종·
민족적 구성 등이 다른 만큼 그에 상응하는 지역정책이 개발되어야 할
것이다. 외국인 및 동포 이주민과 한국 주민 간 갈등과 경쟁을 줄이고
협력과 신뢰를 증진시키는 사회통합 정책, 의사소통의 어려움, 갑작스
런 실업과 질병, 불의의 사고 등에 대한 안전판을 제공해 주는 복지정
책, 불량주택지구에 형성된 집중거주지의 주거환경 정비사업 등의 정
책을 시행함에 있어 우선순위를 지역마다 달리 수립하고 시행해야 할
것이다.

읽을거리

김현미 (2014). 《우리는 모두 집을 떠난다》. 돌베개.
박경태 (2008). 《소수자와 한국사회: 이주노동자, 화교, 혼혈인》, 민주주의총서
    07. 후마니타스.
신혜란 (2016). 《우리는 모두 조선족이다》. 이매진.
윤인진·송영호·김상돈·송주영 (2010). 《한국인의 이주노동자와 다문화사회에
    대한 인식》. 이담북스.
이세기 (2012). 《이주, 그 먼 길: 우리 사회 아시아인의 이주·노동·귀환을 적
    다》, 우리시대의 논리 15. 후마니타스.
정병호·송도영 엮음 (2011). 《한국의 다문화 공간: 우리 사회 다문화 이주민들의
    삶의 공간을 찾아서》. 현암사.
최병두·임석회·안영진·박배균 (2011). 《지구·지방화와 다문화 공간》. 푸른길.

참고문헌

강현수 (2010). 《도시에 대한 권리: 도시의 주인은 누구인가》. 책세상.
공윤경 (2013). "다문화공간에 대한 이중적 시선과 차별화". 〈한국민족문화〉, 48권
    8호, 183~214.
류주현 (2009). "수도권 외국인 노동자의 직주거리에 관한 비교 연구". 〈한국도시
    지리학회지〉, 12권 1호, 77~90.
박경태 (2008). 《소수자와 한국사회: 이주노동자, 화교, 혼혈인》, 민주주의총서
    07. 후마니타스.
박세훈 (2010). "한국의 외국인 밀집지역: 역사적 형성과정과 사회공간적 변화".
    〈도시행정학보〉, 23권 1호, 69~100.
박세훈·정소양 (2010). "외국인 주거지의 공간분포 특성과 정책함의". 〈국토연
    구〉, 64권, 59~76.
박 우 (2017). "'초국적 상경'과 서울의 조선족", 서우석 외 엮음, 《서울사회학:
    서울의 공간, 일상 그리고 사람들》, 13장, 329~346. 나남.

서지수 (2012). "서울 대림동의 조선족 '통로'(*portal*) 로서 장소성 형성". 〈지리학논총〉, 58권 58호, 49~75.

유현욱·윤어진 (2017. 6. 26.). "가리봉 인력시장에 가면…한국인 〉조선족 〉한족 임금계단이 있다". 〈이데일리〉. http://www. edaily. co. kr/news/News-Read. edy?SCD=JG31&newsid=01476006615965656&DCD=A00703&Out LnkChk=Y. 2017. 7. 13. 접속.

이영민·이용균·이현욱 (2012). "중국 조선족의 트랜스이주와 로컬리티의 변화 연구: 서울 자양동 중국음식문화거리를 사례로". 〈한국도시지리학회지〉, 15권 2호, 103~116.

이영민·이은하·이화용 (2013). "중국 조선족의 글로벌 이주 네트워크와 연변지역의 사회-공간적 변화". 〈한국도시지리학회지〉, 16권 3호, 55~70.

이정현·정수열 (2015). "국내 외국인 집중거주지의 유지 및 발달: 서울시 대림동을 사례로". 〈한국지역지리학회지〉, 21권 2호, 304~318.

이현욱·이영민·신지연·이화용 (2014). "초국가적 이주와 기원지 로컬리티 변화에 대한 연구: 중국 왕칭쎈(汪淸縣) 펑린춘(風林村)을 사례로". 〈한국도시지리학회지〉, 17권 1호, 29~42.

임채완·선봉규·박경환·전형권·이장섭·허성태 (2013). 《코리안 디아스포라: 이주로트와 기억》, 전남대학교 세계한인문화연구 5차 총서 01. 북코리아.

정병호 외 (2011). 《한국의 다문화 공간: 우리 사회 다문화 이주민들의 삶의 공간을 찾아서》. 현암사.

정수열 (2015). "사회경제적 양극화와 도시 내 계층별 거주지 분리". 〈한국경제지리학회지〉, 18권 1호, 1~16.

정수열·이정현 (2014). "이주 경로를 통해 살펴본 출신국가별 외국인 집중거주지의 발달 과정: 서울시 대림동 소재 중국 국적 이주민을 사례로". 〈국토지리학회지〉, 48권 1호, 93~107.

정수열·임석회 (2012). "도시 내 이민자 자영업의 시공간적 역동성: 시카고 거주한국인 이민자를 사례로". 〈한국경제지리학회지〉, 15권 3호, 376~389.

조달호·장윤선 (2016). "서울 외국인 근로자의 69. 8%가 한국계 중국인". 〈서울인포그래픽스〉, 214호. 서울연구원 시민경제연구실.

최병두·신혜란 (2011). "초국적 이주와 다문화사회의 지리학: 연구 동향과 주요 주제". 〈현대사회와 다문화〉, 1권 1호, 65~97.

최재헌·강민조 (2003). "외국인 거주지 분석을 통한 서울시 국제적 부문의 형성".

〈한국도시지리학회지〉, 6권 1호, 17~30.
최재헌·김숙진 (2016). "중국 조선족 디아스포라의 지리적 해석: 중국 동북3성 조
선족 이주를 중심으로". 〈대한지리학회지〉, 51권 1호, 167~184.

Coe, N., Kelly, P., & Yeung, H. (2007). *Economic Geography: A Contemporary Introduction*. 안영진·이종호·이원호·남기범 옮김 (2011). 《현대경제지
리학강의》. 푸른길.

서울통계정보시스템 법무부 등록외국인통계. http://stat.seoul.go.kr/octagon-
web/jsp/WWS7/WWSDS7100.jsp.

서울이라는 공간경제의 다양한 현상과 특징을 찾아서

《서울의 공간경제학》은 서울이라는 거대도시의 공간경제에 대한 이 야기이다. 알프레드 마샬(Alfred Marshall)에서 제인 제이콥스(Jane Jacobs)에 이르기까지 도시는 다양성과 이질성의 가마솥으로, 그리고 창의성과 혁신의 세례반(洗禮盤)으로 인식되어 왔다. 특히 리처드 플 로리다(Richard L. Florida)는 도시를 혁신의 용광로라고 불렀다. 도시 는 사람이 거주할 뿐만 아니라 다양한 경제활동이 이루어지는 장소이 다. 경제활동은 도시의 공간적 형태에 영향을 미칠 뿐만 아니라 도시를 지탱하는 핵심 요소이다. 또한 도시에 거주하는 시민들의 경제활동뿐 만 아니라 기업의 입지, 생산 및 판매 등도 대부분 경제논리에 따라 움 직인다.

도시나 국가의 경제활동에서 그동안 중요하게 작용해 온 키워드는 집 적경제(agglomeration economics), 클러스터(cluster), 도시화 경제(ur-banization economics), 그리고 다양성과 창조계층(creative class) 등이다. 집적경제와 관련하여 알프레드 마샬은 1890년 《경제학 원리》(Prin-ciples of Economics)에서 '산업지구'(industrial districts)를 제시하였다. 산업지구란 다수의 전문화된 작은 규모의 동일 업종 기업들이 특정 지구에 모여 있는 것으로 동일 업종의 집적을 외부경제의 중요한 주제로 다루었다. 이와 관련되어 신산업지구(new industrial districts), 신산업공간(new industrial spaces) 등의 이론도 제시되었다.

클러스터도 마셜이 제시한 집적경제의 하나로 볼 수 있다. 마이클 포터(Michael E. Porter)는 클러스터를 근접한 지역 안에서 특정 분야의 상호 연관된 기업들과 기관들이 유사성과 보완성을 특징으로 연계된 지리적 집적체로 정의한다. 이러한 클러스터의 개념은 국가나 지방자치단체가 산업정책이나 지역정책을 수립할 때 가장 많이 도입하여 사용해 왔다.

제인 제이콥스는 《미국 대도시의 죽음과 삶》에서 다양성을 강조하였다. 제이콥스는 대도시의 자연스러운 특성 중 하나로 다양성을 꼽았다. 대도시는 자연스럽게 다양성을 만들어 내는 발전기이면서 새로운 각종 사업체와 아이디어를 창출하는 인큐베이터이고, 많은 다양한 소규모 사업체들이 태어나는 경제적 고향이라고 지칭하였다. 제인 제이콥스는 도시의 거리와 지구에서 풍부한 다양성을 만들기 위해서는 '지구와 그 내부의 주요 기능이 복수일 것', '블록이 작을 것', '오래되고 다양한 형태의 여러 건물이 섞여 있을 것', '사람들이 집중되어 있을 것' 등과 같은 4가지 조건이 필요하다고 제시하였다.

창조계층(creative class)은 리처드 플로리다가 처음으로 제시한 것으로 창조적인 일에 종사하는 사람들을 지칭한다. 창조계층은 경제 패러다임이 지식기반경제 또는 창조경제로 변하면서 도시 및 지역발전의 핵심 추진 세력(key driver)으로 부상하였다. 이는 21세기에 전개되는 공간과 장소의 새로운 분화 과정에서 도시의 경제성장이 단지 인적 자본의 밀집에서 생기는 생산효과만으로는 설명되지 않고 창조계층이 만들어 내는 혁신에서 나온다고 보기 때문이다. 즉, 도시 경제성장의 열쇠가 창조계층이 보유한 창의적 능력인 창조자본(creative capital)이기 때문이다. 제이콥스가 주장한 다양성은 리처드 플로리다의 창조계층 이론에도 영향을 미쳤다. 플로리다는 "제인 제이콥스는 혁신과 도시성장을 이끄는 데 있어서 기업과 사람들의 다양성에 대한 역할을 처음으로 강조한 사람 중 하나이다"라고 말하였다. 플로리다는 도시의 경제발전은 다양하고, 관대하며, 새로운 아이디어에 개방적인 곳을 선호하는 창조계층에 의해 촉진된다고 인식했다. 특히 도시에 창조계층이 정착하고 혁신과 경제성장을 자극하기 위해서는 3T, 즉 기술(technology), 인재(talent), 관용(tolerance)을 모두 갖추어야 한다고 파악하고 있다.

서울은 이러한 키워드를 모두 포용하는 도시이다. 이 책의 곳곳에서 서울이 집적경제, 클러스터, 다양성, 창조계층 등이 녹아 있는 도시라는 것을 확인할 수 있다. 우리는 현재 도시의 시대(age of cities)에 살고 있다. 미국 하버드대학교 경제학과 교수인 에드워드 글레이저(Edward Glaeser)는 《도시의 승리》에서 도시는 인류 최고의 발명품이라고 하였다. 특히 성공한 도시의 공통점은 창의적인 사람을 많이 유인하는 것이라고 하면서 도시를 살리는 것은 건축적인 하드웨어가 아니라 숙련된 사람이며 글로벌 경제와 연결된 산업이라고 말하고 있다.

서울이라는 도시공간은 창의적이고 혁신적인 사람과 기업들이 모여 있는 집합체이면서 다른 한편으로 전통과 역사가 살아 숨 쉬는 곳이기도 하다. 본문의 글을 인용하여 설명하면, 도시공간은 공공 공간에서 시민들의 경험이 축적되어 구성된다. 좋은 공공 공간은 사람들을 그 장소로 끌어들이고 만남의 장소를 제공하며 서로 교류하고 영향을 주고

받는 곳이다. 도시의 많은 유휴 공간, 빌딩들 사이의 골목과 거리 등은 그 도시의 표정을 만드는 중요한 요소이면서 큰 잠재력이다(18장). 서울은 크고 작은 많은 공간 속에서 다양한 사람들과 기업들이 살며 생활하는 흔적들이 자연스럽게 쌓인 곳이다.

이 책은 이런 특징을 가진 서울의 다양한 현상을 산업과 공간 측면에서 파악하고 진단하기 위해서 총 4부로 구성하였다. 먼저 제1부는 이 책의 총론으로 '서울의 경제, 산업 그리고 공간'을 개관하였다. 제2부에서는 '메이드 인 서울'이라는 주제로 서울의 도시제조업을 다루었다. 제3부에서는 '세상의 모든 거래'라는 주제로 서울의 시장과 상권을 분석하였다. 제4부에서는 '이미 온 미래'라는 주제로 서울의 혁신공간을 다루었다.

제1부에서는 총론적 시각에서 '서울의 경제, 산업, 그리고 공간'이라는 주제로 3명의 전문가들이 경제, 산업, 그리고 공간이라는 3가지 축에서 논의하였다. 경제의 경우 서울 경제의 정형화된 특징(stylized facts) 속에서 문제점을 파악하고 희망의 싹들은 무엇인지 제시하였다. 산업의 경우 서울의 산업정책이 어떻게 형성되었고, 어떠한 변화과정을 겪었는지를 논의하였고, 공간의 경우 서울시 공간경제의 변화를 제시하였다.

김범식은 "7가지 시선으로 본 서울 경제"에서 서울 경제의 모습을 경제규모와 성장잠재력 추이, 소비자물가와 생활물가 흐름, 경제의 서비스화 진전과 제조기능 약화, 가계부채 문제, 골목경제의 실태, 괜찮은 일자리(decent job) 수준과 실업문제, 지식기반산업과 창조계층의 약진 등 다양한 각도에서 서울 경제의 모습을 분석하였다. 큰 경제규모와 괜찮은 일자리 수준, 지식기반산업과 창조계층은 서울 경제의 희망이지만, 경제성장의 축소균형 추세, 제조기능 약화, 가계부채와 골목경제, 청년실업 등은 서울 경제의 걸림돌이 되고 있다고 진단하였다. 서울 경제는 대내외 환경변화에 맞추어 성장잠재력 확충을 강화하는 한편, 민생안정에 주력할 것을 제안하였다.

김묵한은 "서울의 산업정책과 공간경제"에서 어떻게 서울이 한국 지역 산업정책에서의 독특한 위치와 서비스 중심의 산업구조 특성이라는 조건 아래에서 '서울의 산업정책'을 만들어왔는가를 살펴보았다. 서울의 산업정책은 중앙정부의 지역 산업정책이 가진 태생적인 한계와 대도시로서 서울 경제 자체가 가지는 산업구조상 특성 때문에 비롯되었다. 민선 시대 서울의 산업정책은 초기 산업 지원기반 마련에서 신산업 육성과 산업거점 조성 중심으로 점차 확립되어 왔으며, 현재는 더욱 다채로운 서울 산업공간의 역동성을 담아내기 위한 새로운 공간경제학적 도전에 직면하고 있음을 제시하였다.

남기범은 "서울시 공간경제의 변화"에서 지난 60여 년 동안의 서울산업과 공간의 변화를 고찰하였다. 먼저 1960년대 산업화 초기단계에 우리나라에서 가장 중요한 제조업 성장의 중심지에서 서울형 산업의 발전과 이를 지원하는 서울시의 정책들을 고찰하였다. 그 다음에 20세기 후반 서울의 대도시화 진전에 따른 서울산업의 권역별 분화, 전문화와 다양화, 그리고 IT와 지식기반산업의 발전, 문화산업 집중의 시기를 거친 후 4차 산업혁명의 진전에 따른 융복합 기반의 도시제조업 성장과 도시지역 산업생태계가 구축되고 있는 서울산업공간의 특성을 시계열적으로 조망하였다.

제 2부에서는 '메이드 인 서울'이라는 주제로 과거부터 있어 왔지만 아직도 서울에서 만들어지는 것들에 대해 5명의 전문가들이 심도 있게 고찰하였다. 분석 대상은 인현동 인쇄골목, 창신동 봉제산업, 성수동 수제화산업, 문래동 철강산업, 세운상가 등 서울의 도심제조업이다. 일반적으로 이들 도심제조업은 기업의 영세성, 인력구조의 고령화 및 취업 기피, 원자재 조달의 어려움 등으로 인해 지속가능성 여부에 의문을 가진다. 그러나 이들 도심제조업은 서울에서 여전히 활발히 물건을 만들어 판매를 하고 있다. 2부에서는 이러한 5개 도심제조업의 형성 및 발달과정과 어려움, 그리고 각 공간의 정체성을 고찰하였다.

이승철은 "인현동 인쇄골목: 세상의 기록을 담다"에서 주자소에서부터 시작되어 600여 년의 세월을 지나 온 인현동 인쇄골목의 확장과 밀집의 역사를 보여 주었다. 또한 최근 전자 출판의 도입에 따라 인현동 인쇄골목의 가치사슬이 변한 양상을 분석하였다. 인현동 인쇄골목은 인쇄 집적지라는 단순한 지역적 상징성을 넘어 역사적인 장소적 우위를 기반으로, 기록을 통해 서울의 산업, 문화, 예술을 시민과 잇는 융합 공간으로 재인식되어야 한다고 제시하였다.

한구영과 김경민은 "창신동: 부르주아 유토피아에서 패션산업단지로"에서 패션산업의 가치사슬을 통해 창신동 패션산업을 분석하였다. 동대문 패션클러스터의 가치 체계는 J자 모양의 곡선을 보이는 것으로 분석되었다. 이는 동대문 도매상권이 가치사슬 과정에서 지배적 위치에 있기 때문이라고 진단하면서 이러한 현실은 클러스터 내에서 제조를 담당하는 창신동 지역에 악재라고 경고하고 있다. 동시에 파편화된 봉제공장 네트워크를 활용해 '메이드 인 서울'(made in Seoul)을 진행하고 있는 독립디자이너 브랜드와 연관 산업의 혁신과정에서 창신동 패선 생산지구의 새로운 가능성과 미래를 보았다.

김민수는 "수제화의 모든 것이 모이는 곳, 성수동"에서 성수동 수제화산업의 형성 과정과 성격, 그리고 이 산업 생태계 변용의 맥락을 규명하였다. 또한 수제화산업을 둘러싼 사회적 관계망과 제도적 조건들을 탐구하여 성수동 수제화산업의 종합적인 모습을 조명하였다. 성수동 수제화산업은 거대도시에서 드물게 내부 완결적 생태계를 구성하고 있지만, 외부 경제 환경과 유통 환경에 적응하지 못하고 점차 개별화되면서 악화되고 있다고 진단하였다. 이는 이 지역의 경쟁 우위를 가져다 준 관련 업체들 간의 집적과 네트워크가 고착화되면서 생태계의 확장과 전환을 이루지 못했기 때문인 것으로 분석하였다. 지역 산업생태계가 지속적으로 성장하고 외부 환경에 능동적으로 적응하기 위해서 제도의 형성, 즉 전문 교육 기관과 지자체의 지원, 협회 및 협동조합과 같은 집합적 학습과 협업을 이룰 수 있는 다양한 제도들이 필요하다고 제언하였다.

권범철은 "문래동의 뿌리산업 네트워크"에서 문래동 뿌리산업의 현황과 문제점을 파악한 후 제조업체, 임가공업체, 재료판매업체 등의 유형별로 특성을 제시하였다. 또한 금속제조·임가공·판매 등 1,700여 개의 뿌리산업이 지속적으로 활동하는 이유를 네트워크 관점에서 규명하였다. 문래동 네트워크의 장점은 다양한 가공업체와 판매업체의 밀집에 따른 빠른 공정과 유통 비용 절감으로 분석되었다. 또한 문래동의 사업주들이 평균 20년 이상 한 곳에서 활동하고 있기 때문에 암묵지가 공통의 자원으로 존재하고, 이 암묵지가 산업 네트워크를 따라 유통되는 고유의 특성이 있다는 것을 제시하였다. 그러나 가치사슬 측면에서 봤을 때 마케팅, 기획, 재무 부문 등의 취약성과 인력 고령화 문제, 낡고 좁은 시설에 따른 사업 확장 등의 어려움 등이 있음을 지적하였다. 문래동 뿌리산업의 미래는 업체들의 공동 제품개발 및 마케팅 역량 강화, 문래동 예술가 네트워크와의 융합 여부 등에 따라 좌우될 것으로 조망한다.

강우원은 "세운상가의 반세기"에서 세운상가의 탄생 과정 등 역사를 살펴본 후 세운상가의 오늘과 미래를 진단하였다. 세운상가는 일제 때 조성된 소개공지대가 방치되어 형성된 사창가와 무허가 판자촌을 정비할 목적으로 탄생하였지만, 왜곡된 도시공간 구조와 무질서한 도심환경 개선과 더불어 퇴계로에 이르는 거대한 남북축을 이루어 도심을 통합하려는 전략 아래 이루어졌다. 이러한 전략은 재개발사업이라는 정비수법을 통해 도심 개발을 시도하고, 근린주구 개념을 도입한 주상복합의 이상을 실현하려는 시도로 평가하였다. 세운상가 일대는 4차 산업혁명을 맞이할 거점으로 다양한 재생사업이 활발하지만, 개발섬이라는 단절성을 극복하고 산업생태계 구성과 신산업지구로서의 연결성, 그리고 4차 산업혁명을 고려한 재생 여부에 따라 세운상가의 미래가 달려 있다고 진단하였다.

제3부에서는 '세상의 모든 거래'라는 주제로 다섯 명의 전문가들이 서울의 시장과 상권을 다루었다. 서비스업과 유통에 초점을 맞추어 살펴본 제3부는 상품이 모이는 전통적인 시장을 통해서 본 서울의 공간경제에 대한 단상과 변화의 모습을 담았다. 또한 사람들이 모여들면서 서울의 공간경제 변화와 맞물려 이슈가 되고 있는 젠트리피케이션의 현장을 찾아 그 민낯을 담아내려고 하였다. 이러한 맥락에서 제3부는 서울에서 사람과 물자가 모이는 이야기이며, 서울이라는 도시가 성장

하고 확장해 온 발달의 과정을 담아낸 노력이라고 할 수 있다.

　김용창은 "남대문·동대문시장: 100여 년의 변신, 그리고 세계의 시장으로"에서 서울 도심부 시장의 탄생과 역사, 남대문시장의 전문상가 시스템과 협동적 경쟁, 그리고 동대문시장의 지역기반 자기완결 생태계 등을 분석하였다. 전통적 재래시장은 퇴보하는 경제 공간과 느린 사회경제 생활의 상징이었지만, 남대문시장과 동대문시장은 이러한 통념적 인식을 송두리째 바꾼 시장공간이다. 이들 시장은 전통적인 의류 판매시장에서 가치사슬의 확대, 거대 쇼핑몰들과의 결합에 따라 국제적 쇼핑문화의 중심지로 바뀌고 있다고 진단하였다. 두 시장 모두 지역을 기반으로 상품 구성 및 생산유통시스템에서 종합대학교형 시스템을 구축하였고 생산유통 공정상의 수직 연계 체계도 발달하였다고 분석하였다. 그러나 상가와 상가, 상인과 상인, 상인과 산업생태계 구성원 간 신뢰와 협력에 기반 한 수평 네트워크가 약하여 이를 극복하가 위한 새로운 시스템과 거버넌스 구축이 필요하다고 제언하였다.

　이후빈은 "도심부 시장들, 광장·방산·중부시장"에서 이질적인 세 개의 전통시장이 공존하면서 어떻게 살아남고 변모하였는지를 분석하였다. 종합시장을 넘어서 관광시장으로 발전하고 있는 광장시장, 포장재를 직접 만들어 판매하고 다품종 소량생산의 특징을 보여 주면서 하나의 지역공장처럼 작동하는 방산시장, 그리고 건어물 전문도매시장의 성격을 유지하는 중부시장은 많은 부침에도 불구하고 도심지역 내 오래된 집적지로서 도심부 시장의 특징을 잘 보여 준다. 유통망의 다변화가 이루어지는 현실 속에서 광장·방산·중부시장의 미래는 상업공간으로서 도심지역의 쇠퇴에 이 시장들이 어떻게 적응하는지에 달려 있다고 진단하고 있다.

지상현은 "냄새는 계속 기억될 수 있을까? 경동시장과 서울약령시"에서 냄새로 기억되는 공간으로서의 특징을 잘 보여 주는 경동시장과 서울약령시의 기원과 변화 그리고 미래에 대해 서술하였다. 경동시장과 서울약령시는 한방과 관련된 모든 활동이 이루어지는 상징적 공간으로 규모의 경제가 작동한다고 분석하였다. 또한 클러스터를 통해 관련 업종이 협력 보완하면서 성장하는 범위의 경제 효과는 줄어들고 있지만 거래량을 이용한 도매상들의 구매 경쟁력도 지속된다고 제시하였다. 서울약령시와 경동시장의 미래는 상인 구성 및 업종의 변화, 시장의 물리적 환경개선 등 기존 전통시장의 해법만으로는 어렵고 본질적으로 한의학의 미래에 달려있다고 제시하였다.

박은실은 "경리단길의 변화와 젠트리피케이션"에서 서울의 핫플레이스인 경리단길의 변화 양상 및 요인을 분석하면서 최근 사회적 문제로 대두한 젠트리피케이션을 다루고 있다. 최근 우리나라에서 발생하는 젠트리피케이션은 서구의 상업 젠트리피케이션과 유사하다고 지적하면서 경기단길 상권의 임대료 및 폐업 동향 분석 등을 통해 젠트리피케이션의 실체를 진단하였다. 이태원 지역이 다양한 국적의 외국인 상대의 음식점과 골동품 상점 등이 관광특구 조성과 함께 인기를 얻고, 대기업 프랜차이즈 진출 등으로 임대료가 상승되면서 경리단길 상권이 새롭게 조성되었다. 이러한 변화의 이면에는 다양한 '취향' 공간에 대한 다양한 이해당사자들의 욕망과 문화 표출이 얽히면서 상업화의 부정적인 행태가 나타났다. 지역의 발전은 지속되어야 하지만 그 과정에서 거주민들이 생활 터전을 잃거나 영세 사업자들이 생업 현장에서 밀려나면 장소의 생명력도 이어갈 수 없을 것이라면서 젠트리피케이션 현상을 극복할 수 있는 지혜를 모아야 한다고 제언하였다.

이병민은 "홍대앞 문화와 젠트리피케이션"에서 문화를 기반으로 한 홍대지역의 장소성 변화와 젠트리피케이션에 대해 논의하였다. 홍대지역의 장소성은 1950~1960년대 일반주거지역에서 1970~1980년대 미술문화지역, 1990년대 초반은 고급 카페문화지역, 1990년대 중후반은 클럽문화지역으로, 그리고 2000년대에는 복합문화지역으로 변화하며 나타난 다양한 양상을 분석하였다. 홍대 지역은 미술, 음악, 디자인, 광고, 영화, 방송, 사진, 출판, 만화, 패션, 인터넷콘텐츠와 관련 있는 중소규모 전문 직종들이 집적되면서 젊음의 문화가 새롭게 실험되고 창출되면서 소비되는 서울의 문화예술 공간으로 브랜드가 상징화되어 왔다. 그러나 2000년대 이후 젠트리피케이션 문제가 가시화되면서 인디문화와 젊은이를 대변하는 문화예술 활동가들의 영역이 사라지는 현실을 지적하면서 위기의 홍대를 인식하고, 미래의 홍대에 대해 어떠한 방향성이 필요한지 고민하려는 노력이 필요하다고 제언하였다.

제4부에서는 '이미 온 미래'라는 주제로 서울의 혁신공간을 다루었다. 여기에서는 미래 서울의 도시경쟁력을 결정할 수 있는 다양한 혁신활동과 그것에 의한 공간경험에 초점을 두었다. 지식기반경제에서 혁신 활동은 공간적으로 집중해서 나타나면서 혁신공간을 형성한다. 이러한 혁신공간에서 다양한 주체들이 아이디어, 정보 및 지식 등을 교류하게 된다. 이러한 혁신공간을 구체적으로 살펴보기 위해 6명의 전문가들이 ICT산업, 미디어산업, 관광산업 그리고, 앙클라브와 디아스포라 등 다양한 관점에서 도시 내 특정 공간의 장소성이 어떻게 상호작용하고 변화되었는지 살펴보았다.

구양미는 "구로공단에서 서울디지털산업단지로: 한국 산업화 역사의 상징적 공간"에서 1960년대 구로공단의 탄생부터 1990년대 G밸리로의 진화에 이르기까지 클러스터 생애주기 이론 측면에서 서울디지털산업단지를 조명하였다. 글로벌 세계도시인 서울에 입지한 구로공단은 지식산업센터와 벌집촌의 공존 등 여러 가지 문제에도 불구하고 미래지향적 혁신 공간으로의 변화에 비교적 잘 적응하고 성공적인 변환을 이룬 것으로 평가하였다. 그러나 0과 1의 두 숫자로 모든 형상을 받아 읽어낼 수 있다는 디지털의 의미가 '디지털'을 입은 구로공단인 서울디지털산업단지에 적합한 것인지 의문을 제기하였다. 서울디지털산업단지가 창조적 공간으로 더 발전하기 위해서는 디지털의 정밀성보다는 아날로그의 감성과 다양성의 존중이 필요하며 이런 방향으로의 유연한 변화가 지속적으로 이루어져야 할 것이라고 제안하였다.

송준민은 "신시가지의 지속가능한 '창조환경'을 향해 : 서울디지털미디어시티"에서 창조성(creativity)과 도시의 진정성(authenticity)이라는 측면에서 쓰레기 매립지에서 창조 클러스터로 변신한 상암 디지털미디어시티를 분석하였다. DMC의 문화산업이 만들어 내는 도시 풍경과 창의노동자들, 그리고 활력성과 다양성을 보이는 DMC의 창조환경에 대해 논의하였다. 특히 미래지향적 신시가지로서 DMC는 일의 공간뿐만 아니라 놀이의 요소가 강화되어야 하고, DMC 클러스터 내의 일상성에서 서로 다른 기업의 다양한 근로자들의 이야기가 엮이고 축적되는 공간의 힘이 필요하다고 제언하였다. 즉, 없는 것을 만들어내 부자연스러운 새로움을 창출하기보다 일상성에서 새로움의 가치를 발견하는 것이 중요하다고 강조하였다.

이원호는 "테헤란밸리의 인터넷산업"에서 테헤란밸리의 역사와 변화 양상을 살펴본 후 테헤란밸리가 직면한 도전과 미래 전망을 다루었다. 특히 최근 스타트업의 요람으로서 테헤란밸리의 부활은 강남으로서 장소성에 기초한 뿌리 깊은 창업생태계와 4차 산업혁명에 부응하는 새로운 도시 내 혁신공간의 기능성에 기초한다고 진단하였다. 테헤란밸리의 발전을 위해서는 건전하고 활기찬 창업생태계를 유지 관리하는 것이 우선적으로 필요하며, 판교테크노밸리 및 구로디지털단지와 서로 차별적인 경쟁력을 바탕으로 연계협력 네트워크를 구축해 상생으로 나아갈 것을 제시하였다. 현재의 테헤란밸리가 '글로벌 스타트업 밸리'로 발전할 수 있도록 공공과 민간의 체계적인 노력이 필요한 시점이라고 진단하면서 이미 그러한 움직임은 시작되었다고 보았다.

박수경은 "정보와 지식의 특화 공간, 앙클라브로서의 테헤란로"에서 30년 남짓의 짧은 시간동안 테헤란로가 많은 변화와 부침을 겪어 왔지만 여전히 많은 사람들이 모이는 것은 이곳이 정보와 지식에 특화된 앙클라브이기 때문이라고 진단하였다. 그 근거로 막힘없는 정보통신 인프라, 연속적인 스마트빌딩, 탁월한 접근성, 밀집한 생산자 서비스 등을 들었다. 또한 테헤란로의 정보와 지식을 주도하는 역할도 1세대인 금융권에서 스타트업기업, 창업지원센터, 오피스텔 및 회의실 임대업 등으로 다변화되었음을 지적하였다. 그러나 서울 시내뿐만 아니라 외곽에까지 새롭게 생기는 앙클라브는 높은 임대료와 상대적으로 낙후된 시설에 발목을 잡힌 테헤란로를 위협하고 있고, 강남역과 삼성역도 앙클라브의 중심성을 내어줄 수 있을 정도로 성장하고 있기 때문이라고 진단하였다. 향후 테헤란로가 앙클라브로서의 잠재능력을 충분히 발휘하려면 구심력 유지가 필수 조건이라고 전망하였다. 특히 앙클라브의 지속력은 디지털시대의 신지식층을 얼마나 오래 머물게 할 수 있는 환경을 만들 수 있는가에 달렸고, 독특한 자신만의 여건을 갖출 때 가능하다고 분석하였다.

　반정화는 "서울의 현재와 과거, 명동과 인사동의 변화"에서 명동과 인사동의 문화적 자산에 대한 논의와 더불어 관광의 본질이라는 시각에서 명동과 인사동의 정체성 보존 문제를 중점적으로 다루었다. 한류문화와 외래관광객에 대한 지나친 의존은 명동과 인사동의 정체성 파괴로 전통이라는 특성 자체가 사라지면서 차별성이 없는 일반적 쇼핑거리로 변할 수 있다고 경고하였다. 또한 관광명소화에 따른 높은 임대료와 지가로 인해 고유 업종들이 이탈하고 지역의 가치가 왜곡되는 문제를 지적하였다. 지속적으로 관광객을 끌어들이기 위해서 필요한 것은 진정한 내국인과 외국인 모두 공감할 수 있는 한국문화의 체험이고, 관광객들이 단순히 쇼핑에 그치는 것이 아니라 소중한 한국과 서울의 유구한 역사와 다양한 문화를 경험할 수 있도록 해야 한다고 제언하였다. 특히 진정한 관광지는 문화, 역사, 사람이 공존하는 공간이어야 하며, 관광객 밀집지역으로 변하는 장소도 지역민과 관광객들이 함께 공존할 수 있는 장소로 변해갈 수 있는 방안의 모색이 필요하다고 제시하였다.

　정수열은 "서울시 외국인 및 동포 이주민의 경제 공간: 대림동 조선족 디아스포라 공간을 사례로"에서 외국인과 동포 이주민이 서울의 도시경제에 미친 영향을 조선족을 사례로 들어 제시하면서 서울의 다문화사회로의 전환을 논의하였다. 구체적으로 서울에서 외국인과 동포 이주민에 의해 형성된 초국가적 공간을 확인하고, 조선족의 집중거주지인 대림동로의 조선족 이주 경로와 과정을 파악한 후 이로 인해 형성된 조선족 디아스포라 공간을 분석하였다. 또한 외국인 및 동포 이주민이 서울의 도시경제에 미치는 영향을 특정 국적의 외국인 및 동포 이주민이 특정 직업군에 집중되는 도시노동시장의 민족적 분절화, 그리고 집중거주지를 기반으로 삼아 자영업자로 성장하는 외국인 및 동포 이주민의 기업가주의와 이주민 지역경제 형성으로 나누어 살펴보았다. 외국인 및 동포 이주민이 한국 사회로 이주하고 정착하는 과정은 공간적 차원을 통해 구체화되지만, 지역별로 차별화되기 때문에 국가가 일괄적으로 정해 시행하는 다문화 정책보다는 집중거주지를 가진 지방자치단체가 정책 시행 기관이 되어 지역별로 정책을 수립할 것을 제안하였다.

이렇듯 저자들은 서울이라는 거대도시의 발전과 성장 과정 속에서 형성된 다양한 산업과 공간적 특성을 이론과 현실을 접목해 심도 있게 살펴보았다. 이 책에서 서술된 서울이라는 공간경제의 다양한 현상은, 인위적이기보다는 서울이라는 공간에서 경제활동을 영위하는 우리 모두에 의해 자연스럽게 나타난 현상이다. 이러한 점 때문에 이 책에서 다룬 주제는 학자나 연구자, 정책 담당자들만의 전유물이 아니라 서울이라는 공간 속에서 살아가는 모든 사람들이 함께 공유하고 고민해야 할 소중한 것이라고 생각한다. 이러한 주제들에 대해 우리 모두가 함께 관심을 가지고 고민할 때 서울은 이전보다 더 행복하고 살기 좋은 도시로 한 걸음 나아갈 수 있다고 판단된다. 이 책이 이러한 고민과 성찰의 계기가 되었으면 하는 소망이 독자들에게 전해지길 바란다.

편집자 김범식·남기범

찾아보기

저자 소개

강우원

세종사이버대학교 자산관리학부 교수. 서울대학교 환경대학원에서 도시관리 전
공으로 행정학 박사학위를 받았다. 관심 분야는 도시재생, 도시제도 및 정책 등이
다. 최근에는 사람의 삶과 문화, 그리고 도시에 대한 학제적 접근(*interdisciplinary
approach*)에 주목하고 있다. 주요 저작으로는 "기부채납 법리를 통해서 본 도시
계획 관련 법제 정비에 관한 연구", "New Town Project of Seoul, Korea: An
evaluation and future directions", 《동경의 도시계획》, 《부동산법 기초》, 《은
퇴학 개론》 등이 있다.

구양미

서울대학교 지리학과 교수. 서울대학교에서 지리학 박사학위를 받았고 관심 분야
는 경제지리, 산업입지, 산업클러스터와 지역발전 등이다. 주요 저작으로는
"Structural and spatial characteristics of personal actor networks: The case
of industries for the elderly in Korea", "서울디지털산업단지의 진화와 역동성:
클러스터 생애주기 분석을 중심으로" 등이 있다.

권범철

협동조합 예술과도시사회연구소 이사. 서울시립대학교 도시사회학과 박사과정을
수료했고 도시와 예술, 공유지를 주제로 연구 중이다. 주요 저작으로 "현대 도시
의 공통재와 재생산의 문제", 역서로는 《로지스틱스》, 《빛의 마법》, 《텔레코뮤
니스트 선언》이 있다.

김경민

서울대학교 환경대학원 도시계획 전공 교수. 하버드대학교에서 도시계획·부동
산 연구로 박사학위를 받았다. 연구 분야는 상업용 부동산 금융 및 개발(글로벌
금융도시 비교 분석, 상권 분석, 개발 스트럭처 등), 공유경제와 공유도시, 동대문
패션산업의 가치체계, 20세기 초반 서울 도시사 등이다. 주요 저작으로는 《도시
개발, 길을 잃다》, 《리씽킹 서울》, 《건축왕, 경성을 만들다》 등이 있다.

김묵한

서울연구원 연구위원. 미국 럿거스대학교(뉴저지주립대학교)에서 계획 및 공공정책 박사학위를 받았다. 관심 분야는 산업정책과 경제개발이며, 최근에는 도시재생, 스마트시티 등 산업정책과 공간정책이 교차하는 분야에 주목하고 있다. 주요 저작으로는 "서울시 정책 수요 시장 개방을 통한 스타트업 성장 지원", 《서울시 주요 제조업의 공정특성별 공간 분포》 등이 있다.

김민수

마을공동체연구협동조합 이사. 서울시립대학교에서 도시사회학 박사과정을 수료했다. 주요 저작으로는 "공공임대주택 장소성 형성과정 연구", "남산골 한옥마을: 이미지로써 전통 문화의 소비", 《주민주도형 마을계획을 위한 관계망 확장과 공론장 형성과정 연구》 등이 있다.

김범식

서울연구원 시민경제연구실 연구원. 성균관대학교에서 통계학 박사학위를 받았다. 삼성경제연구소 수석연구원을 역임하였으며, 한국지방재정학회 이사로 활동 중이다. 관심 분야는 산업경제, 노동시장, 지방재정 등이다. 주요 저작으로는 "한국 제조업의 임금분포구조", "지방자치단체의 재정위기에 대한 실증분석", "고용의 질 지수를 활용한 서울시 고용의 질 평가와 구성요소별 분해", 《디지털 충격과 한국경제의 선택》, 《서울시 괜찮은 일자리 실태분석과 정책방향》 등이 있다.

김용창

서울대학교 지리학과 교수 및 국토문제연구소 겸무연구원. 서울대학교 지리학과에서 박사학위를 받았고, 세종대학교 산업경영대학원 교수를 역임하였다. 주요 저작으로는 "미국 도시개발사업에서 사적이익을 위한 공용수용: 연방 및 주 대법원 판례를 중심으로", "신자유주의 도시 인클로저와 실존의 위기, 거주자원의 공유화", 《토지정책론》 등이 있다.

남기범

서울시립대학교 도시사회학과 교수. 캐나다 서스캐처원대학교에서 지리학 박사학위를 받았다. 관심 분야는 도시경제와 문화산업 등이며 최근에는 도시공동체에 주목하고 있다. 주요 저작으로는 "'선택과 집중'의 종언: 포스트클러스터 지역산업정책의 논거와 방향", "近者悅遠者來: 문화예술과 지역의 사회 · 경제발전", 《사스키아 사센의 세계경제와 도시》 등이 있다.

박수경

상명대학교 공간환경학부 부교수. 일본 츠쿠바대학교에서 박사학위를 받았다. 정보통신 지리학 및 치유의 경관에 관심을 갖고 최근에는 정신분석 지리학에 주목하고 있다. 주요 저작으로는 "가상공간에서의 정치활동의 특징과 오프라인 환경과의 연계성에 대한 지리적 고찰", "일상적 삶에서의 치유의 공간에 관한 지리학적 고찰", "치유의 공간에서의 관계성에 대한 고찰", 《네트워크의 지리학》(공저) 이 있다.

박은실

추계예술대학교 문화예술경영학과 교수. 서울대학교에서 도시공학 박사학위를 받았다. 관심 분야는 문화예술경영, 문화도시, 창조환경 등이며 최근에는 도시재생과 지역문화정책에 주목하고 있다. 주요 저작으로는 "창조인력의 지역선호요인에 관한 연구", 《창조도시를 넘어서》(공저), 《창의경제와 문화예술의 역할》(공저) 등이 있다.

반정화

서울연구원 연구위원. 미국 오클라호마주립대학교에서 관광경영학 박사학위를 받았다. 관심 분야는 국가 및 도시의 관광정책 및 관광마케팅 등이고, 주요 저작으로는 "서울시 쇼핑관광의 실태와 정책시사점", "서울시 공유경제 활성화방안", "서울시 도시브랜드 가치제고 전략방향" 등이 있다.

송준민

서강대학교 사회학과 강사. 영국 워릭대학교에서 문화정책학 박사학위를 받았다. 관심 분야는 도시와 문화, 예술의 사회적 역할, 창조도시, 장소만들기, 문화적 도시재생 등이며 최근에는 예술과 문화활동에 기반을 둔 장소만들기에 주목하고 있다. 주요 저작으로는 "신시가지의 창조적 장소만들기 전략으로서의 예술, 문화, 창조적 활동: 서울디지털미디어시티 사례를 통한 연구" 등이 있다.

이병민

건국대학교 문화콘텐츠학과 교수. 서울대학교에서 지리학 박사학위를 받고, 한국문화콘텐츠진흥원 정책개발팀장과 청강문화산업대학교 교수 등을 역임하였다. 주요 저작으로는 "K-Pop strategy seen from the viewpoint of cultural hybridity and the tradition of the Gwangdae", "글로컬라이제이션과 지역발전을 위한 창조적 장소만들기" 등이, 역서로는 《세계경제공간의 변동》 등이 있다.

이승철

동국대학교 지리교육과 교수. 영국 서식스대학교에서 경제지리학 박사학위를 받았으며, 주요 관심 분야는 글로벌 생산네트워크, 커피 산업의 가치사슬, 예외공간으로서의 접경지역 등이다. 최근에는 북중 접경지역의 지정경제학적 예외성에 주목하고 있다. 주요 저작으로는 "북중 접경지역 단둥의 대북 생산네트워크의 예외적 성격", "베트남 커피 변경지역의 글로벌 가치사슬과 공유가치창출", 《세계경제공간의 변동》, 《캄보디아 진출기업의 인사 노무관리 성공 전략》 등이 있다.

이원호

성신여자대학교 지리학과 교수. 미국 워싱턴대학교에서 지리학 박사학위를 받았고, 관심 분야는 빈곤문제와 공간, 발전지리학, 지역발전 및 정책연구 등이다. 주요 저작으로는 "장소기반 정책과 도시빈곤", "중심도시 접근성과 낙후지역 발전방안", "광역대도시 노동시장의 양극화와 사회적 배제의 형성" 등이 있다.

이후빈

서울대학교 지리학과 BK21플러스 사업단 박사후연구원. 서울대학교에서 지리학 박사학위를 받았다. 관심 분야는 집적지역의 진화와 공간생산의 금융화이며 주요 저작으로는 "금융자본의 서브프라임 모기지 확장과 저소득층 주거지역의 금융적 상품화"가 있다.

정수열

상명대학교 공간환경학부 교수. 미국 오하이오주립대학교에서 지리학 박사학위를 받았다. 관심 분야는 도시지리학과 사회지리학으로 외국인의 거주지 집중, 사회경제적 양극화와 거주지 분리, 접경지역 소수민족의 혼종성과 정체성 변용 등을 연구하고 있다. 주요 저작으로는 "이주 경로를 통해 살펴본 출신국가별 외국인 집중거주지의 발달 과정"(공저), "사회경제적 양극화와 도시 내 계층별 거주지 분리", "강남의 경계 긋기", "북중무역에서 정체성 저글링"(공저) 등이 있다.

지상현

경희대학교 지리학과 교수. 미국 일리노이대학교에서 지리학 박사학위를 받았다. 관심 분야는 정치지리학, 지정학 등이며 최근에는 접경지역에 주목하고 있다. 주요 저작으로는 "반도의 숙명: 환경결정론적 지정학에 대한 비판적 검증", "접경지역 변화의 관계론적 정치지리학: 북한-중국 접경지역 단둥을 중심으로" 등이 있다.

한구영

서울시 도시계획상임기획단 연구위원. 서울대학교에서 도시계획학 박사학위를 받았다. 관심 분야는 클러스터(집적경제, 네트워크), 도시데이터 시각화 등이다. 주요 저작으로는 "클러스터의 진화: 동대문시장 패션클러스터를 중심으로" 등이 있다.

서울사회학